"信毅教材大系"编委会

主　　任　卢福财

副 主 任　邓　辉　王秋石　刘子馨

秘 书 长　廖国琼

副秘书长　宋朝阳

编　　委　刘满凤　杨　慧　袁红林　胡宇辰　李春根
　　　　　　章卫东　吴朝阳　张利国　汪　洋　罗世华
　　　　　　毛小兵　邹勇文　杨德敏　白耀辉　叶卫华
　　　　　　尹忠海　包礼祥　郑志强　陈始发

联络秘书　方毅超　刘素卿

信毅教材大系·通识系列

经济法通论（第二版）

General Theory of Economic Law

杨德敏 主编　李翃楠 副主编

复旦大学出版社

总 序

世界高等教育的起源可以追溯到1088年意大利建立的博洛尼亚大学，它运用社会化组织成批量培养社会所需要的人才，改变了知识、技能主要在师徒间、个体间传授的教育方式，满足了大家获取知识的需要，史称"博洛尼亚传统"。

19世纪初期，德国的教育家洪堡提出"教学与研究相统一"和"学术自由"的原则，并指出大学的主要职能是追求真理，学术研究在大学应当具有第一位的重要性，即"洪堡理念"，强调大学对学术研究人才的培养。

在洪堡理念广为传播和接受之际，爱尔兰天主教大学（爱尔兰国立都柏林大学的前身）校长纽曼发表了《大学的理想》的著名演说，旗帜鲜明地指出"从本质上讲，大学是教育的场所"，"我们不能借口履行大学的使命职责，而把它引向不属于它本身的目标"。强调培养人才是大学的唯一职能。纽曼关于《大学的理想》的演说让人们重新审视和思考大学为何而设、为谁而设的问题。

19世纪后期到20世纪初，美国威斯康星大学查尔斯·范海斯校长提出"大学必须为社会发展服务"的办学理念，更加关注大学与社会需求的结合，从而使大学走出了象牙塔。

2011年4月24日，胡锦涛总书记在清华大学百年校庆庆典上指出，高等教育是优秀文化传承的重要载体和思想文化创新的重要源泉，强调要充分发挥大学文化育人和文化传承创新的职能。

总而言之，随着社会的进步与变革，高等教育不断发展，大学的功能不断扩展，但始终都围绕着人才培养这一大学的根本使命，致力于不断提高人才培养的质量和水平。

对大学而言，优秀人才的培养，离不开一些必要的物质条件保障，但更重要的是高效的执行体系。高效的执行体系应该体现在三个方面：一是科学合理的学科专业结构；二是能洞悉学科前沿的优秀的师资队伍；三是作为知识载体和传播媒介的优秀教材。教材是体现教学内容与教学方法的知识载体，是进行教学的基本工具，也是深化教育教学改革,提高人才培养质量的重要保证。

　　一本好的教材,要能反映该学科领域的学术水平和科研成就,能引导学生沿着正确的学术方向步入所向往的科学殿堂。因此,加强高校教材建设,对于提高教育质量、稳定教学秩序、实现高等教育人才培养目标起着重要的作用。正是基于这样的考虑,江西财经大学与复旦大学出版社达成共识,准备通过编写出版一套高质量的教材系列,以期进一步锻炼学校教师队伍,提高教师素质和教学水平,最终将学校的学科、师资等优势转化为人才培养优势,提升人才培养质量。为凸显江财特色,我们取校训"信敏廉毅"中一前一尾两个字,将这个系列的教材命名为"信毅教材大系"。

　　"信毅教材大系"将分期分批出版问世,江西财经大学教师将积极参与这一具有重大意义的学术事业,精益求精地不断提高写作质量,力争将"信毅教材大系"打造成业内有影响力的高端品牌。"信毅教材大系"的出版,得到了复旦大学出版社的大力支持,没有他们的卓越视野和精心组织,就不可能有这套系列教材的问世。作为"信毅教材大系"的合作方和复旦大学出版社的一位多年的合作者,对他们的敬业精神和远见卓识,我感到由衷的钦佩。

王　乔
2012 年 9 月 19 日

前 言

市场经济体制改革正全面走向深入,"摸着石头过河"的发展方式面临愈来愈大的政策局限,法治在助力经济改革层面的重要性与日俱增。法治是最好的营商环境,唯有构造一个良好的法治环境,才能从根本上消除制约市场在资源配置中起决定性作用的复杂因素。由此,法治经济或经济法治应当成为每一个经济人和法律人重视的关键词。"为国也,观俗立法则治,察国事本则宜。"法治经济的建设或经济法治的形成离不开对一系列经济法律制度的科学构建和努力实施。

改革开放以来,我国在经济法律制度建设层面取得了丰硕的立法成果。《民法通则》的颁布实施,为人们的经济活动提供了基本准则和法律保障。此后,《合同法》《公司法》《证券法》《物权法》等一系列基本民商事法律制度相继出台,民事经济活动得到了日益精密的法律安排。随着市场经济的推进,一些新的经济问题不断涌现,既有的法律不断得到修正,立法空白之处不断得到弥补。对于每一个市场主体而言,无论是基于维护自身合法权益的考量,还是为了防止侵害他人的正当权益,都离不开对整个经济法制系统的了解。本教材的编写旨在为读者提供一个了解我国经济法制系统的窗口,并使其掌握在经济交往中必要的法律知识。

经济法制系统是一个非常庞大的制度群,为了让读者能够提纲挈领地掌握经济法律制度的要义,本教材有针对性地选取了若干重要而常用的法律制度予以详细介绍。在体例结构上,遵循"法的基本理论——民事法律制度——商事法律制度——狭义经济法律制度"的基本脉络。这一结构安排能够让读者由浅入深、由易到难地逐步掌握相关的法学理论和法律知识，在行文过程中，紧扣最新的法律制度和最前沿的法学理论，确保本教材能够反映最新的制度知识和理论知识。

本教材由杨德敏教授任主编，李翃楠博士任副主编。参与编写工作的都是活跃在教学一线的中青年老师，编写人员和具体分工如下：

杨德敏，法学博士，教授，博士生导师，负责写作提纲的拟定、全书统稿；

李翃楠，法学博士，讲师，硕士生导师，负责第一、十章的撰写；

聂淼，法学博士，讲师，硕士生导师，负责第二、三、四章的撰写；

张怡超，法学博士，讲师，硕士生导师，负责第五、六、七章的撰写；

刘先良，法学博士，讲师，硕士生导师，负责第八、九章的撰写；

喻玲，法学博士，教授，硕士生导师，负责第十一章的撰写；

胡国梁，法学博士，讲师，硕士生导师，负责第十二章的撰写。

编　者

2019 年 6 月

目 录

第一章 法的基本理论 …………………………………… 001
- 第一节 法的概念与特征 …………………………… 002
- 第二节 法律规则 …………………………………… 004
- 第三节 法的渊源 …………………………………… 006
- 第四节 法律体系 …………………………………… 008
- 第五节 法律关系 …………………………………… 009
- 第六节 法律责任 …………………………………… 014

第二章 基本民事法律制度 ……………………………… 018
- 第一节 民事法律行为 ……………………………… 018
- 第二节 代理 ………………………………………… 026
- 第三节 诉讼时效 …………………………………… 030

第三章 物权法律制度 …………………………………… 037
- 第一节 物权法律制度概述 ………………………… 037
- 第二节 物权变动 …………………………………… 041
- 第三节 所有权 ……………………………………… 045
- 第四节 用益物权 …………………………………… 052
- 第五节 担保物权 …………………………………… 055

第四章 合同法律制度 …………………………………… 067
- 第一节 合同概述 …………………………………… 067
- 第二节 合同订立 …………………………………… 070
- 第三节 合同效力 …………………………………… 073
- 第四节 合同履行 …………………………………… 074
- 第五节 合同担保 …………………………………… 076
- 第六节 合同变更与转让 …………………………… 081
- 第七节 合同终止 …………………………………… 082
- 第八节 违约责任 …………………………………… 085
- 第九节 具体合同 …………………………………… 087

第五章　合伙企业法律制度 …… 108
第一节　合伙企业法律制度概述 …… 108
第二节　普通合伙企业 …… 109
第三节　有限合伙企业 …… 115
第四节　合伙企业的解散与清算 …… 118

第六章　公司法律制度 …… 122
第一节　公司与公司法 …… 123
第二节　有限责任公司法律制度 …… 126
第三节　股份有限公司 …… 133
第四节　公司的财务会计 …… 142
第五节　公司的合并、分立与减资 …… 146
第六节　公司解散与清算 …… 148

第七章　企业破产法律制度 …… 156
第一节　破产与破产法 …… 156
第二节　破产申请与受理 …… 158
第三节　管理人制度 …… 162
第四节　债务人财产 …… 163
第五节　破产债权 …… 168
第六节　债权人会议 …… 169
第七节　重整程序 …… 171
第八节　和解制度 …… 174
第九节　破产清算程序 …… 175

第八章　证券法律制度 …… 183
第一节　证券法律制度概述 …… 183
第二节　股票发行制度 …… 190
第三节　公司债券的发行与交易 …… 195
第四节　股票的上市与交易 …… 198
第五节　上市公司收购和重组 …… 200
第六节　证券欺诈的法律责任 …… 204

第九章　票据与支付结算法律制度 …… 210
第一节　支付结算概述 …… 210
第二节　票据法律制度 …… 213

第三节　非票据结算方式 ………………………………… 231

第十章　反垄断法律制度 ……………………………………… 241
　　第一节　反垄断法律制度概述 …………………………… 241
　　第二节　垄断协议 ………………………………………… 245
　　第三节　滥用市场支配地位 ……………………………… 249
　　第四节　经营者集中 ……………………………………… 253
　　第五节　滥用行政权力排除限制竞争 …………………… 257
　　第六节　反垄断法的实施 ………………………………… 259

第十一章　消费者权益保护法律制度 ………………………… 264
　　第一节　消费者权益保护法的基本概念 ………………… 264
　　第二节　消费者的权利和经营者的义务 ………………… 267
　　第三节　消费争议解决和法律责任 ……………………… 272

第十二章　涉外经济法律制度 ………………………………… 277
　　第一节　涉外投资法律制度 ……………………………… 277
　　第二节　对外贸易法律制度 ……………………………… 283
　　第三节　外汇管理法律制度 ……………………………… 288

第一章　法的基本理论

公元前399年,在雅典进行了一场壮观的人民审判——苏格拉底受审。这次审判的法官有500人,都是从雅典城邦的公民中以随机的方式抽选出来的,其中有贵族,有哲学家,更多的是"漂洗羊毛的、做鞋的、盖房的、打铁的",等等。在第一轮审判中,有500张选票,280票对220票,罪名成立。据柏拉图的分析,陪审团的投票认定苏格拉底有罪的人只占微弱的多数,在下一轮的量刑审判中,只要被告人有好的表现,被轻判是完全可能的。但由于苏格拉底在法庭中的演讲触怒了陪审团,第二次的投票结果是369票对140票,决定判苏格拉底死刑。也就是说,至少有80人在第一次投票时认为他无罪,但在第二次投票时却判了他死刑。他的学生克里同,买通狱卒,想让他逃跑。苏格拉底拒绝了。他认为公民必须遵守法律,哪怕法律是不公正的。守法是一个公民应尽的义务,既然他已经从城邦中享受到了福利,那他就应该向城邦尽义务。整整一个晚上克里同都在和他辩论"恶法是否为法"的问题。为了救他,克里同甚至使用激将法,克里同认为,"拒绝救自己生命的行为有违美德,行为人应该感到羞耻,甚至是一种罪恶。"苏格拉底仍然不为所动,后来他饮鸩而死。

【本章导读】

法律是现代社会的主要社会规范,是人类共同的理性结晶,它对社会利益分配、社会关系调整、社会秩序维系、社会冲突解决等,均具有重要意义。同时,在当代社会中,法对经济发展的驱动作用愈发凸显,法治的进程影响着市场经济的发达程度。作为社会现象的法律是纷繁复杂的,作为类别学科的法学是内容庞大的,故认识法律,需要对其进行最基本、最一般、最理论性的分析,这也是学习具体部门法的基本前提。本章主要内容为法的本体论相关知识,即展示"法"这一范畴的相关概念,如法的定义与特征、法律规范、法律渊源与体系、法律关系、法律责任等,让学生对最基本的法学概念有一个准确的理解,对"什么是法"有一个全面的认识。

第一节 法的概念与特征

一、法的概念

在法学的发展史上,关于"法是什么"一直存在长期的争论。围绕着法的概念的争论,其中心问题是法与道德之间是否存在本质的必然的联系,由此也产生了关于法的概念的两个基本立场:法律实证主义与非法律实证主义。

实证主义理论主张在对"法"进行定义时,不应将道德因素包括在内,即法和道德是分离的。实证主义认为,在法与道德之间、法律命令与正义要求之间,即在实然法和应然法之间,不存在概念上的必然联系。他们主要考证的是法律是否已经被制定,由谁制定,一般以权威性制定和社会实效两个要素定义法律。他们的主张就是"恶法亦法"。

非实证主义理论主张在对"法"进行定义时,道德因素应包括在内,法与道德是相互联系的。它通常以内容的正确性作为法的概念的一个必要的定义要素,同时它也包含社会实效和权威制定两个要素。他们的主张多为"恶法非法"。

马克思主义法学运用辩证唯物主义和历史唯物主义,批判地继承了历史上关于法的各种学说,它认为,法的本质存在于国家意志、阶级意志和社会存在、社会物质条件之间的对立统一关系之中。法律形成于国家权力,是国家意志的体现,表面上具有一定的公共性、中立性,但实际上主要体现的是统治阶级的整体意志,法所反映的统治阶级意志由特定社会物质生活条件决定。由此,可将"法"定义为:由国家制定或认可并依靠国家强制力保证实施的,反映由特定社会物质生活条件所决定的统治阶级意志,以权利义务为主要内容,以确认、保护和发展对统治阶级有利的社会关系和社会秩序为目的的社会规范的总称。

二、法的特征

马克思主义法学关于法的定义,揭示了法的以下特征。

(一)法是调整人们行为的一种社会规范

从形态上看,法首先是一种规范,所谓规范,是指人们行为的标准或规则。在日常生活中,有各种各样的规范,如思维规范、语言规范、技术规范和社会规范等。法不是一般的规范,而是一种社会规范,它通过规范人们的交互行为达到调整社会关系的目的,在这一点上,法作为社会规范不同于思维规范、语言规范和技术规范。例如,同样是语言行为,在不同的场合应遵循不同的规范。当语言行为需要正确表达意义时,它遵循的应当是语言规范(语法);当语言行为的效果涉及另外一个主体时(如谩骂他人),它就是一个交互行为,应当遵循法律和其他社会规范(道德等)。技术规范的调整对象是人与自然、人与劳动工具之间的关系,并不必然涉及人们的交互行为。但如果不遵守技术规范,可能引起伤亡事故,导致生产效率低下,危及生产秩序和交通秩序,或造成其他严重的损害。此时,为了保障公共利益,需要将技术规范上升为法律规范,强迫人们遵守。如环境保护、食品安全、建筑质量标准等,这些规范经国家制定或认可后,也纳入了法律规范的范畴。

法是一种社会规范也意味着,法在形式上具有规范性、一般性、概括性的特征。这些特征使法区别于那些执行和适用法律、法规的非规范性文件,例如,政府的命令,法院的判决等;法所调整的对象不是特定的,而是一般的行为或社会关系;法不是仅适用一次,而是在其生效期间反复适用的。作为由国家制定的社会规范,法具有指引、评价、预测、教育和强制等规范作用。

(二) 法是由国家制定或认可的具有特定形式的社会规范

这一点表现为法的国家意志性。任何社会规范都是由人创制的,因而体现人的意志,而法作为特殊的社会规范,其体现的不是所有人的意志,而是国家的意志。法的产生,大体上有制定和认可两种途径。所谓制定,就是国家立法机关按照特定程序创制规范性文件,也有一些国家通过司法机关判决的形式形成判例法,这些都是国家制定法律的方式。所谓认可,是指国家通过一定方式承认其他社会规范(道德、宗教、风俗、习惯等)具有法律效力。"法由国家制定或认可"也意味着法具有统一性和权威性。一个国家只能有一个总的法律体系,而且该体系内部各规范之间不能相互矛盾,在国家权力所及的范围内,法具有普遍的约束力,任何人均应遵守和执行法律。

(三) 法是以权利义务为内容的社会规范

法是通过设定人们的权利和义务,进而影响人们的行为动机,指引人们的行为,并调整社会关系的。法的这种调整方式使其区别于道德、宗教等其他社会规范,道德和宗教一般来说是通过规定人对人的义务或人对神明的义务来调整社会关系的,而法更多地是赋予人们权利,承认人们谋求自身利益的正当性。法以权利义务为内容,也意味着一定条件具备时,人们可以从事或不从事某种行为,必须做或必须不做某种事情,这使法区别于自然法则,自然法则不存在人们的选择问题,只要一定的条件具备,必然出现一定的结果。

(四) 法是依靠国家强制力保证实施的社会规范

任何社会规范,都具有强制性,即受迫于种种压力而遵守规范。如,违反道德规范会招致社会舆论谴责;宗教规范则通过人的内心自省达到强制遵守的效果。法与其他社会性规范所表现出的强制性的区别在于,法的强制性是以国家强制力为后盾,通过法律程序保证实现的,具体言之,法的强制性,是以军队、宪兵、警察、法官、监狱等国家暴力机关为后盾的强制。

法的国家强制性意味着,不管人们主观意愿如何,都必须遵守法律,否则将招致国家强制力的干涉,受到相应的法律制裁。当然,国家强制力仅是法的实施的最后保障手段,在法律实施过程中,国家强制力往往"备而不用"。

(五) 法是具有可诉性的规范体系

可诉性是现代国家法律的一个重要特征。它是指法律具有被任何人,包括公民和法人,在法律规定的机构(尤其是法院和仲裁机构)中通过争议解决程序(特别是诉讼程序)加以运用以维护自身权利的可能性。与此不同,道德、宗教规范、政策等不具有直接的法律效力,也不具有直接的可诉性。至少在现代国家,当事人不应直接将道德、宗教规范、政策等社会规范作为起诉和辩护的有效根据。裁判机构也不可直接将它们视为正式的法源,作为法律判决的直接依据。

须说明,可诉性只是一种理论上的可能,并非必然,争议是否可诉还受到诉讼法上的限制。

第二节 法律规则

法的定义与特征更多是在整体意义上,从抽象层面解读"法"是什么,而以内部视角来考察法,需了解法由什么构成,即法的构成要素。关于法的要素,我国法学理论采用"三要素"为通说,即"法律概念(法律术语)""法律规则""法律原则"。在法的构成要素中,处于核心位置的是法律规则,因为,法对人们行为的调整,主要是通过法律规则来实现的,这是由法律规则和法律原则各自的性质及法律的作用、功能和价值所决定的。

一、法律规则的概念

法律规则是采取一定的结构形式,具体规定权利、义务及相应后果的行为规范。它具有可操作性强、确定性程度高的特征。

法律规则不同于国家的个别命令,后者也有法律效力,但其效力仅针对特定的主体或场合,不具有可重复适用性和普遍适用性。如立法机关的个别性决定、行政措施、司法机关的判决等,其直接功能在于赋予特定法律主体法律地位或资格,或者是确认特定主体之间的权利义务关系或法律责任。

法律规则不同于法律条文。法律条文是法律规则的文字表述形式,是规范性法律文件的基本构成要素;法律规则是法律条文的内容,法律条文是法律规则的表现形式。法律规则是法律条文的主要内容,但法律条文的内容还可能包含其他法的要素,如法律原则等。同时,法律规则与法律条文也不是一一对应的,一项法律规则的内容可以表现在不同法律条文甚至不同的规范性文件中。例如,我国《刑法》第 382 条、第 383 条共同表达了"贪污罪"这一规则的内容,再如,我国《宪法》第 10 条,《土地管理法》第 2 条、第 73 条,《刑法》第 228 条等均表述了"禁止买卖、非法转让土地"的行为规则。同样,一个法律条文中也可以反映若干法律规则的内容。

二、法律规则的逻辑结构

法律规则的逻辑结构是指法律规则的构成要素及要素间在逻辑上的相互关系。通常认为,一个完整的法律规则由假定(条件)、(行为)模式和(法律)后果三部分构成。

假定是指法律规则所规定的适用该规则的条件和情况，它将法律规则的作用与一定的事实状态相联系，指出在发生何种情况或具备何种条件时，法律规则中的行为模式开始发挥作用；模式是指法律规则所规定的行为规则，包括可以做什么、应当做什么和禁止做什么，分别对应"可为模式""应为模式"和"勿为模式"；后果是指法律规则所规定的行为会引起的法律后果，以表达法律规则对主体具有法律意义的行为的态度。后果分为肯定式的法律后果（合法后果）和否定式的法律后果（违法后果）。在法律规则的逻辑结构上，假定、模式是后果的前提，后果是对主体遵守或违反假定和模式的评价。

三、法律规则的种类

（一）授权性规则和义务性规则

这是根据法律规则为主体提供行为模式的方式进行的区分。

授权性规则是规定人们有权做出一定行为或者可以要求别人做出一定行为的法律规则，即规定人们的"可为模式"的规则。授权性规则可分为权利性规则和职权性规则。权利性规则指授予一般主体即公民和法人的权利的规则，如《合同法》和《继承法》中有关主体权利的规则。职权性规则指授予国家机关及其工作人员公共权力的规则，如《立法法》中关于分配立法权的规则，职权性规则不仅具有授权性规则的特征，也具有义务性规则的特征，因为享有公权力的只可能是特定主体，对他们而言，法律在赋予其权力的同时也规定其负有必须行使权力且不得放弃的义务。

义务性规则是规定人们必须做出某种行为或者不做出某种行为的法律规则。义务性规则又可分为命令性规则和禁止性规则。命令性规则是指规定人们的积极义务，即规定主体应当或必须做出一定积极行为的规则。禁止性规则是指规定人们的消极义务（不作为义务），即禁止人们做出一定行为的规则。禁止性规则通过禁止主体做出某些行为，以实现权利人的利益。

（二）强行性规则和任意性规则

这是根据法律规则是否允许当事人进行自主调整，及按照自己的意愿设定权利和义务的标准进行的区分。

强行性规则是指所规定的义务具有确定的性质，不允许任意变动和伸缩的法律规则。通常，义务性规则都是强行性规则，违反强行性规则的协议可能被确认为无效，如《合同法》第52条规定违反法律、行政法规的强制性规定的合同无效。

任意性规则是指在法定范围内允许行为人自行确定其权利义务的具体内容的法律规则。它允许人们自行选择或协商确定作为与不作为、作为的方式以及法律关系中权利义务的具体内容。根据任意性规则协商确定的权利义务内容，在当事人之间具有法律拘束力，只有在当事人没有约定的情况下，才适用法律的一般规定。例如，依据《担保法》，当事人可以自行约定保证方式，而第19条规定：当事人对保证方式没有约定或者约定不明确的，按照连带责任保证承担保证责任。

（三）确定性规则和非确定性规则

这是根据法律规则内容的确定性程度进行的区分。

确定性规则是指内容已经完备明确,无须再援引或参照其他规则来确定其内容的法律规则。绝大多数法律规则属于此种规则。非确定性规则是指没有明确具体的行为模式或者法律后果,需要引用其他法律规则来说明或补充的规则,具体包括委任性规则和准用性规则。委任性规则是指只规定某种概括性指示,具体内容则由有关国家机关通过相应途径或程序加以确定的法律规则。如《反垄断法》第9条第2款规定:"国务院反垄断委员会的组成和工作规则由国务院规定。"准用性规则是指本身没有具体的规则内容,而规定可以援引或参照其他有关规定内容的法律规则。如《合同法》第184条规定:"供用水、供用气、供用热力合同,参照供用电合同的有关规定。"

第三节　法的渊源

一、法的渊源的概念

法的渊源是理论法学中的重要概念,这一专门术语源自欧陆,后衍及英美,是指法的来源或法的栖息之所。在西方法学中,法的渊源具有多重含义,包括:法的理论渊源、法的历史渊源、法的文献渊源、法的文化渊源、法的本质渊源、法的效率渊源等。我国的法理学研究普遍倾向于以效力因素定义法的渊源,即法的渊源又可称为法的形式、正式渊源或法的直接渊源,是指被承认具有法的效力、法的权威或具有法律意义并作为法官审理案件之依据的规范或准则来源。存在于社会中的诸种规范,何者可以被视为具有法律效力的法律规范以及法律位阶的冲突适用,是法的渊源要解决的问题。

二、当代中国法的渊源

不同于英美法系国家,我国主要承继成文法传统,法的渊源主要表现为制定法,不包括判例法。具体而言,我国的法的渊源主要有以下七种:

（一）宪法

宪法是由全国人民代表大会依特别程序制定的具有最高效力的根本大法。宪法规定的是国家政治、经济和社会制度的基本原则,公民的基本权利和基本义务,国家机关的组织和活动原则等国家和社会中最基本、最重要的问题。宪法具有最高效力,一切法律、行政法规、地方性法规、自治条例和单行条例、规章都不得同宪法相抵触。广义上的宪法不仅包括《中华人民共和国宪法》,还包括其他附属性宪法性文件,如《中华人民共和国选举法》《香港特别行政区基本法》等。

（二）法律

法律是由全国人民代表大会及其常委会制定和修改的规范性法律文件的总称,在地位和效力上仅次于宪法,高于行政法规、地方性法规、规章。其中,全国人大制定和修改的,调整国家和社会生活中带有普遍性的社会关系的规范性法律文件,属于基本法律,如《中华人民共和国刑法》《中华人民共和国民法总则》等。全国人大常委会制定和修改的,调整国家和社会生活中某一方面社会关系的规范性法律文件,属于一般法律,如《中华人民共和国公司法》《中华人民共和国证券法》等。在全国人大闭会期间,全国人大常委会可以对基本法律进行部分补充和修改,但是不得同该法律的基本原则相抵触。全国人大常委会负责解释法律,其作出的法律解释与法律具有同等效力。

（三）法规

法规包括行政法规和地方性法规。行政法规是作为国家最高行政机关的国务院在法定职权范围内为实施宪法和法律而制定的规范性法律文件。行政法规应当依据宪法和法律制定,其地位和效力仅次于宪法和法律。行政法规调整范围广、数量多,在国家生活中起着重要作用。与此同时,国务院常务会议通过的决议、决定和它发布的行政命令,亦属于行政法规的范畴,具有同等法律效力。

地方性法规是有地方立法权的地方人民代表大会及其常委会就地方性事务并根据本地区的实际情况和执行法律、行政法规的需要所制定的规范性法律文件的总称。地方性法规不得与宪法、法律和行政法规相抵触。地方性法规只在本辖区内适用。在我国,有权制定和发布地方性法规的地方国家权力机构包括：省、自治区、直辖市的人民代表大会及其常务委员会；省、自治区人民政府所在地的市和经国务院批准的较大的市的人民代表大会及其常务委员会；经济特区所在地的市的人民代表大会及其常务委员会等。

（四）规章

规章包括部门规章和地方政府规章。部门规章是国务院各部委及其具有行政管理职能的国务院直属机构,就执行法律和国务院行政法规、决定、命令的事项在其职权范围内制定的规范性法律文件的总称。没有法律或者国务院的行政法规、决定、命令的依据,部门规章不得设定减损公民、法人和其他组织权利或者增加其义务的规范,不得增加本部门的权力或者减少本部门的法定职责。地方政府规章则是指特定的地方人民政府在不与宪法、法律、行政法规以及本行政区域地方性法规相抵触的前提下,制定和发布的规范性法律文件。

省自治区的人民政府制定的规章效力高于本行政区域内较大的市的人民政府制定的规章。部门规章之间、部门规章与地方政府规章之间具有同等效力。部门规章之间对同一事项的规定不一致时,由国务院裁决；地方性法规与部门规章之间的冲突,由国务院提出意见,国务院认为应当适用地方性法规的,应当决定在该地方适用地方性法规的规定,认为应当适用部门规章的,应提请全国人大常委会裁决。

（五）司法解释

司法解释是最高人民法院、最高人民检察院在总结司法审判经验的基础上发布的指导性文件和法律解释的总称,如《最高人民法院发布关于适用〈中华人民共和国物权法〉若干问题的解释(一)》《最高人民法院关于审理建设工程施工合同纠纷案件适用法律问题的解释》等。1981年五届全国人大常委会第十九次会议通过《全国人民代表大会常务委员会关于加强法律解释工作的决议》,其中第2条规定："凡属于法院审判工作中具体应用法律、法令的问题,由最高人民法院进行解释。凡属于检察院检察工作中具体应用法律、法令的问题,由最高人民检察院进行解释。最高人民法院和最高人民检察院的解释如果有原则性的分歧,报请全国人民代表大会常务委员会解释或决定。"

（六）国际条约和协定

国际条约或协定是指我国作为国际法主体同其他国家或地区缔结的双边、多边协议和其他具有条约、协定性质的文件,如我国为加入世界贸易组织与相关国家签订的协议、我国与有关国家签订的双边投资保护协定等。上述文件生效以后,对缔约国的国家机关、组织和公民就具有法律上的约束力,形成法律渊源。

（七）习惯与政策

与前六种不同,习惯与政策在我国被称为法的非正式渊源。

我国法律位阶示意图如图1-1所示。

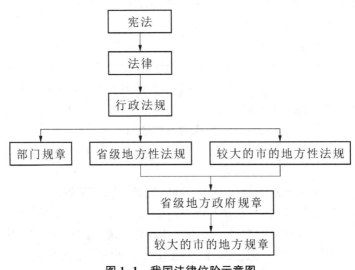

图1-1　我国法律位阶示意图

第四节　法律体系

一、法律体系的含义

法律体系是指将一国现行的全部法律规范按照一定的原则和要求,划分为若干法律部门,进而形成的一个体系化的有机联系的统一整体。

在法律体系中,法律部门是基本要素。法律部门也称部门法,是根据一定标准和原则所划定的调整同一类社会关系的法律规范的总称。某一法律部门又可进一步细化为若干个子部门。一般而言,一个法律部门以一部法律或法典为轴心,并包括其他法律中的相关法律制度和法律规范,如民法法律部门、刑法法律部门。有的法律部门没有一部轴心法律或法典,而是由若干部性质相同或相近的规范性法律文件组合而成,如行政法法律部门、经济法法律部门等。

二、当代中国法律体系

新中国成立以来,特别是改革开放四十年来,我国立法工作取得了举世瞩目的巨大成就。在2011年十一届全国人大四次会议上,吴邦国委员长宣布"一个立足中国国情和实际、适应改革开放和社会主义现代化建设需要、集中体现党和人民意志的,以宪法为统帅,以宪法相关法、民法、商法等多个法律部门的法律为主干,由法律、行政法规、地方性法规等多个层次的法律规范构成的中国特色社会主义法律体系已经形成。"我国社会主义法律体系具有部门齐全、层次分明、结构协调、体例科学的特征,具体包括宪法及宪法相关法、刑法、行政法、民商法、经济法、社会法、诉讼与非诉讼程序法等七个法律部门。需要注意的是,本教材名称中的"经济法"并非法律部门意义上的经济法概念,而是"与市场经济活动相关的经济法律制度",其内容主要涉及民商法和经济法这两个法律部门中与市场经济活动密切相关的法律制度。

表1-2 当代中国法律体系

法律部门名称及关键词	主 要 内 容
宪法及相关法(根本)	宪法、组织法、选举法等
刑法(制裁)	刑法(犯罪和刑罚)
行政法(政府)	行政处罚法、行政复议法、行政许可法、公务员法等
民商法(平等)	民法总则、合同法、物权法、企业法、公司法、证券法等
经济法(调控)	竞争法、产品质量法、消费者权益保护法、税法、预算法、价格法等
社会法(弱者)	劳动法、未成年人保护法、妇女权益保护法等
诉讼与非诉讼程序法(程序)	刑事诉讼法、行政诉讼法、民事诉讼法、仲裁法

第五节 法律关系

一、法律关系的概念和特征

人们在社交过程中形成的诸种关系就是社会关系,毫无疑问,法律关系属于社会关系的范畴。所谓法律关系,是指根据法律规范产生、以主体间的权利义务关系为内容的特殊社会关系。法律关系是一个重要的法律概念,也是法律实务中最基本的分析工具。它解决的是何人对何种对象,享有何种权利、承担何种义务的问题。

法律关系具有以下三个特征:

(一)法律关系是根据法律规范建立的社会关系

相应法律规范的存在是特定的法律关系产生的前提。如果没有法律规范就不可能产生法律关系，也即法律关系具有合法性。例如，某些社会关系领域，如友谊关系、爱情关系、政党或社会团体的内部关系等，通常不涉及法律调整，不存在相应的法律规范，也就不存在相应的法律关系。

（二）法律关系是特定主体间的权利义务关系

法律关系与其他社会关系的重要区别，就在于它是法律化的权利义务，是一种明确的、特定的权利义务关系。这种权利和义务可以是由法律明确规定的，也可以是由法律授权当事人在法律规定的范围内自行约定的。

（三）法律关系是以国家强制力为保障的社会关系

与道德关系等其他社会关系不同，法律关系是以国家强制力作为保障的。法律关系形成所依据的法律规范，是国家意志的体现，因此，当法律关系的义务主体不履行相应义务、侵犯其他主体的合法权益时，权利受侵害的一方就有权请求国家机关运用国家强制力，责令侵害方履行义务、承担不履行义务的法律责任。

二、法律关系的种类

按照不同的标准可以将法律关系分为不同种类。最常见的法律关系分类，是按照相应的法律规范所属的法律部门，将法律关系分为民事法律关系、刑事法律关系和行政法律关系等。此外，法律关系的常见分类还有以下两种：

（一）绝对法律关系和相对法律关系

该分类是根据法律关系的主体是单方确定还是双方确定。绝对法律关系中主体的一方（权利人）是确定的、具体的；另一方（义务人）则是除了权利人以外的所有的人。绝对法律关系以"一个主体对其他一切主体"的形式表现出来，典型的如物权法律关系、人身权法律关系。相对法律关系的主体，无论是权利人还是义务人，都是确定的。它以"某个主体对某个主体"的形式表现出来，典型的如债权法律关系。此外，劳动法、行政法等领域的法律关系大都也体现出相对法律关系的特点。

（二）调整性法律关系和保护性法律关系

按照法律关系产生的依据是合法行为还是违法行为、是否适用法律制裁，可以分为调整性法律关系和保护性法律关系。调整性法律关系是不需要适用法律制裁，主体权利就能够正常实现的法律关系。它建立在主体的合法行为基础上，是法的实现的正常形式。保护性法律关系是在主体的权利和义务不能正常实现的情况下，通过法律制裁而形成的法律关系。保护性法律关系是在违法行为的基础上产生的，是法的实现的非正常形式。最典型的保护性法律关系就是刑事法律关系。保护性法律关系的主体一方是国家，另一方是违法者，国家拥有实施法律制裁的权利（权力），而违法者具有承担由于实施违法行为而招致的法律责任的义务。

三、法律关系的基本构成

一般认为，法律关系由主体、客体和内容三部分构成，此三者也被称为法律关系的三要素。

（一）法律关系的主体

法律关系的主体，即法律关系的参加者，是指参加法律关系，依法享有权利和承担义务的当事人。享有权利的一方称为权利人，承担义务的一方称为义务人。

1. 法律关系主体的种类

（1）自然人（公民）。自然人是指具有生命的、个体意义上的人，是所有法律关系主体中最为基本的主体。自然人既包括本国公民，也包括居住在一国境内或在境内活动的外国公民和无国籍人。

（2）法人和其他组织。法人是具有权利能力和行为能力，依法独立享有权利和承担义务的组织。在我国，法人包括机关法人、事业单位法人、社团法人和企业法人。其他组织是指不具有法人地位，但可以以自己名义从事法律活动的主体，如个人独资企业、合伙企业等。

（3）国家。在特殊情况下，国家可以作为一个整体成为法律关系主体。例如，在国际法领域，作为主权者的国家是国际法律关系的基本主体，可以成为外贸关系中的债权人或债务人。在国内法领域，国家可以直接以自己名义参与国内法律关系，如发行国债券，成为国家所有权关系的主体。

2. 法律关系主体的权利能力和行为能力

法律关系的主体必须具有法律上的资格。法律关系的主体资格包括权利能力和行为能力两个方面。下面以公民和法人为例说明法律关系主体的权利能力和行为能力。

（1）权利能力。权利能力是指一定个人或组织参加法律关系，作为法律关系主体享有一定权利，承担一定义务的能力。各种具体权利的产生必须以主体的权利能力为前提。

公民的权利能力可根据权利能力享有者的范围，分为一般权利能力和特殊权利能力。前者又称基本权利能力，是一国所有公民均具有的权利能力，它是任何人取得公民法律资格的基本条件，不能被任意剥夺或解除。后者是公民在特定条件下具有的法律资格，这种资格并不是每个公民都可以享有，而只授予某些特定的法律主体。例如，国家机关及其工作人员行使职权的资格，就是特殊的权利能力；再如，只有年满18周岁的公民，才享有选举与被选举的基本政治权利。

法人的权利能力没有上述类别，所以与公民的权利能力不同。一般而言，法人的权利能力自法人成立时产生，至法人解体时消灭，其内容和范围是由法人成立的宗旨和业务范围决定的。

（2）行为能力。行为能力是指权利主体能够通过自己的行为取得权利和承担义务的能力。行为能力必须以权利能力为前提，无权利能力就谈不上行为能力。

公民的行为能力是公民的意识能力在法律上的反映。确认公民有无行为能力，要考察其能否认识自己行为的性质、意义和后果以及能否控制自己的行为并对自己的行为负责。因此，是否达到一定年龄、神智是否正常，就成为公民具有行为能力的判别标志。对公民而言，行为能力不同于权利能力，具有行为能力必须首先具有权利能力,但具有权利能力,并不必然具有行为能力。例如,婴幼儿、精神病患者,因其不可能预见自己行为的后果,故法律不能赋予其行为能力,但其依然具有一般性权利能力。也就是说,在公民的法律关系主体资格构成中,这两种能力可能是统一的,也可能是分离的。

我国法律规定,公民的民事行为能力可分为三种情况:① 完全民事行为能力人。18周岁以上的公民是成年人,具有完全民事行为能力,可以独立进行民事活动。16周岁以上的未成年人,以自己的劳动收入为主要生活来源的,视为完全民事行为能力人。② 限制民事行为能力人。8周岁以上的未成年人和不能完全辨认自己行为的成年人为限制民事行为能力人,实施民事法律行为需由其法定代理人代理或者经其法定代理人同意、追认,但是可以独立实施纯获利益的民事法律行为或者与其智力、精神健康状况相适应的民事法律行为。③ 无民事行为能力人。不满8周岁的未成年人和不能辨认自己行为的成年人为无民事行为能力人,由其法定代理人代理实施民事法律行为。

法人的行为能力与公民的行为能力不同。法人的行为能力和权利能力是同时产生、同时消灭的,且不存在限制行为能力之情形。法人一经依法成立,就同时具有权利能力和行为能力,一经依法撤销,其权利能力和行为能力就同时消灭。

(二) 法律关系的客体

法律关系的客体是指法律关系主体间权利义务所指向的对象,是一定利益的法律形式。任何外在的客体,一旦承载某种利益价值,就可能会成为法律关系客体。法律关系建立的目的,总是为了保护某种利益、获取某种利益,或分配、转移某种利益。所以,实质上,客体所承载的利益本身才是法律权利和法律义务联系的中介。这种利益,包括有形利益和无形利益、精神利益和物质利益,归纳起来,主要有以下四种:

(1) 物。这里所说的物,是指以一定物理形态存在的有形物。它可以是天然物,如土地、河流、树木,也可以是生产物,如电视机、计算机、汽车、飞机;它可以是实物,如房屋、电冰箱,也可以是有价证券,如支票、汇票、股票、债券。当然,法律意义上的物必须得到法律之认可,即哪些物可以作为法律关系的客体或可以作为哪些法律关系的客体,应由法律予以具体规定。例如,依照我国相关法律的规定,海洋、山川、空气等人类公共之物或国家专有之物,枪支弹药等受管制之物,毒品、淫秽物品等危害人类之物不得进入国内商品流通领域,成为私人法律关系的客体。

(2) 行为。一定的行为结果可以满足权利人的利益和需要,可以成为法律关系的客体。在通常情况下,作为法律关系客体的行为是指义务人按照法定或约定的义务必须实施的行为,包括作为和不作为两种情形。前者如买卖合同的客体是交付标的物的行为,后者如竞业禁止合同的客体是不从事相同或相似的经营或执业活动。

(3) 人格利益。人格利益是人身权法律关系的客体,也是诸多行政、刑事法律关系的客体。具体包括公民或组织的姓名或名称,公民的肖像、名誉、尊严,公民的人身、人格和身份等。

(4) 智力成果。智力成果是指人通过智力劳动而创造出来的精神产品,如科学发现、技术成果、商标设计、学术著作、文学作品、电脑软件等。智力成果通常也要以一定的物(如纸张、光盘)为载体存在,但其价值并不在于物质载体本身,而在于物质载体中所包含的信息、知识、技术、标识和其他精神因素。智力成果属于非物质财富,常成为知识产权法律关系的客体。

(三) 法律关系的内容

法律关系的内容即法律关系的主体享有的权利和承担的义务。权利是法律允许权利人为了满足自己的利益可以作为或不作为,或者要求他人为一定行为或不为一定行为,并由他人的法律义务作为保证的资格。义务是法律规定的义务人应当按照权利人的要求为一定行为或不为一定行为,以满足权利人的利益的约束。权利和义务之间关系密切,没有无义务的权利,也没有无权利的义务,不能一方只享受权利不承担义务,另一方只承担义务不享受权利。权利是权利人的行为自由,因此权利可以行使也可以放弃,而义务则必须履行,当然,权利的行使有一定的界限,不得滥用权利。

四、法律关系的变动原因——法律事实

与任何事物一样,法律关系也有形成、变更和消灭的过程。引起法律关系变化的原因,是法律事实。所谓法律事实,是指法律规范所规定的,能够引起法律关系产生、变更和消灭的客观情况或现象。根据是否以权利主体的意志为转移,可将法律事实分为行为和事件两类。

(一) 行为

行为是指以权利主体的意志为转移,能够引起法律后果的法律事实。根据人的行为是否属于表意行为,可以分为以下两类:

(1) 法律行为,即以行为人的意思表达为要素的行为。行为人作出意思表示应当具有相应的行为能力。

(2) 事实行为,即与表达法律效果、特定精神内容无关的行为,如创作行为、侵权行为等。由于事实行为通常与表意无关,因此事实行为的构成通常不受行为人行为能力的影响。

(二) 事件

作为法律事实的事件,是指不以法律关系主体意志为转移的,依法能够引起法律关系产生、变更和消亡的事实。常见的有以下三种:

(1) 自然人的出生与死亡。人的出生与死亡能够引起民事主体资格的产生和消灭,也可能导致人格权的产生和继承的开始等。

(2) 自然灾害与意外事件。通常自然灾害等可构成法律上的不可抗力,常成为免除法律责任或消灭法律关系的原因。意外事件可能导致风险或不利后果的法律分配,也可能成为某些法律关系的免责事由。

(3) 时间的经过。时间的经过可以引起一些请求权的发生或消灭,例如,时效的经过,将导致债权效率受到减损。

第六节 法律责任

一、法律责任的概念

法律责任是指行为人由于违法行为、违约行为或者由于法律规定而应承受某种不利的法律后果。法律责任的构成包括两个方面：第一，法律责任的产生必须基于一定违法行为或法律的规定。法律责任的实质是国家对违反法定义务、超越法定权限或滥用权利的违法行为所做出的法律上的否定性评价，是国家施加于违法者或责任者的一种强制性负担，故而，法律责任不同于道德责任、政治责任、社会责任，它必须基于法律的明确规定，并以国家强制力作为保证。第二，法律责任的内容是不利的法律后果，包括法律制裁、法律负担、强制性法律义务、法律不予承担或撤销、宣布行为无效等。

二、法律责任的竞合

法律责任的竞合是由某种法律事实导致的多种法律责任产生并且相互冲突的现象。这种竞合既可能发生在同一法律部门内部，如民法中侵权责任与违约责任的竞合，也可能发生在不同法律部门之间，如民事责任、行政责任和刑事责任之间的竞合。法律竞合现象，是不同法律规范从不同角度对社会关系加以调整的结果。

竞合发生的前提，必须是同一法律主体实施了一个同时符合多个法律责任构成要件的行为，并且多个法律责任之间既不能吸收，也无法共存。如严重的故意伤害行为既需要承担刑事责任，也可追究附带民事赔偿责任，两者之间可以共存，自然也就不构成竞合。而某些行为，如严重的非法经营行为，同时构成行政违法行为和犯罪行为，此时，依据"罪责刑相适应""一事不再罚"等部门法原则，同类型责任，重的刑事责任可吸收轻的行政责任，如有期徒刑吸收行政拘留、罚金刑吸收罚款，但是，不同类型的处罚方式，如吊销营业执照，依然可以适用。判断是否存在竞合需结合部门法规范进行分析。在实践中，出现最多的是民法上违约责任和侵权责任的竞合，根据《合同法》的规定，我国赋予受害人选择权。

三、法律责任的免除

法律责任的免除是指由于出现法定条件，法律责任被部分或全部免除。在我国，免责形式包括以下五种：

（1）时效免责，即违法者在其违法行为发生一定期限后不再承担强制性法律责任。如《刑法》中关于犯罪的追诉期限的规定，以及《民法总则》中关于诉讼时效之规定。

（2）不诉免责，即所谓的"不告不理""告诉才处理"。如《刑法》中规定某些轻微刑事违法行为属于自诉案件，如果受害人或有关当事人不向法院起诉要求追究行为人的责任，则责任实际免除。

（3）协议免责，即所谓的"私了"，受害人和责任人在法律允许的范围内协商同意、免除责任人的责任。协议免责一般不适用于刑事违法和行政违法等"公法"领域。

（4）自首、立功免责，即对那些违法之后主动认罪或有立功表现的人，免除其部分或全部法律责任。

（5）因履行不能而免责。财产责任中，在责任人确实没有能力履行或没有能力全部履行的情况下，有关国家机关免除或部分免除其责任。

案 例 分 析

案例一

某公司职工小王在学习刑法时产生了如下疑问：《中华人民共和国刑法》第232条规定："故意杀人的，处死刑、无期徒刑或者十年以上有期徒刑；情节较轻的，处三年以上十年以下有期徒刑。"一个人被判处死刑，那么执行死刑的人也是故意杀人者，难道也要被判刑，如果执行死刑的人要被判刑，还有谁会去执行死刑？如果执行死刑的人不被判刑，岂不是有法不依、违法不纠？请为小王解答上述疑问。

法律分析：一个行为人，只有同时具备某个违法行为的主体、客体、主观、客观、对象要件时，其行为才会构成违法行为。侵犯了法律保护的社会关系，才算是具备了违法行为的客体要件。一个人被判处死刑，一旦经过最高人民法院复核核准，其生命权不再受法律保护，执行死刑的人依法剥夺死刑犯的生命，没有侵犯法律保护的社会关系，故不是违法行为。

案例二

1995年底，某医科大学因考虑到吸烟是世界公认的三大不良公害之一，而医学院又是培养健康卫士的地方，所以做出决定，从1996年起该校不招收吸烟的学生。1996年初在北京召开的第十届世界烟草和健康大会上，组委会也发出了在全国医学院校开展禁烟活动的倡议，倡议从1996年起医学院不再招收吸烟的学生。此一举动受到部分媒体的关注和肯定，但也引起了吸烟学生和家长的反对。请运用所学法律知识和基本原理分析说明上述决定和倡议是否合适及理由。

法律分析：该医科大学的决定和大会组委会的倡议是不合适的。《中华人民共和国宪法》第46条规定：中华人民共和国公民有受教育的权利和义务。可见，受教育权是宪法赋予公民的神圣权利，除了法律明文规定外，不能被随意剥夺和取消。上述医学院的决定和大会组委会的倡议，在没有国家立法的情况下，剥夺了吸烟学生的受教育权，明显是与宪法的规定相抵触的，因而其做法是不合适的，应当予以撤销。当然，上述决策者的动机和愿望无疑是良好的，也符合社会文明和进步的趋势，但是道德规范与法律规范毕竟不能等同，倡导一样东西并不一定就要对其负面进行法律禁止、法律制裁。一些新闻媒体对此举的关注和肯定，表明在我国宪法至上的观念和原则的确立还需要一个漫长的过程。要实现"依法治国,建设社会主义法治国家"的目标,我们必须维护宪法的权威。任何行政与非行政的决定,都不得与宪法的原则和规定相违背、相冲突,否则就必须制止和纠正。

思考与练习

1. 法的基本特征。
2. 我国法的正式渊源。
3. 法律位阶的冲突适用方式。
4. 法律规则的逻辑构成。
5. 法律关系的构成要素。
6. 法律责任的竞合。

阅 读 文 献

1. 张文显.二十世纪西方法哲学思潮研究.法律出版社,2006.
2. [德]卡尔·拉伦茨.法学方法论.陈爱娥,译.商务印书馆,2003.
3. [美]E.博登海默.法理学——法律哲学与法律方法.邓正来,译.中国政法大学出版社,2004.
4. [美]罗纳德·德沃金.认真对待权利.信春鹰,吴玉章,译.中国大百科全书出版社,1998.
5. 杨仁寿.法学方法论.中国政法大学出版社,1999.
6. 周永坤.法理学——全球视野.4版.法律出版社,2016.
7. 孙国华.法理学.4版.中国人民大学出版社,2015.

真 题 链 接

知识体系示意图

法学的基本概念	法的定义	由国家制定或认可并依靠国家强制力保证实施的,反映由特定社会物质生活条件决定的统治阶级意志,以权利义务为主要内容,以确认、保护和发展对统治阶级有利的社会关系和社会秩序为目的的社会规范的总称
	法的特征	法是调整人们行为的一种社会规范 法是由国家制定或认可的具有特定形式的社会规范 法是以权利义务为内容的社会规范 法是由国家强制力保证实施的社会规范 法是具有可诉性的规范体系

(转下页)

(接上页)

法学的基本概念
- 法的渊源
  - 包括
    - 法的理论渊源
    - 法的历史渊源
    - 法的文献渊源
    - 法的文化渊源
    - 法的本质渊源
    - 法的效率渊源
  - 我国法的正式渊源
    - 宪法(制定主体为全国人大)
    - 法律(制定主体为全国人大及其常委会)
    - 行政法规和地方性法规(制定主体为国务院、地方人大及其常委会)
    - 部门规章和地方政府规章(制定主体为国务院所属部门、地方人民政府)
    - 司法解释(制定主体为最高院、最高检)
    - 国际条约和协定(制定主体为相关缔约国及国际组织)
- 法律规则
  - 逻辑结构：假定条件＋行为模式＋法律后果
  - 种类
    - 授权性规则(权利性与职权性)和义务性规则(命令性与禁止性)
    - 强行性规则和任意性规则
    - 确定性规则和非确定性规则(委任性与准用性)
- 中国特色社会主义法律体系：宪法及宪法相关法、刑法、行政法、民商法、经济法、社会法、诉讼与非诉讼程序法
- 法律关系
  - 特征
    - 法律关系是以法律规范为前提的社会关系
    - 法律关系是以权利义务为内容的社会关系
    - 法律关系是以国家强制力为保障的社会关系
  - 种类
    - 绝对法律关系和相对法律关系
    - 调整性法律关系和保护性法律关系
  - 基本构成
    - 主体：自然人、法人和其他组织、国家
    - 客体：物、行为、人格利益、智力成果
    - 内容：依法享有的权利(力)与义务
  - 变动原因——法律事实
    - 行为
      - 法律行为
      - 事实行为
    - 事件
- 法律责任
  - 法律责任的竞合
  - 法律责任的免除

第二章 基本民事法律制度

> 遗赠人在临终前立下遗嘱,将夫妻共同财产中属于自己的部分遗赠给"第三者"。遗赠人这种符合《继承法》的规定,但没有遵守"社会公德"的遗赠行为是否该受到法律的保护呢?"第三者"能继承这份遗产吗?号称运用"公序良俗"原则判案的第一案,在四川泸州市纳溪区人民法院得到判决,丈夫将其财产遗赠给"第三者"的行为被认为违背社会公德而无效。对此,有人指出,民法以意思自治为核心价值,因此应该尊重丈夫所作出的意思表示。也有人指出,法院判决合法有据,民法虽以意思自治为核心价值,但意思自治也有其界限,民事法律行为应该接受法律的价值评判,有可能构成可撤销、无效等各种情形。毫不夸张地说,整部民法都是围绕民事主体意思表示的作出、效力、限制等各个角度展开的。

【本章导读】

民法是调整平等主体之间财产与人身关系的法律规范,是市场经济的基础性法律。其中,基本民事法律制度是理解包括物权法、合同法在内的整个民事法律的基础性制度。民事法律行为贯穿于整个民事立法,在合同法领域呈现为合同这一负担行为,而在物权法中则表现为处分行为,因此,对民事法律行为的概念、分类与效力的理解也就成为理解合同法与物权法的基础。代理制度的建立有利于拓展民事活动的空间,建立起多层次的法律关系。法谚有云,"法律不保护权利上的睡眠者。"因此有了诉讼时效制度,从而激励权利人积极及时维护自身权利。

第一节 民事法律行为

一、民事法律行为的一般规定

（一）概念与特征

民事法律行为是民事主体通过意思表示设立、变更或终止民事法律关系的行为。民事法律行为属于法律事实,能够引起法律关系变动,是民事主体实现意思自治的工具。归纳起来，民事法律行为具有以下两个特征：

（1）表意性。民事法律行为以意思表示为其核心要素。意思表示是指行为人将意欲达到某种预期法律后果的内在意思表现于外部的行为。表意性是民事法律行为区别于事实行为的关键因素。

（2）目的性。民事法律行为是有目的的行为，是当事人欲达到一定法律效果的行为。此处的"目的"仅指当事人实施民事法律行为所追求的法律后果，不包括行为人实施行为的动机。这一特征使得民事法律行为区别于其他法律事实，如侵权行为。侵权行为的法律后果由法律直接规定。

（二）民事法律行为的分类

民事法律行为可以从不同角度做不同的分类。

1. 单方行为、双方行为和多方行为

单方民事法律行为是根据一方当事人的意思表示而成立的民事法律行为，如委托代理的撤销、债务的免除、无权代理的追认等。双方民事法律行为是指两个当事人之间意思表示一致而成立的民事法律行为。多方民事法律行为是三个以上的当事人意思表示一致而成立的民事法律行为。双方民事法律行为或者多方民事法律行为要求当事人有两个以上，不仅各自需要进行意思表示，而且意思表示还需一致，如合同、决议等。

区分单方民事法律行为、双方民事法律行为与多方民事法律行为的意义在于：单方民事法律行为只要求当事人一方作出意思表示即可成立，双方民事法律行为要求双方当事人意思表示一致，多方民事法律行为则强调行为人的意思表示需要多数决才能成立。

2. 有偿行为和无偿行为

有偿民事法律行为是指当事人互为给付一定代价的民事法律行为，如买卖合同、租赁合同、承揽合同等。无偿民事法律行为是指一方当事人享有权利而无须给付任何代价的民事法律行为，如赠与行为、无偿委托、无偿消费借贷等。

区分有偿民事法律行为与无偿民事法律行为的意义在于以下三个方面：① 行为性质不同。法律规定某些民事法律行为必须是有偿的或者无偿的。如买卖必须是有偿的，而赠与则必须是无偿的，对此当事人不能自己约定。② 认定行为效力。有偿民事法律行为显失公平时，受损害方有权请求撤销该行为；而无偿民事法律行为则不存在显失公平的问题。③ 确定行为人的责任。一般来说，有偿民事法律行为的民事责任要重于无偿民事法律行为。如买卖合同中的出卖人应当对买卖标的物的瑕疵承担违约责任；而赠与合同中的赠与人原则上不对赠与物的瑕疵承担责任。

3. 负担行为与处分行为

根据法律行为效果的不同，可以将法律行为分为负担行为与处分行为。负担行为是使一方相对于他方承担一定给付义务的法律行为。这种给付义务既可以是作为也可以是不作为。因此负担行为产生的是债法上的法律效果，其中负有给付义务的主体是债务人。处分行为是直接导致权利发生变动的法律行为。这种变动既可以是权利的产生，也可以是权利的变更或者消灭。物权变动就是典型的处分行为。

区分负担行为与处分行为的意义在于：负担行为中的权利人可以享有要求履行的请求权，义务人的履行行为是请求权实现的重要前提；处分行为则直接使权利发生变动，并不需要义务人积极履行给付义务。

4. 要式行为和不要式行为

要式的民事法律行为是指法律规定必须采取一定的形式或者履行一定的程序才能成立的民事法律行为，如票据行为就是法定要式的民事法律行为。不要式的民事法律行为是指法律不要求采取一定形式，当事人自由选择形式即可成立的民事法律行为。该类民事法律行为的形式可由当事人协商确定。

区分要式民事法律行为和不要式民事法律行为的意义在于：不要式民事法律行为可以由当事人自由选择民事法律行为的形式；要式民事法律行为要求当事人必须采取法定形式，否则民事法律行为不能成立。

5. 主行为和从行为

主民事法律行为是指不需要存在其他民事法律行为就可以独立成立的民事法律行为。从民事法律行为是指从属于其他民事法律行为而存在的民事法律行为。如当事人之间订立一项借贷合同，为保证该合同的履行，又订立一项担保合同，其中，借贷合同是主合同，担保合同为从合同。从民事法律行为的效力依附于主民事法律行为：主民事法律行为不成立，从民事法律行为则不能成立；主民事法律行为无效，则从民事法律行为亦当然不能生效。但是，主民事法律行为履行完毕，并不必然导致从民事法律行为效力的丧失。

区分主民事法律行为和从民事法律行为的意义在于：从民事法律行为的存废由主民事法律行为决定，主民事法律行为不存在，从民事法律行为也就不能存在。

二、意思表示

民事法律行为以意思表示为核心。意思表示包括意思和表示两个方面。意思主要是指当事人希望发生一定民法效果的内心意思。表示是指行为人将其内在的效果意思以一定方式表现于外部，为行为相对人所了解。

意思表示可以分为无相对人的意思表示和有相对人的意思表示。无相对人的意思表示于意思表示完成时即可产生法律效力，法律另有规定的依照其规定，如遗嘱行为、抛弃动产等。有相对人的意思表示又分为对话的意思表示和非对话的意思表示。以对话方式作出的意思表示，相对人知道其内容时生效。以非对话方式作出的意思表示，到达相对人时生效。如订立合同过程中的要约和承诺、债务免除、授予代理权、合同解除等意思表示，均采取到达主义。

意思表示可以明示或者默示。沉默只有在有法律规定、当事人约定或者符合当事人之间的交易习惯时，才可以视为意思表示。如《继承法》第25条规定："继承开始后，继承人放弃继承的，应当在遗产处理前，作出放弃继承的表示。没有表示的，视为接受继承。"此处"没有表示的"就属于默示表示。

意思表示可以撤回。撤回意思表示的通知应当在意思表示到达相对人前或者与意思表示同时到达相对人。

意思表示有时存在歧义,需要解释。根据《民法总则》的规定,有相对人的意思表示的解释,应当按照所使用的词句,结合相关条款、行为的性质和目的、习惯以及诚信原则,确定意思表示的含义,侧重客观。无相对人的意思表示的解释,不能完全拘泥于所使用的词句,而应当结合相关条款、行为的性质和目的、习惯以及诚信原则,确定行为人的真实意思,侧重主观。

三、民事法律行为的成立与有效

(一)民事法律行为的成立

民事法律行为要产生法律效力,首先应当符合民事法律行为的构成要素,即必须具有当事人、意思表示、标的三个要素。特定情形下,还必须具备其他特殊事实要素,如实践性民事法律行为的成立还必须有标的物的交付。

(二)民事法律行为的生效

民事法律行为的生效,即已经成立的民事法律行为因为符合法律规定的有效要件而取得法律认可的效力。民事法律行为的成立和生效是两个不同的概念。民事法律行为的成立是民事法律行为生效的前提;民事法律行为未成立,当然也谈不上生效。在大多数情况下,民事法律行为的成立和生效是一致的,即在民事法律行为成立时即具有法律效力。

民事法律行为生效,应当具备一定的条件,即民事法律行为的有效要件。民事法律行为的有效要件包括实质要件和形式要件。

1. 民事法律行为有效的实质要件

(1)行为人具有相应的民事行为能力。民事法律行为的行为人必须具有相应的预见其行为性质和后果的民事行为能力。就自然人而言,完全民事行为能力人可以以自己的行为取得民事权利,履行民事义务;限制民事行为能力人只能从事与其年龄和智力发育程度相当的民事法律行为,其他民事法律行为由其法定代理人代理,或者在征得法定代理人同意的情况下独立实施;无民事行为能力人不能独立实施民事法律行为,必须由其法定代理人代理。

法人的民事行为能力是由法人核准登记的经营范围所决定。《最高人民法院关于适用〈中华人民共和国合同法〉若干问题的解释(一)》第10条规定,当事人超越经营范围订立合同,人民法院不因此认定合同无效,但违反国家限制经营、特许经营以及法律、行政法规禁止经营规定的除外。

(2)行为人的意思表示真实。意思表示真实是指行为人作出符合其内在意志的表示行为。意思表示不真实的民事法律行为,可以撤销或宣告无效。意思表示真实包括两个方面:意思表示自愿,任何人不得强迫;行为人内在的效果意思和外在的表示一致。

(3)不违反法律、行政法规的强制性规定,不违背公序良俗。这是指意思表示的内容不得与法律的强制性或禁止性规范相抵触,也不得滥用法律的授权性或任意性规定规避强制性或禁止性规范。

2. 民事法律行为有效的形式要件

这是指行为人的意思表示的形式必须符合法律的规定。如果行为人进行某项特定的民事法律行为时,未采用法律规定的特定形式,则不能产生法律效力。

民事法律行为的形式主要有以下四种：① 口头,指用谈话的方式进行意思表示,如当面交谈、电话交谈等。② 书面,指用书面文字进行意思表示,数据电文(包括电报、电传、传真、电子数据交换和电子邮件等)是书面形式的一种。③ 推定,指当事人并不直接用口头形式或书面形式进行意思表示,而是通过实施某种积极的行为,使得他人可以推定其意思表示。如在超市购物,向售货员交付货币的行为就可推定为行为人具有购买物品的意思。④ 沉默,指行为人没有以积极的作为进行表示,而是以消极的不作为代替意思表示。根据《民法总则》,沉默只有在有法律规定、当事人约定或者符合当事人之间的交易习惯时,才可以视为意思表示。如《合同法》第47条、第48条均有沉默形式的意思表示的规定。

(三) 无效民事法律行为

无效民事法律行为是指因欠缺民事法律行为的有效条件,不发生当事人预期法律后果的民事法律行为。无效民事法律行为有三个特征：① 自始无效。从行为开始时起就没有法律约束力。② 当然无效。不论当事人是否主张,是否知道,也不论是否经过人民法院或者仲裁机构确认,该民事法律行为当然无效。③ 绝对无效。绝对不发生法律效力,不能通过当事人的行为进行补正。当事人通过一定行为消除无效原因,使之有效,这不是无效民事法律行为的补正,而是消灭旧的民事法律行为,成立新的民事法律行为。

对无效民事法律行为的规定,《民法总则》重新进行了设计,总体的思想是减少无效民事法律行为的种类。

(1) 无民事行为能力人独立实施的民事法律行为无效。无民事行为能力人不能正确认识其行为的法律意义,依法不能独立进行民事活动,只能由其法定代理人代理。因此,无民事行为能力人独立实施的民事法律行为,因主体不合格而无效。无民事行为能力人虽然不能独立实施民事法律行为,但是可以在法定代理人的帮助下完成民事法律行为。

(2) 通谋虚伪表示无效。行为人与相对人以虚假的意思表示实施的民事法律行为无效。行为人如果以虚假的意思表示隐藏另外一个民事法律行为,被隐藏的民事法律行为的效力,依照有关法律规定处理。例如,为了避免非议,将实质上的赠与伪装成买卖关系。

(3) 恶意串通损害他人利益的民事法律行为无效。恶意串通损害他人利益的民事法律行为,指行为人故意合谋实施的损害国家、集体或第三人利益的行为。当事人所表达的意思是真实的,但这种意思表示是非法的,因此是无效的。

(4) 违反强制性规定或者公序良俗的民事法律行为无效。并非违反强制性规定的行为一律无效。根据《民法总则》的规定,违反法律、行政法规的强制性规定的民事法律行为无效,但是该强制性规定不导致该民事法律行为无效的除外。另外,违反公序良俗的民事法律行为亦无效。

（四）可撤销的民事法律行为

1. 可撤销的民事法律行为概述

可撤销的民事法律行为，亦称"相对无效的民事法律行为"，是指依照法律规定，由于行为的意思与表示不一致或者意思表示不自由，导致非真实的意思表示，可由当事人请求人民法院或者仲裁机构予以撤销的民事法律行为。

与无效民事法律行为相比，二者有以下四方面区别：① 行为成立后的效力不同。可撤销的民事法律行为在撤销前已经生效，在被撤销以前，其法律效果可以对抗除撤销权人以外的任何人。无效的民事法律行为在法律上当然无效，从一开始即不发生法律效力。② 主张权利的主体不同。可撤销的民事法律行为的撤销，应由撤销权人以撤销行为为之，人民法院不主动干预。而无效民事法律行为在内容上具有明显的违法性，故对无效民事法律行为的确认，不以当事人的意志为转移，司法机关和仲裁机构可以在诉讼或仲裁过程中主动宣告其无效。③ 行为效果不同。可撤销的民事法律行为的撤销权人对权利行使拥有选择权，当事人可以撤销其行为，也可通过承认的表示使得撤销权消灭。如果撤销权人未在规定的期限内行使撤销权，可撤销民事法律行为是有效的。可撤销的民事法律行为一经撤销，其效力溯及行为开始，即自行为开始时无效。而无效民事法律行为的后果则为自始无效、绝对无效。④ 行使时间不同。可撤销的民事法律行为，其撤销权的行使有时间限制。而在无效民事法律行为中，则不存在此种限制。

2. 可撤销民事法律行为的种类

（1）因重大误解而为的民事法律行为。所谓重大误解，是指行为人对行为的性质、对方当事人、标的物的品种、质量、规格和数量等的错误认识，使行为的后果与自己的意思相悖，造成较大损失。基于重大误解而实施民事法律行为的当事人，对于因撤销民事法律行为而导致的相对人的损失，应当承担赔偿责任。

（2）受欺诈而为的民事法律行为。欺诈是指当事人一方故意编造虚假情况或者隐瞒真实情况，使对方陷入错误认识而为违背自己真实意思表示的行为。受欺诈而为的民事法律行为属于意思表示不真实的民事法律行为，被欺诈的一方可以请求人民法院或者仲裁机构予以撤销。如果第三人实施欺诈行为，使一方在违背真实意思的情况下实施民事法律行为，对方知道或者应当知道该欺诈行为的，受欺诈方有权请求人民法院或者仲裁机构予以撤销。

（3）受胁迫而为的民事法律行为。胁迫是指以给公民或其亲友的生命健康、荣誉、名誉、财产等造成损害或者以给法人的荣誉、名誉、财产等造成损害相要挟，迫使对方作出违背真实意愿的意思表示。这属于意思表示不真实的民事法律行为，被胁迫的一方可以请求人民法院或者仲裁机构予以撤销。胁迫既可以来自民事法律行为的相对人，也可以来自第三人，其法律效果一样，均导致民事法律行为的可撤销。

（4）显失公平的民事法律行为。显失公平的民事法律行为是指一方利用对方处于危困状态、缺乏判断能力等情形，致使民事法律行为成立时当事人间的权利义务明显违反公平原则的民事法律行为。如某甲得知邻居急需用钱时，以极不合理的价格购买邻居的房屋就是显失公平的民事法律行为。

3. 撤销权

撤销权是权利人以其单方的意思表示撤销已经成立的民事法律行为的权利。撤销权在性质上属于形成权,故依撤销权人的意思表示即可产生相应的法律效力,无须相对人同意。在可变更、可撤销的民事法律行为中,并非所有当事人均享有撤销权。以欺诈、胁迫的手段,使对方在违背真实意思的情况下订立的合同,只有受损害方才有权撤销。撤销权人撤销的意思表示应向人民法院或仲裁机构作出,由人民法院或仲裁机构确认其撤销权是否成立。具有撤销权事由的当事人自知道或应当知道撤销事由之日起1年内没有行使撤销权的,撤销权消灭。该1年的时间属于除斥期间,不得适用诉讼时效的中止、中断和延长。

撤销权有存续时间。根据《民法总则》第152条的规定,有下列情形之一的,撤销权消灭:当事人自知道或者应当知道撤销事由之日起1年内、重大误解的当事人自知道或者应当知道撤销事由之日起3个月内没有行使撤销权;当事人受胁迫,自胁迫行为终止之日起1年内没有行使撤销权;当事人知道撤销事由后明确表示或者以自己的行为表明放弃撤销权。当事人自民事法律行为发生之日起5年内没有行使撤销权的,撤销权消灭。

(五) 效力待定的民事法律行为

效力待定的民事法律行为是指民事法律行为成立时尚未生效、须经权利人追认才能生效的民事法律行为。追认的意思表示自到达相对人时生效。一旦追认,则民事法律行为自成立时起生效;如果权利人拒绝追认,则民事法律行为自成立时起无效。效力待定的民事法律行为主要有以下三种类型:

1. 限制民事行为能力人依法不能独立实施的民事法律行为

限制民事行为能力人实施的超出其判断能力范围的民事法律行为,经法定代理人同意或者追认后有效。法定代理人的追认权性质上属于形成权。

法律在保护限制民事行为能力人合法权益的同时,为避免合同相对人的利益因为合同效力待定而受损,特别规定了相对人的催告权和善意相对人的撤销权。相对人可以催告法定代理人在一个月内予以追认。法定代理人未作表示的,视为拒绝追认。合同被追认之前,善意相对人有撤销的权利。撤销应当以通知的方式作出。善意是指相对人在订立合同时不知道与其订立合同的人欠缺相应的行为能力。

2. 无权代理人实施的民事法律行为

根据《民法总则》的规定,行为人没有代理权、超越代理权或者代理权终止后,仍然实施代理行为,未经被代理人追认的,对被代理人不发生效力。相对人可以催告被代理人在一个月内予以追认。被代理人未作表示的,视为拒绝追认。被代理人已经开始履行民事法律行为中设定的义务的,视为对民事法律行为的追认。民事法律行为被追认之前,善意相对人有撤销的权利。撤销应当以通知的方式作出。行为人实施的行为未被追认的,善意相对人有权请求行为人履行债务或者就其受到的损害请求行为人赔偿,但是赔偿的范围不得超过被代理人追认时相对人所能获得的利益。相对人知道或者应当知道行为人无权代理的,相对人和行为人按照各自的过错承担责任。

3. 无权处分人处分他人财产的行为

无权处分人处分他人财产的行为,效力待定。如果财产的权利人追认或者事后取得财产权,则成为有效的民事法律行为。

(六)民事法律行为被确认无效或被撤销的法律后果

可撤销的民事法律行为一旦被撤销,其行为效果与无效民事法律行为的效果一样。民事法律行为存在部分无效情形,如果民事法律行为部分无效,不影响其他部分效力的,其他部分仍然有效,如买卖合同中有部分禁止出售产品,并不影响可流通物品的合同效力。

根据《民法总则》的规定,民事法律行为无效、被撤销或者确定不发生效力后,行为人因该行为取得的财产,应当予以返还;不能返还或者没有必要返还的,应当折价补偿。有过错的一方应当赔偿对方由此所受到的损失;各方都有过错的,应当各自承担相应的责任。法律另有规定的,依照其规定。另外,根据《合同法》第57条的规定,合同无效或者被撤销不影响其中独立存在的有关解决争议方法的条款的效力。例如,双方当事人约定用仲裁方式解决双方争议的条款继续有效。

四、民事法律行为的附条件和附期限

(一)附条件的民事法律行为

附条件的民事法律行为是指当事人规定了一定条件,并且把该条件的成就与否作为民事法律行为效力发生或者消灭根据的民事法律行为。并非所有的民事法律行为都可以附条件,根据相关法律规定,下列民事法律行为不得附条件:① 条件与行为性质相违背的,如《合同法》第99条第2款规定,法定抵销不得附条件;② 条件违背社会公共利益或社会公德的,如结婚、离婚等身份性民事法律行为,原则上不得附条件。

1. 条件的特征

民事法律行为所附条件,具备下列特征:① 必须是将来发生的事实;② 必须是不确定的事实。该事实是否发生应当是不确定的,如果在民事法律行为成立时,该事实是将来必然发生的,则该事实应当作为民事法律行为的期限而非条件;③ 条件应当是双方当事人约定的;④ 条件必须合法。

2. 条件的分类

按照所附条件对民事法律行为产生的效力的不同,可以分为以下两种:

(1)附延缓条件的民事法律行为。延缓条件,《合同法》称之为"生效条件",亦称"停止条件"。延缓条件成就之后,民事法律行为发生法律效力。

(2)附解除条件的民事法律行为。解除条件又称"消灭条件",民事法律行为中所确定的权利和义务在所附条件成就时失去法律效力。

3. 附条件民事法律行为的效力

在条件成就与否未得到确定之前,行为人一方不得损害另一方将来条件成就时可能得到的利益。条件成就与否未定之前,行为人也不得为了自己的利益,以不正当行为促成或阻止条件成就。《合同法》第 45 条第 2 款规定:"当事人为自己的利益不正当地阻止条件成就的,视为条件已成就;不正当地促成条件成就的,视为条件不成就。"

(二)附期限的民事法律行为

附期限的民事法律行为是指当事人设定了一定的期限,并将期限的到来作为效力发生或消灭前提的民事法律行为。根据期限对民事法律行为效力所起作用的不同,可以将其分为延缓期限和解除期限。附延缓期限的民事法律行为,民事法律行为虽然已经成立,但是在所附期限到来之前不发生效力,待到期限届至时,才产生法律效力。因此延缓期限也称始期。附解除期限的民事法律行为,民事法律行为在约定的期限到来时,该行为所确定的法律效力消灭。因此解除期限也称终期。

第二节 代 理

一、代理的基本理论

(一)代理的概念与特征

代理是指代理人在代理权限内,以被代理人的名义与第三人实施民事法律行为,由此产生的法律后果直接由被代理人承受的法律制度。代理关系的主体包括代理人、被代理人(亦称本人)和第三人(亦称相对人)。代理关系包括三种关系:一是被代理人与代理人之间的代理权关系;二是代理人与第三人之间实施民事法律行为的关系;三是被代理人与第三人之间承受代理行为法律后果的关系。

代理制度是意思自治的保障,使得自然人及组织可以在有限的时间、条件下,通过他人从事民事活动而获得法律效果,扩大了从事民事法律活动的范围和可能性;代理制度还弥补了无行为能力人、限制行为能力人无法独立从事民事活动的不足,使得他们可以通过代理制度参加民事活动,充分实现自己的经济利益。

代理具有以下四个法律特征:

1. 代理行为是民事法律行为

代理行为以意思表示为核心,能够在被代理人与第三人之间设立、变更和终止民事权利和民事义务,因此代理行为表现为民事法律行为,如订立合同、履行债务等。代理人从事的行为主要包括三类:① 民事法律行为;② 民事诉讼行为;③ 某些财政、行政行为,如代理专利申请、商标注册。后面两种行为均包含意思表示要素,实际上属于准民事法律行为。

并非所有的民事法律行为都可以代理。根据《民法总则》的规定,依照法律规定、当事人约定或者民事法律行为的性质,应当由本人亲自实施的民事法律行为,不得代理。如立遗嘱、结婚等民事法律行为不得代理。

2. 代理人以被代理人的名义实施民事法律行为

为了保护交易相对人的利益,法律要求行为必须以被代理人名义实施。《民法通则》只承认以被代理人名义进行的代理,而不包括以代理人名义进行的代理。

3. 代理人是在代理权限内独立向第三人进行意思表示

代理人从事代理时拥有代理权。代理权是代理人能够以被代理人名义实施民事法律行为,并使该行为的效果直接归属于被代理人的法律资格。代理人在实施代理行为时应独立思考、自主作出意思表示。这种意思表示包括代理人向第三人作出意思表示,也包括受领第三人的意思表示。

4. 代理人所为的民事法律行为的法律效果归属于被代理人

在代理活动中,代理人不因其所实施的民事法律行为直接取得任何个人利益,由代理行为产生的权利和义务应归属于被代理人本人。

(二)代理与相关概念的区别

1. 代理与代表

法人组织一定有法定代表人。法定代表人从事的行为属于代表行为。代理与代表有以下两方面区别:① 代表人是法人机关,因此代表人与法人同属一个民事主体;代理关系是两个民事主体间的关系,代理人与被代理人是两个独立的民事主体。② 代表人实施民事法律行为就是法人实施民事法律行为,因此不存在效力归属问题;代理人从事的民事法律行为不是被代理人的民事法律行为,只是其效力归属于被代理人。

2. 代理与行纪

行纪是指经纪人受他人委托以自己的名义从事商业活动的行为。行纪与代理的区别体现在三个方面:① 行纪是以行纪人自己的名义实施民事法律行为;代理是以被代理人的名义实施民事法律行为。② 行纪的法律效果先由行纪人承受,然后通过其他法律关系(如委托合同)转给委托人;代理的法律效果直接归属于被代理人。③ 行纪必为有偿民事法律行为;代理既可为有偿,亦可为无偿。

3. 代理与传达

传达是将当事人的意思表示忠实地转述给对方当事人的事实行为。代理与传达之间的区别体现在三个方面:① 传达的任务是忠实传递委托人的意思表示,传达人自己不进行意思表示。代理关系中代理人则独立向第三人进行意思表示,以代理人自己的意志决定意思表示的内容。② 代理人要与第三人进行意思表示,故要求代理人具有相应的民事行为能力;传达人只需忠实传递委托人的意思表示,不以具有民事行为能力为条件。③ 身份行为必须由本人亲自实施,不可以代理;身份行为可以借助传达人传递意思表示。

(三)代理的种类

根据《民法总则》的规定,代理可分为委托代理和法律代理两种。基于被代理人授权的意思表示而发生的代理,为委托代理,又称意定代理。法定代理是依据法律规定而当然发生的代理,它是为无行为能力人和限制行为能力人设立的代理方式。在市场经济活动中,委托代理是适用最广泛的代理形式。

二、委托代理

(一) 委托代理概述

委托代理是指基于被代理人授权的意思表示而发生的代理,又称意定代理。委托代理的被代理人在授权时必须具有相应的民事行为能力。

委托授权为不要式行为,既可以采用书面形式,也可以采用口头或者其他方式授权,其中书面的委托形式是授权委托书,最典型的就是职务授权。根据《民法总则》的规定,执行法人或者非法人组织工作任务的人员,就其职权范围内的事项,以法人或者非法人组织的名义实施民事法律行为,对法人或者非法人组织发生效力。法人或者非法人组织对执行其工作任务的人员职权范围的限制,不得对抗善意相对人。

(二) 委托代理中的代理权

1. 代理权概述

代理制度的核心内容是代理权。代理权是代理人以他人名义独立进行意思表示,并使其效果归属于他人的一种法律资格。代理权的产生,或基于法律规定,如法定代理;或基于人民法院或其他机关的指定,如指定代理;或基于被代理人的授权行为,如委托代理。

委托代理中的授权行为是一种单方民事法律行为,仅凭被代理人一方的意思表示,即可发生授权的效果。因此这种授权行为区别于被代理人与代理人之间的基础法律关系,基础法律关系可以是委托合同、合伙合同等双方民事法律行为,但授权行为一定是单方民事法律行为。被代理人的授权行为,既可以向代理人进行,也可以向相对人为之,两者效力相同。

2. 代理权滥用

代理权是整个代理关系的基础,代理人之所以能代替被代理人实施民事法律行为,就在于代理人拥有代理权。滥用代理权的行为包括自己代理、双方代理以及代理人和第三人恶意串通。自己代理和双方代理使得代理人不能最大限度维护被代理人的利益,违背代理制度"受人之托,忠人之事"的初衷。根据《民法总则》的规定,代理人不得以被代理人的名义与自己实施民事法律行为,但是被代理人同意或者追认的除外。代理人不得以被代理人的名义与自己同时代理的其他人实施民事法律行为,但是被代理的双方同意或者追认的除外。可见,自己代理与双方代理在民事法律行为类型上应当定性为效力待定行为,其行为效力取决于被代理人对意思表示追认与否。代理人和相对人恶意串通,损害被代理人合法权益的,代理人和相对人应当承担连带责任。

3. 无权代理

所谓无权代理,是指没有代理权的代理。无权代理不是代理的一种形式,而是具备代理行为的表象但是欠缺代理权的行为。无权代理在法律上并非当然无效,应当根据具体情形进行分析。无权代理发生的原因在于代理人无代理权。无权代理的情形一般包括：没有代理权的代理行为；超越代理权的代理行为；代理权终止后的代理行为。

代理权的存在是代理关系成立并有效的必要条件。行为人实施的行为未被追认的，善意相对人有权请求行为人履行债务或者就其受到的损害请求行为人赔偿，但是赔偿的范围不得超过被代理人追认时相对人所能获得的利益。相对人知道或者应当知道行为人无权代理的，相对人和行为人按照各自的过错承担责任。

但无权代理并非当然无效，根据《民法总则》的规定，在无权代理情况下实施的民事法律行为效力待定。无权代理中当事人的权利义务主要体现在以下两个方面：

（1）被代理人可以追认无权代理。被代理人的此项权利称为追认权，是法律为保护被代理人利益而设定的。追认权性质上属于形成权，根据权利人单方的意思表示即可决定权利人与相对人之间法律关系的变动。法律对当事人的权利行使有期限的要求。《民法总则》规定，相对人可以催告被代理人自收到通知之日起一个月内予以追认。被代理人未作表示的，视为拒绝追认。行为人实施的行为被追认前，善意相对人有撤销的权利。撤销应当以通知的方式作出。一旦被代理人拒绝追认，无权代理行为就确定地转化为无效民事法律行为，由各方当事人按照各自的过错程度承担法律责任。无权代理成立后，被代理人已经开始履行法律行为项下义务的，视为对无权代理行为的追认。

（2）对相对人的保护。在被代理人追认前，相对人可以催告，请求被代理人对是否追认代理权作出明确的意思表示。催告在性质上属于意思通知行为，不属于形成权。善意相对人在被代理人行使追认权之前，有权撤销其对无权代理人已经作出的意思表示，此为撤销权。撤销权在性质上也属于形成权。撤销应当以通知方式作出，一旦撤销则代理人与相对人所为的民事法律行为即不生效。撤销权的行使有两个条件。首先，只有善意相对人才可以行使撤销权。如果相对人知道或者应当知道无权代理人无代理权，则不能行使撤销权。其次，撤销权的行使必须在被代理人行使追认权之前。如果被代理人已经行使了追认权，则代理行为确定有效，此时，善意相对人无撤销权。

4. 表见代理

表见代理，指无权代理人的代理行为客观上存在使相对人相信其有代理权的情况，且相对人主观上为善意，因而可以向被代理人主张代理的效力。表见代理属于广义的无权代理的一种。表见代理制度是为了保护善意相对人，保障交易安全。要成立表见代理，应当具备以下四个构成要件：

（1）代理人无代理权。如果代理人实际拥有代理权，则为有权代理，不发生表见代理。

（2）相对人主观上为善意且无过失。这是表见代理成立的主观要件，即相对人不知道行为人的行为属于无权代理行为，且相对人的不知在主观上并无过错。

（3）客观上有使相对人相信无权代理人具有代理权的情形。存在客观事由使相对人相信无权代理人有代理权，是成立表见代理的根据。在实践中，主要表现为表见授权（如持有介绍信或盖有印章的空白合同书）、代理授权不明，或者代理关系终止后未采取必要措施(如未及时收回印章)。

(4) 相对人基于这种客观情形而与无权代理人成立民事法律行为。相对人虽有理由相信其有代理权,但最后并未成立民事法律行为,不发生表见代理。只有在相对人相信其有代理权,并发生了民事法律行为时才成立表见代理。

对于被代理人来说,表见代理产生与有权代理一样的效果,即在相对人与被代理人之间产生法律关系。被代理人应受无权代理人与相对人实施的民事法律行为的拘束。被代理人不得以无权代理作为抗辩事由,主张代理行为无效。而相对人既可以主张其为狭义无权代理,也可以主张其为表见代理,选择其中的一种。如果主张狭义无权代理,则相对人可以行使善意相对人的撤销权,从而使整个代理行为归于无效,因为表见代理制度的目的在于保护善意相对人的利益。

第三节 诉讼时效

一、诉讼时效基本理论

(一) 诉讼时效的概念

诉讼时效是指请求权不行使达一定期间而失去国家强制力保护的制度。诉讼时效是基于一定的事实状态在法律规定的一定期间内持续存在而当然发生的,不为当事人意志所决定的某种法律效果。民法上建立诉讼时效制度,有利于督促权利人及时维护自己的权益,避免时间过长导致举证困难。诉讼时效具有以下三个特点:

(1) 债权人不行使权利的事实状态存在,而且该状态持续了一段期间。

(2) 诉讼时效届满不消灭实体权利,这是诉讼时效与除斥期间的本质区别。

① 诉讼时效期间的经过,不影响债权人提起诉讼,即债权人不丧失起诉权。

② 诉讼时效期间的经过,产生抗辩权发生的法律效果。债权人起诉后,如果债务人主张诉讼时效的抗辩,法院在确认诉讼时效届满的情况下,应驳回其诉讼请求;当事人未提出诉讼时效抗辩,人民法院不应对诉讼时效问题进行释明及主动适用诉讼时效的规定进行裁判。当事人在一审期间未提出诉讼时效抗辩,在二审期间提出的,人民法院不予支持,但其基于新的证据能够证明对方当事人的请求权已过诉讼时效期间的情形除外。

③ 诉讼时效期间届满,当事人一方向对方当事人作出同意履行义务的意思表示或者自愿履行义务后,又以诉讼时效期间届满为由进行抗辩,人民法院不予支持。

(3) 诉讼时效具有强制性。法律关于诉讼时效的规定属于强制性规范,当事人对诉讼时效利益的预先放弃无效。诉讼时效的具体内容,如诉讼时效的期间、计算方法以及中止、中断的事由均由法律规定,当事人约定无效。

(二) 诉讼时效的适用对象

诉讼时效并非适用于所有的请求权,根据《民法总则》的规定,下列请求权不适用诉讼时效的规定：请求停止侵害、排除妨碍、消除危险；不动产物权和登记的动产物权的权利人请求返还财产；请求支付抚养费、赡养费或者扶养费；依法不适用诉讼时效的其他请求权。另外，《最高人民法院关于审理民事案件适用诉讼时效制度若干问题的规定》第1条也规定了一些不适用诉讼时效的债权请求权：支付存款本金及利息请求权，兑付国债、金融债券以及向不特定对象发行的企业债券本息请求权；基于投资关系产生的缴付出资请求权。

(三) 诉讼时效与除斥期间的区别

与诉讼时效相近的一个概念是除斥期间。除斥期间是指法律规定某种权利预定存续的期间，债权人在此期间不行使权利，预定期间届满，便可发生该权利消灭的法律后果。如《继承法》第25条规定，受遗赠人应在知道受遗赠后两个月内作出接受遗赠的表示，否则视为放弃。两个月即为受遗赠权的除斥期间。诉讼时效和除斥期间都是以一定事实状态的存在和一定期间的经过为条件而发生一定的法律后果，都属于法律事实中的事件。但两者区别如表2-1所示。

表2-1 诉讼时效与除斥期间区别点

	诉讼时效	除斥期间
适用范围	债权请求权	形成权
法律效力	被请求人产生抗辩权	实体权利消灭
援用主体	法院不能主动援引	人民法院应当主动审查
是否可变	可变期间（中止、中断与延长）	不变期间
时间起算	权利人知道或应当知道时起	法律规定的时间或权利发生时间

二、诉讼时效的种类与起算

(一) 诉讼时效的种类

诉讼时效的种类、期间都是法定的，不同的诉讼时效有不同的期间，不同的诉讼时效有不同的起算时间。根据《民法通则》的规定，诉讼时效有以下三种：

(1) 普通诉讼时效。除非法律有特别规定，民事权利适用普通诉讼时效期间。根据《民法总则》的规定，向人民法院请求保护民事权利的诉讼时效期间为3年。法律另有规定的依照其规定。

(2) 长期诉讼时效。长期诉讼时效，指时效期间比普通诉讼时效的3年要长，但不到20年的诉讼时效。如《合同法》规定，涉外货物买卖合同及技术进出口合同的争议提起诉讼或者仲裁的期限为4年。

(3) 最长诉讼时效。最长诉讼时效是指期间为20年的诉讼时效期间。根据《民法总则》的规定，权利被侵害超过20年的，人民法院不予保护。与其他诉讼时效相比，最长诉讼时效期间从权利被侵害时起算，而非从权利人知道或者应当知道权利被侵害之时起算。最长诉讼时效期间可以适用诉讼时效的延长,但不适用诉讼时效期间的中断、中止等规定。

(二) 诉讼时效期间的起算

诉讼时效期间自权利人知道或者应当知道权利受到损害以及义务人之日起计算。法律另有规定的,依照其规定。根据民事法律关系的不同特点,诉讼时效的起算有以下不同的情况:

(1) 附条件或附期限的债的请求权,从条件成就或期限届满之日起算。

(2) 有履行期限的债的请求权,从清偿期届满之日起算。当事人约定同一债务分期履行的,诉讼时效期间自最后一期履行期限届满之日起算。

(3) 未定有履行期限或者履行期限不明确的债的请求权,依照《合同法》第61条、第62条的规定,可以确定履行期限的,诉讼时效期间从履行期限届满之日起计算;不能确定履行期限的,诉讼时效期间从债权人要求债务人履行义务的宽限期届满之日起计算,但债务人在债权人第一次向其主张权利之时明确表示不履行义务的,诉讼时效期间从债务人明确表示不履行义务之日起算。

(4) 无民事行为能力人或者限制民事行为能力人对其法定代理人的请求权的诉讼时效期间,自该法定代理终止之日起算。

(5) 未成年人遭受性侵害的损害赔偿请求权的诉讼时效期间,自受害人年满18周岁之日起算。

(6) 请求他人不作为的债权请求权的诉讼时效期间,应当自权利人知道义务人违反不作为义务时起算。

(7) 国家赔偿的诉讼时效期间,自国家机关及其工作人员行使职权时的行为被依法确认为违法之日起算。

三、诉讼时效的中止

(一) 诉讼时效中止的概念

诉讼时效中止是指在诉讼时效进行中,因一定的法定事由的发生而使权利人无法行使请求权,暂时停止计算诉讼时效期间。《民法总则》规定,在诉讼时效期间的最后6个月内,因不可抗力或者其他障碍不能行使请求权的,诉讼时效中止。之所以有最后6个月的限定,是因为此时才能说明事态的紧急性。根据《民法总则》的规定,只有在诉讼时效的最后6个月内发生中止事由,才能中止诉讼时效的进行。如果在诉讼时效期间的最后6个月以前发生权利行使障碍,而到最后6个月时该障碍已经消除,则不能发生诉讼时效的中止;如果该障碍在最后6个月时尚未消除,则应从最后6个月开始时起中止时效期间,直至该障碍消除。

(二) 诉讼时效中止的事由

中止诉讼时效的事由是客观上阻碍权利人主张权利的情形。根据《民法总则》的规定,中止诉讼时效的事由有两类:一是不可抗力;二是其他障碍。此处的其他障碍包括:① 无民事行为能力人或者限制民事行为能力人没有法定代理人,或者法定代理人死亡、丧失民事行为能力、丧失代理权；② 继承开始后未确定继承人或者遗产管理人；③ 权利人被义务人或者其他人控制；④ 其他导致权利人不能行使请求权的障碍。

（三）诉讼时效中止的法律效力

在诉讼时效中止的情况下，在时效中止的原因消除后，诉讼时效始终剩下 6 个月。即自中止时效的原因消除之日起满 6 个月，诉讼时效期间届满。

四、诉讼时效的中断

（一）诉讼时效中断的概念

诉讼时效中断，指在诉讼时效进行中，法定事由的发生致使已经进行的诉讼时效期间全部归于无效，诉讼时效期间重新计算。因为权利人主张自己的权利，诉讼时效制度所希望实现的目标已经达到。《民法总则》规定，有下列情形之一的，诉讼时效中断，从中断、有关程序终结时起，诉讼时效期间重新计算：权利人向义务人提出履行请求；义务人同意履行义务；权利人提起诉讼或者申请仲裁；与提起诉讼或者申请仲裁具有同等效力的其他情形。诉讼时效可以多次中断，但不得超过法律规定的 20 年的最长诉讼时效。

（二）诉讼时效中断的法定事由

1. 权利人向义务人提出履行请求

这是指权利人在诉讼程序以外作出请求履行的主张。这种主张在客观上改变了权利不行使的事实状态，导致诉讼时效中断。具有下列情形之一的，应当认定为"当事人一方提出要求"：① 当事人一方直接向对方当事人送交主张权利文书，对方当事人在文书上签字、盖章或者虽未签字、盖章但能够以其他方式证明该文书到达对方当事人的；② 当事人一方以发送信件或者数据电文方式主张权利，信件或者数据电文到达或者应当到达对方当事人的；③ 当事人一方为金融机构，依照法律规定或者当事人约定从对方当事人账户中扣收欠款本息的；④ 当事人一方下落不明，对方当事人在国家级或者下落不明的当事人一方住所地的省级有影响的媒体上刊登具有主张权利内容的公告的，但法律和司法解释另有特别规定的，适用其规定；⑤ 权利人对同一债权中的部分债权主张权利，诉讼时效中断的效力及于剩余债权，但权利人明确表示放弃剩余债权的情形除外。其中，第①项情形中，对方当事人为法人或者其他组织的签收人可以是其法定代表人、主要负责人、负责收发信件的部门或者被授权主体；对方当事人为自然人的，签收人可以是自然人本人、同住的具有完全行为能力的亲属或者被授权主体。

2. 义务人同意履行义务

义务人通过一定的方式向权利人作出愿意履行义务的意思表示，作为权利人信赖这种表示而不行使请求权，不能说是怠于行使权利，因此也构成诉讼时效的中断。义务人作出分期履行、部分履行、提供担保、请求延期履行、制定清偿债务计划等承诺或者行为，均属于义务人同意履行义务的意思表示。

3. 提起诉讼或者申请仲裁

提起诉讼是指通过司法程序行使请求权。当事人一方向人民法院提交起诉状或者口头起诉的,诉讼时效从提交起诉状或者口头起诉之日起中断。权利人向人民调解委员会以及其他依法有权解决相关民事纠纷的国家机关、事业单位、社会团体等社会组织提出保护相应民事权利的请求,诉讼时效从提出请求之日起中断。权利人向公安机关、人民检察院、人民法院报案或者控告,请求保护其民事权利的,诉讼时效从其报案或者控告之日起中断。上述机关决定不立案、撤销案件、不起诉的,诉讼时效期间从权利人知道或者应当知道不立案、撤销案件或者不起诉之日起重新计算;刑事案件进入审理阶段,诉讼时效期间从刑事裁判文书生效之日起重新计算。另外,下列事项均与提起诉讼或者申请仲裁具有同等效力:① 申请支付令;② 申请破产、申报破产债权;③ 为主张权利而申请宣告义务人失踪或死亡;④ 申请诉前财产保全、诉前临时禁令等诉前措施;⑤ 申请强制执行;⑥ 申请追加当事人或者被通知参加诉讼;⑦ 在诉讼中主张抵销。

除了上述三项诉讼时效中断的事由以外,下列情形也会发生诉讼时效中断的效果:① 对于连带债权人、连带债务人中的一人发生诉讼时效中断效力的事由,应当认定对其他连带债权人、连带债务人也发生诉讼时效中断的效力。② 债权人提起代位权诉讼的,应当认定对债权人的债权和债务人的债权均发生诉讼时效中断的效力。③ 债权转让的,应当认定诉讼时效从债权转让通知到达债务人之日起中断。在债务承担情形下,构成原债务人对债务承认的,应当认定诉讼时效从债务承担意思表示到达债权人之日起中断。此外,还应注意债权转让与债务承担中诉讼时效中断要件的不同。债权转让只要转让通知到达债务人处即发生中断效力,债务承担则需要原债务人认可债务的存在方可发生中断效力。

(三) 诉讼时效中断的法律效力

诉讼时效中断的法律效力为诉讼时效的重新起算,即已经经过的诉讼时效期间失去意义。诉讼时效的中断如果是一个时间点,则从该时间点重新起算诉讼时效。如果诉讼时效的中断是一个程序,则在相关程序终结时,诉讼时效重新起算。诉讼时效的中断次数没有限制,当然不得超过 20 年最长诉讼时效的限制。

五、诉讼时效的延长

权利人在法定的诉讼时效期间内没有行使权利,原则上胜诉权消灭。但是,如果在法定期限内没有行使权利是由于某种客观上的障碍,根据《民法总则》的规定,有特殊情况的,人民法院可以根据权利人的申请决定延长。所有的诉讼时效期间,包括 20 年的最长期间都可以适用诉讼时效的延长。

案 例 分 析

案例一

张某和李某设立的甲公司伪造房产证,以优惠价格与乙企业(国有)签订房屋买卖合同,以骗取钱财。乙企业交付房款后,因甲公司不能交房始知被骗。根据民事行为效力理论,乙企业可以基于何种理由维护自己权益?

法律分析:乙企业可以请求撤销合同,原理在于,当事人一方故意编造虚假情况或者隐瞒真实情况,使对方陷入错误认识而作出违背自己真实意思表示的行为,构成欺诈,乙企业可以主张撤销合同。乙企业也可以不请求撤销合同而要求甲公司承担违约责任。

案例二
甲公司向乙公司催讨一笔已过诉讼时效期限的10万元货款。乙公司书面答复称:"该笔债务已过时效期限,本公司本无义务偿还,但鉴于双方的长期合作关系,可偿还3万元。"甲公司遂向法院起诉,要求偿还10万元。乙公司接到应诉通知后书面回函甲公司称:"既然你公司起诉,则不再偿还任何货款。"在法律上,如何看待乙公司的书面答复?

法律分析:诉讼时效届满不消灭实体权利。诉讼时效期间届满,当事人一方向对方当事人作出同意履行义务的意思表示或者自愿履行义务后,又以诉讼时效期间届满为由进行抗辩,人民法院不予支持。因此,乙公司的书面答复意味着乙公司需偿还甲公司3万元。

思考与练习

1. 简述民事法律行为与意思表示之间的关系。
2. 简述民事法律行为的几种分类及其意义。
3. 无权代理的情形法律如何处理?
4. 诉讼时效经过的法律效果是什么?

阅读文献

1. 朱庆育.民法总论.2版.北京大学出版社,2016.
2. 王泽鉴.民法总则.北京大学出版社,2009.
3. 王利明.民法总则研究.3版.中国人民大学出版社,2018.

真题链接

知识体系示意图

```
民事基本制度
├─ 民事法律行为
│   ├─ 民事法律行为概念 ─┬─ 意思表示
│   │                    └─ 以设立、变更或终止权利义务为目的
│   ├─ 民事法律行为分类 ─┬─ 单方、双方与多方行为
│   │                    ├─ 有偿、无偿行为
│   │                    ├─ 负担、处分行为
│   │                    ├─ 要式、不要式行为
│   │                    └─ 主、从行为
│   ├─ 民事法律行为效力（成立、生效、无效、可撤销、效力待定）
│   └─ 民事法律行为的附条件或附期限
│
└─ 代理制度
    ├─ 代理的概念及特征 ─┬─ 代理与委托
    │                    ├─ 代理与代表
    │                    ├─ 代理与行纪
    │                    └─ 代理与传达
    ├─ 代理的种类（委托代理、法律代理）
    ├─ 委托代理 ─┬─ 委托代理概念
    │            └─ 代理权 ─┬─ 代理权滥用
    │                       ├─ 无权代理
    │                       └─ 表见代理
    └─ 诉讼时效 ─┬─ 基本理论 ─┬─ 概念
                 │             ├─ 适用对象
                 │             └─ 种类与起算
                 ├─ 诉讼时效中止
                 ├─ 诉讼时效中断
                 └─ 诉讼时效延长
```

第三章 物权法律制度

> 普鲁士国王、后来的德意志帝国皇帝威廉一世修建一所宫殿,远眺全城时视线却被紧挨宫殿的一所磨坊所阻挡,威廉一世在同磨坊主的拆迁谈判未果的情形下,派士兵强拆了磨坊。不料磨坊主一纸诉状把皇帝告上了法庭,法庭不但受理了而且判决皇帝把磨坊恢复原状、赔偿损失。威廉一世虽然贵为德国皇帝,拿到判决后也只得执行。"风能进,雨能进,国王不能进"为人耳熟能详,中国自古以来也流传着"无恒产者无恒心"的古训,背后所反映出的都是对于私人财产的尊重。表现在物权法上,物权具有绝对性、对世性的特征。

【本章导读】

物权法是调整因物的归属和利用而产生的民事关系的法律。财产法的两根支柱分别是物权法和债权法,其中,物权法属于财产的归属法,债权法则属于财产的流转法。作为财产归属法,物权法是财产制度的基础,亦是区分不同经济制度的标志。物权法主要由包括所有权、用益物权与担保物权在内的法律体系构成。

第一节 物权法律制度概述

一、物的概念与种类

物是物权的客体。《物权法》规定:"本法所称物,包括不动产和动产。法律规定权利作为物权客体的,依照其规定。"

(一) 物的概念

物权法上的"物"指的是有体物,是除人的身体之外,能为权利人所支配,并且满足人类社会生活需要的物质实体。物权法上的物具有以下三个特点:

1. 在人的身体之外

人是权利主体,不能成为物权客体。不过人体器官如脱离人的身体,则可成为物。

2. 有体性

有体性指占有一定空间而有形存在。我国物权法上的物仅指有体物，权利、行为、智力成果(作品、专利)等均不是物权法上的物，因而不属物权客体。其中，权利在特殊情况下经法律规定可成为物权客体，如以股权、票据权利等出质的权利质权。

3. 可支配性

可支配性指能为人力所支配并满足人的需要。如太阳、月亮、星星等就不属于物权法上的物。

(二) 物的种类

1. 流通物、限制流通物与禁止流通物

这是根据物是否能够流通以及在什么范围内流通为标准所做的分类。限制流通物是被法律限制市场流通之物，如文物、黄金、药品等；禁止流通物则是法律禁止流通之物，如国家专有的物资、土地与矿藏、水流等。

2. 动产与不动产

这是根据物能否移动并且是否因移动而影响其价值，或物权变动法律要件的不同而做的分类。不可移动，或移动将损害其价值的物，为不动产，包括土地、海域以及房屋、林木等地上定着物。动产则是指不动产以外的物。区分动产与不动产的意义主要在于两方面：① 物权变动的法律要件不同。动产以交付为要件，不动产则须登记。② 确定诉讼管辖。不动产纠纷由不动产所在地法院管辖。

3. 特定物与种类物

该分类仅限于动产。种类物是在交易上以数量、容量或重量而确定的物，也称可替代物，如书、铅笔等。特定物具有唯一性、不可被他物替代，也称不可替代物，如凡·高的画等。区分意义在于：交易客体为可替代物时，可以同类物替代履行；不可替代物一旦发生损害就只能请求金钱赔偿。

4. 消费(耗)物与非消费(耗)物

该分类仅限于动产。消费物是指依其性质只能一次性使用或让与之物，如粮食、金钱等，非消费物则相反。区分意义在于：消费物不可能在使用了以后，又原封不动地归还原来的所有者；消费物的使用权人一般是所有权人；一般情况下，以让与为目的的消费物(金钱)移转占有即移转所有权。

5. 可分物与不可分物

可分物是不因分割而变更其性质或减损其价值的物，如油、米等。反之，牛、汽车等则属不可分物。区分意义在于：分割共有时，可分物可进行实物分割。

6. 主物与从物

一物可能不是他物的成分，而只是作为他物发挥作用的辅助工具而存在。此时，相对于起主要效用的物(主物)而言，该辅助之物为从物，如旅馆设置的家具、房间的钥匙、书的封套、汽车后箱中的备用胎、机器的维修工具等。房屋的门窗，因为属于房屋的一部分，所以不是从物。在无法律特别规定或当事人特别约定时，从物的权利归属与主物一致。

7. 原物与孳息

根据两物之间的渊源关系所做的分类。其中,孳息又有天然孳息与法定孳息之别。《物权法》第116条规定:"(第1款)天然孳息,由所有权人取得;既有所有权人又有用益物权人的,由用益物权人取得。当事人另有约定的,按照约定。(第2款)法定孳息,当事人有约定的,按照约定取得;没有约定或者约定不明确的,按照交易习惯取得。"

二、物权的概念与种类

(一) 物权的概念

《物权法》规定:"本法所称物权,是指权利人依法对特定的物享有直接支配和排他的权利。"与债权相比,物权具有以下三个特点:

1. 对世性

物权是对抗所有人的财产权,排除任何他人的干涉,其他人有义务予以尊重,属于绝对权或称对世权。这也是物权需要公示的原因所在。

2. 支配性

物权是对于标的物具有直接支配力的财产权,物权人有权仅以自己意志实现权利,无须第三人的积极行为协助,属于支配权。债权则属于请求权,其实现有赖于债务人的履行行为。

3. 排他性

物权人对于标的物具有意志支配力,能够排除他人意志以同样方式支配,故一物之上只能成立一项所有权。在遇到侵犯时,可以排除妨碍。债权则具有兼容性,同一标的物上成立双重买卖,两项买卖合同均属有效,并不相互排斥。

(二) 物权的种类

1. 自物权和他物权

《物权法》规定,物权包括所有权、用益物权和担保物权。其中,所有权即是自物权,是对于自己之物享有的物权;用益物权和担保物权则属他物权(又称限制物权),是在他人所有之物上设定的物权。

物权法以所有权为中心展开,无论是用益物权还是担保物权,均是对所有权的限制。

2. 用益物权与担保物权

用益物权和担保物权均属限制物权。以实现对标的物的使用和收益为目的而设立的他物权为用益物权,主要包括国有土地使用权、宅基地使用权、农村土地承包经营权等;以担保债权实现为目的而设立的物权为担保物权,包括抵押权、质权和留置权等。用益物权针对的是物的使用价值,担保物权则针对物的交换价值而设。

3. 动产物权与不动产物权

动产物权是设定在动产之上的物权,如动产所有权、动产质权、留置权等;不动产物权则是设定于不动产之上的物权,如不动产所有权、土地使用权、不动产抵押权等。用益物权一般存在于不动产之上;担保物权中的抵押权原则上亦以不动产为客体,但法律另有规定的除外;质权与留置权则只能以动产为客体,不得设于不动产之上。

三、物权法的基本原则

物权法的基本原则是效力贯穿于物权法始终、反映物权法调整对象的本质与规律的根本理念。

(一) 物权法定原则

1. 物权法定原则的含义

《物权法》规定："物权的种类和内容，由法律规定。"物权法定原则包括两方面的含义：一是种类法定，即不得创设民法或其他法律所不承认的物权；二是内容法定，即不得创设与法律规定内容相异的规则。

物权法定原则旨在限制当事人的物权创设自由，原因在于，物权具有绝对效力，如果允许当事人任意设置，可能不利于交易安全。债权则不同，其效力仅及于当事人双方，属于相对权，故不仅债权内容可由当事人自由设定，债权类型亦是开放的。《合同法》所规定的 15 种有名合同仅具示例意义，在此之外，还存在大量合法的无名合同。

《物权法》第 5 条所称"法律"，不限于《物权法》，包括一切由全国人大及其常务委员会制定的"法律"，但不包括行政法规与地方性法规，亦不包括司法解释与司法判例。

2. 物权法定原则的效力

(1) 行为人违反种类法定原则，在法定物权种类之外创设物权，该物权创设行为无效。例如，租赁合同的当事人约定，承租人享有能够对抗任何人的具有物权效力的优先购买权，这在物权法上不具有效力。不过，这一物权法上无效的约定在合同法上仍然有效，因此，承租人有权请求违反约定的出租人承担合同法上的违约责任。

(2) 行为人设定与法定物权相异的内容，该设定行为无效。例如，在质押合同中，当事人所约定的在债务人履行期限届满抵押权人未受清偿时，抵押物所有权转移为债权人所有的"流质条款"无效。

(二) 一物一权原则

一物一权原则包括两个方面：① 一物之上只能设定一个所有权，一个所有权的客体只能是一个物。这也就要求物权必须针对特定的物。虽然要求一物一权，但多人可以共同对一物享有一项物权，因为多人只涉及多数物权人，而一物一权表现是物权客体与权利本身的关系。② 一物之上不得设立两个以上内容冲突的物权，如所有权与他物权的共容、用益物权与担保物权的共容等。

(三) 公示公信原则

1. 公示的含义

物权以法定方式公之于外，称为公示原则。《物权法》规定："不动产物权的设立、变更、转让和消灭，应当依照法律规定登记。动产物权的设立和转让，应当依照法律规定交付。"

2. 公示的效力

(1) 物权移转效力。根据公示对于物权移转效力影响程度的不同，物权移转有公示生效主义与公示对抗主义两种立场。所谓公示生效主义，是指物权移转，非经法定公示不得生效。动产的公示方式为交付,并且原则上公示生效,但《物权法》第 24 条规定:"船舶、航空器和机动车等物权的设立、变更、转让和消灭,未经登记,不得对抗善意第三人。"又依《最高人民法院关于适用〈中华人民共和国物权法〉若干问题的解释(一)》(以下简称《物权法解释(一)》)第 6 条的规定,转让人转移船舶、航空器和机动车等所有权,受让人已经支付对价并取得占有,虽未经登记,但转让人的债权人主张其为《物权法》第 24 条所称的"善意第三人"的,除法律另有规定外,不予支持。不动产物权的设立、变更、转让和消灭,原则上须经依法登记,才能发生效力,未经登记,不发生效力。例如,建设用地使用权、不动产抵押权等权利的设立或转让,非经登记,不生效力。动产物权的设立和转让,则是自交付时发生效力,例如,质权自出质人交付质押财产时设立。

某些物权的享有与变动,只需当事人意思即可,不以公示为前提。公示的效力只在于对抗第三人。例如,在不动产物权方面,土地承包经营权人将土地承包经营权互换、转让,当事人要求登记的,应当向县级以上地方人民政府申请土地承包经营权变更登记,未经登记,不得对抗善意第三人;地役权自地役权合同生效时设立,当事人要求登记的,可以向登记机构申请地役权登记,未经登记,不得对抗善意第三人。在动产物权方面,船舶、航空器和机动车等物权的设立、变更、转让和消灭,未经登记,不得对抗善意第三人;以生产设备、原材料、半成品、产品、交通运输工具或者正在建造的船舶、航空器抵押的,抵押权自抵押合同生效时设立,未经登记,不得对抗善意第三人;企业、个体工商户、农业生产经营者以现有的以及将有的生产设备、原材料、半成品、产品抵押的,抵押权自抵押合同生效时设立,未经登记,不得对抗善意第三人。

(2)物权推定效力。为法定公示方式所彰显的权利人,被推定为合法权利人。动产占有人被推定为动产所有权人,不动产登记簿上记载的权利人及其享有的权利被推定为真实。我国仅在不动产登记中较为明确地规定了此项效力。《物权法》规定:"不动产权属证书是权利人享有该不动产物权的证明。不动产权属证书记载的事项,应当与不动产登记簿一致;记载不一致的,除有证据证明不动产登记簿确有错误外,以不动产登记簿为准。"登记簿也可能出现错误,对此,《物权法解释一》第 2 条规定:"当事人有证据证明不动产登记簿的记载与真实权利状态不符、其为该不动产物权的真实权利人,请求确认其享有物权的,应予支持。"

(3)公信效力。如果采用公示生效主义立场,法定公示方式为权利变动与享有的法律表征,第三人有理由对其表示信赖,因而,公示能够产生公信力。公信效力是善意取得的必要条件。

第二节 物 权 变 动

一、物权变动的含义

物权变动是指物权的发生、变更或消灭。

物权的取得又分原始取得与继受取得。物权的原始取得是指物权取得非自他人之手继受而来。典型的原始取得如基于对无主物的先占而取得所有权,依自己的所有权而取得原物孳息,通过建造取得房屋所有权,等等。继受取得又称传来取得,是指权利自前手继受而来。典型的继受取得是通过法律行为让与权利,但亦可通过法律行为之外的方式发生,如继承。物权的继受取得可能是移转型,如所有权人将其所有权让与他人,亦可能是创设型,如所有权人为他人设立限制物权。判断物权取得属于原始取得抑或继受取得,关键在于所取得的权利是否源自权利前手。

物权的变更包括主体、客体及内容三方面的变更,其中,物权主体变更实际上是物权转让。

物权的消灭可分绝对消灭与相对消灭两类。绝对消灭是指物权本身不复存在,例如,客体消灭将导致物权绝对消灭;相对消灭表达的则是物权转让的含义——相对于物权出让方而言,物权消灭了。

二、物权变动的原因

物权变动的原因可分为两大类,一是基于法律行为的物权变动,二是非基于法律行为的物权变动。

法律行为旨在根据行为人意志发生法律效果。若法律效果指向债法领域,设定债法上的权利义务,则称债权行为(也称负担行为),如买卖合同、租赁合同;若法律效果指向物权法领域,直接变动物权,则称物权行为(也称处分行为)。物权行为是直接发生物权让与、变更或废止效力之法律行为。

非基于法律行为的物权变动主要包括以下三类:

(1) 事实行为。《物权法》第30条规定:"因合法建造、拆除房屋等事实行为设立或者消灭物权的,自事实行为成就时发生效力。"事实行为的作出,不需要行为能力。

(2) 法律规定。《物权法》第29条规定:"因继承或者受遗赠取得物权的,自继承或者受遗赠开始时发生效力。"

(3) 公法行为。《物权法》第28条规定:"因人民法院、仲裁委员会的法律文书或者人民政府的征收决定等,导致物权设立、变更、转让或者消灭的,自法律文书或者人民政府的征收决定等生效时发生效力。"本条所称法律文书必须具有直接改变原有物权关系、不必由当事人履行的形成效力,不包括判令一方当事人向另一方当事人作出履行的给付判决。因为,如果判决内容是一方当事人向另一方履行,那么,让物权发生变动的,是当事人的履行行为而非判决本身。

非基于法律行为的物权变动不必以公示为前提。即使尚未完成动产交付或不动产登记,也不妨碍物权之取得,并且,取得物权之人要求得到物权保护的,应予支持。只不过,依《物权法》的规定,取得不动产物权之人再处分物权时,"依照法律规定需要办理登记的,未经登记,不发生物权效力"。

三、物权行为

(一) 物权行为的含义

财产法上的法律行为有债权行为与物权行为之别。债权行为的效力在当事人之间确立债权债务关系,债务人为此负有法律上的义务。例如,甲乙双方就某套房屋订立买卖合同,买卖合同生效后,出卖人甲负有向买受人乙转让房屋所有权的义务(《合同法》第 135 条),乙则向甲负有支付相应价金的义务(《合同法》第 159 条)。买卖合同只是债权行为,并不足以导致房屋所有权转让。房屋所有权的转让依赖于出卖人向买受人为了履行买卖合同而转让所有权的行为,该行为在消灭合同之债的意义上称为合同的履行行为,在转让物权的意义上则称为物权行为。

(二) 物权行为的特点

物权行为的特点可在与债权行为的比较中看出,二者的区别主要有以下三个方面:

1. 法律效果

债权行为不会直接引起积极财产(物权)的减少,却会使得消极财产(义务)增加。物权行为则直接导致行为人积极财产的减少。例如,买卖合同生效后,出卖人负有向买受人转让所有权的义务,但义务得到履行之前,所出卖的标的物所有权仍属出卖人所有,待出卖人实际向买受人实施物权行为、转让所有权后,出卖人才失去所有权,买受人亦于此时取得所有权。

2. 处分权

物权行为使得物权发生变动,故出让人需要对标的物具有处分权。无处分权而转让他人物权(如所有权),称为无权处分。无权处分行为处于效力待定状态,在得到真正权利人追认或处分人取得处分权后变得有效,否则,该无权处分行为将归于无效。

债权行为因其只是负担行为而不转让物权,故无处分权之要求。因此,出卖他人之物的买卖合同亦可有效。对此,《最高人民法院关于审理买卖合同纠纷案件适用法律问题的解释》第 3 条第 1 款规定:"当事人一方以出卖人在缔约时对标的物没有所有权或者处分权为由主张合同无效的,人民法院不予支持。"

3. 兼容性

物权只能被转让一次,出让人在实施转让物权的物权行为后,即失去所转让的物权,故对于同一物不能实施两次处分行为。但债权行为因其仅负担义务,而不涉及物权变动,可反复作出。《最高人民法院关于适用〈中华人民共和国合同法〉若干问题的解释(二)》第 15 条明文规定:"出卖人就同一标的物订立多重买卖合同,合同均不具有合同法第 52 条规定的无效情形,买受人因不能按照合同约定取得标的物所有权,请求追究出卖人违约责任的,人民法院应予支持。"

四、物权变动的公示方式

依物权公示原则,基于法律行为的物权变动需要公示。公示乃是物权发生变动的法律标志。公示方式依动产或不动产物权变动而有不同。

(一)动产物权变动的公示方式——交付

《物权法》规定:"动产物权的设立和转让,自交付时发生效力,但法律另有规定的除外。"交付有现实交付与观念交付两种。

1. 现实交付

所谓现实交付,指的是将物直接交由对方占有,是最为典型的交付形态。

2. 观念交付

现实交付不可能或没必要时的交付方式,也称替代交付。交付替代方式包括以下三种:

(1)简易交付。《物权法》第25条规定:"动产物权设立和转让前,权利人已经依法占有该动产的,物权自法律行为生效时发生效力。"

(2)指示交付。指示占有标的物之人将物交付于受让人。《物权法》第26条规定:"动产物权设立和转让前,第三人依法占有该动产的,负有交付义务的人可以通过转让请求第三人返还原物的权利代替交付。"

(3)占有改定。所谓改定,改定的是占有人身份。《物权法》第27条规定:"动产物权转让时,双方又约定由出让人继续占有该动产的,物权自该约定生效时发生效力。"

(二)不动产物权变动的公示方式——登记

《物权法》第9条规定:"不动产物权的设立、变更、转让和消灭,经依法登记,发生效力;未经登记,不发生效力,但法律另有规定的除外。""法律另有规定"是指登记不是生效条件而是对抗要件的情形,如《物权法》所规定的土地承包经营权与地役权等。

根据《不动产登记暂行条例》及《不动产登记暂行条例实施细则》的规定,登记类型主要包括:首次登记、变更登记、转移登记、注销登记、更正登记、异议登记、预告登记与查封登记。

首次登记是指不动产权利第一次登记。未办理不动产首次登记的,除法律、行政法规另有规定的外,不得办理不动产其他类型登记。

变更登记是指不动产登记事项发生不涉及权利转移的变更所需登记,包括权利人的信息(姓名、身份证件信息等)、不动产状况(坐落、界址等)等不动产的各种信息变更。

转移登记是指不动产权利在不同主体之间发生转移所需登记,即通过买卖、互换、赠与、出资等方式,将不动产由一方主体转移给另一方主体的情形。

不动产权利消灭时,需要办理注销登记。属于注销登记的情形包括:① 不动产灭失的;② 权利人放弃不动产权利的;③ 不动产被依法没收、征收或者收回的;④ 人民法院、仲裁委员会的生效法律文书导致不动产权利消灭的;⑤ 法律、行政法规规定的其他情形。

更正登记与异议登记用以应对可能发生的登记错误。权利人、利害关系人认为不动产登记簿记载的事项错误的,可以申请更正登记。不动产登记簿记载的权利人书面同意更正或者有证据证明登记确有错误的,登记机构应当予以更正。若是不动产登记簿记载的权利人不同意更正,利害关系人可以申请异议登记。登记机构予以异议登记的,申请人在异议登记之日起15日内不起诉,异议登记失效。异议登记不当,造成权利人损害的,权利人可以向申请人请求损害赔偿。

当事人签订买卖房屋或者其他不动产物权的协议,为保障将来实现物权,按照约定可以向登记机构申请预告登记。具体而言,有下列情形之一的,当事人可以申请预告登记:① 预购商品房;② 以预购商品房设定抵押;③ 房屋所有权转让、抵押;④ 法律、法规规定的其他情形。预告登记后,一方面,未经预告登记的权利人同意处分该不动产(如转移不动产所有权、设定建设用地使用权、设定地役权、设定抵押权等)的,不发生物权效力;另一方面,债权消灭或者自能够进行不动产登记之日起 3 个月内未申请登记的,预告登记失效。所谓债权消灭,除包括债权因得到清偿而消灭的情形外,根据《物权法解释一》第 5 条的规定,还包括买卖不动产物权的协议被认定无效、被撤销、被解除,或者预告登记的权利人放弃债权等情形。

第三节 所有权

一、所有权的概念

所有权是指在法律限制范围内,对物进行全面支配的权利。《物权法》第 39 条规定:"所有权人对自己的不动产或者动产,依法享有占有、使用、收益和处分的权利。"据此,所谓全面支配,可简化为占有、使用、收益和处分四项权能。其中,占有是所有权的表征,这尤其体现于动产领域,动产占有人被推定为所有权人;使用是指不毁损其物或变更其性质,而依物之用法以供权利人需用;收益是指收取天然孳息及法定孳息,与使用权能合称用益;处分包括事实处分与法律处分,事实处分针对物本身,如毁损某物、改装某物等,法律处分则针对物上权利,如抛弃或转让所有权。

二、所有权的类型

(一)所有权的法定分类

《物权法》第五章标题为"国家所有权和集体所有权、私人所有权",由此根据所有制划分三类所有权。

1. 国家所有权

国家以所有者身份对物享有的全面支配权力。《物权法》第 45 条第 1 款规定:"法律规定属于国家所有的财产,属于国家所有即全民所有。"无论是称国家所有还是全民所有,"国家"或"全民"均无法亲自行使所有权。为此,《物权法》第 45 条第 2 款又规定:"国有财产由国务院代表国家行使所有权;法律另有规定的,依照其规定。"法律另有规定的如《物权法》第 53 条:"国家机关对其直接支配的不动产和动产,享有占有、使用以及依照法律和国务院的有关规定处分的权利。"第 54 条规定:"国家举办的事业单位对其直接支配的不动产和动产,享有占有、使用以及依照法律和国务院的有关规定收益、处分的权利。"

国家所有权的客体极为广泛,包括一切矿藏、水流和海域,城市土地、法律规定属于国家所有的农村和城市郊区的土地,未被规定为集体所有的森林、山岭、草原、荒地、滩涂等自然资源,法律规定属于国家所有的野生动植物资源,无线电频谱资源,法律规定属于国家所有的文物,国防资产,法律规定属于国家所有的铁路、公路、电力设施、电信设施和油气管道等基础设施,等等。

2. 集体所有权

《物权法》第59条第1款规定:"农民集体所有的不动产和动产,属于本集体成员集体所有。"根据《土地管理法》,集体所有权包括三种形式:村集体所有、农村集体经济组织所有与乡(镇)集体所有。正如"国家"或"全民"无法直接行使所有权,抽象的"农民集体"亦是如此。为此,《物权法》第60条规定:"对于集体所有的土地和森林、山岭、草原、荒地、滩涂等,依照下列规定行使所有权:① 属于村农民集体所有的,由村集体经济组织或者村民委员会代表集体行使所有权;② 分别属于村内两个以上农民集体所有的,由村内各该集体经济组织或者村民小组代表集体行使所有权;③ 属于乡镇农民集体所有的,由乡镇集体经济组织代表集体行使所有权。"

所谓集体所有的不动产和动产,主要包括:① 法律规定属于集体所有的土地和森林、山岭、草原、荒地、滩涂;② 集体所有的建筑物、生产设施、农田水利设施;③ 集体所有的教育、科学、文化、卫生、体育等设施;④ 集体所有的其他不动产和动产。

须注意,我国现行法律规定,原则上,农村集体物权将集体所有的土地用作商业开发,若有开发需求,须由国家先将土地征归国有,然后再由国家以出让国有土地使用权的方式进入市场进行商业开发。但依《土地管理法》第43条之规定,兴办乡镇企业和村民建设住宅经依法批准使用本集体经济组织农民集体所有的土地的,或者乡(镇)村公共设施和公益事业建设经依法批准使用农民集体所有的土地的除外。

3. 私人所有权

《物权法》第64条规定:"私人对其合法的收入、房屋、生活用品、生产工具、原材料等不动产和动产享有所有权。"此处所称私人,并不局限于自然人,民法上的法人尤其是企业法人亦包括在内。对此,《物权法》第68条规定:"(第1款)企业法人对其不动产和动产依照法律、行政法规以及章程享有占有、使用、收益和处分的权利。(第2款)企业法人以外的法人,对其不动产和动产的权利,适用有关法律、行政法规以及章程的规定。"

(二) 共有

1. 共有的形态

物可由单一主体独自享有所有权,亦可在不做质的分割的情况下由数个主体共享,前者称为单一所有,后者则称为共有。共有包括按份共有和共同共有。

按份共有与共同共有在处分权、相互之间的请求权以及处分原则(全体一致抑或多数决原则)等方面各有不同。

2. 共有形态的推定

共有人对共有的不动产或者动产没有约定为按份共有或者共同共有,或者约定不明确的,除共有人具有家庭关系等外,视为按份共有。共同共有人之间的内部关系较之按份共有更为紧密,《物权法》作按份共有推定,实际上是除了家庭成员之外,朋友关系等其他关系都较为松散,因此推定其为按份共有。

3. 共有的一般效力

(1) 共有人的权利义务。共有人按照约定管理共有的不动产或者动产;没有约定或者约定不明确的,各共有人都有管理的权利和义务。

(2) 共有物的分割方式。共有人可以协商确定分割方式。达不成协议,共有的不动产或者动产可以分割并且不会因分割减损价值的,应当对实物予以分割;难以分割或者因分割会减损价值的,应当对折价或者拍卖、变卖取得的价款予以分割。共有人分割所得的不动产或者动产有瑕疵的,其他共有人应当分担损失。

(3) 对外债权债务。基于内外有别的理念,共有的不动产或者动产产生的债权债务,在对外关系上,共有人享有连带债权、承担连带债务,但法律另有规定或者第三人知道共有人不具有连带债权债务关系的除外。

4. 按份共有

(1) 按份共有的含义。按份共有是对同一个所有权做量的分割的共有形态,按份共有人对共有的不动产或者动产按照其份额享有所有权。《物权法》第 104 条规定:"按份共有人对共有的不动产或者动产享有的份额,没有约定或者约定不明确的,按照出资额确定;不能确定出资额的,视为等额享有。"

(2) 按份共有的内部关系。按份共有的内部关系主要体现于共有物的管理、共有物的分割以及对外债权债务的内部效力三个方面。

① 关于共有物的管理。按份共有人对共有的不动产或者动产作重大修缮的,应当经占份额 2/3 以上的按份共有人同意,但共有人之间另有约定的除外。同时,对共有物的管理费用以及其他负担,有约定的,按照约定;没有约定或者约定不明确的,按份共有人按照其份额负担。

② 关于共有物的分割。《物权法》第 99 条规定:"共有人约定不得分割共有的不动产或者动产,以维持共有关系的,应当按照约定,但共有人有重大理由需要分割的,可以请求分割;没有约定或者约定不明确的,按份共有人可以随时请求分割……因分割对其他共有人造成损害的,应当给予赔偿。"

③ 对外债权债务的内部效力。对外关系上,任何一位按份共有人均有权主张全部债权或有义务承担全部债务,但内部关系上,各共有人对其各自财产按照份额分摊,此亦反映于债权的享有与债务的承担方面,故《物权法》第 102 条规定,在共有人内部关系上,除共有人另有约定外,按份共有人按照份额享有债权、承担债务。相应地,当对外承担债务的共有人所承担的债务超出其应当承担的份额时,该共有人有权向其他共有人追偿。

(3) 按份共有的外部关系。

按份共有的外部关系涉及两方面,一是共有物的处分,二是份额处分。

① 按份共有的关系较为松散,按份共有物的处分奉行多数决原则。根据《物权法》第 97 条的规定,处分需经占共有份额 2/3 以上的按份共有人同意。未满 2/3 份额却转

让共有物者,构成无权处分,其处理规则,与共同共有情形中的无权处分一致。

② 关于份额之处分。按份共有人对其享有的份额有处分自由,故可自由转让其享有的共有的不动产或者动产份额。但按份共有人之间的关系毕竟较之其他人更为密切,陌生人的加入,可能影响共有人之间的相处,为此,《物权法》第 101 条规定,当按份共有人转让其共有份额时,其他共有人在同等条件下享有优先购买的权利。

(4) 按份共有人的优先购买权。

按份共有人向共有人之外的人转让其份额,其他按份共有人有权依同等条件优先购买该共有份额。关于优先购买权,需注意以下五个问题:

① 优先购买权以交易为前提。因此,除非按份共有人另有约定,否则共有份额因继承、遗赠等非交易方式发生转让时,其他共有人不得主张优先购买。同时,构成优先购买权行使前提的交易须发生在共有人与共有人之外的第三人之间。如果按份共有人之间相互转让共有份额,除非共有人另有约定,否则其他共有人不得主张优先购买。

② 优先购买权需在同等条件下行使。判断是否构成"同等条件"时,应当综合共有份额的转让价格、价款履行方式及期限等因素确定。

③ 优先购买权需在期限内行使。优先购买权的行使期间,按份共有人之间有约定的,按照约定处理。没有约定或者约定不明的,按照下列情形确定:转让人向其他按份共有人发出的包含同等条件内容的通知中载明行使期间的,以该期间为准;通知中未载明行使期间,或者载明的期间短于通知送达之日 15 日的,为 15 日;转让人未通知的,为其他按份共有人知道或者应当知道最终确定的同等条件之日起 15 日;转让人未通知,且无法确定其他按份共有人知道或者应当知道最终确定的同等条件的,为共有份额权属转移之日起 6 个月。

④ 数人主张优先购买的处理。两个以上按份共有人主张优先购买且协商不成时,请求按照转让时各自份额比例行使优先购买权的,应予支持。

⑤ 优先购买权不具有排他的物权效力。优先购买权受到侵害,只能向侵害人请求债权性质的损害赔偿救济,不得主张排他效力、要求撤销共有人与第三人的份额转让合同或主张该合同无效。

5. 共同共有

(1) 共同共有的含义。

《物权法》第 95 条规定:"共同共有人对共有的不动产或者动产共同享有所有权。"所谓共同享有所有权,指的是共同共有人对共有财产享有共同的权利,承担共同的义务。其特点在于,共有人对于同一物所享有的所有权不分份额,共享权利同担义务,所以亦无转让份额之问题。

家庭关系中的共有为共同共有,包括《婚姻法》规定的夫妻共同财产、《继承法》上的遗产、《农村土地承包法》中的家庭承包财产等,另外,以家庭共有财产投资的个人独资企业中的财产,也属于家庭成员共同共有。

(2) 共同共有的内部关系。

共同共有的内部关系也主要体现在共有物的管理、共有物的分割以及对外债权债务的内部效力三个方面。

① 关于共有物的管理。主要涉及对共有物的重大修缮及管理费用的分担。《物权法》第 97 条规定,对共有的不动产或者动产作重大修缮的,应当经全体共同共有人同意,但共有人之间另有约定的除外。对共有物的管理费用以及其他负担,有约定的,按照约定,没有约定或者约定不明确的,共同共有人共同负担。

② 关于共有物的分割。共同共有关系存续期间,原则上禁止对共有物进行分割,原因在于,分割共有物即意味着共同共有关系的破裂。《物权法》第 99 条规定,共有人约定不得分割共有的不动产或者动产,以维持共有关系的,应当按照约定,但共有人有重大理由需要分割的,可以请求分割;没有约定或者约定不明确的,共同共有人在共有的基础丧失或者有重大理由需要分割时可以请求分割。因分割对其他共有人造成损害的,应当给予赔偿。共同共有财产分割后,一个或者数个原共有人出卖自己分得的财产时,如果出卖的财产与其他原共有人分得的财产属于一个整体或者配套使用,其他原共有人享有优先购买权。

③ 关于对外债权债务的内部效力。共同共有人之一对外受领的全部债权所得为所有共有人共享,其他共有人不存在主张分享的问题;用以承担债务的财产属于全体共有人共同共有的财产,因此对外承担债务后,共有人之间亦不存在分担的问题。为此,《物权法》规定,在共有人内部关系上,除共有人另有约定外,共同共有人共同享有债权、承担债务。

(3) 共同共有的外部关系。

共同共有不分份额,外部关系仅涉及处分共有物问题,而不涉及份额处分问题。全体共有人对共有物不分份额地享有共有权,即各共有人之间地位平等。因此,原则上,物之处分须征得全体一致同意,共有人之间若是另有约定,则从其约定。如果其中一位共有人未经其他共有人同意,将共有物转让给第三人,属于无权处分,按照效力待定法律行为的规制加以处理。

6. 准共有

共有制度以所有权为原型建构,对于其他物权,亦存在数人共同享有的问题,构成准共有,准用所有权共有的规则。

三、善意取得

(一) 立法目的

罗马法中曾有"任何人不得让与多于自身权利的权利"的原则,任何未得到权利人许可而处分他人权利的行为都不能发生效力。这有利于保护所有权人的利益。然而,在市场经济社会,交易频繁出现,让当事人查证是否拥有权利徒增交易成本。为了协调所有权人与善意第三人的利益,现代国家一般都建有善意取得制度。

《物权法》规定,"无处分权人将不动产或者动产转让给受让人的,所有权人有权追回;除法律另有规定外,符合下列情形的,受让人取得该不动产或者动产的所有权:① 受让人受让该不动产或者动产时是善意的;② 以合理的价格转让;③ 转让的不动产或者动产依照法律规定应当登记的已经登记,不需要登记的已经交付给受让人。"

善意取得制度对于动产与不动产均可适用,但构成要件有所不同。

(二) 动产善意取得

1. 构成要件

根据《物权法》,动产善意取得必须具备以下七个要件:

(1) 依法律行为转让所有权。善意取得只能在交易中发生,该交易所借助的手段即是法律行为。其他非因法律行为而发生的物权变动,无论是基于事实行为、公法行为还是直接基于法律规定而变动,均不存在善意取得的问题。

(2) 转让人无处分权。如果转让人对于所转让的权利具有处分权,则适用正常的物权变动规则。

(3) 受让人为善意。唯有善意第三人才值得保护。所谓善意,指的是不知道转让人无处分权且对此不知无重大过失。第三人的善意属于推定,真实权利人主张受让人不构成善意的,负有举证责任。受让人受让动产时,交易的对象、场所或者时机等不符合交易习惯的,应当认定受让人具有重大过失,从而不能构成善意。

根据《物权法》,善意的判断时点以受让动产时为准,一般以动产交付时为准,即交付之后若第三人得知转让人无处分权,不影响受让人之善意。

(4) 以合理的价格转让。根据《物权法》,无权处分人与善意第三人所实施的必须是市场交易行为。当第三人无偿受让标的物时,即便令其不能取得标的物所有权,第三人亦未失去任何利益,无非是无法取得额外利益而已,但若适用善意取得则会损害真实权利人的利益。另外,交易价格明显低于市场价格也可以构成重大过失的情形。判断是否构成"合理的价格"当根据转让标的物的性质、数量以及付款方式等具体情况,参考转让时交易地市场价格以及交易习惯等因素综合认定。

(5) 物已交付。动产以交付为所有权转移的标志,若物尚未交付,则交易尚未完成,此时选择保护真权利人,对于交易安全的损害尚可控制。交付有现实交付与交付替代之别。除占有改定以外,其他动产交付形式都可适用善意取得。另外,转让人将船舶、航空器和机动车等特殊动产交付给受让人的,符合善意取得的交付要件。

(6) 善意取得的例外情形。如果是盗赃、遗失物等脱离物,则不适用善意取得,从而鼓励路不拾遗,也不为销赃提供支持。对于遗失物,《物权法》规定,"所有权人或者其他权利人有权追回遗失物。该遗失物通过转让被他人占有的,权利人有权向无处分权人请求损害赔偿,或者自知道或者应当知道受让人之日起 2 年内向受让人请求返还原物,但受让人通过拍卖或者向具有经营资格的经营者购得该遗失物的,权利人请求返还原物时应当支付受让人所付的费用。权利人向受让人支付所付费用后,有权向无处分权人追偿。"

(7) 转让合同有效。转让合同是指为转让标的物所有权而订立的买卖合同等债权合同。《物权法解释一》第 21 条规定,转让合同无论是因符合《合同法》第 52 条而无效,还是因受让人存在欺诈、胁迫或乘人之危的法定事由而被撤销,标的物受让人均不得主张善意取得。

2. 法律效果

动产善意取得产生直接与间接两项法律效果。

(1) 直接的法律效果：就善意相对人来说，所有权发生转移。善意受让人取得标的物所有权，相应地，真实权利人失去所有权。

(2) 间接的法律效果：赔偿请求权。因为所有权的失去是转让人的无权处分行为所致，所以，真实权利人有权向无权处分之转让人请求损害赔偿。

(三) 不动产善意取得

不动产善意取得的构成要件及法律效果与动产相似，以下仅就特别之处做一简单阐述：

1. 特别构成要件

(1) 交付问题。动产善意取得以交付为要件，是因为交付占有是动产物权变动的公示方式，对于不动产，则应以登记为要件。

(2) 善意问题。对于不动产转让，具备下列情形之一时，应该认定不动产受让人知道转让人无处分权从而不构成善意：① 登记簿上存在有效的异议登记；② 预告登记有效期内，未经预告登记的权利人同意；③ 登记簿上已经记载司法机关或者行政机关依法裁定、决定查封或者以其他形式限制不动产权利的有关事项；④ 受让人知道登记簿上记载的权利主体错误；⑤ 受让人知道他人已经依法享有不动产物权。

2. 特别法律效果

善意取得不动产，不消除不动产上其他已登记的物权，此与动产不同。

(四) 限制物权的善意取得

《物权法》规定，限制物权的善意取得，参照所有权善意取得之规定适用。

四、动产所有权的特殊取得方式

动产所有权有若干特殊的取得方式，包括先占、拾得遗失物、发现埋藏物及添附等。

(一) 先占

所谓先占，就是以所有权人的意思占有无主动产。先占人基于先占行为取得无主动产的所有权。例如，捡到垃圾桶里被人抛弃的废弃物的，虽然我国《物权法》并未直接肯定，但基于习惯，可以取得所有权。

(二) 拾得遗失物

所谓拾得遗失物，是指发现他人遗失之物而实施占有。拾得行为不足以令拾得人取得遗失物的所有权，拾得人负有归还权利人的义务。拾得人应当及时通知权利人领取，或者送交公安等有关部门，有关部门收到遗失物，知道权利人的，应当及时通知其领取，不知道的，应当及时发布招领公告。遗失物自发布招领公告之日起 6 个月内无人认领的，归国家所有。

拾得人虽不能取得遗失物的所有权，却可享有费用偿还请求权，在遗失人发出悬赏广告时，归还遗失物的拾得人还享有悬赏广告所允诺的报酬请求权。

(三) 发现埋藏物

《物权法》规定，发现埋藏物的，参照拾得遗失物的有关规定适用。

(四) 添附

1. 添附的含义

添附是附合、混合与加工的总称。原物经过添附而成新物,所有权仍为一个,因而需要确定添附之后物的所有权归属。

2. 附合

不同所有人的物密切结合,构成不可分割的一物,称为附合,包括动产附合于不动产与动产附合于动产两种情形。

(1) 动产附合于不动产。动产附合于不动产而成为不动产不可分割的重要成分者,不动产所有人取得附合物的所有权。如木料附合于房屋,房屋所有权人取得木料所有权。

(2) 动产附合于动产。动产与他人之动产附合,非毁损不能分离,或分离需费过巨者,各动产所有人,按其动产附合时之价值,共有合成物;但附合之动产,有可视为主物者,该主物所有人,取得合成物之所有权。

3. 混合

所有权不属同一人的动产,相互混杂,难以识别或分离,称混合,如酒与酒的混合。关于混合,确定所有权时,准用动产附合之规则。

4. 加工

在他人之动产上进行改造或劳作,并生成新物的法律事实,称为加工。例如,将他人木板加工为板凳。通过对一项或数项材料加工或改造而形成新物之人,只要加工或改造的价值不明显低于材料价值,即取得新物所有权。加工者取得新物所有权,材料之上的既存权利即消灭。

5. 失去权利之人的救济

因为添附而失去所有权之人,有权请求取得添附新物所有权之人赔偿损失。

第四节 用 益 物 权

一、用益物权概述

以使用他人之物为目的的物权,称为用益物权。用益物权人对他人所有的不动产或者动产,依法享有占有、使用和收益的权利。用益物权仅涉及物的使用价值,不包含处分权能。

《物权法》规定的用益物权包括土地承包经营权、建设用地使用权、宅基地使用权与地役权。其中,土地承包经营权是依法对所承包经营的耕地、林地、草地等进行占有、使用和收益,并从事种植业、林业、畜牧业等农业生产的权利;建设用地使用权是依法对国家所有的土地进行占有、使用和收益,并利用该土地建造建筑物、构筑物及其附属设施的权利;宅基地使用权是依法对集体所有的土地进行占有和使用,并利用该土地建造住宅及其附属设施的权利；地役权是按照合同约定，利用他人的不动产，以提高自己不动产的效益的权利。下面对建设用地使用权进一步介绍。

二、建设用地使用权

《物权法》上的建设用地使用权在《城市房地产管理法》中被称为土地使用权，两个概念均指国有建设用地使用权。原则上，除兴办乡镇企业、村民建设住宅、乡（镇）村公共设施以及公益事业建设经依法批准使用本集体经济组织农民集体所有土地的外，其他对集体土地的建设利用，都必须先征归国有，然后取得国有建设用地使用权。

（一）建设用地使用权的取得

建设用地使用权有创设取得与移转取得两种方式，分别对应国有土地的一级市场与二级市场。其中，创设取得可采取有偿出让或无偿划拨等方式，移转取得则有转让、互换、出资、赠与和抵押等方式。

1. 创设取得

（1）无偿划拨。土地使用权划拨是指县级以上人民政府依法批准，在土地使用者缴纳补偿、安置等费用后将该幅土地交付其使用，或者将土地使用权无偿交付给土地使用者使用的行为。根据物权法律制度的规定，下列建设用地的土地使用权，确属必需的，可以由县级以上人民政府依法批准划拨：国家机关用地和军事用地；城市基础设施用地和公益事业用地；国家重点扶持的能源、交通、水利等项目用地；法律、行政法规规定的其他用地。

（2）有偿出让。除上述可经划拨取得的情形外，建设单位使用国有土地，应当以出让等有偿使用方式取得。建设用地使用权出让是指国家将国有土地使用权在一定年限内出让给土地使用者，由土地使用者向国家支付土地使用权出让金的行为。城市规划区内的集体所有的土地，经依法征用转为国有土地后，该幅国有土地的使用权方可有偿出让。

建设用地使用权出让可以采取拍卖、招标或者双方协议的方式，其中，工业、商业、旅游、娱乐和商品住宅等经营性用地以及同一土地有两个以上意向用地者的，应当采取招标、拍卖等公开竞价的方式出让，没有条件，不能采取拍卖、招标方式的，可以采取双方协议的方式。采取双方协议方式出让土地使用权的出让金不得低于按国家规定所确定的最低价。

土地使用权出让合同约定的使用年限届满，土地使用者需要继续使用土地的，应当至迟于届满前一年申请续期，除根据社会公共利益需要收回该幅土地的，应当予以批准。经批准准予续期的，应当重新签订土地使用权出让合同，依照规定支付土地使用权出让金。土地使用权出让合同约定的使用年限届满，土地使用者未申请续期或者虽申请续期但依照前款规定未获批准的，土地使用权由国家无偿收回，该土地上的房屋及其他不动产的归属，有约定的，按照约定，没有约定或者约定不明确的，依照法律、行政法规的规定办理。

根据《物权法》第149条第1款的规定,"住宅建设用地使用权期间届满的,自动续期。"2016年12月8日,国土资源部针对温州市出现的20年住房土地使用权到期问题向浙江省国土厅的复函中指出,在尚未对住宅建设用地等土地使用权到期后续期作出法律安排前,少数住宅建设用地使用权期间届满的,可按以下过渡性办法处理：

(1) 无须提出续期申请。少数住宅建设用地使用权期间届满的,权利人不需要专门提出续期申请。

(2) 不收取费用。市、县国土资源主管部门不收取相关费用。

(3) 正常办理交易和登记手续。此类住房发生交易时,正常办理房地产交易和不动产登记手续,涉及"土地使用期限"仍填写该住宅建设用地使用权的原起始日期和到期日期,并注明："根据《国土资源部办公厅关于妥善处理少数住宅建设用地使用权到期问题的复函》办理相关手续"。

2. 移转取得

(1) 移转取得的方式。建设用地使用权转让、互换、出资、赠与或者抵押的,当事人应当采取书面形式订立相应的合同。使用期限由当事人约定,但不得超过建设用地使用权的剩余期限。

依《城市房地产管理法》第39条的规定,以出让方式取得土地使用权的,转让房地产时,应当符合下列条件：① 按照出让合同约定已经支付全部土地使用权出让金,并取得土地使用权证书；② 按照出让合同约定进行投资开发,属于房屋建设工程的,完成开发投资总额的25%以上,属于成片开发土地的,形成工业用地或者其他建设用地条件；③ 转让房地产时房屋已经建成的,还应当持有房屋所有权证书。

以划拨方式取得土地使用权的,转让房地产时,应当按照国务院规定,报有批准权的人民政府审批。有批准权的人民政府准予转让的,应当由受让方办理土地使用权出让手续,并依照国家有关规定缴纳土地使用权出让金。

(2) 让与禁止。下列房地产不得转让：① 以出让方式取得土地使用权,但不符合《城市房地产管理法》第39条规定的条件的；② 司法机关和行政机关依法裁定、决定查封或者以其他形式限制房地产权利的；③ 依法收回土地使用权的；④ 共有房地产,未经其他共有人书面同意的；⑤ 权属有争议的；⑥ 未依法登记领取权属证书的；⑦ 法律、行政法规规定禁止转让的其他情形。

3. 登记

设立建设用地使用权的,应当向登记机构申请建设用地使用权登记。建设用地使用权自登记时设立。登记机构应当向建设用地使用权人发放建设用地使用权证书。

建设用地使用权转让、互换、出资或者赠与的,应当向登记机构申请变更登记。

建设用地使用权消灭的,出让人应当及时办理注销登记。登记机构应当收回建设用地使用权证书。

(二) 建设用地使用权的期限

以无偿划拨方式取得的建设用地使用权,除法律、行政法规另有规定外,没有使用期限的限制。

以有偿出让方式取得的建设用地使用权,出让最高年限按下列用途确定:① 居住用地 70 年;② 工业用地 50 年;③ 教育、科技、文化、卫生、体育用地 50 年;④ 商业、旅游、娱乐用地 40 年;⑤ 综合或者其他用地 50 年。

土地使用者通过转让方式取得的土地使用权,其使用年限为土地使用权出让合同规定的使用年限减去原土地使用者已使用年限后的剩余年限。

(三) 建设用地使用权的终止

建设用地使用权因土地使用权出让合同规定的使用年限届满、提前收回及土地灭失等原因而终止。

出现下列情形之一,由有关人民政府土地行政主管部门报经原批准用地的人民政府或者有批准权的人民政府批准,可以收回国有土地使用权:① 为公共利益需要使用土地;② 为实施城市规划进行旧城区改建,需要调整使用土地;③ 土地出让等有偿使用合同约定的使用期限届满,土地使用者未申请续期或者申请续期未获批准;④ 因单位撤销、迁移等原因,停止使用原划拨的国有土地;⑤ 公路、铁路、机场、矿场等经核准报废。

第五节 担保物权

一、担保物权概述

(一) 担保物权的概念与种类

以担保债权实现为目的的物权,为担保物权。担保物权人在债务人不履行到期债务或者发生当事人约定的实现担保物权的情形时,依法享有就担保财产优先受偿的权利。《物权法》规定了抵押权、质权与留置权三种担保物权。

担保物权可分意定担保物权与法定担保物权两类。意定担保物权由当事人合意而设立,如抵押权与质权;法定担保物权则在符合法定要件时直接由法律设立,不需要双方当事人的合意,如留置权。

(二) 担保物权的特性

1. 从属性

担保物权自身不能独立存在,系从属于债权的从属物权,其从属性体现于担保物权的成立、转让与消灭各个方面。

2. 附条件性

担保物权被有效设立后不能被马上行使,此与一般权利不同。担保物权旨在担保债的履行,因此,如果债务未届履行期,或虽已届履行期但债务人已依约履行债务,或当事人约定行使担保物权的情形未出现,则权利人虽然享有担保物权,却不得行使。

3. 优先受偿性

担保物权对于债权的担保,系通过优先受偿权实现。即,当债务人不履行到期债务或发生当事人约定的实现担保物权情形时,担保物权人可就担保物变价之后的价金优先于普通债权人得到清偿。

（三）担保物权的消灭

有下列情形之一,担保物权消灭:① 主债权消灭;② 担保物权实现;③ 债权人放弃担保物权;④ 法律规定担保物权消灭的其他情形。

二、抵押权

（一）抵押权的概念与特性

1. 抵押权的概念

所谓抵押权,是指为担保债务的履行,债务人或者第三人不转移财产的占有,将该财产抵押给债权人,债务人不履行到期债务或者发生当事人约定的实现抵押权的情形,债权人有权就该财产优先受偿。其中,债务人或者第三人为抵押人,债权人为抵押权人,提供担保的财产为抵押财产或称抵押物。

抵押权不移转抵押物的占有,不影响使用,债权人不必为保管抵押物付出成本,债权不能实现时能通过抵押权的行使确保债的安全。因此,抵押权堪称最理想的担保物权。

2. 抵押权的特性

除拥有担保物权的一般特性外,抵押权还具有不可分性,即,一旦抵押物被用来提供担保,抵押物的分割、被担保之债的分割,不导致抵押权分割;抵押物部分灭失,剩余部分仍担保债之全部;债权部分清偿,不产生抵押权部分消灭之效力。对此,《最高人民法院关于适用〈中华人民共和国担保法〉若干问题的解释》（下称《担保法解释》）第 71 条与第 72 条有详细规定:① 主债权未受全部清偿的,抵押权人可以就抵押物的全部行使其抵押权。② 抵押物被分割或者部分转让的,抵押权人可以就分割或者转让后的抵押物行使抵押权。③ 主债权被分割或者部分转让的,各债权人可以就其享有的债权份额行使全部抵押权。④ 主债务被分割或者部分转让的,抵押人仍以其抵押物担保数个债务人履行债务。但是,第三人提供抵押的,债权人许可债务人转让债务未经抵押人书面同意时,抵押人对未经其同意转让的债务,不再承担担保责任。

（二）抵押财产范围

1. 一般规定

由于抵押权不移转抵押物的占有,而动产以占有为公示方式,因此,基于公示以及由此带来的安全性考虑,传统上,抵押权不能以动产为客体。《物权法》第 180 条规定:"债务人或者第三人有权处分的下列财产可以抵押:① 建筑物和其他土地附着物;② 建设用地使用权;③ 以招标、拍卖、公开协商等方式取得的荒地等土地承包经营权;④ 生产设备、原材料、半成品、产品;⑤ 正在建造的建筑物、船舶、航空器;⑥ 交通运输工具;⑦ 法律、行政法规未禁止抵押的其他财产。"

2. 动产浮动抵押

经当事人书面协议,企业、个体工商户、农业生产经营者可以将现有的以及将有的生产设备、原材料、半成品、产品抵押,债务人不履行到期债务或者发生当事人约定的实现抵押权的情形,债权人有权就实现抵押权时的动产优先受偿。设定此类抵押时抵押财产的范围尚未确定,处于浮动之中,因此称为浮动抵押。

抵押权设定时抵押财产容许有所浮动,但抵押权之实现只能针对确定的财产,因此,动产的浮动抵押在实现之前,须经财产确定之步骤。根据《物权法》第196条的规定,浮动抵押的抵押财产自下列情形之一发生时确定:① 债务履行期届满,债权未实现;② 抵押人被宣告破产或者被撤销;③ 当事人约定的实现抵押权的情形;④ 严重影响债权实现的其他情形。

3. 房地一体原则

土地与建筑物虽然各自独立为权利客体,但毕竟相互紧密结合,不可分离,故在确定抵押财产时,实行房地一体原则,即,以建筑物抵押的,该建筑物占用范围内的建设用地使用权一并抵押;以建设用地使用权抵押的,该土地上的建筑物一并抵押,但土地上的新增建筑物不作为抵押财产。

4. 禁止抵押的财产

下列财产不得抵押:① 土地所有权;② 耕地、宅基地、自留地、自留山等集体所有的土地使用权,但法律规定可以抵押的除外;③ 学校、幼儿园、医院等以公益为目的的事业单位、社会团体的教育设施、医疗卫生设施和其他社会公益设施;④ 所有权、使用权不明或者有争议的财产;⑤ 依法被查封、扣押、监管的财产;⑥ 法律、行政法规规定不得抵押的其他财产。

(三) 抵押权的设定

1. 抵押权设定行为

设立抵押权,当事人应当采取书面形式订立抵押合同。《物权法》规定:"当事人之间订立有关设立、变更、转让和消灭不动产物权的合同,除法律另有规定或者合同另有约定外,自合同成立时生效;未办理物权登记的,不影响合同效力。"

2. 登记

抵押合同不以登记为生效要件,但抵押权本身却须登记。不同的抵押财产,登记产生的效力有所不同,具体有登记生效与登记对抗两种情形。

(1) 登记生效。以建筑物和其他土地附着物、建设用地使用权、以招标、拍卖、公开协商等方式取得的荒地等土地承包经营权以及正在建造的建筑物抵押的,抵押权自登记时设立。

(2) 登记对抗。以生产设备、原材料、半成品、产品、交通运输工具以及正在建造的船舶、航空器抵押的,抵押权自抵押合同生效时设立,未经登记,不得对抗善意第三人。浮动抵押之抵押权益自抵押合同生效时设立,未经登记,不得对抗善意第三人。

浮动抵押即使已经登记,也不得对抗正常经营活动中已支付合理价款并取得抵押财产的买受人。

(四) 抵押担保的范围

1. 所担保的债权范围

抵押权的担保范围包括主债权及其利息、违约金、损害赔偿金、保管担保财产和实现担保物权的费用。当事人另有约定的,按照约定。

2. 抵押物范围

原则上,抵押物的范围以双方当事人约定为准。以下四种情形需要特别处理:

(1)抵押物登记记载的内容与抵押合同约定的内容不一致的,以登记记载的内容为准。

(2)抵押物所有人为附合物、混合物或者加工物的所有人的,抵押权的效力及于附合物、混合物或者加工物;第三人与抵押物所有人为附合物、混合物或者加工物的共有人的,抵押权的效力及于抵押人对共有物享有的份额。

(3)抵押权设定前为抵押物的从物的,抵押权的效力及于抵押物的从物。但是,抵押物与其从物为两个以上的人分别所有时,抵押权的效力不及于抵押物的从物。

(4)城市房地产抵押合同签订后,土地上新增的房屋不属于抵押物。需要拍卖该抵押的房地产时,可以依法将该土地上新增的房屋与抵押物一同拍卖,但对拍卖新增房屋所得,抵押权人无权优先受偿。

建设用地使用权抵押后,该土地上新增的建筑物不属于抵押财产。该建设用地使用权实现抵押权时,应当将该土地上新增的建筑物与建设用地使用权一并处分,但新增建筑物所得的价款,抵押权人无权优先受偿。

3. 抵押物的物上代位

担保期间,担保财产毁损、灭失或者被征收等,担保物权人可以就获得的保险金、赔偿金或者补偿金等优先受偿。被担保债权的履行期未届满的,也可以提存该保险金、赔偿金或者补偿金等。

抵押物因附合、混合或者加工使抵押物的所有权为第三人所有的,抵押权的效力及于补偿金。

(五)抵押权人的优先受偿权

债务人不履行债务时,债权人有权依法以该财产折价或者以拍卖、变卖该财产的价款优先受偿。

1. 优先受偿的方式

债务人不履行到期债务或者发生当事人约定的实现抵押权的情形时,抵押权人可以与抵押人协议以抵押财产折价或者以拍卖、变卖该抵押财产所得的价款优先受偿。协议损害其他债权人利益的,其他债权人可以在知道或者应当知道撤销事由之日起一年内请求人民法院撤销该协议。抵押权人与抵押人未就抵押权实现方式达成协议的,抵押权人可以请求人民法院拍卖、变卖抵押财产。抵押财产折价或者变卖的,应当参照市场价格。

2. 流质条款之禁止

《物权法》第186条规定:"抵押权人在债务履行期届满前,不得与抵押人约定债务人不履行债务时抵押财产归债权人所有。"该内容的无效不影响抵押合同其他部分内容的效力。

3. 土地出让金优先于抵押权

拍卖划拨的国有土地使用权所得的价款,应先依法缴纳相当于应缴纳的土地使用权出让金的款额,抵押权人可主张剩余价款的优先受偿权。

(六)抵押物转让限制

抵押物的所有权人仍是抵押人,故抵押人有权转让抵押物所有权,但转让可能影响抵押权人利益,故必须受到一定限制。具体规则如下。① 抵押期间,抵押人经抵押权人同意转让抵押财产的,应当将转让所得的价款向抵押权人提前清偿债务或者提存。转让的价款超过债权数额的部分归抵押人所有,不足部分由债务人清偿。② 抵押期间,抵押人未经抵押权人同意,不得转让抵押财产,但受让人代为清偿债务消灭抵押权的除外。

(七)涤除权

原则上,抵押人若未经抵押权人同意而转让抵押财产,转让行为无效,但受让人若通过代为清偿债务的方式消灭抵押权,则转让行为有效。受让人以清偿债务的方式涤除抵押权,以获得抵押物所有权的权利,称涤除权。抵押权的存在价值就是保障债权实现,若债权已得到清偿,抵押权便随之消灭,此时,抵押物的转让,自然无须债权人表示同意。

(八)抵押权之保全

抵押人的行为足以使抵押财产价值减少的,抵押权人有权要求抵押人停止其行为。抵押财产价值减少的,抵押权人有权要求恢复抵押财产的价值,或者提供与减少的价值相应的担保。抵押人不恢复抵押财产的价值也不提供担保的,抵押权人有权要求债务人提前清偿债务。

(九)抵押权人的孳息收取权

债务人不履行到期债务或者发生当事人约定的实现抵押权的情形,致使抵押财产被人民法院依法扣押的,自扣押之日起抵押权人有权收取该抵押财产的天然孳息或者法定孳息,但抵押权人未通知应当清偿法定孳息的义务人的除外。抵押权人所收取的孳息应当先充抵收取孳息的费用。

(十)抵押与租赁

当同一物上既存在抵押权又存在租赁关系时,如同"买卖不破租赁",我国物权法律制度亦确立了"抵押不破租赁"规则,准确地说,应是"在后抵押不破在先租赁"规则。

(1)订立抵押合同前抵押财产已出租的,原租赁关系不受该抵押权的影响,抵押权实现后,租赁合同在有效期内对抵押物的受让人继续有效。

(2)抵押权设立后抵押财产出租的,该租赁关系不得对抗已登记的抵押权,抵押权实现后,租赁合同对受让人不具有约束力。抵押人将已抵押的财产出租时,如果抵押人未书面告知承租人该财产已抵押的,抵押人对出租抵押物造成承租人的损失承担赔偿责任;如果抵押人已书面告知承租人该财产已抵押的,抵押权实现造成承租人的损失,由承租人自己承担。

(十一)抵押权的实现

一般情况下,抵押财产折价或者拍卖、变卖后,直接以所得价款清偿债务,价款若超过债权数额,剩余部分归抵押人所有,若不足债权数额,债务人负继续清偿义务,只不过剩余债权不再享有优先受偿权。以抵押物所得价款清偿债务时,须首先支付实现抵押权的费用,其次支付主债权的利息,最后支付主债权。

若同意抵押财产为数项债权设定抵押,情况将较为复杂,为此,我国物权法律制度规定了以下六项基本规则:

(1)抵押权已登记的,按照登记的先后顺序清偿;顺序相同的,按照债权比例清偿。

(2)抵押权已登记的先于未登记的受偿。

（3）顺位在后的抵押权所担保的债权先到期的，抵押权人只能就抵押物价值超出顺位在先的抵押担保债权的部分受偿。

（4）顺位在先的抵押权所担保的债权先到期的，抵押权实现后的剩余价款应予提存，留待清偿顺位在后的抵押担保债权。

（5）抵押权均未登记的，按照债权比例清偿。

（6）抵押权人可以放弃抵押权或者抵押权的顺位，同时，抵押权人与抵押人也可以协议变更抵押权顺位以及被担保的债权数额等内容，但抵押权的变更，未经其他抵押权人书面同意，不得对其他抵押权人产生不利影响。

另外，除抵押之外还存在其他担保时，若债务人以自己的财产设定抵押，抵押权人放弃该抵押权、抵押权顺位或者变更抵押权的，其他担保人在抵押权人丧失优先受偿权益的范围内免除担保责任。之所以如此，是为了防止抵押权人通过放弃抵押权或抵押权顺位，将本应由债务人自己承担的责任转嫁于其他担保人。当然，若其他担保人承诺仍然提供担保，则不在此限。

（十二）最高额抵押

1. 最高额抵押的概念与特点

最高额抵押是指预定最高限额内，为担保一定期间连续发生的债权而设定的抵押。最高额抵押担保的债权确定前，债权可转让，但最高额抵押权不得转让，当事人另有约定的除外。

2. 债权的确定

最高额抵押抵押权生效时所担保的债权额尚未确定，因而需要一定步骤加以确定。依据《物权法》的规定，有下列情形之一的债权确定：① 约定的债权确定期间届满；② 没有约定债权确定期间或者约定不明确，抵押权人或者抵押人自最高额抵押权设立之日起满2年后请求确定债权；③ 新的债权不可能发生；④ 抵押财产被查封、扣押；⑤ 债务人、抵押人被宣告破产或者被撤销；⑥ 法律规定债权确定的其他情形。

最高额抵押担保的债权确定前，抵押权人与抵押人可以通过协议变更债权确定的期间、债权范围以及最高债权额，但变更的内容不得对其他抵押权人产生不利影响。另外，最高额抵押权设立前已经存在的债权，经当事人同意，可以转入最高额抵押担保的债权范围。

（十三）抵押权的消灭

抵押权主要有以下四个消灭事由：① 债权消灭。债权消灭，抵押权的存在目的也就消失。② 抵押权实现。③ 抵押物灭失。如果抵押物灭失之后存在赔偿金、保险金等形态，则抵押权并不灭失，而继续存在于抵押物的赔偿金等转换形态之上，这被称为抵押权物上代位。④ 混同。混同是指权利与义务归于一人。债法上，混同是导致债的消灭的原因。混同时债权消灭，作为从权利的抵押权也随着灭失。

三、质权

（一）质权的概念

质权法律关系是指为担保债务的履行，债务人或者第三人将其动产或权利出质给债权人占有,当债务人不履行到期债务或者发生当事人约定的实现质权的情形时,债权人有权就该动产或权利优先受偿。在此法律关系中,债务人或者第三人为出质人,债权人为质权人,交付的动产为质押财产或称质物。与抵押权不同,质权以交付质押物的占有为前提。

(二)质权的客体

质权不能存在于不动产。能够成为质权客体的,只能是动产或者权利。

1. 动产质权

除法律、行政法规禁止转让的动产外,原则上,所有动产均可出质。

2. 权利质权

债务人或者第三人有权处分的下列权利可以出质:① 汇票、支票、本票;② 债券、存款单;③ 仓单、提单;④ 可以转让的基金份额、股权;⑤ 可以转让的注册商标专用权、专利权、著作权等知识产权中的财产权;⑥ 应收账款;⑦ 法律、行政法规规定可以出质的其他财产权利。其中,应收账款指权利人因提供一定的货物、服务或设施而获得的要求义务人付款的权利,包括现有的和未来的金钱债权及其产生的收益,但不包括因票据或其他有价证券而产生的付款请求权。

(三)质权的设定

1. 质权设定行为

设立质权,当事人应当采取书面形式订立质权合同。

2. 交付或登记生效

(1)动产。质权自出质人交付质押财产时设立。金钱是作为支付手段的特殊动产,一般不能出质,但债务人或者第三人将其金钱以特户、封金、保证金等形式特定化后,移交债权人占有作为债权的担保,债务人不履行债务时,债权人亦可以该金钱优先受偿。

若当事人约定出质人代质权人占有质物,则质权不生效。

(2)证券权利。以汇票、支票、本票、债券、存款单、仓单、提单出质的,质权自权利凭证交付质权人时设立;没有权利凭证的,质权自有关部门办理出质登记时设立。另外,票据是文义证券,票据之上的权利必须记载于票据,因此,《担保法解释》第98条规定:"以汇票、支票、本票出质,出质人与质权人没有背书记载'质押'字样,以票据出质对抗善意第三人的,人民法院不予支持。"

(3)基金份额与股权。以基金份额、股权出质的,以基金份额、证券登记结算机构登记的股权出质的,质权自证券登记结算机构办理出质登记时设立;以其他股权出质的,质权自工商行政管理部门办理出质登记时设立。

(4)知识产权。以注册商标专用权、专利权、著作权等知识产权中的财产权出质的,质权自有关主管部门办理出质登记时设立。

(5)应收账款。以应收账款出质的,质权自信贷征信机构办理出质登记时设立。中国人民银行征信中心是应收账款质押的登记机构。

(四)质权的效力

1. 质押担保的范围

(1)所担保的债权范围。质权的担保范围包括主债权及其利息、违约金、损害赔偿金、保管担保财产和实现质权的费用。当事人另有约定的,按照约定。

(2) 出质物的范围。动产质权的效力及于质物的从物。但是,从物未随同质物移交质权人占有的,质权的效力不及于从物。另外,以依法可以转让的股份、股票出质的,质权的效力及于股份、股票的法定孳息。

(3) 出质物的物上代位。担保期间,质押财产毁损、灭失或者被征收等,质权人可以就获得的保险金、赔偿金或者补偿金等优先受偿。被担保债权的履行期未届满的,也可以提存该保险金、赔偿金或者补偿金等。

2. 质权人的优先受偿权

债务人不履行到期债务或者发生当事人约定的实现质权的情形,质权人可以与出质人协议以质押财产折价,也可以就拍卖、变卖质押财产所得的价款优先受偿。

如同流押条款被禁止,流质条款亦被禁止,即,质权人在债务履行期届满前,不得与出质人约定债务人不履行到期债务时质押财产归债权人所有。

3. 质权人的孳息收取权

质权人有权收取质押财产的孳息,但合同另有约定的除外。所收取的孳息应当先充抵收取孳息的费用。

4. 质权人的义务

(1) 保管义务。质权人负有妥善保管质押财产的义务,因保管不善致使质押财产毁损、灭失的,应当承担赔偿责任。质权人的行为可能使质押财产毁损、灭失的,出质人可以要求质权人将质押财产提存,或者要求提前清偿债务并返还质押财产。

(2) 返还义务。债务人履行债务或者出质人提前清偿所担保的债权的,质权人应当返还质押财产。

5. 质权之保全

因不能归责于质权人的事由可能使质押财产毁损或者价值明显减少,足以危害质权人权利的,质权人有权要求出质人提供相应的担保;出质人不提供的,可以拍卖、变卖质押财产,并与出质人通过协议将拍卖、变卖所得的价款提前清偿债务或者提存。

6. 质物处分限制

(1) 对质权人的限制。质权人在质权存续期间,未经出质人同意,擅自使用、处分质押财产,给出质人造成损害的,应当承担赔偿责任;质权人在质权存续期间,未经出质人同意转质,造成质押财产毁损、灭失的,应当向出质人承担赔偿责任。

(2) 对出质人的限制。基金份额、股权出质后,不得转让,但经出质人与质权人协商同意的除外。出质人转让基金份额、股权所得的价款,应当向质权人提前清偿债务或者提存。

知识产权中的财产权出质后,出质人不得转让或者许可他人使用,但经出质人与质权人协商同意的除外。出质人转让或者许可他人使用出质的知识产权中的财产权所得的价款,应当向质权人提前清偿债务或者提存。

应收账款出质后,不得转让,但经出质人与质权人协商同意的除外。出质人转让应收账款所得的价款,应当向质权人提前清偿债务或者提存。

(五) 质权的实现

质押财产折价或者拍卖、变卖后,其价款超过债权数额的部分归出质人所有,不足部分由债务人清偿。

出质人可以请求质权人在债务履行期届满后及时行使质权;质权人不行使的,出质人可以请求人民法院拍卖、变卖质押财产。出质人请求质权人及时行使质权,因质权人怠于行使权利造成损害的,由质权人承担赔偿责任。

(六)最高额质权

出质人与质权人可以协议设立最高额质权。最高额质权除适应质权自身特点外,其他准用最高额抵押的规则。

(七)质权的消灭

债权消灭、质物消灭、质权实现等的相关规则均与抵押权大致相同,比较特别的是质权人丧失质押物的占有的情况。一般情况下,因不可归责于质权人的事由而丧失对质物的占有,质权人可以向不当占有人请求停止侵害、恢复原状、返还质物,但若质权人丧失质物占有后不能主张返还,或者质权人将质物返还于出质人,则质权消灭。

另外,质权人可以放弃质权。债务人以自己的财产出质,质权人放弃该质权的,其他担保人在质权人丧失优先受偿权益的范围内免除担保责任,但其他担保人承诺仍然提供担保的除外。

四、留置权

(一)留置权的概念与性质

1. 留置权的概念

债务人不履行到期债务,债权人可以留置已经合法占有的债务人的动产,并有权就该动产优先受偿。在此法律关系中,债权人为留置权人,占有的动产为留置财产。

2. 留置权的性质

留置权属于法定担保物权,当事人之间不必签订担保合同,只要具备法定要件,留置权即可成立。不过,当事人可以特约排除留置权。

(二)留置权的成立

依物权法律制度之规定,留置权之成立,需具备以下三个要件:

(1)债权人占有债务人之动产。债权人须合法占有债务人动产。

(2)债权已届清偿期。债权人的债权未届清偿期,其交付或返回所占有标的物的义务已届履行期的,不能行使留置权。但是,债权人能够证明债务人无支付能力的除外。

(3)动产之占有与债权属同一法律关系。换言之,债权的发生与动产占有之间具有牵连关系,如在承揽关系中,承揽人对修理物的占有即是典型情形。能够产生留置权的法律关系不限于合同关系,但以合同关系为典型,如保管合同、运输合同、加工承揽合同等:寄存人拒付保管费,保管人留置保管物;收货人拒付运费,承运人留置运输物;定作人拒付加工承揽费,加工承揽人留置定作物。另外,根据我国物权法律制度的规定,企业之间留置不受同一法律关系之限制。

(三)留置权的效力

1. 留置担保的范围

(1)所担保债权的范围。留置担保的范围包括主债权及利息、违约金、损害赔偿金、留置物保管费用和实现留置权的费用。

(2) 留置物的范围。留置财产为可分物的,留置财产的价值应当相当于债务的金额。

2. 留置权人的优先受偿权

债务人逾期未履行债务的,留置权人可以与债务人协议以留置财产折价,也可以就拍卖、变卖留置财产所得的价款优先受偿。

3. 留置权人的孳息收取权

留置权人有权收取留置财产的孳息。所收取的孳息应当先充抵收取孳息的费用。

4. 留置权人的保管义务

留置权人负有妥善保管留置财产的义务;因保管不善致使留置财产毁损、灭失的,应当承担赔偿责任。

5. 留置权人的通知义务

债权人与债务人应当在合同中约定,债权人留置财产后,债务人应当在不少于两个月的期限内履行债务。债权人与债务人在合同中未约定的,债权人留置债务人财产后,应当确定两个月以上的期限,通知债务人在该期限内履行债务。

债权人未按上述期限通知债务人履行义务,而直接变价处分留置物的,应当对此造成的损失承担赔偿责任。但若债权人与债务人已在合同中约定宽限期的,债权人可以不经通知,直接行使留置权。

6. 抵押权、质权与留置权的效力等级

同一动产上已设立抵押权或者质权,该动产又被留置的,留置权人优先受偿;同一财产法定登记的抵押权与质权并存时,抵押权人优先于质权人受偿;质权与未登记的抵押权并存时,质权人优先于抵押权人受偿。

(四) 留置权的实现

债权人留置财产后,应与债务人约定留置财产后的债务履行期间;没有约定或者约定不明确的,留置权人应当给债务人两个月以上履行债务的期间,但鲜活易腐等不易保管的动产除外。债务人逾期未履行的,留置权人可以与债务人协议以留置财产折价,也可以就拍卖、变卖留置财产所得的价款优先受偿。留置财产折价或者变卖的,应当参照市场价格。

留置财产折价或者拍卖、变卖后,其价款超过债权数额的部分归债务人所有,不足部分由债务人清偿。

另外,债务人可以请求留置权人在债务履行期届满后行使留置权;留置权人不行使的,债务人可以请求人民法院拍卖、变卖留置财产。

(五) 留置权的消灭

留置权因下列原因消灭:① 债权消灭;② 债务人另行提供担保并被债权人接受;③ 留置权人对留置财产丧失占有。

案 例 分 析

甲、乙、丙于2000年8月各出资1万元买得一幅古画,约定由甲保管。10月,A愿购买此画,甲即将画作价4.5万元卖给A。事后,甲告诉乙、丙。乙、丙要求分得卖画的款项,甲便分别给了乙、丙1.5万元。A买到该画后,12月又将该画以5万元卖给B。两人还约定:买卖合同签订后A即将画交付给B,但A欲持此画参加展览,所以双方约定该画交付后如果半年内该展览未举行,则该画的所有权即转移给B。依此约定,A将画交付B,B亦先期支付价款4万元。2001年3月份B的朋友C以6万元的价格从B处买了此画,C买到之后将画送到装裱店装裱。由于C未按期付给装裱店费用,该画被装裱店留置。装裱店通知C应在30日内支付其应付的费用,但C仍未能按期交付。装裱店遂将画折价受偿。扣除了费用后,将其差额补偿给了C。C不同意装裱店的这一做法。后A因需要借款又于2001年2月将该画抵押给朋友D,D早就知A有此画。后来D在装裱店看到此画,进行调查才发现画已被卖给B,而B于2001年4月份因遇车祸不幸身亡。其财产已由其妻与其子继承,遂找A说理。A得知后,找到C,要求C或者返还该幅画,或者支付B尚未支付的1万元价款。

请思考下列问题:
1. 甲是否有权出卖该画?
2. A能否以该画作抵押向D借款,D的权益能否得到保护?
3. A与B之间的买卖合同是否成立,该画的所有权何时转移?
4. B是否有权出卖该画,C能否取得该画的所有权?
5. 装裱店的做法是否合法?

法律分析:
1. 甲、乙、丙是共有关系。甲无权单独决定出卖该画。乙、丙并未反对只要求分得其应得款额,是对甲的越权行为的追认,所以该买卖行为应被视为追认有效。
2. A将该画抵押给D借款的行为是合法的,此时A仍是画的所有人。D的抵押权虽然成立在先,由于未经登记不能对抗第三人,所以D不能对善意取得人C主张抵押权的优先受偿权。
3. A与B之间的买卖合同有效成立。A虽已将画交付B,但所有权并未转移,只在所附条件成立时,才能转移所有权。
4. B将画卖给C属于无权处分,因其当时还未取得该画所有权,但C属于善意第三人,由C取得该画的所有权。
5. 装裱店对该幅画有留置权,C未按期付给装裱店装裱费,装裱店有权留置该幅画。但装裱店留置权的行使不合法。依担保法规定,债权人应确定2个月以上的期限,通知债务人在此期限内履行债务,而装裱店只给了30天期限。

思考与练习

1. 物权法定的内容是什么?为什么要遵循物权法定原则?
2. 物权公示方法是什么?物权公示的法律效力是什么?
3. 物权变动的原因包括哪些形式?
4. 动产善意取得的构成要件包括哪些?
5. 建设用地使用权的取得方式有哪些?

6. 哪些财产可以抵押？哪些财产不能抵押？

阅 读 文 献

1. 杨立新.物权法.5版.中国人民大学出版社,2016.
2. 王利明.物权法研究(上下卷).3版.中国人民大学出版社,2013.
3. 孙宪忠.中国物权法总论.法律出版社,2014.
4. 王泽鉴.民法物权.2版.北京大学出版社,2010.

真 题 链 接

知识体系示意图

```
                    ┌ 物的概念与种类 ┌ 物的概念(有体性、可支配、身体之外)
                    │              └ 物的种类
          物权基本制度 ┤ 物权的概念与种类 ┌ 物权的概念(支配性、排他性、绝对性)
                    │                └ 物权的种类
                    │              ┌ 物权法定原则
                    └ 物权法基本原则 ┤ 客体特定原则
                                  └ 公示公信原则

                    ┌ 物权变动原因(事实行为、法律规定、公法行为)
          物权变动 ┤ 物权行为(法律效果、处分权、兼容性)
                    │                ┌ 动产——交付
                    └ 物权变动的公示方法┤
                                     └ 不动产——登记
物权
法律
制度              ┌ 概念与类型(国家所有权、集体所有权与私人所有权)
                │        ┌ 按份共有(内部关系、外部关系)
                │ 共有 ┤
                │        └ 共同共有(内部关系、外部关系)
          所有权 ┤        ┌ 动产善意取得(构成要件、法律效果)
                │ 善意取得┤
                │        └ 不动产善意取得(特别构成要件、特别法律效果)
                │ 动产所有权的特取得方式
                └ (先占、遗失物、埋藏物、添附、混合、加工)

          用益物权   ┌ 取得
          (建设用地使用权) ┤ 期限
                          └ 终止

                    ┌ 概念与特征(从属性、附条件性、优先受偿权)
          担保物权 ┤ 抵押权(客体、设定、担保范围、受偿权、转让限制、涤除权、实现、消灭)
                    │ 质权(客体、设定、效力、实现、最高额质权、消灭)
                    └ 留置权(成立、效力、实现、消灭)
```

第四章 合同法律制度

> 2018年5月,知名主持人崔永元曝光演员疑似签订"大小合同""阴阳合同",引发关注。崔永元通过微博发布了几张演艺合同照片,合同上出现了某一线明星的名字,显示其合同约定片酬为税后1 000万元;29日,进一步曝光的合同显示:另行约定片酬5 000万元。两合同共拿走片酬6 000万元,而实际上演员只在片场演出4天。"阴阳合同"是指交易双方签订金额不同的两份合同,一份金额较小的"阳合同"用于向主管机关备案登记纳税;另一份金额较高的"阴合同"则实际约定双方交易价格,彼此对其秘而不宣,目的就是逃避纳税这一法定义务。在合同法上,对于"阴阳合同"应如何处理?

【本章导读】

合同属于债权债务关系。与物权法律关系相对,合同调节财产流转法律关系。合同是反映交易的法律形式,从本质上说,合同是有关未来交易的安排。

第一节 合同概述

一、合同的概念与特征

(一)合同

《合同法》所称合同,是指平等主体的自然人、法人、其他组织之间设立、变更、终止民事权利义务关系的协议。根据《政府采购法》的规定,政府采购合同适用《合同法》。同时,由于合同是双方民事法律行为,因此,合同的成立需要当事人之间的意思表示一致。

(二)合同法的特征

1. 自治性

合同作为一种法律事实,是当事人自由约定、协商一致的结果。正因如此,合同在当事人之间产生相当于法律的约束力。

2. 任意性

正因为合同法是自治法，合同法主要是通过任意性规范而不是强制性规范加以调整。例如，《合同法》第62条就是为了弥补当事人意思表示的不足，规定了合同约定不明时的履行规则。

3. 财产性

合同法主要调整财产的流转关系。根据《合同法》的规定，婚姻、收养、监护等有关身份关系的协议，不适用《合同法》。

二、合同的分类

根据不同的分类标准，可将合同分为不同的种类。

（一）有名合同与无名合同

有名合同是法律上规定了确定名称与规则的合同，又称典型合同，如买卖合同、赠与合同等各类合同。无名合同是法律上尚未规定确定名称与规则的合同，又称非典型合同。对有名合同可直接适用《合同法》分则中关于该种合同的具体规定。对无名合同则只能在适用《合同法》总则中规定的一般规则的同时，参照该法分则或者其他法律中最相类似的规定处理。

（二）单务合同与双务合同

根据合同当事人是否相互负有对价义务，可将合同分为单务合同与双务合同。此处的对价义务并不要求双方的给付价值相等，而只是要求双方的给付具有相互依存、相互牵连的关系即可。单务合同是指仅有一方当事人承担义务的合同，如赠与合同。双务合同是指双方当事人互负对价义务的合同，如买卖合同、承揽合同、租赁合同等。区分两者的法律意义在于：双务合同中当事人之间的给付义务具有依存和牵连关系，故双务合同中存在同时履行抗辩权和风险负担的问题，而单务合同则无这些问题。

（三）诺成合同与要物合同

诺成合同是指当事人意思表示一致即可认定合同成立的合同。要物合同也称实践合同，是指除当事人意思表示一致以外，尚需实际交付标的物或者其他现实给付行为才能成立的合同。常见的实践合同有保管合同、自然人之间的借贷合同、定金合同。

三、合同的相对性

合同法律关系是特定当事人之间的法律关系，因此，合同法律关系具有相对性特征。

（一）主体的相对性

主体的相对性，指合同关系只能发生在特定的主体之间，只有合同当事人一方能够，且只能向合同的另一方当事人基于合同提出请求或提起诉讼。

（二）内容的相对性

内容的相对性，指除法律、合同另有规定以外，只有合同当事人才能享有某个合同所规定的权利,并承担该合同规定的义务,任何第三人不能主张合同上的权利。

（三）责任的相对性

责任的相对性是指合同责任只能在特定的当事人之间即合同关系的当事人之间发生,合同关系以外的人不负违约责任。

（四）合同相对性的例外

虽然合同关系具有相对性,但这种相对性在一定条件下也可能会因为"物权化"或者保障债权实现等原因而被打破。从《合同法》的规定来看,下列情形均属于合同相对性原则的例外。

(1)《合同法》第73条、第74条关于债的保全的规定突破了合同的相对性,使得债权人可以向合同关系以外的第三人提起诉讼,主张权利。

(2)《合同法》第229条"买卖不破租赁"的规定,使得租赁合同的承租人可以租赁合同对抗新的所有权人,突破合同的相对性。

(3)《合同法》第272条第2款、第313条关于分包人与承包人共同对发包人承担连带责任、单式联运合同中某一区段的承运人与总的承运人共同向托运人承担连带责任的规定也都突破了合同的相对性。

四、合同法的基本原则

（一）合同自由原则

《合同法》第4条规定:"当事人依法享有自愿订立合同的权利,任何单位和个人不得干预。"这便是我国立法中对于合同自由原则的宣示。

尊重个人选择与交易自由是市场经济的基本要求,也是合同自由原则的存在前提。合同自由原则包括五个层面:① 缔结合同的自由。不能强迫交易、强买强卖。② 选择相对人的自由。当事人有权选择交易的相对一方,任何人不得干涉。③ 决定合同内容的自由。当事人可以通过协商决定合同内容,只要不违反法律和社会公共利益,则在法律上应认为有效。④ 变更或解除合同的自由。根据合同法规定,当事人双方协商一致,可以变更合同内容或解除合同。⑤ 选择合同方式的自由。除了法律法规有强制性规定的外,允许当事人对于合同的形式(书面、口头和其他形式)做出选择。

当然,合同自由原则从来都不是绝对的,而是受到多种限制。比如,造成他人人身伤害情形的免责条款无效。

（二）鼓励交易原则

如果不遵循鼓励交易原则,当事人动辄主张解除合同或者合同无效,则难以建立基本的交易秩序,市场经济的发展也将受到抑制。正因如此,《合同法》第8条规定,"依法成立的合同,对当事人具有法律约束力。当事人应当按照约定履行自己的义务,不得擅自变更或者解除合同。"

具体来说,鼓励交易原则体现在四个方面:① 严格限制无效合同的范围。首先,合同无效的情形,只有《合同法》专门限定的几种。而且,对于每种无效情形的理解,也应从严把握,例如,违反法律、行政法规的强制性规定,具体是指违反效力性强制性规范,如果是违反管理性强制规范,并不会导致无效。② 通过合同订立规则以鼓励交易。例如,《合同法》第 36 条规定,法律、行政法规规定或者当事人约定采用书面形式订立合同,当事人未采用书面形式但一方已经履行主要义务,对方接受的,该合同成立。③ 针对可撤销合同,倡导变更而不是动辄撤销合同,从而达到鼓励交易的目的。④ 限制违约解除合同的情形。并非只要一方违约,相对方即可主张解除合同。根据《合同法》规则,只有在一方违约且使得合同目的无法达成时,相对方方可解除合同。合同法鼓励在违约的情况下,继续履行合同。

第二节 合同订立

一、合同订立的方式

当事人订立合同的方式包括要约、承诺两个阶段。

（一）要约

1. 要约的内涵

要约是指希望和他人订立合同的意思表示。要约可以向特定人发出也可以向非特定人发出。根据《合同法》的规定,该项意思表示应当符合下列规定：① 内容具体确定。此处的"内容具体确定"并非要求要约已经具备了《合同法》第 12 条规定的所有条款。根据《最高人民法院关于适用〈中华人民共和国合同法〉若干问题的解释（二）》（以下简称《合同法解释（二）》）第 1 条的规定,只要具备了主体、标的和数量三项要素,合同内容即可视为具体确定。② 表明经受要约人承诺,要约人即受该意思表示的约束。应该将要约与要约邀请相互区别。要约邀请是希望他人向自己发出要约的意思表示。寄送的价目表、拍卖公告、招标公告、招股说明书、商业广告等,性质均为要约邀请。但若商业广告的内容符合要约的规定,则视为要约。根据最高人民法院关于审理商品房买卖合同纠纷案件适用法律若干问题的解释（下称《商品房买卖合同解释》）的规定,商品房的销售广告和宣传资料为要约邀请,但是出卖人就商品房开发规划范围内的房屋及相关设施所作的说明和允诺具体确定,并对商品房买卖合同的订立以及房屋价格的确定有重大影响的,应当视为要约。

2. 要约的生效时间

要约到达受要约人时生效。采用数据电文形式订立合同,收件人指定特定系统接收数据电文的,数据电文进入该特定系统的时间,视为到达时间;未指定特定系统的,该数据电文进入收件人的任何系统的首次时间,视为到达时间。

3. 要约的撤回与撤销

（1）要约可以撤回。撤回要约的通知应当在要约到达受要约人之前或者与要约同时到达受要约人。

（2）要约也可以撤销。撤销要约的通知应当在受要约人发出承诺通知之前到达受要约人。但下列情形下的要约不得撤销：① 要约人确定了承诺期限的；② 以其他形式明示要约不可撤销的；③ 受要约人有理由认为要约是不可撤销，并已经为履行合同作了准备工作的。

4. 要约的失效

有下列情形之一的，要约失效：① 拒绝要约的通知到达要约人；② 要约人依法撤销要约；③ 承诺期限届满，受要约人未作出承诺；④ 受要约人对要约的内容作出实质性变更。

（二）承诺

承诺是受要约人同意要约的意思表示。承诺应当由受要约人向要约人作出，并在要约确定的期限内到达要约人。

1. 承诺期限

要约确定的期限称为承诺期限。对于承诺期限的起算，法律规定：要约以信件或者电报作出的，承诺期限自信件载明的日期或者电报交发之日开始计算。信件未载明日期的，自投寄该信件的邮戳日期开始计算。要约以电话、传真等快速通讯方式作出的，承诺期限自要约到达受要约人时开始计算。

要约没有确定承诺期限的，承诺应当依照下列规定到达：① 要约以对话方式作出的，应当即时作出承诺；② 要约以非对话方式作出的，承诺应当在合理期限内到达。所谓合理期限，要根据要约到达受要约人的期间、受要约人作出承诺的期间、承诺通知到达要约人的期间来进行综合判断。

2. 承诺的生效时间

承诺自通知到达要约人时生效。承诺不需要通知的，自根据交易习惯或者要约的要求作出承诺的行为时生效。采用数据电文形式订立合同，收件人指定特定系统接收数据电文的，该数据电文进入该特定系统的时间，视为承诺到达时间；未指定特定系统的，该数据电文进入收件人的任何系统的首次时间，视为承诺到达时间。承诺生效时合同成立。

3. 承诺的撤回

承诺人发出承诺后可以撤回承诺，其条件是撤回承诺的通知应当在承诺通知到达要约人之前或者与承诺通知同时到达要约人，即在承诺生效前到达要约人。

4. 承诺的迟延与迟到

受要约人超过承诺期限发出承诺的，为迟延承诺，除要约人及时通知受要约人该承诺有效的以外，迟延的承诺应视为新要约。受要约人在承诺期限内发出承诺，按照通常情形能够及时到达要约人，但因其他原因使承诺到达要约人时超过承诺期限的，为迟到承诺，除要约人及时通知受要约人因承诺超过期限不接受该承诺的以外，迟到的承诺为有效承诺。

5. 承诺的内容

《合同法》规定，受要约人对要约的内容作出实质性变更的，为新要约。有关合同标的、数量、质量、价款或者报酬、履行期限、履行地点和方式、违约责任和解决争议方法等内容的变更，是对要约内容的实质性变更。承诺对要约的内容作出非实质性变更的，除要约人及时表示反对或者要约表明承诺不得对要约的内容作出任何变更的以外,该承诺有效,合同的内容以承诺的内容为准。

二、合同成立的时间与地点

1. 合同成立的时间

由于合同订立方式的不同,合同成立的时间也有不同:① 承诺生效时合同成立。② 当事人采用合同书形式订立合同的,自双方当事人签字或者盖章时合同成立。③ 当事人采用信件、数据电文等形式订立合同的,可以要求在合同成立之前签订确认书。签订确认书时合同成立。

如果当事人未采用法律要求或者当事人约定的书面形式、合同书形式订立合同,或者当事人没有在合同书上签字盖章的,只要一方当事人履行了主要义务,对方接受的,合同仍然成立。当事人在合同书上摁手印的,具有与签字或者盖章同等的法律效力。

2. 合同成立的地点

由于合同订立方式的不同,合同成立地点的确定标准也有不同:① 承诺生效的地点为合同成立的地点。② 采用数据电文形式订立合同的,收件人的主营业地为合同成立的地点;没有主营业地的,其经常居住地为合同成立的地点。③ 当事人采用合同书形式订立合同的,双方当事人签字或者盖章的地点为合同成立的地点。如双方当事人未在同一地点签字或盖章,则以当事人中最后一方签字或盖章的地点为合同成立的地点。④ 采用书面形式订立合同,合同约定的签订地与实际签字或者盖章地点不符的,约定的签订地为合同签订地;合同没有约定签订地,双方当事人签字或者盖章不在同一地点的,最后签字或者盖章的地点为合同签订地。

三、格式条款

格式条款是指一方当事人为了与不特定多数人订立合同重复使用而单方预先拟定,并在订立合同时不允许对方协商变更的条款。格式条款的适用可以简化签约程序,但是,由于格式条款由一方当事人事先拟定,且在合同谈判中不容对方协商修改,条款内容难免有不公平之处。所以,《合同法》对格式条款的效力及解释有特别规定:① 采用格式条款订立合同的,提供格式条款的一方应当遵循公平原则确定当事人之间的权利和义务,并采取合理的方式提请对方注意免除或者限制其责任的条款,按照对方的要求,对该条款予以说明。提供格式条款一方对已尽合理提示及说明义务承担举证责任。② 格式条款具有《合同法》规定的合同无效和免责条款无效的情形,或者提供格式条款一方免除其责任、加重对方责任、排除对方主要权利的,该条款无效。③ 对格式条款的理解发生争议的,应当按照字面含义及通常理解予以解释。对格式条款有两种以上解释的,应当作出不利于提供格式条款一方的解释。格式条款和非格式条款不一致的,应当采用非格式条款。

四、免责条款

免责条款是指合同当事人在合同中规定的排除或限制一方当事人未来责任的条款。事先约定的免责条款明显违反诚实信用原则及社会公共利益的,法律规定其无效。《合同法》第53条规定,合同中的下列免责条款无效:① 造成对方人身伤害的;② 因故意或者重大过失造成对方财产损失的。

五、缔约过失责任

缔约过失责任,亦称缔约过错责任,是指当事人在订立合同过程中,因故意或者过失致使合同未成立、未生效、被撤销或无效,给他人造成损失而应承担的损害赔偿责任。

《合同法》第42条规定,当事人在订立合同过程中有下列情形之一,给对方造成损失的,应当承担损害赔偿责任:① 假借订立合同,恶意进行磋商;② 故意隐瞒与订立合同有关的重要事实或者提供虚假情况;③ 当事人泄露或者不正当地使用在订立合同过程中知悉的商业秘密;④ 有其他违背诚实信用原则的行为。

第三节 合同效力

一、合同的生效

合同的生效是指已依法成立的合同发生相应的法律效力。合同生效不同于合同成立。合同成立是一个事实问题,考察当事人间是否存在要约和承诺。合同生效则是价值判断,考察当事人之间的合同是否符合法律,能否发生法律所认可的效力。

《合同法》根据合同类型的不同,分别规定了不同的合同生效时间:

(1) 依法成立的合同,原则上自成立时生效。

(2) 法律、行政法规规定应当办理批准、登记等手续生效的,在依照其规定办理批准、登记等手续后生效。

(3) 当事人对合同的效力可以附条件或者附期限。附生效条件的合同,自条件成就时生效。附解除条件的合同,自条件成就时失效。当事人为自己的利益不正当地阻止条件成就的,视为条件已成就;不正当地促成条件成就的,视为条件不成就。附生效期限的合同,自期限届至时生效。附终止期限的合同,自期限届满时失效。

二、合同效力层次

合同可以根据其效力层次分为有效合同、效力待定的合同、可撤销合同及无效合同。具体内容,可参考本书第二章第一节民事法律行为部分。

第四节 合同履行

一、合同的履行规则

（一）约定不明时合同内容的确定规则

合同生效后,当事人就质量、价款或者报酬、履行地点等内容没有约定或者约定不明确的,可以协议补充;不能达成补充协议的,按照合同有关条款或者交易习惯确定。依照上述规则仍不能确定的,依照《合同法》第 62 条进行确定。

（二）向第三人履行和由第三人履行的规则

为保障涉及第三人的合同履行中各方当事人的正当权益,《合同法》第 64、65 条规定,当事人约定由债务人向第三人履行债务的,债务人未向第三人履行债务或者履行债务不符合约定,应当向债权人承担违约责任。当事人约定由第三人向债权人履行债务的,第三人不履行债务或者履行债务不符合约定,债务人应当向债权人承担违约责任。

（三）中止履行、提前履行与部分履行的规则

1. 中止履行

债权人分立、合并或者变更住所没有通知债务人,致使履行债务发生困难的,债务人可以中止履行或者将标的物提存。

2. 提前履行

债权人可以拒绝债务人提前履行债务,但提前履行不损害债权人利益的除外。债务人提前履行债务给债权人增加的费用,由债务人负担。需要注意的是,在借款合同中,提前履行是借款人的一项权利,属于提前履行规则的例外。

3. 部分履行

债权人可以拒绝债务人部分履行债务,但部分履行不损害债权人利益的除外。债务人部分履行债务给债权人增加的费用,由债务人负担。

二、合同履行中的抗辩权

《合同法》赋予当事人抗辩权,使得债务人可以在法律规定的情况下保留给付以对抗相对人的请求权。

1. 同时履行抗辩权

《合同法》规定,当事人互负债务,没有先后履行顺序的,应当同时履行。一方在对方履行之前有权拒绝其对自己提出的履行要求。一方在对方履行债务不符合约定时,有权拒绝其相应的履行要求。

2. 先履行抗辩权

《合同法》规定，当事人互负债务，有先后履行顺序，先履行一方未履行的，后履行一方有权拒绝其履行要求。先履行一方履行债务不符合约定的，后履行一方有权拒绝其相应的履行要求。

3. 不安抗辩权

《合同法》规定，应当先履行债务的当事人，有确切证据证明对方有下列情形之一的，可以中止履行：① 经营状况严重恶化；② 转移财产、抽逃资金，以逃避债务；③ 丧失商业信誉；④ 有丧失或者可能丧失履行债务能力的其他情形。主张不安抗辩权的当事人如果没有确切证据中止履行的，则应当承担违约责任。

当事人行使不安抗辩权中止履行的，应当及时通知对方。对方提供适当担保时，应当恢复履行。中止履行后，对方在合理期限内未恢复履行能力并且未提供适当担保的，中止履行的一方可以解除合同。

三、合同保全

合同保全是合同的一般担保，是指为了保护一般债权人不因债务人的财产不当减少而受到损害，允许债权人干预债务人处分自己财产行为的法律制度。

（一）代位权

代位权针对债务人消极不行使自己债权的行为。根据《合同法》及《最高人民法院关于适用〈中华人民共和国合同法〉若干问题的解释（一）》（下称《合同法解释（一）》）的规定，债权人提起代位权诉讼，应当符合以下四个条件：

（1）债权人对债务人的债权合法。

（2）债务人怠于行使其到期债权，对债权人造成损害。如果债务人以书面或者口头方式催促次债务人履行债务，但没有就此提起诉讼或者申请仲裁，仍然构成懈怠。

（3）债务人的债权已到期。除了债务人的债权应到期以外，债权人的债权也应到期。

（4）债务人的债权不是专属于债务人自身的债权。

根据《合同法解释（一）》，在代位权诉讼中，债权人是原告，次债务人是被告，债务人为诉讼上的第三人。因此在代位权诉讼中，如果债权人胜诉的，由次债务人承担诉讼费用，且从实现的债权中优先支付。诉讼费用从实现的债权中优先支付，其目的在于确保债权人的利益不因提起代位权诉讼而受到损害。代位权诉讼的其他必要费用则由债务人承担。代位权诉讼由被告住所地人民法院管辖。

（二）撤销权

1. 撤销权的概念与性质

撤销权是指债务人实施了减少财产行为，危及债权人债权实现时，债权人为保障自己的债权请求人民法院撤销债务人处分行为的权利。撤销权的行使必须依一定的诉讼程序进行，故又称废罢诉权。债权人行使撤销权，可请求受益人返还财产，恢复债务人责任财产的原状，因此，撤销权兼有请求权和形成权的特点。

2. 撤销权的成立要件

根据《合同法》的规定，债权人行使撤销权，应当具备以下三个条件：

(1) 债权人须以自己的名义行使撤销权。

(2) 债权人对债务人存在有效债权。债权人对债务人的债权可以到期，也可以不到期。

(3) 债务人实施了减少财产的处分行为。债务人减少财产的处分行为体现为：① 放弃债权（到期、未到期均可）、放弃债权担保或者恶意延长到期债权的履行期，对债权人造成损害；② 无偿转让财产，对债权人造成损害；③ 以明显不合理的低价转让财产或者以明显不合理的高价收购他人财产，对债权人造成损害，并且相对人知道该情形。其中第③种处分行为不但要求有客观上对债权人造成损害的事实，还要求有受让人知道的主观要件。一般认为，转让价格达不到交易时交易地的指导价或者市场交易价70%的，可以视为明显不合理的低价；转让价格高于当地指导价或者市场交易价30%的，可以视为明显不合理的高价。

3. 撤销权行使的期限

撤销权的行使有期限限制，根据《合同法》的规定，撤销权应当自债权人知道或者应当知道撤销事由之日起一年内行使。自债务人的行为发生之日起五年内没有行使撤销权的，该撤销权消灭。此处的"五年"期间为除斥期间。

4. 撤销权行使的法律效果

一旦人民法院确认债权人的撤销权成立，债务人的处分行为即归于无效。债务人的处分行为无效的法律后果则是双方返还，即受益人应当返还从债务人处获得的财产。因此，撤销权行使的目的是恢复债务人的责任财产，债权人就撤销权行使的结果并无优先受偿权利。

5. 撤销权诉讼中的主体与管辖

撤销权的行使必须通过诉讼程序。在诉讼中，债权人为原告，债务人为被告，受益人或者受让人为诉讼上的第三人。撤销权诉讼由被告住所地人民法院管辖。根据《合同法解释（一）》的规定，债权人行使撤销权所支付的律师代理费、差旅费等必要费用，由债务人负担；第三人有过错的，应当适当分担。

第五节 合同担保

一、担保方式

担保是指法律规定或者当事人约定的保证合同履行、保障债权人利益实现的法律措施。担保具有从属性与补充性特征。

合同的担保方式一般有五种，即：保证、抵押、质押、留置和定金。其中，保证、抵押、质押和定金，都是依据当事人的合同而设立，称为约定担保。留置则是直接依据法律的规定而设立,无须当事人之间特别约定,称为法定担保。保证以保证人的财产和信用为担保的基础,属于人的担保。抵押、质押、留置,以一定的财产为担保的基础,属于物的担保。定金以一定的金钱为担保的基础,称为金钱担保。

为了换取担保人提供保证、抵押或质押等担保方式,担保人可以要求债务人为担保人的担保提供担保。这种由债务人或第三人向该担保人提供的担保,相对于原担保而言被称为反担保。《担保法》规定的五种担保方式并非都可作为反担保方式。根据《担保法解释》的规定,留置和定金不能作为反担保方式。在债务人自己向原担保人提供反担保的场合,保证就不得作为反担保方式。

二、保证

(一) 保证与保证合同

1. 保证的概念

保证是指第三人(保证人)和债权人约定,当债务人不履行其债务时,该第三人按照约定履行债务或者承担责任的担保方式。

2. 保证合同

保证合同是指保证人与债权人订立的在主债务人不履行其债务时,由保证人承担保证债务的协议。从合同的类型来看,保证合同属于单务合同、无偿合同、诺成合同、要式合同。

保证合同为从合同。主合同有效成立或将要成立,保证合同才发生效力。故主合同无效,保证合同无效。但保证合同无效,并不必然导致主合同无效。

保证合同为要式合同,但在实践中要注意三个问题:① 保证人在债权人与被保证人签订的订有保证条款的主合同上,以保证人身份签字或者盖章的,保证合同成立。② 第三人单方以书面形式向债权人出具担保书,债权人接受且未提出异议的,保证合同成立。③ 主合同中虽然没有保证条款,但是,保证人在主合同上以保证人的身份签字或者盖章的,保证合同成立。但是当事人在借据、收据、欠条等债权凭证或者借款合同上签字或者盖章,但未表明其保证人身份或者承担保证责任,或者通过其他事实不能推定其为保证人的,出借人不能要求当事人承担保证责任。

(二) 保证人

保证合同当事人为保证人和债权人。自然人、法人或者其他组织均可以为保证人,保证人也可以为两人以上,但法律对保证人仍有相应的限制。

(1) 主债务人不得同时为保证人。如果主债务人同时为保证人,意味着其责任财产未增加,保证的目的落空。

(2) 国家机关原则上不得为保证人。但经国务院批准为使用外国政府或者国际经济组织贷款进行转贷的,国家机关可以为保证人。

(3) 学校、幼儿园、医院等以公益为目的的事业单位、社会团体不得为保证人。但从事经营活动的事业单位、社会团体,可以担任保证人。

(4) 企业法人的职能部门不得担任保证人。

(5) 企业法人的分支机构原则上不得担任保证人，但企业法人的分支机构有法人书面授权的，可以在授权范围内提供保证。

(6) 保证人必须有代为清偿债务的能力。但根据《担保法解释》的规定，不具有完全代偿能力的主体，只要以保证人身份订立了保证合同，就应当承担保证责任。

(三) 保证方式

1. 一般保证和连带责任保证

根据保证人承担责任方式的不同，可以将保证分为一般保证和连带责任保证。依据《担保法》的规定，如果当事人在保证合同中对保证方式没有约定或者约定不明确的，按照连带责任保证承担保证责任。这两种保证之间最大的区别在于保证人是否享有先诉抗辩权，一般保证的保证人享有先诉抗辩权，连带责任保证的保证人则不享有。

所谓先诉抗辩权，是指在主合同纠纷未经审判或仲裁，并就债务人财产依法强制执行用于清偿债务前，对债权人可拒绝承担保证责任。根据《担保法解释》的规定，所谓"不能清偿"，是指对债务人的存款、现金、有价证券、成品、半成品、原材料、交通工具等可以执行的动产和其他方便执行的财产执行完毕后，债务仍未能得到清偿。

但有下列情形之一的，保证人不得行使先诉抗辩权：① 债务人住所变更，致使债权人要求其履行债务发生重大困难的，如债务人下落不明，移居境外，且无财产可供执行；② 人民法院受理债务人破产案件，中止执行程序的；③ 保证人以书面形式放弃先诉抗辩权的。

一般保证的保证人在主债权履行期间届满后，向债权人提供了债务人可供执行财产的真实情况的，债权人放弃或怠于行使权利致使该财产不能被执行，保证人可以请求法院在其提供可供执行财产的实际价值范围内免除保证责任。

2. 单独保证和共同保证

单独保证是指只有一个保证人担保同一债权的保证。共同保证是指数个保证人担保同一债权的保证。共同保证既可以在数个共同保证人与债权人签订一个保证合同时成立，也可以在数个保证人与债权人签订数个保证合同，但担保同一债权时成立。按照保证人是否约定各自承担的担保份额，可以将共同保证分为按份共同保证和连带共同保证。按份共同保证是保证人与债权人约定按份额对主债务承担保证义务的共同保证；连带共同保证是各保证人约定均对全部主债务承担保证义务，或保证人与债权人之间没有约定所承担保证份额的共同保证。

需要注意的是，连带共同保证的"连带"是保证人之间的连带，而非保证人与主债务人之间的连带。故称之为"连带共同保证"，而非"连带责任保证"。

连带共同保证的债务人在主合同规定的债务履行期届满没有履行债务的，债权人可以要求债务人履行债务，也可以要求任何一个保证人承担全部保证责任。已经承担保证责任的保证人，有权向债务人追偿，或者要求承担连带责任的其他保证人清偿其应当承担的份额。

(四) 保证责任

1. 保证责任的范围

根据《担保法》的规定，保证担保的责任范围包括主债权及利息、违约金、损害赔偿金和实现债权的费用。

2. 主合同变更与保证责任承担

保证期间，债权人依法将主债权转让给第三人，保证债权同时转让，保证人在原保证担保的范围内对受让人承担保证责任。但是保证人与债权人事先约定仅对特定的债权人承担保证责任或者禁止债权转让的，保证人不再承担保证责任。

保证期间，债权人许可债务人转让债务的，应当取得保证人书面同意，保证人对未经其同意转让的债务部分，不再承担保证责任。

保证期间，债权人与债务人协议变更主合同的，应当取得保证人书面同意。未经保证人同意的主合同变更，如果减轻债务人的债务的，保证人仍应当对变更后的合同承担保证责任；如果加重债务人的债务的，保证人对加重的部分不承担保证责任。债权人与债务人对主合同履行期限作了变动，未经保证人书面同意的，保证期间为原合同约定的或者法律规定的期间。债权人与债务人协议变动主合同内容，但并未实际履行的，保证人仍应当承担保证责任。

主合同当事人双方协议以新贷偿还旧贷，除保证人知道或者应当知道的外，保证人不承担民事责任，但是新贷与旧贷系同一保证人的除外。

3. 保证期间与保证的诉讼时效

保证期间为保证责任的存续期间，是债权人向保证人行使追索权的期间。保证期间性质上属于除斥期间，不发生诉讼时效的中止、中断和延长。债权人没有在保证期间主张权利的，保证人免除保证责任。"主张权利"的方式在一般保证中表现为对债务人提起诉讼或者申请仲裁，在连带责任保证中表现为向保证人要求承担保证责任。

当事人可以在合同中约定保证期间。如果没有约定的，保证期间为 6 个月。在连带责任保证中，债权人有权自主债务履行期届满之日起 6 个月内要求保证人承担保证责任；在一般保证中，债权人应自主债务履行期届满之日起 6 个月内对债务人提起诉讼或者申请仲裁。保证合同约定的保证期间长于或者等于主债务履行期限的，视为没有约定。保证合同约定保证人承担保证责任直至主债务本息还清时为止等类似内容的，视为约定不明，保证期间为主债务履行期届满之日起 2 年。如果对主债务履行期限没有约定或者约定不明的，保证期间自债权人要求债务人履行债务的宽限期届满之次日计算。

在保证期间中，债权人主张权利的，保证责任确定。连带保证，从确定保证责任时开始起算保证的诉讼时效。一般保证，则自对债务人提起诉讼或者申请仲裁的判决或者仲裁裁决生效之日起算保证的诉讼时效。保证的诉讼时效期限，按照《民法通则》的规定应为 3 年。

一般保证中，主债务诉讼时效中断，保证债务诉讼时效中断；连带责任保证中，主债务诉讼时效中断，保证债务诉讼时效不中断。一般保证和连带责任保证中，主债务诉讼时效中止的，保证债务的诉讼时效同时中止。

最高额保证合同对保证期间没有约定或者约定不明的，如合同约定有保证人清偿债务期限的，保证期间为清偿期限届满之日起 6 个月；没有约定的，保证期间为自最高额保证终止之日或自债权人收到保证人终止保证合同的书面通知之日起 6 个月。保人对于通知到达债权人前所发生的债权,承担保证责任。

保证责任消灭后,债权人书面通知保证人要求承担保证责任或者清偿债务,保证人在催款通知书上签字的,人民法院不得认定保证人继续承担保证责任。但是,该催款通知书内容符合《合同法》和《担保法》有关担保合同成立的规定,并经保证人签字认可,能够认定成立新的保证合同的,人民法院应当认定保证人按照新保证合同承担责任。

4. 特殊情形下的保证责任

第三人向债权人保证监督支付专款专用的,在履行此项义务后,不再承担责任。未尽监督义务造成资金流失的,应当对流失的资金承担补充赔偿责任。

保证人对债务人的注册资金提供保证的,债务人的实际投资与注册资金不符,或者抽逃转移注册资金的,保证人在注册资金不足或者抽逃转移注册资金的范围内承担连带保证责任。

5. 共同担保下的保证责任

在同一债权上既有保证又有物的担保的,属于共同担保。《物权法》规定,被担保的债权既有物的担保又有人的担保的,债务人不履行到期债务或者发生当事人约定的实现担保物权的情形,债权人应当按照约定实现债权;没有约定或者约定不明确,债务人自己提供物的担保的,债权人应当先就该物的担保实现债权;第三人提供物的担保的,债权人可以就物的担保实现债权,也可以要求保证人承担保证责任。提供担保的第三人承担担保责任后,有权向债务人追偿。

对于连带共同保证的情形,《担保法解释》第 20 条规定,连带共同保证的保证人承担保证责任后,向债务人不能追偿的部分,由各连带保证人按其内部约定的比例分担。没有约定的,平均分担。

(五) 保证人的追偿权

保证人承担保证责任后,有权向债务人追偿其代为清偿的部分。保证人对债务人行使追偿权的诉讼时效,自保证人向债权人承担责任之日起开始计算。

保证期间,人民法院受理债务人破产案件的,债权人既可以向人民法院申报债权,也可以向保证人主张权利。债权人不申报债权的,应通知保证人。保证人在承担保证责任前,可以预先申报破产债权行使追偿权(各连带共同保证的保证人应当作为一个主体申报债权),参加破产财产分配,以免发生保证人承担保证责任后,因债务人破产财产已分配完毕无法行使追偿权的情况。债权人知道或者应当知道债务人破产,既未申报债权也未通知保证人,致使保证人不能预先申报破产债权行使追偿权的,保证人在该债权在破产程序中可能受偿的范围内免除保证责任。债权人要求保证人对其在破产程序中未受清偿部分承担保证责任的,应当在破产程序终结后 6 个月内提出。

三、定金

(一) 定金的概念及种类

定金,是以确保合同的履行为目的,由当事人一方在合同订立前后、合同履行前预先交付另一方金钱或者其他代替物的法律制度。

（二）定金的生效与法律效力

《担保法》规定，定金应当以书面形式约定。当事人在定金合同中应当约定交付定金的期限。定金合同从实际交付定金之日起生效。定金与违约金只能选择适用。

定金的效力表现为以下五个方面：

（1）定金一旦交付，定金所有权发生移转。

（2）给付定金一方不履行约定的债务的，无权要求返还定金；收受定金的一方不履行约定的债务的，应当双倍返还定金。当事人一方不完全履行合同的，应当按照未履行部分所占合同约定内容的比例，适用定金罚则。

（3）在迟延履行或者有其他违约行为时，并不能当然适用定金罚则。只有因当事人一方迟延履行或者其他违约行为，致使合同目的不能实现，才可以适用定金罚则。

（4）当事人约定的定金数额不得超过主合同标的额的 20%。

（5）因不可抗力、意外事件致使主合同不能履行的，不适用定金罚则。因合同关系以外第三人的过错，致使主合同不能履行的，适用定金罚则。受定金处罚的一方当事人，可以依法向第三人追偿。

第六节　合同变更与转让

合同订立后，因各种原因使得合同内容或者合同主体发生变更，称为合同的变更或合同的转让。

一、合同的变更

根据《合同法》，合同的变更是指合同内容的变更。合同主体的变更属于合同转让。

合同是双方当事人合意的体现，因此经当事人协商一致，当然可以变更合同。但法律、行政法规规定变更合同应当办理批准、登记等手续的，应当办理相应手续。《合同法》规定，当事人对合同变更的内容约定不明确的，推定为未变更。

除了双方通过合意变更合同以外，还存在法定变更的情形，即一方当事人单方通知对方变更合同的权利，如《合同法》第258条、第308条的规定。

合同的变更，除当事人另有约定的以外，仅对变更后未履行的部分有效，对已履行的部分无溯及力。

二、债权转让

合同的转让，即合同主体的变更，指当事人将合同的权利和义务全部或者部分转让给第三人。

（一）债权转让的条件

《合同法》规定，债权人转让权利的，无须债务人同意，但应当通知债务人。未经通知，该转让对债务人不发生效力。债权人转让权利的通知不得撤销,但经受让人同意的除外。

(二) 禁止转让的情形

《合同法》规定,下列情形的债权不得转让:① 根据合同性质不得转让,主要是指基于当事人特定身份而订立的合同,如出版合同、赠与合同、委托合同等;② 按照当事人约定不得转让;③ 依照法律规定不得转让。

三、债务承担

《合同法》规定,债务人将合同义务的全部或者部分转移给第三人的,应当经债权人同意。这是因为新债务人的资信情况和偿还能力须得到债权人的认可,以免债权人的利益受到不利影响。债务人转移义务的,新债务人可以主张原债务人对债权人的抗辩。新债务人应当承担与主债务有关的从债务,但该从债务专属于原债务人自身的除外。

债务承担除了《合同法》规定的免责的债务承担以外,还有并存的债务承担,即第三人以担保为目的加入债的关系,与原债务人共同承担同一债务。由于并存的债务承担并不使得原债务人脱离债的关系,因此原则上不以债权人的同意为必要条件。

第七节 合同终止

一、合同终止的一般理论

合同的终止是指因发生法律规定或当事人约定的情况,当事人之间的权利义务关系消灭,而使合同终止法律效力。合同消灭的效力,除当事人之间的权利义务终止外,从属于主债的权利义务,也随之消灭。

合同作为一种民事法律关系,必须因一定的法律事实才能终止,引起合同终止的法律事实,根据《合同法》的规定,主要有以下情形:① 债务已经按照约定履行;② 合同解除;③ 债务相互抵销;④ 债务人依法将标的物提存;⑤ 债权人免除债务;⑥ 债权债务同归于一人,即混同;⑦ 法律规定或者当事人约定终止的其他情形。

二、清偿

清偿,又称履行,是指为了实现合同目的,债务人依照合同约定完成约定义务的行为和终局状态。它是合同消灭的最主要的原因。债务人清偿债务应按合同标的清偿,但债权人同意并受领替代物清偿的,也能产生清偿效果。

债务人的给付不足以清偿其对同一债权人所负的数笔相同种类的全部债务,应当优先抵充已到期的债务;几项债务均到期的,优先抵充对债权人缺乏担保或者担保数额最少的债务;担保数额相同的,优先抵充债务负担较重的债务;负担相同的,按照债务到期的先后顺序抵充;到期时间相同的,按比例抵充。但是,债权人与债务人对清偿的债务或者清偿抵充顺序有约定的除外。债务人除主债务之外还应当支付利息和费用,当其给付不足以清偿全部债务时,当事人没有约定的,人民法院应当按照下列顺序抵充:① 实现债权的有关费用;② 利息;③ 主债务。

三、解除

合同的解除是指合同有效成立以后,没有履行或者没有完全履行之前,双方当事人通过协议或者一方行使解除权的方式,使得合同关系终止的法律制度。

(一) 合意解除

合意解除是指根据当事人事先约定的情况或经当事人协商一致而解除合同。约定解除权是一种单方解除,即双方在订立合同时,约定了合同当事人一方解除合同的条件。协商解除是以一个新的合同解除旧的合同。合同订立后,经当事人协商一致,当然可以解除合同。

(二) 法定解除

法定解除是指根据法律规定而解除合同。根据《合同法》第 94 条的规定,在下列情形下,当事人可以单方解除合同。

(1) 因不可抗力不能实现合同目的。行使此项解除权,除了要求有不可抗力事件发生以外,还要求必须因不可抗力导致合同目的不能实现。双方当事人均可以行使解除权。

(2) 在履行期限届满之前,当事人一方明确表示或者以自己的行为表明不履行主要债务。此项解除权的行使的前提是不履行"主要"债务必须成立。

(3) 当事人一方迟延履行主要债务,经催告后在合理期限内仍未履行。此项解除权的行使,必须符合两个条件:① 迟延履行主要债务;② 催告后在合理期限内仍未履行。

(4) 当事人一方迟延履行债务或者有其他违约行为致使不能实现合同目的。此项解除权的行使条件之一是必须"致使不能实现合同目的"。

(5) 法律规定的其他解除情形。除上述四种原因外,如果法律另有规定的,当事人可以根据该法律规定,单方解除合同。在《合同法》分则中,此类规定很多。另外,最高人民法院多个关于《合同法》的司法解释中也就合同解除问题作了特别规定。现就其中主要的几种情况作一说明。①《合同法》第 268 条规定,定作人可以随时解除承揽合同,造成承揽人损失的,应当赔偿损失。②《合同法》第 308 条规定,在承运人将货物交付收货人之前,托运人可以要求承运人中止运输、返还货物、变更到达地或者将货物交给其他收货人,但应当赔偿承运人因此所受的损失。③《合同法》第 410 条规定委托人或受托人可以随时解除委托合同。这是因为委托合同强调双方当事人的特别信任关系而赋予委托双方的一种权利。

当事人一方行使解除权应当通知对方,合同自通知到达对方时解除。对方有异议的,可以请求人民法院或者仲裁机构确认解除合同的效力。对合同解除可以提出异议,如果没有约定异议期间,在解除合同通知到达之日起 3 个月以后才向人民法院起诉的,人民法院不予支持。

合同解除后,尚未履行的,终止履行;已经履行的,根据履行情况和合同性质,当事人可以要求恢复原状、采取其他补救措施,并有权要求赔偿损失。

四、抵销

抵销是双方当事人互负债务时,一方通知对方以其债权充当债务的清偿或者双方协商以债权充当债务的清偿,使得双方的债务在对等额度内消灭的行为。抵销可以使交易简便。

(一)法定抵销

《合同法》第 99 条规定,当事人互负到期债务,该债务的标的物种类、品质相同的,任何一方可以将自己的债务与对方的债务抵销。

下列债务不可抵销:① 法律规定不得抵销的债务,如因故意侵权行为而产生的债务;② 合同性质不能抵销的债务,如提供劳务的债务、不作为的债务等;③ 当事人约定不得抵销的债务。

法定抵销中的抵销权性质上属于形成权,因此当事人主张抵销的,应当通知对方。通知为非要式。抵销自通知到达对方时生效。抵销不得附条件或者附期限。抵销产生如下法律效力:① 双方的债权债务于抵销数额内消灭;② 抵销的意思表示溯及于得为抵销之时。

(二)约定抵销

《合同法》第 100 条规定,当事人互负债务,标的物种类、品质不相同的,经双方协商一致,也可以抵销。

五、提存

提存是指非因可归责于债务人的原因,导致债务人无法履行债务或者难以履行债务的情况下,债务人将标的物交由提存机关保存,以终止合同权利义务关系的行为,例如货物出卖人向买受人交付货物,但买受人不知去向时,可以提存。

(一)提存的原因

《合同法》第 101 条规定,有下列情形之一,难以履行债务的,债务人可以将标的物提存:① 债权人无正当理由拒绝受领;② 债权人下落不明;③ 债权人死亡未确定继承人或者丧失民事行为能力未确定监护人;④ 法律规定的其他情形。

(二)提存的法律效果

标的物提存后,毁损、灭失的风险由债权人承担。提存期间,标的物的孳息归债权人所有。提存费用由债权人负担。标的物不适于提存或者提存费用过高的,债务人依法可以拍卖或者变卖标的物,提存所得的价款。提存成立的,视为债务人在其提存范围内已经履行债务,但债务人还负有后合同义务。除债权人下落不明的以外,债务人应当及时通知债权人或者债权人的继承人、监护人。

债权人可以随时领取提存物，但债权人对债务人负有到期债务的，在债权人未履行债务或者提供担保之前，提存部门根据债务人的要求应当拒绝其领取提存物。债权人领取提存物的权利，自提存之日起 5 年内不行使则消灭，提存物扣除提存费用后归国家所有。

第八节 违约责任

一、违约责任的概念

《合同法》规定的违约责任采用无过错责任的归责原则。只要合同当事人有违约行为存在，无论违约的原因是什么，除了法定或者约定的免责事由以外，均不得主张免责。

二、违约形态

根据合同当事人违反义务的性质、特点的不同，《合同法》将违约行为区分为预期违约和实际违约两种类型。

（一）预期违约

根据《合同法》第 108 条，预期违约是指在履行期限到来之前一方无正当理由而明确表示其在履行期到来后将不履行合同，或者其行为表明其在履行期到来以后将不可能履行合同。

（二）实际违约

在履行期限到来以后，当事人不履行或不完全履行合同义务的，将构成实际违约。实际违约可以分为不履行和不适当履行两类。

《合同法》规定，因当事人一方的违约行为，侵害对方人身、财产权益的，受损害方有权选择依照《合同法》规定要求其承担违约责任或者依照其他法律要求其承担侵权责任。根据《合同法解释（一）》的规定，债权人向人民法院起诉时作出选择后，在一审开庭以前又变更诉讼请求的，人民法院应当准许。但对方当事人对变更后的诉讼请求提出管辖权异议，经审查异议成立的，人民法院应当驳回起诉。

三、违约责任的承担方式

（一）继续履行

《合同法》规定，当事人一方不履行非金钱债务或者履行非金钱债务不符合约定的，对方可以要求履行，但有下列情形之一的除外：① 法律上或者事实上不能履行；② 债务的标的不适于强制履行或者履行费用过高；③ 债权人在合理期限内未要求履行。

（二）补救措施

对违约责任没有约定或者约定不明确，受损害方根据标的的性质以及损失的大小，可以合理选择要求对方承担修理、更换、重作、退货、减少价款或者报酬等违约责任。

(三) 损害赔偿

1. 赔偿损失

损失赔偿额应当相当于因违约所造成的损失,包括合同履行后可以获得的利益,但不得超过违约方订立合同时预见到或者应当预见到的因违反合同可能造成的损失。当事人可以在合同中约定因违约产生的损失赔偿额的计算方法。根据《最高人民法院关于审理买卖合同纠纷案中适用法律问题的解释》(下称《买卖合同解释》)的规定,买卖合同当事人一方违约造成对方损失,对方对损失的发生也有过错,违约方主张扣减相应的损失赔偿额的,人民法院应予支持。买卖合同当事人一方因对方违约而获有利益,违约方主张从损失赔偿额中扣除该部分利益的,人民法院应予支持。

经营者对消费者提供商品或者服务有欺诈行为的,依照《中华人民共和国消费者权益保护法》的规定承担损害赔偿责任,即按照购买商品的价款或者接受服务的费用承担双倍赔偿责任。

当事人一方违约后,对方应当采取适当措施防止损失的扩大;没有采取适当措施致使损失扩大的,不得就扩大的损失要求赔偿。当事人因防止损失扩大而支出的合理费用由违约方承担。

2. 违约金

违约金是指按照当事人约定或者法律规定,一方当事人违约时应当根据违约情况向对方支付的一定数额的货币。

根据《商品房买卖合同解释》的规定,当事人以约定的违约金过高由请求减少的,应当以违约金超过造成的损失 30% 为标准适当减少;当事人以约定的违约金低于造成的损失为由请求增加的,应当以违约造成的损失确定违约金数额。根据《买卖合同解释》的规定,买卖合同对付款期限作出变更,不影响当事人关于逾期付款违约金的约定,但该违约金的起算点应当随之变更。买卖合同约定逾期付款违约金,买受人以出卖人接受价款时未主张逾期付款违约金为由拒绝支付该违约金的,人民法院不予支持。买卖合同因违约而解除后,守约方主张继续适用违约金条款的,人民法院应予支持。

3. 定金罚则

此部分内容,具体参考上文的定金部分。

四、免责事由

合同法中的免责事由包括不可抗力和情势变更。《合同法》第 107 条规定,不可抗力是指"不能预见、不能避免并不能克服的客观情况"。常见的不可抗力有三种:① 自然灾害,如地震、台风等。② 政府行为。政府行为必须是在当事人订立合同以后发生,且不能预见的,如运输合同订立后,由于政府颁布禁运的法律,使合同不能履行。③ 社会异常现象。一些偶发的事件阻碍合同的履行,如罢工骚乱等。

《合同法解释(二)》还特别规定了情势变更制度。所谓情势变更,是指在合同成立以后,如果客观情况发生了当事人在订立合同时无法预见的、非不可抗力造成的不属于商业风险的重大变化,继续履行合同对于一方当事人明显不公平或者不能实现合同目的,当事人请求人民法院变更或者解除合同的,人民法院应当根据公平原则,并结合案件的实际情况确定是否变更或者解除。

第九节 具体合同

以下介绍几种具体的有名合同,注意把握每一种有名合同的特点。在无名合同中,可适用与其最为接近的有名合同的规则,以及合同法的一般规则。

一、买卖合同

买卖合同是出卖人转移标的物的所有权于买受人,买受人支付价款的合同。买卖合同是最基本、最典型的有偿合同。

(一)双方当事人的权利义务

买卖合同双方当事人的权利义务主要围绕标的物的交付及价款的支付而发生。

1. 交付标的物

出卖人应当按照约定的期限交付标的物,并且应当按照约定的地点交付标的物。当事人没有约定交付地点或者约定不明确,依照《合同法》的有关规定仍不能确定的,适用下列规定:① 标的物需要运输的,出卖人应当将标的物交付给第一承运人以运交给买受人。② 标的物不需要运输,出卖人和买受人订立合同时知道标的物在某一地点的,出卖人应当在该地点交付标的物;不知道标的物在某一地点的,应当在出卖人订立合同时的营业地交付标的物。

2. 转移标的物的所有权

出卖人应履行向买受人交付标的物或者交付提取标的物的单证,并转移标的物的所有权的义务。故交付标的物时,标的物必须是属于出卖人所有或者出卖人有权处分的物。

出卖人就交付的标的物,负有保证第三人不得向买受人主张任何权利的义务,但买受人订立合同时知道或者应当知道第三人对买卖的标的物享有权利的,或法律另有规定的除外。买受人有确切证据证明第三人可能就标的物主张权利的,可以中止支付相应的价款,但出卖人提供适当担保的除外。

标的物的所有权自标的物交付时起转移,但法律另有规定的除外。出卖具有知识产权的计算机软件等标的物的,除法律另有规定或者当事人另有约定的以外,该标的物的知识产权不属于买受人。此类无须以有形载体交付的电子信息产品,当事人对交付方式约定不明确,且依照《合同法》第61条的规定仍不能确定的,买受人收到约定的电子信息产品或者权利凭证即为交付。

如果出卖人就同一标的物订立多重买卖合同,原则上各个买卖合同均属有效,但标的物所有权归谁所有?为此,《买卖合同解释》规定,对于普通动产,如果出卖人就同一标的物订立多重买卖合同,在买卖合同均有效的情况下,买受人均要求实际履行合同的,应当按照以下情形分别处理:① 先行受领交付的买受人请求确认所有权已经转移的,人民法院应予支持;② 均未受领交付,先行支付价款的买受人请求出卖人履行交付标的物等合同义务的,人民法院应予支持;③ 均未受领交付,也未支付价款,依法成立在先合同的买受人请求出卖人履行交付标的物等合同义务的,人民法院应予支持。

对于船舶、航空器、机动车等特殊动产,如果出卖人就同一标的物订立多重买卖合同,在买卖合同均有效的情况下,买受人均要求实际履行合同的,应当按照以下情形分别处理:① 先行受领交付的买受人请求出卖人履行办理所有权转移登记手续等合同义务的,人民法院应予支持;② 均未受领交付,先行办理所有权转移登记手续的买受人请求出卖人履行交付标的物等合同义务的,人民法院应予支持;③ 均未受领交付,也未办理所有权转移登记手续,依法成立在先合同的买受人请求出卖人履行交付标的物和办理所有权转移登记手续等合同义务的,人民法院应予支持;④ 出卖人将标的物交付给买受人之一,又为其他买受人办理所有权转移登记,已受领交付的买受人请求将标的物所有权登记在自己名下的,人民法院应予支持。

3. 标的物的风险转移

标的物的风险承担,讨论在发生非因可归责于双方当事人的原因导致标的物发生毁损、灭失的情形时,应由谁负担由此导致的损失。

一般来说,权利与风险应该一致,权利转移,风险也随之转移,但有两种例外,一是不动产买卖,二是所有权保留买卖。风险承担的具体规则如下:

(1) 标的物毁损、灭失的风险,在标的物交付之前由出卖人承担,交付之后由买受人承担,但法律另有规定或者当事人另有约定的除外。

(2) 因买受人的原因致使标的物不能按照约定的期限交付的,买受人应当自违反约定之日起承担标的物毁损、灭失的风险。

(3) 出卖人出卖交承运人运输的在途标的物,除当事人另有约定的以外,毁损、灭失的风险自合同成立时起由买受人承担。但如果出卖人出卖交由承运人运输的在途标的物,在合同成立时知道或者应当知道标的物已经毁损、灭失却未告知买受人,风险负担由出卖人承担。

(4) 当事人没有约定交付地点或者约定不明确,标的物需要运输的,出卖人将标的物交付给第一承运人后,标的物毁损、灭失的风险由买受人承担。

(5) 出卖人按照约定或者依照《合同法》有关规定将标的物置于交付地点,买受人违反约定没有收取的,标的物毁损、灭失的风险自违反约定之日起由买受人承担。

(6) 出卖人未按照约定交付有关标的物的单证和资料的,不影响标的物毁损、灭失风险的转移。

(7) 因标的物不符合质量要求,致使不能实现合同目的的,买受人可以拒绝接受标的物或者解除合同。买受人拒绝接受标的物或者解除合同的,标的物毁损、灭失的风险由出卖人承担。

(8) 标的物毁损、灭失的风险由买受人承担的,不影响因出卖人履行债务不符合约定,买受人要求其承担违约责任的权利。

4. 标的物的检验及价款支付

标的物出卖人应当按照约定的质量要求交付标的物。出卖人提供有关标的物质量说明的,交付的标的物应当符合该说明的质量要求。出卖人交付的标的物不符合质量要求的,买受人可以依法要求其承担违约责任。

出卖人应当按照约定的包装方式交付标的物。对包装方式没有约定或者约定不明确,依照《合同法》有关规定仍不能确定的,应当按照通用的方式包装,没有通用方式的,应当采取足以保护标的物的包装方式。

买受人收到标的物时应当在约定的检验期间内检验。没有约定检验期间的,应当及时检验。买受人在合理期间内未通知或者自标的物收到之日起两年内未通知出卖人的,视为标的物的数量或者质量符合约定,但对标的物有质量保证期的,适用质量保证期,不适用该两年的规定。出卖人知道或者应当知道提供的标的物不符合约定的,买受人不受上述通知时间的限制。

买受人应当按照约定的数额支付价款。对价款没有约定或者约定不明确的,适用《合同法》的有关规定确定。

买受人应当按照约定的地点支付价款。对支付地点没有约定或者约定不明确,依照《合同法》的有关规定仍不能确定的,买受人应当在出卖人的营业地支付,但约定支付价款以交付标的物或者交付提取标的物单证为条件的,在交付标的物或者交付提取标的物单证的所在地支付。

买受人应当按照约定的时间支付价款。对支付时间没有约定或者约定不明确,依照《合同法》的有关规定仍不能确定的,买受人应当在收到标的物或者提取标的物单证的同时支付。

5. 买卖合同的特别解除规则

因标的物的主物不符合约定而解除合同的,解除合同的效力及于从物。标的物的从物因不符合约定被解除的,解除的效力不及于主物,即从物有瑕疵的,买受人仅可解除与从物有关的合同部分。

二、赠与合同

(一) 赠与合同概述

赠与合同是赠与人将自己的财产无偿给予受赠人,受赠人表示接受赠与的合同。赠与合同是单务、无偿、诺成合同。赠与的财产依法需要办理登记等手续的,应当办理有关手续。

赠与可以附义务。赠与附义务的,受赠人应当按照约定履行义务,否则赠与人可以撤销赠与。

因赠与人故意或者重大过失致使赠与的财产毁损、灭失的,赠与人应当承担损害赔偿责任。赠与的财产有瑕疵的,赠与人不承担责任。附义务的赠与,赠与的财产有瑕疵的,赠与人在附义务的限度内承担与出卖人相同的责任。赠与人故意不告知瑕疵或者保证无瑕疵,造成受赠人损失的,应当承担损害赔偿责任。

赠与合同成立后,赠与人的经济状况显著恶化,严重影响其生产经营或者家庭生活的,可以不再履行赠与义务。

（二）赠与合同的撤销

任意撤销,即赠与人基于赠与合同的无偿性及单务性特征,在赠与财产的权利转移之前可以撤销赠与。但具有救灾、扶贫等社会公益、道德义务性质的赠与合同或者经过公证的赠与合同,不得撤销赠与。

法定撤销,即当受赠人有不当行为时,无论赠与财产的权利是否转移,赠与是否具有救灾、扶贫等社会公益、道德义务性质或者经过公证,赠与人或者赠与人的继承人、法定代理人都可以撤销赠与的情形。

（三）赠与人的撤销权

受赠人有下列情形之一的,赠与人可以行使撤销权：① 严重侵害赠与人或者赠与人的近亲属；② 对赠与人有扶养义务而不履行；③ 不履行赠与合同约定的义务。

赠与人的撤销权,自知道或者应当知道撤销原因之日起 1 年内行使。

因受赠人的违法行为致使赠与人死亡或者丧失民事行为能力的,赠与人的继承人或者法定代理人可以撤销赠与。赠与人的继承人或者法定代理人的撤销权,自知道或者应当知道撤销原因之日起 6 个月内行使。

如果是法定撤销情形,撤销权人撤销赠与的,可以向受赠人要求返还赠与的财产。

三、借款合同

（一）借款合同概述

借款合同是借款人向贷款人借款,到期返还借款并支付利息的合同。自然人借款是实践合同,而金融机构借款则是诺成合同。借款合同应采用书面形式,但自然人之间借款另有约定的除外。

（二）双方当事人的权利义务

贷款人未按照约定的日期、数额提供借款,造成借款人损失的,应当赔偿损失。借款人未按照约定的日期、数额收取借款的,应当按照约定的日期、数额支付利息。

借款人未按照约定的借款用途使用借款的,贷款人可以停止发放借款、提前收回借款或者解除合同。

借款的利息不得预先在本金中扣除。利息预先在本金中扣除的,应当按照实际借款数额返还借款并计算利息。

借款人应当按照约定的期限支付利息。对支付利息的期限没有约定或者约定不明确,依照《合同法》的有关规定仍不能确定的,借款期间不满 1 年的,应当在返还借款时一并支付；借款期间 1 年以上的,应当在每届满 1 年时支付,剩余期间不满 1 年的,应当在返还借款时一并支付。

借款人应当按照约定的期限返还借款。对借款期限没有约定或者约定不明确,依照《合同法》的有关规定仍不能确定的,借款人可以随时返还；贷款人可以催告借款人在合理期限内返还。借款人未按照约定的期限返还借款的,应当按照约定或者国家有关规定支付逾期利息。

借款人提前偿还借款的,除当事人另有约定的以外,应当按照实际借款的期间计算利息。借款人可以在还款期限届满之前向贷款人申请展期。贷款人同意的,可以展期。

(三) 民间借贷合同

2015 年颁布的《最高人民法院关于审理民间借贷案件适用法律若干问题的规定》,就民间借贷纠纷案件,结合审判实践,确定了新的裁判规则。

1. 明确界定了民间借贷的范围

民间借贷是指自然人、法人、其他组织之间及其相互之间进行资金融通的行为。经金融监管部门批准设立的从事贷款业务的金融机构及其分支机构,因发放贷款等相关金融业务引发的纠纷,不属于民间借贷。

2. 民间借贷案件的受理与管辖

民间借贷属于合同纠纷,但是当事人间往往没有书面借款合同,因此借据、收据、欠条等债权凭证以及其他能够证明借贷法律关系存在的证据可以作为证明借贷关系的证据。

3. 民间借贷合同的效力

司法解释就民间借贷的效力作了特别规定。

(1) 法人之间、其他组织之间以及它们相互之间为生产、经营需要订立的民间借贷合同,原则上有效,除非存在如下情形之一:存在《合同法》第 52 条规定的无效情形;套取金融机构信贷资金又高利转贷给借款人,且借款人事先知道或者应当知道的;以向其他企业借贷或者向本单位职工集资取得的资金又转贷给借款人牟利,且借款人事先知道或者应当知道的;出借人事先知道或者应当知道借款人借款用于违法犯罪活动仍然提供借款的;违背社会公序良俗的;其他违反法律、行政法规效力性强制性规定的。

(2) 法人或者其他组织在本单位内部通过借款形式向职工筹集资金用于本单位生产、经营,签订的民间借贷合同,其效力与①作相同处理。

(3) 借款人或者出借人的借贷行为涉嫌犯罪,或者已经生效的判决认定构成犯罪,当事人提起民事诉讼的,民间借贷合同并不当然无效。人民法院应当根据①中的规则认定民间借贷合同的效力。担保人以借款人或者出借人的借贷行为涉嫌犯罪或者已经生效的判决认定构成犯罪为由,主张不承担民事责任的,人民法院应当依据民间借贷合同与担保合同的效力、当事人的过错程度,依法确定担保人的民事责任。

4. 互联网借贷平台的法律责任

借贷双方通过网络贷款平台形成借贷关系,网络贷款平台的提供者仅提供媒介服务,不承担担保责任。网络贷款平台的提供者通过网页、广告或者其他媒介明示或者有其他证据证明其为借贷提供担保的,网络贷款平台的提供者应当承担担保责任。

5. 法定代表人在民间借贷合同中的责任

企业法定代表人或负责人以企业名义与出借人签订民间借贷合同,出借人、企业或者其股东能够证明所借款项用于企业法定代表人或负责人个人使用,出借人可以要求将企业法定代表人或负责人列为共同被告或者第三人。企业法定代表人或负责人以个人名义与出借人签订民间借贷合同,所借款项用于企业生产经营,出借人可以请求企业与个人共同承担责任。

6. 民间借贷的利息与利率

关于利息的约定。借贷双方没有约定利息，出借人不得主张支付借期内利息。

关于利率的约定。借贷双方约定的利率未超过年利率24%，出借人请求借款人按照约定的利率支付利息的，人民法院应予支持。借贷双方约定的利率超过年利率36%，超过部分的利息约定无效。

关于逾期利率。借贷双方对逾期利率有约定的，从其约定，但以不超过年利率24%为限。借贷双方未约定逾期利率或者约定不明的，区分不同情况处理：① 既未约定借期内的利率，也未约定逾期利率，出借人主张借款人自逾期还款之日起按照年利率6%支付资金占用期间利息的，人民法院应予支持；② 约定了借期内的利率但未约定逾期利率，出借人主张借款人自逾期还款之日起按照借期内的利率支付资金占用期间利息的，人民法院应予支持。

关于逾期利率与其他违约责任。出借人与借款人既约定了逾期利率，又约定了违约金或者其他费用，出借人可以选择主张逾期利息、违约金或者其他费用，也可以一并主张，但总计超过年利率24%的部分，人民法院不予支持。

（四）自然人之间的借款合同

自然人之间的借款合同是指双方当事人均为自然人的借款合同。自然人之间的借款合同为实践合同，自贷款人提供借款时生效。具有下列情况之一，合同生效：① 以现金支付的，自借款人收到借款时；② 以银行转账、网上电子汇款或者通过网络贷款平台等形式支付的，自资金到达借款人账户时；③ 以票据交付的，自借款人依法取得票据权利时；④ 出借人将特定资金账户支配权授权给借款人的，自借款人取得对该账户实际支配权时；⑤ 出借人以与借款人约定的其他方式提供借款并实际履行完成时。

四、租赁合同

（一）租赁合同概述

租赁合同是出租人将租赁物交付承租人使用、收益，承租人支付租金的合同。租赁合同为有偿、双务、诺成合同。

租赁合同转让的是租赁物的使用权，故租赁物一般应为特定的非消耗物。正因为如此，合同的最长期限也应有所限制。《合同法》规定，租赁期限不得超过20年。超过20年的，超过部分无效。租赁期间届满，当事人可以续订租赁合同，但约定的租赁期限自续订之日起仍不得超过20年。

双方如果没有约定租赁期限，租赁合同按不定期租赁处理。根据《合同法》的规定，不定期租赁主要有三种情况：① 租赁期限6个月以上的，合同应当采用书面形式。当事人未采用书面形式的，视为不定期租赁。② 当事人对租赁期限没有约定或者约定不明确，依照《合同法》的有关规定仍不能确定的，视为不定期租赁。③ 租赁期届满，承租人继续使用租赁物，出租人没有提出异议的，原租赁合同继续有效，但租赁期限为不定期。

对于不定期租赁，双方当事人均可以随时解除合同，但出租人解除合同应当在合理期限之前通知承租人。

（二）双方当事人的权利义务

承租人按照约定的方法或者租赁物的性质使用租赁物，致使租赁物受到损耗的，不承担损害赔偿责任。承租人未按照约定的方法或者租赁物的性质使用租赁物，致使租赁物受到损失的，出租人可以解除合同并要求赔偿损失。

出租人应当履行租赁物的维修义务，但当事人另有约定的除外。承租人在租赁物需要维修时可以要求出租人在合理期限内维修。出租人未履行维修义务的，承租人可以自行维修，维修费用由出租人负担。因维修租赁物影响承租人使用的，应当相应减少租金或者延长租期。

承租人经出租人同意，可以对租赁物进行改善或者增设他物。承租人未经出租人同意，对租赁物进行改善或者增设他物的，出租人可以要求承租人恢复原状或者赔偿损失。

承租人经出租人同意，可以将租赁物转租给第三人。承租人转租的，承租人与出租人之间的租赁合同继续有效，第三人对租赁物造成损失的，承租人应当赔偿损失。承租人未经出租人同意转租的，出租人可以解除合同。

在租赁期间因占有、使用租赁物获得的收益，归承租人所有，但当事人另有约定的除外。

承租人应当按照约定的期限支付租金。对支付期限没有约定或者约定不明确，依照《合同法》的有关规定仍不能确定的，租赁期间不满1年的，应当在租赁期间届满时支付；租赁期间1年以上的，应当在每届满1年时支付，剩余期间不满1年的，应当在租赁期间届满时支付。

因第三人主张权利，致使承租人不能对租赁物使用、收益的，承租人可以要求减少租金或者不支付租金。第三人主张权利的，承租人应当及时通知出租人。

租赁物在租赁期间发生所有权变动的，不影响租赁合同的效力。学理上称为"买卖不破租赁"，但在掌握时要注意，所有的所有权让与均不破租赁，并非局限于买卖。

（三）租赁合同的解除与延期

因不可归责于承租人的事由，致使租赁物部分或者全部毁损、灭失的，承租人可以要求减少租金或者不支付租金；因租赁物部分或者全部毁损、灭失，致使不能实现合同目的的，承租人可以解除合同。

租赁物危及承租人的安全或者健康的，即使承租人订立合同时明知该租赁物质量不合格，承租人仍然可以随时解除合同。

租赁期届满，承租人应当返还租赁物。返还的租赁物应当符合按照约定或者按照租赁物的性质使用后的形态。

五、融资租赁合同

融资租赁合同是出租人根据承租人对出卖人、租赁物的选择，向出卖人购买租赁物，提供给承租人使用，承租人支付租金的合同。融资租赁合同应当采用书面形式。

融资租赁合同虽具有租赁的性质,但其目的是融资。根据融资租赁的这个特点,在融资租赁合同标的物的行政许可、风险承担等问题上采取如下处理规则:① 如果承租人对于租赁物的经营使用应当取得行政许可,出租人未取得行政许可的,不得以此为理由认定融资租赁合同无效。② 承租人占有租赁物期间,租赁物毁损、灭失的风险由承租人承担,出租人要求承租人继续支付租金的,人民法院应予支持。但当事人另有约定或者法律另有规定的除外。

在融资租赁合同中,承租人解除合同的权利应当受到一定的限制,在合同有效期内,无正当、充分的理由不得解除合同。

存在下列情形之一的,承租人可以拒绝受领租赁物:① 租赁物严重不符合约定的;② 出卖人未在约定的交付期间或者合理期间内交付租赁物,经承租人或者出租人催告,在催告期满后仍未交付的。

承租人拒绝受领租赁物,未及时通知出租人,或者无正当理由拒绝受领租赁物,造成出租人损失,出租人可以要求承租人承担损害赔偿责任。

出租人、出卖人、承租人可以约定,出卖人不履行买卖合同义务的,由承租人行使索赔的权利。承租人行使索赔权利的,出租人应当予以协助。承租人对出卖人行使索赔权,不影响其履行融资租赁合同项下支付租金的义务,但承租人以依赖出租人的技能确定租赁物或者出租人干预选择租赁物为由,主张减轻或者免除相应租金支付义务的除外。

承租人或者租赁物的实际使用人,未经出租人同意不得转让租赁物或者在租赁物上设立其他物权。如果承租人或者租赁物的实际使用人,未经出租人同意转让租赁物或者在租赁物上设立其他物权,第三人依据《物权法》第106条的规定取得租赁物的所有权或者其他物权,出租人主张第三人物权权利不成立的,人民法院不予支持,但有下列情形之一的除外:① 出租人已在租赁物的显著位置作出标识,第三人在与承租人交易时知道或者应当知道该物为租赁物的;② 出租人授权承租人将租赁物抵押给出租人并在登记机关依法办理抵押权登记的;③ 第三人与承租人交易时,未按照法律、行政法规、行业或者地区主管部门的规定在相应机构进行融资租赁交易查询的;④ 出租人有证据证明第三人知道或者应当知道交易标的物为租赁物的其他情形。出租人转让其在融资租赁合同项下的部分或者全部权利,受让方不得据此要求解除或者变更融资租赁合同。

有下列情形之一,出租人可以要求解除融资租赁合同:① 承租人未经出租人同意,将租赁物转让、转租、抵押、质押、投资入股或者以其他方式处分租赁物的;② 承租人未按照合同约定的期限和数额支付租金,符合合同约定的解除条件,经出租人催告后在合理期限内仍不支付的;③ 合同对于欠付租金解除合同的情形没有明确约定,但承租人欠付租金达到两期以上,或者数额达到全部租金15%以上,经出租人催告后在合理期限内仍不支付的;④ 承租人违反合同约定,致使合同目的不能实现的其他情形。

因出租人的原因致使承租人无法占有、使用租赁物,承租人可以请求解除融资租赁合同。

融资租赁合同的租金,除当事人另有约定的以外,应当根据购买租赁物的大部分或者全部成本以及出租人的合理利润确定。

六、承揽合同

（一）承揽合同概述

承揽合同是承揽人按照定作人的要求完成工作，交付工作成果，定作人给付报酬的合同。承揽合同是双务、有偿、诺成的合同。

（二）双方当事人的权利义务

承揽人应当以自己的设备、技术和劳力，完成主要工作，但当事人另有约定的除外。承揽人将其承揽的主要工作交由第三人完成的，应当就该第三人完成的工作成果向定作人负责；未经定作人同意的，定作人也可以解除合同。承揽人可以将其承揽的辅助工作交由第三人完成，并就该第三人完成的工作成果向定作人负责。

承揽人发现定作人提供的图纸或者技术要求不合理的，应当及时通知定作人。因定作人怠于答复等原因造成承揽人损失的，应当赔偿损失。定作人中途变更承揽工作的要求，造成承揽人损失的，应当赔偿损失。

承揽工作需要定作人协助的，定作人有协助的义务。定作人不履行协助义务致使承揽工作不能完成的，承揽人可以催告定作人在合理期限内履行义务，并可以顺延履行期限；定作人逾期不履行的，承揽人可以解除合同。

承揽人完成工作的，应当向定作人交付工作成果，并提交必要的技术资料和有关质量证明。定作人应当验收该工作成果。承揽人交付的工作成果不符合质量要求的，定作人可以要求承揽人承担修理、重作、减少报酬、赔偿损失等违约责任。

定作人应当按照约定的期限支付报酬。对支付报酬的期限没有约定或者约定不明确，依照《合同法》的有关规定仍不能确定的，定作人应当在承揽人交付工作成果时支付；工作成果部分交付的，定作人应当相应支付。

承揽人应当妥善保管定作人提供的材料以及完成的工作成果，因保管不善造成毁损、灭失的，应当承担损害赔偿责任。承揽人应当按照定作人的要求保守秘密，未经定作人许可，不得留存复制品或者技术资料。

七、建设工程合同

（一）建设工程合同概述

1. 建设工程合同的概念及特点

建设工程合同是承包人进行工程建设，发包人支付价款的合同。建设工程合同包括工程勘察、设计、施工合同。建设工程合同本质上属于承揽合同，故建设工程合同没有规定的部分，适用承揽合同的有关规定。

建设工程合同应当采用书面形式。采用招投标方式订立合同的，当事人就同一建设工程另行订立的建设工程施工合同与经过备案的中标合同实质性内容不一致的，应当以备案的中标合同作为结算工程价款的根据。

2. 建设工程合同的无效

建设工程施工合同具有下列情形之一的,属于无效合同:① 承包人未取得建筑施工企业资质或者超越资质等级的;② 没有资质的实际施工人借用有资质的建筑施工企业名义的;③ 建设工程必须进行招标而未招标或者中标无效的。

承包人超越资质等级许可的业务范围签订建设工程施工合同,在建设工程竣工前取得相应资质等级,不按照无效合同处理。

建设工程施工合同无效,但建设工程经竣工验收合格,承包人可以请求参照合同约定支付工程价款。

建设工程施工合同无效,且建设工程经竣工验收不合格的,按照以下情形分别处理:① 修复后的建设工程经竣工验收合格,发包人可以请求承包人承担修复费用;② 修复后的建设工程经竣工验收不合格,承包人无权请求支付工程价款。

发包人对建设工程不合格造成的损失有过错的,也应承担相应的民事责任。

3. 建设工程合同的分包

发包人可以与总承包人订立建设工程合同,也可以分别与勘察人、设计人、施工人订立勘察、设计、施工承包合同。发包人不得将应当由一个承包人完成的建设工程肢解成若干部分发包给几个承包人。

总承包人或者勘察、设计、施工承包人经发包人同意,可以将自己承包的部分工作交由第三人完成。第三人就其完成的工作成果与总承包人或者勘察、设计、施工承包人向发包人承担连带责任。承包人不得将其承包的全部建设工程转包给第三人或者将其承包的全部建设工程肢解以后以分包的名义分别转包给第三人。禁止承包人将工程分包给不具备相应资质条件的单位。禁止分包单位将其承包的工程再分包。建设工程主体结构的施工必须由承包人自行完成。

对具有劳务作业法定资质的承包人与总承包人、分包人签订的劳务分包合同,不得以转包建设工程违反法律规定为由确认其无效。

承包人非法转包、违法分包建设工程或者没有资质的实际施工人借用有资质的建筑施工企业名义与他人签订建设工程施工合同的行为无效。人民法院可以根据《民法通则》第134条的规定,收缴当事人已经取得的非法所得。

4. 承包人垫资

针对实践中时常出现的承包人为建设工程垫资的问题,司法解释规定,当事人对垫资和垫资利息有约定,承包人可以请求按照约定返还垫资及其利息,但是约定的利息计算标准高于中国人民银行发布的同期同类贷款利率的部分无效。当事人对垫资没有约定的,按照工程欠款处理。当事人对垫资利息没有约定的,承包人无权请求支付利息。

(二) 双方当事人的权利义务

发包人在不妨碍承包人正常作业的情况下,可以随时对作业进度、质量进行检查。隐蔽工程在隐蔽以前,承包人应当通知发包人检查。发包人没有及时检查的,承包人可以顺延工程日期,并有权要求赔偿停工、窝工等损失。

1. 发包人的解除权

承包人具有下列情形之一的,发包人可以请求解除建设工程施工合同:① 明确表示或者以行为表明不履行合同主要义务的；② 在合同约定的期限内没有完工，且在发包人催告的合理期限内仍未完工的；③ 已经完成的建设工程质量不合格，并拒绝修复的；④ 将承包的建设工程非法转包、违法分包的。

2. 承包人的解除权

发包人具有下列情形之一，致使承包人无法施工，且在催告的合理期限内仍未履行相应义务，承包人可以请求解除建设工程施工合同：① 未按约定支付工程价款的；② 提供的主要建筑材料、建筑构配件和设备不符合强制性标准的；③ 不履行合同约定的协助义务的。

建设工程施工合同解除后，已经完成的建设工程质量合格的，发包人应当按照约定支付相应的工程价款；已经完成的建设工程质量不合格的，参照前述建设工程施工合同无效时工程竣工验收不合格的情形处理。因一方违约导致合同解除的，违约方应当赔偿因此而给对方造成的损失。

3. 建设工程的竣工

当事人对建设工程实际竣工日期有争议的，按照以下情形分别处理：① 建设工程经竣工验收合格的，以竣工验收合格之日为竣工日期；② 承包人已经提交竣工验收报告，发包人拖延验收的，以承包人提交验收报告之日为竣工日期；③ 建设工程未经竣工验收，发包人擅自使用的，以转移占有建设工程之日为竣工日期。

建设工程竣工前，当事人对工程质量发生争议，工程质量经鉴定合格的，鉴定期间为顺延工期期间。

建设工程竣工经验收合格后，方可交付使用；未经验收或者验收不合格的，不得交付使用。建设工程未经竣工验收，发包人擅自使用后，不得以使用部分质量不符合约定为由主张权利；但是承包人应当在建设工程的合理使用寿命内对地基基础工程和主体结构质量承担民事责任。

4. 工程价款的结算

当事人对部分案件事实有争议的，仅对有争议的事实进行鉴定，但争议事实范围不能确定，或者双方当事人请求对全部事实鉴定的除外。

因设计变更导致建设工程的工程量或者质量标准发生变化，当事人对该部分工程价款不能协商一致的，可以参照签订建设工程施工合同时当地建设行政主管部门发布的计价方法或者计价标准结算工程价款。

当事人对工程量有争议的，按照施工过程中形成的签证等书面文件确认。承包人能够证明发包人同意其施工，但未能提供签证文件证明工程量发生的，可以按照当事人提供的其他证据确认实际发生的工程量。

建设工程施工合同有效，但建设工程经竣工验收不合格的，工程价款结算参照前述建设工程施工合同无效时工程竣工验收不合格的情形处理。

发包人未按照约定支付价款的，承包人可以催告发包人在合理期限内支付价款。发包人逾期不支付的，除按照建设工程的性质不宜折价、拍卖的以外，承包人可以与发包人协议将该工程折价，也可以申请人民法院将该工程依法拍卖。建设工程的价款就该工程折价或者拍卖的价款优先受偿。

根据《最高人民法院关于建设工程价款优先受偿权问题的批复》的规定,建筑工程的承包人的上述优先受偿权优于抵押权和其他债权。消费者交付购买商品房的全部或者大部分款项后,承包人就该商品房享有的工程价款优先受偿权不得对抗买受人。建筑工程价款包括承包人为建设工程应当支付的工作人员报酬、材料款等实际支出的费用,不包括承包人因发包人违约所造成的损失。建设工程承包人行使优先权的期限为6个月,自建设工程竣工之日或者建设工程合同约定的竣工之日起计算。

当事人对欠付工程价款利息计付标准有约定的,按照约定处理;没有约定的,按照中国人民银行发布的同期同类贷款利率计息。

利息从应付工程价款之日计付。当事人对付款时间没有约定或者约定不明的,下列时间视为应付款时间:① 建设工程已实际交付的,为交付之日;② 建设工程没有交付的,为提交竣工结算文件之日;③ 建设工程未交付,工程价款也未结算的,为当事人起诉之日。

5. 当事人的其他义务

勘察、设计的质量不符合要求或者未按照期限提交勘察、设计文件拖延工期,造成发包人损失的,勘察人、设计人应当继续完善勘察、设计,减收或者免收勘察、设计费并赔偿损失。

因施工人的原因致使建设工程质量不符合约定的,发包人有权要求施工人在合理期限内无偿修理或者返工、改建。经过修理或者返工、改建后,造成逾期交付的,施工人应当承担违约责任。

因承包人的过错造成建设工程质量不符合约定,承包人拒绝修理、返工或者改建,发包人可以减少支付工程价款。

因承包人的原因致使建设工程在合理使用期限内造成人身和财产损害的,承包人应当承担损害赔偿责任。

因保修人未及时履行保修义务,导致建筑物毁损或者造成人身、财产损害的,保修人应当承担赔偿责任。保修人与建筑物所有人或者发包人对建筑物毁损均有过错的,各自承担相应的责任。

发包人未按照约定的时间和要求提供原材料、设备、场地、资金、技术资料的,承包人可以顺延工程日期,并有权要求赔偿停工、窝工等损失。

因发包人的原因致使工程中途停建、缓建的,发包人应当采取措施弥补或者减少损失,赔偿承包人因此造成的停工、窝工、倒运、机械设备调迁、材料和构件积压等损失和实际费用。

因发包人变更计划,提供的资料不准确,或者未按照期限提供必需的勘察、设计工作条件而造成勘察、设计的返工、停工或者修改设计,发包人应当按照勘察人、设计人实际消耗的工作量增付费用。

发包人具有下列情形之一,造成建设工程质量缺陷的,应当承担过错责任,承包人有过错的,也应当承担相应的过错责任:① 提供的设计有缺陷;② 提供或者指定购买的建筑材料、建筑构配件、设备不符合强制性标准;③ 直接指定分包人分包专业工程。

因建设工程质量发生争议的,发包人可以以总承包人、分包人和实际施工人为共同被告提起诉讼。

实际施工人可以以转包人、违法分包人为被告提起诉讼。实际施工人以发包人为被告主张权利的,人民法院可以追加转包人或者违法分包人为本案当事人。发包人只在欠付工程价款范围内对实际施工人承担责任。

八、委托合同

委托合同是一方委托他方处理事务,他方允诺处理事务的合同。委托他方处理事务的,为委托人,允诺为他人处理事务的,为受托人。

（一）委托事务的处理

受托人应当按照委托人的指示处理委托事务,原则上受托人应当亲自处理委托事务。经委托人同意,受托人可以转委托。转委托经同意的,委托人可以就委托事务直接指示转委托的第三人,受托人仅就第三人的选任及其对第三人的指示承担责任。转委托未经同意的,受托人应当对转委托的第三人的行为承担责任,但在紧急情况下受托人为维护委托人的利益需要转委托的除外。

（二）隐名代理

受托人以自己的名义,在委托人的授权范围内与第三人订立的合同,第三人在订立合同时知道受托人与委托人之间的代理关系的,该合同直接约束委托人和第三人,但有确切证据证明该合同只约束受托人和第三人的除外。

受托人以自己的名义与第三人订立合同时,第三人不知道受托人与委托人之间的代理关系的,受托人因第三人的原因对委托人不履行义务,受托人应当向委托人披露第三人,委托人因此可以行使受托人对第三人的权利,但第三人如果知道该委托人存在,就不会与受托人订立合同的除外。

受托人因委托人的原因对第三人不履行义务,受托人应当向第三人披露委托人,第三人因此可以选择受托人或者委托人作为相对人主张其权利,但第三人不得变更选定的相对人。

委托人行使受托人对第三人的权利的,第三人可以向委托人主张其对受托人的抗辩。第三人选定委托人作为其相对人的,委托人可以向第三人主张其对受托人的抗辩以及受托人对第三人的抗辩。

（三）委托合同的费用与报酬

委托人应当预付处理委托事务的费用。受托人为处理委托事务垫付必要费用的,委托人应当偿还该费用及其利息。受托人完成委托事务的,委托人应当向其支付报酬。因不可归责于受托人的事由,委托合同解除或者委托事务不能完成的,委托人应当向受托人支付相应的报酬。当事人另有约定的,按照其约定。

（四）委托合同项下的损失赔偿

有偿的委托合同,因受托人的过错给委托人造成损失的,委托人可以要求赔偿损失。无偿的委托合同,因受托人的故意或者重大过失给委托人造成损失的,委托人可以要求赔偿损失。受托人超越权限给委托人造成损失的,应当赔偿损失。

受托人处理委托事务时,因不可归责于自己的事由受到损失的,可以向委托人要求赔偿损失。委托人经受托人同意,可以在受托人之外委托第三人处理委托事务。因此给受托人造成损失的,受托人可以向委托人要求赔偿损失。

九、运输合同

（一）运输合同概述

运输合同分为客运合同、货运合同和多式联运合同。运输合同一般为格式合同。运输合同的订立具有强制性,以保障旅客、托运人的利益和社会秩序。《合同法》规定,从事公共运输的承运人不得拒绝旅客、托运人通常合理的运输要求而拒绝订立运输合同。

（二）客运合同

客运合同自承运人向旅客交付客票时成立,但当事人另有约定或者另有交易习惯的除外。

（三）货运合同

1. 托运人权利义务

因托运人申报不实或者遗漏重要情况,造成承运人损失的,托运人应当承担损害赔偿责任。货物运输需要办理审批、检验等手续的,托运人应当将办理完有关手续的文件提交承运人。

托运人应当按照约定的方式包装货物。对包装方式没有约定或者约定不明确,依照《合同法》有关规定仍不能确定的,应当按照通用的方式包装,没有通用方式的,应当采取足以保护标的物的包装方式。托运人违反此项规定的,承运人可以拒绝运输。

托运人托运易燃、易爆、有毒、有腐蚀性、有放射性等危险物品的,应当按照国家有关危险物品运输的规定对危险物品妥善包装,作出危险物标志和标签,并将有关危险物品的名称、性质和防范措施的书面材料提交承运人。托运人违反此项规定的,承运人可以拒绝运输,也可以采取相应措施以避免损失的发生,因此产生的费用由托运人承担。

在承运人将货物交付收货人之前,托运人可以要求承运人中止运输、返还货物、变更到达地或者将货物交给其他收货人,但应当赔偿承运人因此受到的损失。

2. 承运人权利义务

货物运输到达后,承运人知道收货人的,应当及时通知收货人,收货人应当及时提货。收货人逾期提货的,应当向承运人支付保管费等费用。

收货人提货时应当按照约定的期限检验货物。对检验货物的期限没有约定或者约定不明确,依照《合同法》有关规定仍不能确定的,应当在合理期限内检验货物。收货人在约定的期限或者合理期限内对货物的数量、毁损等未提出异议的,视为承运人已经按照运输单证的记载交付货物的初步证据。但以后如收货人有证据证明货物的毁损、灭失发生在运输过程中,仍可向承运人索赔。

承运人对运输过程中货物的毁损、灭失承担损害赔偿责任,但承运人证明货物的毁损、灭失是因不可抗力、货物本身的自然性质或者合理损耗以及托运人、收货人的过错造成的,不承担损害赔偿责任。货物在运输过程中因不可抗力灭失,未收取运费的,承运人不得要求支付运费;已收取运费的,托运人可以要求返还。

货物的毁损、灭失的赔偿额,依照《合同法》有关规定仍不能确定的,按照交付或者应当交付时货物到达地的市场价格计算。

两个以上承运人以同一运输方式联运的,与托运人订立合同的承运人应当对全程运输承担责任。损失发生在某一运输区段的,与托运人订立合同的承运人和该区段的承运人承担连带责任。

托运人或者收货人不支付运费、保管费以及其他运输费用的,承运人对相应的运输货物享有留置权,但当事人另有约定的除外。

收货人不明或者收货人无正当理由拒绝受领货物的,承运人可以依法提存货物。

十、行纪合同

行纪合同是行纪人以自己的名义为委托人从事贸易活动,委托人支付报酬的合同。拍卖公司与委托人之间的合同是一种较为典型的行纪合同。

(一)行纪合同的性质

《合同法》规定,该法对行纪合同没有规定的,适用其有关委托合同的规定。

表 4-1 行纪合同与委托合同的比较

	行 纪 合 同	委 托 合 同
所为事项	买卖寄售等贸易活动	可以是法律行为也可是事实行为
行为名义	行纪人只能以自己名义	既能自己名义,也能委托人名义
是否有偿	有偿	可以有偿,也可无偿

(二)行纪合同当事人的权利义务

在行纪合同中,当事人双方主要有以下五方面的权利义务:

(1)行纪人处理委托事务产生的费用,由行纪人负担。行纪人占有委托物的,应当妥善保管委托物。

(2)行纪人完成或者部分完成委托事务的,委托人应当向其支付相应的报酬。委托人逾期不支付报酬的,行纪人对委托物享有留置权,但当事人另有约定的除外。

(3)行纪人在行纪中低于委托人指定的价格卖出或者高于委托人指定的价格买入的,应当经委托人同意。未经委托人同意,行纪人补偿其差额的,该买卖对委托人发生效力。行纪人高于委托人指定的价格卖出或者低于委托人指定的价格买入的,可以按照约定增加报酬。

(4)行纪人卖出或者买入具有市场定价的商品,除委托人有相反意思表示的以外,行纪人自己可以作为买受人或出卖人。此为行纪人的介入权。行纪人要行使介入权,必须要注意以下几点:①委托人委托的商品具有市场定价;②委托人没有相反的意思表示;③ 在可以行使介入权的情形中,行纪人仍然可以要求委托人支付报酬。

(5) 行纪人与第三人订立合同的,行纪人对该合同直接享有权利、承担义务。第三人不履行义务致使委托人受到损害的,行纪人应当承担损害赔偿责任,但行纪人与委托人另有约定的除外。

十一、技术合同

(一) 技术合同概述

技术合同是当事人就技术开发、转让、咨询或者服务订立的确立相互之间权利和义务的合同。

1. 技术合同的主体

自然人、法人、其他组织为技术合同的主体。但技术合同中常见由课题组等组织担任合同主体的情形。根据最高法院相关司法解释的规定,不具有民事主体资格的科研组织(如法人或者其他组织设立的从事技术研究开发、转让等活动的课题组、工作室等)订立的技术合同,经法人或者其他组织授权或者认可的,视为法人或者其他组织订立的合同,由法人或者其他组织承担责任;未经法人或者其他组织授权或者认可的,由该科研组织成员共同承担责任,但法人或者其他组织因该合同受益的,应当在其受益范围内承担相应责任。

2. 技术合同的解除

技术合同当事人一方迟延履行主要债务,经催告后在 30 日内仍未履行,另一方有权主张解除合同。当事人在催告通知中附有履行期限且该期限超过 30 日的,在该履行期限届满后方有权提出解除合同的主张。

3. 职务技术成果

职务技术成果是执行法人或者其他组织的工作任务,或者主要是利用法人或者其他组织的物质技术条件所完成的技术成果。

所谓"执行法人或者其他组织的工作任务"包括以下内容:① 履行法人或者其他组织的岗位职责或者承担其交付的其他技术开发任务;② 离职后 1 年内继续从事与其原所在法人或者其他组织的岗位职责或者交付的任务有关的技术开发工作。

职务技术成果的使用权、转让权属于法人或者其他组织的,法人或者其他组织可以就该项职务技术成果订立技术合同。法人或者其他组织应当从使用和转让该项职务技术成果所取得的收益中提取一定比例,对完成该项职务技术成果的个人给予奖励或者报酬。法人或者其他组织订立技术合同转让职务技术成果时,职务技术成果的完成人享有以同等条件优先受让的权利。

(二) 技术开发合同

1. 技术开发合同概述

技术开发合同是指当事人之间就新技术、新产品、新工艺或者新材料及其系统的研究开发所订立的合同。技术开发合同包括委托开发合同和合作开发合同。技术开发合同应当采用书面形式。

2. 委托开发合同当事人的主要权利义务

委托开发合同的委托人应当按照约定支付研究开发经费和报酬,提供技术资料、原始数据,完成协作事项,接受研究开发成果。

委托人违反约定造成研究开发工作停滞、延误或者失败的,应当承担违约责任。研究开发人违反约定造成研究开发工作停滞、延误或者失败的,应当承担违约责任。

3. 合作开发合同当事人的主要权利义务

合作开发合同的当事人应当按照约定进行投资,包括以技术进行投资;分工参与研究开发工作,包括当事人按照约定的计划和分工,共同或者分别承担设计、工艺、试验、试制等工作;协作配合研究开发工作。技术开发合同当事人一方仅提供资金、设备、材料等物质条件或者承担辅助协作事项,另一方进行研究开发工作的,则应属于委托开发合同。

合作开发合同的当事人违反约定造成研究开发工作停滞、延误或者失败的,应当承担违约责任。

4. 技术开发合同的解除与风险承担

在技术开发合同签订后,因作为技术开发合同标的的技术已经由他人公开,致使技术开发合同的履行没有意义的,当事人可以解除合同。

在技术开发合同的履行过程中,因出现无法克服的技术困难,致使研究开发失败或者部分失败的,该风险责任由当事人约定。没有约定或者约定不明确,依照《合同法》的有关规定仍不能确定的,风险责任由当事人合理分担。

当事人一方发现出现无法克服的技术困难,可能致使研究开发失败或者部分失败的情形时,应当及时通知另一方并采取适当措施减少损失。没有及时通知并采取适当措施致使损失扩大的,应当就扩大的损失承担责任。

5. 技术成果的权利归属

委托开发完成的发明创造,除当事人另有约定的以外,申请专利的权利属于研究开发人。研究开发人取得专利权的,委托人可以免费实施该专利。研究开发人转让专利申请权的,委托人享有以同等条件优先受让的权利。

合作开发完成的发明创造,除当事人另有约定的以外,申请专利的权利属于合作开发的当事人共有。当事人一方转让其共有的专利申请权的,其他各方享有以同等条件优先受让的权利。

合作开发的当事人一方声明放弃其共有的专利申请权的,可以由另一方单独申请或者由其他各方共同申请。申请人取得专利权的,放弃专利申请权的一方可以免费实施该专利。合作开发的当事人一方不同意申请专利的,另一方或者其他各方不得申请专利。

当事人均有使用和转让的权利,包括不经对方同意而自己使用或者以普通使用许可的方式许可他人使用技术秘密,并独占由此所获利益的权利。当事人一方将技术秘密成果的转让权让与他人,或者以独占或者排他使用许可的方式许可他人使用技术秘密,未经对方当事人同意或者追认的,应当认定该让与或者许可行为无效。但委托开发的研究开发人不得在向委托人交付研究开发成果之前,将研究开发成果转让给第三人。

技术开发合同当事人依照《合同法》的规定或者约定自行实施专利或使用技术秘密,但因其不具备独立实施专利或者使用技术秘密的条件,可以以一个普通许可方式许可他人实施或者使用。

(三)技术转让合同

1. 技术转让合同概述

技术转让合同是指合法拥有技术的权利人,包括其他有权对外转让技术的人,将现有特定的专利、专利申请、技术秘密的相关权利让与他人,或者许可他人实施、使用所订立的合同。但就尚待研究开发的技术成果或者不涉及专利、专利申请或者技术秘密的知识、技术、经验和信息所订立的合同除外。技术转让合同应采用书面形式。

技术转让合同中关于让与人向受让人提供实施技术的专用设备、原材料或者提供有关的技术咨询、技术服务的约定,属于技术转让合同的组成部分。因此发生的纠纷按照技术转让合同处理。

当事人以技术入股方式订立联营合同,但技术入股人不参与联营体的经营管理,并且以保底条款形式约定联营体或者联营对方支付其技术价款或者使用费的,视为技术转让合同。

技术转让合同可以约定让与人和受让人实施专利或者使用技术秘密的范围,包括实施专利或者使用技术秘密的期限、地域、方式以及接触技术秘密的人员等,但不得限制技术竞争和技术发展。

当事人可以按照互利的原则,在技术转让合同中约定实施专利、使用技术秘密后续改进的技术成果的分享办法。没有约定或者约定不明确,依照《合同法》的有关规定仍不能确定的,一方后续改进的技术成果,其他各方无权分享。

专利申请权转让合同当事人在办理专利申请权转让登记之前,可以以专利申请被驳回或者被视为撤回为由请求解除合同,但在办理专利申请权转让登记之后,不得因此请求解除合同,当事人另有约定的除外。

专利申请因专利申请权转让合同成立时即存在尚未公开的同样发明创造的在先专利申请被驳回的,当事人可以请求予以变更或者撤销合同。

订立专利权转让合同或者专利申请权转让合同前,让与人自己已经实施发明创造,在合同生效后,受让人可以要求让与人停止实施,但当事人另有约定的除外。

让与人与受让人订立的专利权、专利申请权转让合同,不影响在合同成立前让与人与他人订立的相关专利实施许可合同或者技术秘密转让合同的效力。

2. 当事人双方的权利义务

专利实施许可包括以下三种方式:

(1)独占实施许可是指让与人在约定许可实施专利的范围内,将该专利权许可一个受让人实施,让与人依约定不得实施该专利。

(2)排他实施许可是指让与人在约定许可实施专利的范围内,将该专利权许可一个受让人实施,但让与人依约定可以自行实施该专利。

(3)普通实施许可是指让与人在约定许可实施专利的范围内许可他人实施该专

利,并且可以自行实施该专利。

(4) 当事人对专利实施许可方式没有约定或者约定不明确的,认定为普通实施许可。

案 例 分 析

2月5日,甲与乙订立一份房屋买卖合同,约定乙购买甲的房屋一套(以下称01号房),价格80万元。同时约定,合同签订后一周内乙先付20万元,交付房屋后付30万元,办理过户登记后付30万元。

2月8日,丙得知甲欲将该房屋出卖,表示愿意购买。甲告知丙其已与乙签订合同的事实,丙说愿出90万元。于是,甲与丙签订了房屋买卖合同,约定合同签订后3日内丙付清全部房款,同时办理过户登记。2月11日,丙付清了全部房款,并办理了过户登记。

2月12日,当乙支付第一笔房款时,甲说:房屋已卖掉,但同小区还有一套房屋(以下称02号房),可作价100万元出卖。乙看后当即表示同意,但提出只能首付20万元,其余80万元向银行申请贷款。甲、乙在原合同文本上将房屋相关信息、价款和付款方式作了修改,其余条款未修改。

乙支付首付20万元后,恰逢国家出台房地产贷款调控政策,乙不再具备贷款资格。故乙表示仍然要买01号房,要求甲按原合同履行。甲表示01号房无法交付,并表示第二份合同已经生效,如乙不履行将要承担违约责任。乙认为甲违约在先。3月中旬,乙诉请法院确认甲、丙之间的房屋买卖合同无效,甲应履行2月5日双方签订的合同,交付01号房,并承担迟延交付的违约责任。甲则要求乙继续履行购买02号房的义务。

3月20日,丙聘请不具备装修资质的A公司装修01号房。装修期间,A公司装修工张某因操作失误将水管砸坏,漏水导致邻居丁的家具等物件损坏,损失约5 000元。

5月20日,丙花3 000元从商场购买B公司生产的热水器,B公司派员工李某上门安装。5月30日,李某从B公司离职,但经常到B公司派驻丙所住小区的维修处门前承揽维修业务。7月24日,丙因热水器故障到该维修处要求B公司维修,碰到李某。丙对李某说:热水器是你装的,出了问题你得去修。维修处负责人因人手不够,便对李某说:那你就去帮忙修一下吧。李某便随丙去维修。李某维修过程中操作失误致热水器毁损。

请思考下列问题:

1. 01号房屋的物权归属应当如何确定?为什么?
2. 甲、丙之间的房屋买卖合同效力如何?考察甲、丙之间合同效力时应当考虑本案中的哪些因素?
3. 2月12日,甲、乙之间对原合同修改的行为的效力应当如何认定?为什么?
4. 乙的诉讼请求是否应当得到支持?为什么?
5. 针对甲要求乙履行购买02号房的义务,乙可主张什么权利?为什么?
6. 邻居丁所遭受的损失应当由谁赔偿?为什么?
7. 丙热水器的毁损,应由谁承担赔偿责任?为什么?

法律分析：

1. 甲、丙基于合法有效的买卖合同于2月11日办理了过户登记手续，即完成了不动产物权的公示行为。不动产物权发生变动，即由原所有权人甲变更为丙。

2. 甲、丙之间于2月8日形成的房屋买卖合同，该合同为有效合同。尽管甲已就该房与乙签订了合同，但甲、丙的行为不属于违背公序良俗的行为，也不违反法律、行政法规的强制性规定，不存在无效的因素。丙的行为仅为单纯的知情，甲、丙之间的合同不属于恶意串通行为，因其不以损害乙的权利为目的。

3. 2月12日，甲、乙之间修改合同的行为，该行为有效，其性质属于双方变更合同。双方受变更后的合同的约束。

4. 乙与甲通过协商变更了合同，而且甲、丙之间的合同有效且已经办理了物权变动的手续，故乙关于确认甲、丙之间合同无效、由甲交付01号房的请求不能得到支持。但是，乙可以请求甲承担违约责任，乙同意变更合同不等于放弃追索甲在01号房屋买卖合同项下的违约责任。

5. 乙可请求解除合同，甲应将收受的购房款本金及其利息返还给乙。因政策限购属于当事人无法预见的情形，且合同出现了履行不能的情形，乙有权解除合同，且无须承担责任。

6. 应当由丙和A公司承担。张某是受雇人，其执行职务的行为，由A公司承担侵权赔偿责任。丙聘请没有装修资质的A公司进屋装修，具有过错，也应对丁的损失承担赔偿责任。

7. B公司承担。李某维修行为，构成表见代理，其行为后果由B公司承担（合同上的赔偿责任）。或者李某虽然离职，但经维修处负责人指派，仍为执行工作任务，应由B公司承担（侵权责任）。

思考与练习

1. 试述物权与债权的联系与区别。
2. 简述鼓励交易原则的具体要求。
3. 要约与要约邀请之间应如何区分？
4. 合同无效包括哪些情形？
5. 简述买卖合同的风险负担规则。
6. 赠与人负有何种义务？
7. 试述融资租赁合同的特征。
8. 货物运输合同中，托运人、承运人、收货人之间各自承担何种义务？

阅读文献

1. 王利明.合同法(第一、二卷).3版.中国人民大学出版社,2015.
2. 崔建远.合同法.3版.北京大学出版社,2016.
3. 邓辉,许步国.合同法学.中国民主法制出版社,2004.
4. 王泽鉴.债法原理.2版.北京大学出版社,2013.

真题链接

知识体系示意图

```
                    ┌ 合同概念与特征
                    │ 合同分类(有名/无名、单务/双务、诺成/实践)
          合同概述  ┤ 合同相对性(主体、内容、责任、例外)
                    │                  ┌ 合同自由原则
                    └ 合同相法基本原则 ┤
                                       └ 鼓励交易原则

                    ┌                  ┌ 要约(要约邀请、生效时间、撤回与撤销、失效)
                    │ 合同订立程序    ┤
                    │                  └ 承诺(期限、生效时间、撤回、迟延、内容)
                    │
          合同的订立┤ 合同成立时间与地点
                    │ 格式条款
                    │ 免责条款
                    └ 缔约过失责任

                    ┌ 合同的生效
          合同的效力┤
                    └ 效力待定的合同

                    ┌ 合同履行的规则
                    │                      ┌ 同时履行抗辩权
合同                │ 双务合同履行的抗辩权 ┤ 先履行抗辩权
法律      合同的履行┤                      └ 不安抗辩权
制度                │ 代位权(行使条件、主体及管辖)
                    └ 撤销权(行使条件、期限、法律效果、主体及管辖)

                    ┌ 保证(保证合同、保证人、保证方式、保证责任、追偿权)
          合同的担保┤
                    └ 定金(种类、效力、保证方式、保证责任、追偿权)

                              ┌ 合同变更
          合同的变更与转让    ┤ 债权让与
                              └ 债务承担

                    ┌ 清偿
          合同的终止┤ 解除
                    │ 抵销
                    └ 提存

                    ┌ 违约形态
          违约责任  ┤ 责任承担方式
                    └ 免责事由
```

第五章 合伙企业法律制度

1999年10月8日,肖某丹与徐某霞作为合伙人共同出资设立了杭州茂期化工研究所,企业类型为合伙企业,注册资金10万元,经营期限为1999年10月18日至2009年10月17日,经营范围包括医药、农药、染料的中间体的技术服务、技术开发、技术咨询、成果转让。合伙人肖某丹出资5.5万元,占企业55%,徐某霞出资4.5万元,占45%。2003年,肖某丹取得了加拿大国籍。2005年6月16日,杭州市工商行政管理局高新区(滨江)分局致函杭州茂期化工研究所,认为因肖某丹已取得加拿大国籍,不属于中华人民共和国公民,责令该所在2005年7月30日前按下列方式改正:1.根据外商投资企业的有关法律,该所可报经外经部门批准后,转为外商投资企业;2.根据《中华人民共和国合伙企业法》的规定,更换合伙人或解散合伙企业。2005年2月1日,徐某霞向杭州市中级人民法院提起诉讼,认为肖某丹已经取得加拿大国籍,不属于中华人民共和国公民,涉案合伙企业已经不具备《中华人民共和国合伙企业法》规定的最低法定人数,请求法院判令:解散合伙企业——杭州茂期化工研究所,并依法清算。

徐某霞的请求是否有道理?让我们来深入了解一下《合伙企业法》的相关规定。

【本章导读】

合伙企业,是一种重要的初级企业形式,它由各合伙人共同出资、共同经营、共享收益、共担风险,从而实现财富梦想。本章,我们将要了解合伙企业的概念与特征、合伙的主要类型、不同合伙企业中合伙人的权利和义务以及合伙企业的解散与清算等内容。

第一节 合伙企业法律制度概述

一、合伙企业的概念

合伙企业是指两个以上的自然人、法人和其他组织为了共同目的,自愿订立合伙协议,共同出资、共同经营、共负盈亏和共担风险的一种企业形式。

当事人设立合伙企业,必须依法进行企业注册登记并取得经营资格。根据我国《合伙企业法》的规定,当事人可以登记设立普通合伙和有限合伙两种形式。普通合伙企业由普通合伙人组成,合伙人对合伙企业的债务承担无限连带责任;有限合伙则由普通合伙人和有限合伙人组成,有限合伙中的普通合伙人对合伙企业债务承担无限连带责任,有限合伙人对合伙企业债务以其出资额为限承担有限责任。

二、合伙企业的法律特征

作为一种特殊的企业形式,合伙企业不同于公司企业,也不同于个人独资企业,具有自己明显的法律特征包括以下四个方面:

(1) 合伙协议是合伙企业成立的基础。合伙是合伙协议的产物,法律对合伙企业的成立要求并不十分严格,只要当事人在平等自愿的基础上就合伙协议的内容达成了一致,并经过注册登记,合伙企业即告成立。合伙合协议构成了各合伙人权利义务的基础,也是合伙企业运行管理的基本依据。

(2) 合伙企业是一种企业形式,具有明显的人身信赖关系。无论是普通合伙,还是特殊的普通合伙以及有限合伙,合伙企业的合伙人数一般不会太多,都是具有共同兴趣爱好的同学、同事、老乡、战友等组建的一种较为初级的企业形式,特别注重合伙人之间的人身信赖关系,是一种典型的人合性企业形式。

(3) 合伙企业是一种共同出资、共同经营管理的企业形式。在合伙企业中,各合伙人在共同出资的基础上,为了共同的经济目的,共同从事合伙事业,并与第三人发生法律关系。关于合伙企业事务的执行,合伙企业可以推举合伙事务的执行人,也可以由各合伙人亲自执行。在合伙企业中,各合伙人互为代理人。

(4) 合伙企业是一种共同分享企业收益,共同分担企业风险的企业形式。对于合伙企业的收益和亏损,各合伙人根据合伙协议的约定或根据出资比例来进行分享收益和分担风险。如果没有约定或约定不明,则平均进行分配收益和平均分摊企业风险。

第二节 普通合伙企业

一、普通合伙企业的概念与特征

普通合伙企业是指由普通合伙人组成,全体合伙人对合伙企业债务承担无限连带责任的一种合伙企业形式。普通合伙企业具有以下两个明显的特点:

(一) 普通合伙企业全部由普通合伙人组成

在普通合伙企业中,合伙人对合伙企业债务承担无限连带责任。普通合伙人既可以是自然人,也可以是法人以及其他组织。但根据我国《合伙企业法》的规定,国有独资企业、国有企业、上市公司以及公益性事业单位、社会团队不得成为普通合伙人。

(二)合伙人对普通合伙企业的债务承担无限连带责任

在普通合伙企业中,除了法律另有规定外,合伙人对合伙企业债务承担无限连带责任,即普通合伙人不能以自己在普通合伙企业中有份额或以在合伙协议中有约定而对外拒绝承担债务。普通合伙人对外清偿的债务超出了自己在普通合伙企业中的份额的,合伙人可以对其他合伙人进行追偿。

当然,如果合伙人是根据《合伙企业法》设立的是特殊的普通合伙,合伙人对外承担责任的形式则根据《合伙企业法》的相关规定来处理。

二、普通合伙企业的设立

根据我国《合伙企业法》的规定,当事人设立普通合伙企业,应当具备以下五个条件:

(一)有两个以上的合伙人

设立合伙企业,至少需要两个合伙人,对于合伙人人数的最高限制,我国《合伙企业法》没有规定。合伙企业的合伙人,可以是自然人,也可以是法人和其他组织。如果是自然人,则应当具有完全民事行为能力,无民事行为能力人和限制民事行为能力人不得成为普通合伙的合伙人。如果合伙人是法人,我国《合伙企业法》第3条做出了排除性规定,即国有独资公司、国有企业、上市公司以及公益性事业单位和社会团体不得成为普通合伙人。

(二)有书面合伙协议

合伙协议,是决定合伙人在合伙企业中权利和义务的基础性法律依据,必须经全体合伙人协商一致达成,并以书面形式订立。合伙协议应包含如下内容:合伙企业的名称和主要经营场所;合伙的目的和经营范围;合伙人的名称或姓名及住所;合伙人的出资方式、数额及缴付的期限;企业利润分配和亏损分担方式;合伙事务的执行;入伙与退伙;合伙的清算与解散;争议的解决方法等。合伙协议未约定或约定不明的事项,由全体合伙人协商补充决定,协商不成,则依照《合伙企业法》以及其他法律、法规的规定来处理。

(三)有合伙人缴付的出资

合伙人认缴的出资是合伙事业得以有效运转的物质基础。合伙人的出资形式多种多样,既可以以货币、实物、知识产权、土地使用权等物质性财产来出资,也可以用劳务、技能、名誉、声望等人力性资产来出资。无论合伙人以何种形式出资,都必须对出资进行评估作价。这种评估作价,既可以由全体合伙人自由协商确定,也可以委托法定评估机构确定。合伙人以劳务出资的,其评估办法由全体合伙人协商确定,并在合伙协议中载明。在出资确定后,必须在合伙协议中载明,成为日后分配利润和承担亏损的重要依据。以物质性资产出资的,都必须依照法律规定,办理财产权利转移手续。

(四)有合伙企业的名称和经营场所

合伙企业的名称,必须彰显其"合伙"性质,为此,如果当事人设立的是普通合伙,则应当在其名称中标明"普通合伙"字样;设立有限合伙,则应在其名称中标明"有限合伙"字样;设立特殊的普通合伙,则应在其名称中标明"特殊普通合伙"字样。合伙企业未在名称中标明"普通合伙""特殊的普通合伙"或者"有限合伙"字样的,企业登记机关应责令其限期改正,并处以2 000元以上1万元以下的罚款。其次,合伙企业必须登记注明其主要经营场所,该主要经营场所必须在企业登记机关管辖的区域内。

(五)有法律、法规规定的其他条件

三、普通合伙的财产

(一)普通合伙企业财产的构成

根据我国《合伙企业法》之规定,普通合伙企业的财产主要由以下三部分构成:

1. 合伙人的出资

根据《合伙企业法》第16条的规定,合伙人可以以货币、实物、知识产权、土地使用权或者其他物质性财产出资,还可以以劳务、技能、名誉和声望等人力性资产出资。这些合伙人的出资财产就构成了合伙企业的原始财产。

2. 合伙企业获得的收益

合伙企业,作为一种营利性组织,可以以自己的名义开展营业活动,取得财产性收益。这些收益包括合伙企业的公共积累资金、未分配的企业盈余、合伙企业的债权、合伙企业取得的土地使用权以及知识产权等物质性财产权利。

3. 合伙企业依法取得的其他财产

合伙企业可以根据法律、法规取得其他合法性财产,如获得的政府财政补助、接受的合法捐赠等,也构成了合伙企业的财产。

(二)普通合伙企业财产的性质

普通合伙企业的财产,无论是哪种形式,都具有独立性、完整性和共有性的法律性质。

1. 独立性

合伙企业的财产独立于各个合伙人,合伙人在完成出资缴付后,各合伙人的出资就成为合伙企业的财产,并独立于各合伙人的其他个人财产而存在。

2. 完整性

合伙企业的财产作为一个完整的统一体而存在,包括合伙企业存续期间所有的财产构成。各合伙人对合伙企业财产权益的表现形式,是依照合伙协议所确定的比例或份额,相对于合伙企业的总财产来确定的。

3. 共有性

在合伙企业解散之前,各合伙人共有合伙企业的所有财产,具体而言,是按份共有,非经法定程序,任何合伙人,不得私自转移、处分和分割企业财产。

(三)普通合伙企业财产的转让

合伙人转让自己在合伙企业的财产份额,是其自由意志的表现,但合伙人转让其财产份额,将影响合伙企业事业的经营和发展,进而影响其他合伙人的切身利益,为此,《合伙企业法》对合伙人转让自己的财产份额做出了一些限制性的规定。

1. 对内转让

所谓对内转让,就是合伙人将自己在合伙企业中的财产份额部分或全部转让给其他合伙人。这种转让行为中,合伙企业的财产没有产生实际变动,合伙人之间的人身信赖关系也没有受到任何影响,进而对合伙企业的存续和发展不会产生重大影响。因此,这种对内转让行为,合伙人只需要通知其他合伙人即可,无须履行其他手续。

2. 对外转让

所谓对外转让,就是合伙人将自己在合伙企业中的财产部分或全部转让给合伙人以外的第三人。这种转让行为,将导致合伙企业的人合性质发生变化,影响各合伙人之间的人身信赖关系,因此,根据《合伙企业法》的规定,必须获得全体合伙人的一致同意。

为确保合伙企业的人合性质和维护合伙人之间的信赖关系,如果合伙人对外转让自己在合伙企业中的财产份额,除合伙协议另有约定外,其他合伙人享有优先购买权,即在同等的条件下,可以优先购买合伙人欲转让的财产份额。

此外,合伙人以自己在合伙企业中的财产份额对外质押也可能导致合伙财产发生对外权利转移。因此,《合伙企业法》规定,合伙人以其在合伙企业中的财产份额出质的,必须经其他合伙人一致同意,否则,质押行为无效。由此给善意第三人造成的损失,由合伙人依法承担赔偿责任。

四、普通合伙企业事务的执行

(一)普通合伙企业事务的执行方式

根据《合伙企业法》的规定,普通合伙企业事务的执行,有以下三种基本形式:

1. 全体合伙人负责执行

合伙企业的一个重要特点就是共同出资、共同经营,因此,全体合伙人共同执行合伙事务是合伙事务执行的基本形式,特别是在合伙人较少的情况下十分常见。全体合伙人执行合伙事务,参与合伙事务经营,对外代表合伙企业。鉴于合伙企业的性质和企业经营的风险防范,在企业实务中,合伙企业内部通过合伙协议的形式对各合伙人执行企业事务的权限和内容进行分工并相互监督。

2. 委托一个或数个合伙人执行

如果合伙人人数较多,基于合伙人企业管理经验技能等方面的考虑,合伙企业事务的执行可以根据合伙协议或经全体合伙人决定,委托一个合伙人或数个合伙人来执行。此时,其他合伙人不再执行合伙事务,对外代表合伙企业,但对合伙事务的执行享有知情权和监督权。

3. 聘请合伙人之外的人执行

鉴于全体合伙人经营管理经验技能等方面的情况,经全体合伙人一致同意,合伙企业也可以聘请合伙人以外的人来担任合伙企业的经营管理人。合伙企业对外聘请经营管理人,可以通过聘请协议以及通过实施委托授权来实现。被聘请的经营管理人对外代表合伙企业,执行合伙事务时,必须在合伙企业的授权范围内履行职责,否则,越权执行合伙事务因故意或重大过失给合伙企业造成损失的,应对合伙企业承担赔偿责任。

(二)普通合伙事务执行中合伙人的权利和义务

1. 合伙人在合伙事务执行中的权利

根据我国《合伙企业法》的规定,合伙人在执行合伙事务中的主要权利包括以下四方面内容:

(1) 合伙事务的执行权。在合伙事务的执行中,各合伙人,无论其出资形式如何,也无论其出资数量多少,都享有平等执行合伙事务的权利。

(2) 合伙企业对外的代表权。在合伙企业事务的执行中,合伙人以合伙企业的名义,而非以合伙人个人的名义对外从事法律行为,法律后果由合伙企业承担。

(3) 合伙事务执行的知情权和监督权。不执行合伙事务的合伙人,有权知晓合伙企业经营状况,有权查阅合伙企业会计账簿等财务资料,并对合伙事务的执行情况进行监督,以更好地维护合伙企业利益,维护全体合伙人的利益。

(4) 合伙人的异议权和撤销权。在合伙人分别执行合伙事务时,各合伙人可对其他合伙人执行的合伙事务提出异议。提出异议时,应暂停该合伙事务的执行。此外,受托执行合伙事务的合伙人不按照合伙协议或全体委托人的决定执行合伙事务,其他合伙人可以撤销该委托。

2. 合伙人在合伙事务执行中的义务

根据我国《合伙企业法》的规定,合伙人在执行合伙企业事务时,应履行以下四项义务:

(1) 报告与披露义务。合伙事务执行人应按照约定,定期向不执行合伙事务的合伙人报告披露合伙企业的经营状况和财务状况。

(2) 竞业禁止义务。合伙人不得自己经营或与他人经营与本合伙企业相竞争的业务;

(3) 自我交易禁止义务。除另有约定或经全体合伙人一致同意外,合伙事务的执行人不得擅自同本合伙企业进行交易。

(4) 勤勉义务。合伙人执行合伙企业事务,应尽到合理注意义务,勤勉尽职,为合伙企业的利益最大化而行事,不得从事任何有损合伙企业利益的活动。

五、普通合伙的入伙与退伙

(一) 普通合伙的入伙

入伙是指在合伙企业存续期间,合伙人以外的第三人加入合伙,从而取得合伙人资格的行为。

1. 入伙的条件与程序

根据合伙的人合性质和合伙人之间的人身信赖关系,新合伙人的入伙,除合伙协议另有约定外,应当经全体合伙人一致同意,并订立书面的入伙协议。在订立入伙协议时,原合伙人应当向新合伙人如实告知原合伙企业的经营状况和财务状况。

2. 入伙的法律效果

新合伙人加入合伙企业,享有与原合伙人同等的权利,并承担同等责任。新合伙人对入伙前合伙企业的债务承担无限连带责任。

(二) 普通合伙的退伙

退伙是指合伙人退出合伙企业,从而丧失合伙人资格的行为。

1. 退伙的形式

退伙的形式主要有两种:一是自愿退伙,二是法定退伙。

(1) 自愿退伙是指合伙人基于自愿的意思表示而退出合伙企业的行为。根据《合伙企业法》的规定,在合伙企业未约定存续期间的情况下,合伙人在不给合伙企业造成不利影响的情况下,可以自由退伙,但应提前30日通知其他合伙人。

合伙企业约定有存续期间的情况下,有下列情形之一的,合伙人也可以退伙:① 合伙协议中约定的退伙事由出现;② 经全体合伙人一致同意;③ 发生了合伙人难以继续参加合伙企业的事由;④ 其他合伙人严重违反合伙协议约定的义务。

(2) 法定退伙是指合伙人因为出现了法律法规规定的事由而退出合伙企业的行为。法定退伙包括当然退伙和除名两种情形。

根据我国《合伙企业法》的规定,合伙人有下列情形之一的,当然退伙:① 合伙人自然死亡或被宣告死亡。② 作为合伙人的法人或其他组织被依法吊销营业执照、责令关闭、撤销或被宣告破产。③ 法律规定合伙人必须具备某种资格而丧失了该资格。④ 合伙人在合伙企业中的全部财产份额被人民法院强制执行。⑤ 合伙人被认定为无民事行为能力人或限制民事行为能力人,若经其他合伙人一致同意,该合伙人可依法转为有限合伙人,普通合伙企业依法转为有限合伙企业;但是,如果未能取得其他合伙人的一致同意,则该合伙人退伙。

根据我国《合伙企业法》的规定,合伙人有下列情形之一的,经其他合伙人一致同意,可将该合伙人除名:① 未履行出资义务;② 因故意或重大过失给合伙企业造成损失;③ 执行合伙事务存在不当行为;④ 发生了合伙协议约定的事由。

2. 退伙的法律效果

合伙人退伙的法律效果,分为两种情况:一是财产继承;二是退伙清算。

(1) 财产继承。根据《合伙企业法》第48条的规定,合伙人死亡或被宣告死亡的,对该合伙人在合伙企业中的财产份额享有继承权的继承人,按照合伙协议的约定或经全体合伙人一致同意,从继承日开始,取得合伙企业合伙人的资格,但如果该继承人不愿意成为合伙人,或根据合伙协议该继承人不能成为合伙人,或该继承人未能取得相应的资格,则该继承人依法取得合伙人在合伙企业中财产份额的继承权。

(2) 退伙清算。除合伙人死亡或被宣告死亡外的情况,《合伙企业法》对退伙清算做出了如下规定:① 合伙人退伙,应对合伙企业财产进行清算,退还退伙人的财产份额;② 合伙协议中对于退还财产份额有约定的,按照约定的方法处理;③ 在合伙人退伙时,合伙财产少于合伙企业债务的,退伙人应当依照法律规定分担亏损。

合伙人退伙,并不解除对于合伙企业既往债务的连带责任。根据《合伙企业法》的规定,退伙人对基于其退伙前的原因而发生的合伙企业债务,承担无限连带责任。

六、普通合伙企业利润分配和亏损分担

根据我国《合伙企业法》的规定,合伙企业的利润分配和亏损分担应遵循下列两项规则:

(1) 合伙企业的利润分享和亏损承担,应按照合伙协议的约定来处理;合伙协议未约定或约定不明的,由合伙人再行协商确定;协商不成,由合伙人按照实际缴纳的出资比例来分配与分担;无法确定出资比例的,由合伙人平均分配与分担。

(2) 合伙协议不得约定将全部利润分配给部分合伙人或者由部分合伙人承担全部亏损。

七、特殊的普通合伙

(一) 特殊的普通合伙

特殊的普通合伙，是普通合伙的一种特殊形式。在实践中，那些以专业知识和专门技能为客户提供有偿服务的专业服务机构，如律师事务所、资产评估所、会计师事务所、审计事务所等，大多采用了这种特殊的普通合伙企业的形式。设立特殊的普通合伙企业，在企业登记注册时，应在合伙企业名称中标明"特殊普通合伙"字样。

(二) 特殊的普通合伙事务执行与风险负担

特殊的普通合伙企业与普通合伙企业主要在以下两个方面存在不同：

(1) 责任承担。在特殊的普通合伙中，一个合伙人或者数个合伙人在执行合伙事务中因故意或者重大过失造成合伙企业债务的，应对合伙企业债务承担无限责任或者无限连带责任，其他合伙人则以其在合伙企业中的财产份额为限承担有限责任。

(2) 责任追偿。根据《合伙企业法》的规定，合伙人在执行合伙事务中，因故意或重大过失造成了合伙企业债务，以合伙企业财产对外承担责任后，该合伙人应按照合伙协议的约定对给合伙企业造成的损失承担赔偿责任。

第三节 有限合伙企业

一、有限合伙的企业概念

有限合伙企业是指由有限合伙人和普通合伙人共同设立，普通合伙人对合伙企业债务承担无限连带责任，有限合伙人以其认缴的出资额为限对合伙企业债务承担有限责任的合伙组织。设立有限合伙企业，在办理企业登记注册时，在有限合伙企业名称中应当标明"有限合伙"字样。

与普通合伙企业相比，有限合伙企业具有明显的区别具体包括以下五个方面：

(1) 在成员人数方面，根据我国《合伙企业法》的规定，普通合伙企业要求 2 个以上合伙人，并未设定上限，而有限合伙企业则规定了合伙人人数必须在 2 个以上 50 个以下，即设定了上限，合伙人不得超过 50 人，且有限合伙人不少于 1 人。

(2) 在成员构成方面，普通合伙企业的成员均为普通合伙人；而有限合伙企业的成员则由两部分构成，即有限合伙人和普通合伙人。

(3) 在经营管理方面，普通合伙企业的合伙人，一般都可以参与合伙企业事务的经营管理；而在有限合伙企业中，有限合伙人不执行合伙企业事务，而由普通合伙人从事具体的经营管理。

(4) 在出资形式方面,普通合伙企业的合伙人可以用任何形式出资,包括货币、实物、知识产权、土地使用权、劳务等人力资本等多种形式,但在有限合伙企业中,有限合伙人不得用劳务等人力性资本来出资。

(5) 在风险承担方面,普通合伙企业的合伙人之间对合伙债务承担无限连带责任;而在有限合伙企业中,不同类型的合伙人承担的责任有所不同,其中有限合伙人以各自的出资额为限承担有限责任,普通合伙人之间承担无限或无限连带责任。

二、有限合伙企业的设立

(一) 有限合伙企业合伙人

根据我国《合伙企业法》第61条的规定,有限合伙企业由2个以上50个以下的合伙人设立,但法律另有规定的除外。有限合伙企业中必须包含有限合伙人和普通合伙人,且至少应当有一个普通合伙人。

根据我国《合伙企业法》第75条的规定,有限合伙企业仅剩有限合伙人的,应当解散;有限合伙企业仅剩普通合伙人的,转为普通合伙企业。此外,除合伙协议另有约定外,普通合伙人转变为有限合伙人,或者有限合伙人转变为普通合伙人,应当经全体合伙人一致同意。有限合伙人转变为普通合伙人的,对其作为有限合伙人期间有限合伙企业发生的债务承担无限连带责任。普通合伙人转变为有限合伙人的,对其作为普通合伙人期间合伙企业发生的债务承担无限连带责任。

(二) 有限合伙企业协议

合伙协议是合伙企业成立的基础,有限合伙企业的合伙协议除了应符合普通合伙企业合伙协议的规定外,还应载明下列内容:

(1) 普通合伙人和有限合伙人的姓名或者名称、住所;
(2) 执行事务合伙人应具备的条件和选择程序;
(3) 执行事务合伙人权限与违约处理办法;
(4) 执行事务合伙人的除名条件和更换程序;
(5) 有限合伙人入伙、退伙的条件、程序以及相关责任;
(6) 有限合伙人和普通合伙人相互转变程序。

(三) 有限合伙企业出资形式

有限合伙人可以用货币、实物、知识产权、土地使用权或者其他财产权利作价出资,但不同于普通合伙企业的是,有限合伙人不得以劳务等人力性资产出资。有限合伙人应当按照合伙协议的约定按期足额缴纳出资;未按期足额缴纳的,应当承担补缴义务,并对其他合伙人承担违约责任。

(四) 有限合伙企业名称

根据我国《合伙企业法》第62条的规定,有限合伙企业应当在其名称中标明"有限合伙"字样。这种规定,便于社会公众及交易相对人有效识别合伙企业的性质。在进行企业注册登记时,也应当能够载明有限合伙人的姓名或名称以及具体的出资形式和出资额。

三、有限合伙企业事务的执行

在有限合伙企业中,企业事务执行权归属于普通合伙人。至于是由全体普通合伙人负责执行,还是委托一个或数个普通合伙人执行,抑或是聘请合伙人之外的人执行,取决于合伙协议的约定或全体合伙人的一致同意。无论普通合伙人执行合伙事务采取哪种形式,有限合伙人不执行合伙事务,不得对外代表有限合伙企业。

但有限合伙人的下列行为,不视为执行合伙事务:
(1) 参与决定普通合伙人入伙、退伙;
(2) 对企业的经营管理提出建议;
(3) 参与选择承办有限合伙企业审计业务的会计师事务所;
(4) 获取经审计的有限合伙企业财务会计报告;
(5) 对涉及自身利益的情况,查阅有限合伙企业财务会计账簿等财务资料;
(6) 在有限合伙企业中的利益受到侵害时,向有责任的合伙人主张权利或者提起诉讼;
(7) 执行事务合伙人怠于行使权利时,督促其行使权利或者为了该企业的利益以自己的名义提起诉讼;
(8) 依法为该企业提供担保。

四、有限合伙人的"特权"

(一) 自我交易权

根据《合伙企业法》第 70 条的规定,有限合伙人可以与本有限合伙企业进行交易,但合伙协议另有约定的除外。之所以如此规定,主要是因为有限合伙人不参与合伙企业事务的执行,对外也不代表合伙企业,有限合伙人与合伙企业之间的交易,不会存在利益冲突,一般不会损害合伙企业的利益。

(二) 同业竞业权

根据《合伙企业法》第 71 条的规定,有限合伙人可以自营或者同他人合作经营与本有限合伙企业相竞争的业务,但合伙协议另有约定的除外。

(三) 财产出质权

根据《合伙企业法》第 72 条的规定,有限合伙人可以将其在有限合伙企业中的财产份额出质,但合伙协议另有约定的除外。法律允许有限合伙人将自己的财产份额出质,主要是考虑其最终法律后果也仅仅是合伙企业有限合伙人的变更,有限合伙人不执行合伙事务,因此不会对合伙企业的人合性及人身信赖关系产生重大影响。此外,对合伙企业的财产基础也没有根本性影响,不影响合伙企业的存续。

(四) 财产转让权

根据《合伙企业法》第 73 条的规定,有限合伙人可以根据合伙协议向合伙人以外的人转让其在合伙企业的财产份额。法律如此规定的理由与赋予有限合伙人财产份额出质权的理由相同。

五、有限合伙企业的利润分配和亏损分担

（一）利润分配

有限合伙企业的利润分配与普通合伙企业基本上相同，都不得将企业全部利润分配给部分合伙人，但是，有限合伙协议另有约定的除外。

（二）亏损承担

（1）根据《合伙企业法》第74条的规定，有限合伙人的自有财产不足清偿其与合伙企业无关的债务的，该合伙人可以其从有限合伙企业中分取的收益用于清偿；债权人也可以依法请求人民法院强制执行该合伙人在有限合伙企业中的财产份额用于清偿。人民法院强制执行有限合伙人的财产份额时，应当通知全体合伙人。在同等条件下，其他合伙人有优先购买权。

（2）根据《合伙企业法》第76条的规定，第三人有理由相信有限合伙人为普通合伙人并与其交易的，该有限合伙人对该笔交易承担与普通合伙人同样的责任。有限合伙人未经授权以有限合伙企业名义与他人进行交易，给有限合伙企业或者其他合伙人造成损失的，该有限合伙人应当承担赔偿责任。

第四节　合伙企业的解散与清算

一、合伙企业的解散

合伙企业的解散是指基于某种法律事实的发生，各合伙人解除合伙协议，合伙企业终止经营的行为。

根据我国《合伙企业法》第85条的规定，合伙企业有下列情形之一的，应当解散：
（1）合伙期限届满，合伙人决定不再经营；
（2）合伙协议约定的解散事由出现；
（3）全体合伙人决定解散；
（4）合伙人已不具备法定人数满30天；
（5）合伙协议约定的合伙目的已经实现或者无法实现；
（6）依法被吊销营业执照、责令关闭或者被撤销；
（7）法律、行政法规规定的其他原因。

二、合伙企业的清算

（一）清算人的产生方式

清算人由全体合伙人担任；经全体合伙人过半数同意，可以自合伙企业解散事由出

现后 15 日内指定一个或者数个合伙人,或者委托第三人,担任清算人。

自合伙企业解散事由出现之日起 15 日内未确定清算人的,合伙人或者其他利害关系人可以申请人民法院指定清算人。

(二) 清算人的职责

清算人在清算期间执行下列事务:

(1) 清理合伙企业财产,分别编制资产负债表和财产清单;
(2) 处理与清算有关的合伙企业未了结事务;
(3) 清缴所欠税款;
(4) 清理债权、债务;
(5) 处理合伙企业清偿债务后的剩余财产;
(6) 代表合伙企业参加诉讼或者仲裁活动。

(三) 债权申报

清算人自被确定之日起 10 日内将合伙企业解散事项通知债权人,并于 60 日内在报纸上公告。债权人应当自接到通知书之日起 30 日内,未接到通知书的自公告之日起 45 日内,向清算人申报债权。债权人申报债权,应当说明债权的有关事项,并提供证明材料。

清算人应当对债权进行登记。清算期间,合伙企业存续,但不得开展与清算无关的经营活动。

(四) 财产清偿顺序

合伙企业财产在支付清算费用和职工工资、社会保险费用、法定补偿金以及缴纳所欠税款、清偿债务后的剩余财产,依照《合伙企业法》规定的利润分配规则进行分配。

(五) 企业注销与破产

清算结束,清算人应当编制清算报告,经全体合伙人签名、盖章后,在 15 日内向企业登记机关报送清算报告,申请办理合伙企业注销登记。合伙企业注销后,原普通合伙人对合伙企业存续期间的债务仍应承担无限连带责任。

合伙企业不能清偿到期债务的,债权人可以依法向人民法院提出破产清算申请,也可以要求普通合伙人清偿。

合伙企业依法被宣告破产的,普通合伙人对合伙企业债务仍应承担无限连带责任。

案 例 分 析

案例一

甲、乙、丙均为经营长途客运业的专业户,三人商定合伙经营跑运输,每人出资 20 万元入伙,同时甲提出其业务经理丁善于管理,可以由丁以其管理才能入伙,不须缴纳出资,乙、丙表示同意。四人一致同意由丁作为日常业务负责人。后甲因其他事项提出退伙,并放弃在合伙中的份额,乙、丙、丁表示同意。3 天后,丁在运输中撞伤他人,需支付赔偿费 60 万元,为此引起纠纷。请回答下列问题:

1. 丁以其管理才能入伙是否有效?
2. 赔偿费 60 万元应该由谁如何承担?

法律分析：

1. 有效。依照我国《民法通则》《民法总则》和《合伙企业法》的规定，普通合伙合伙人可以以劳务出资。本案中，丁以自己的管理能力入伙，符合我国法律规定，是有效的。

2. 由乙、丙、丁承担无限连带责任。退伙人只对合伙期间的债务负担连带责任，因为本案中甲已经退伙，对退伙后产生的债务不承担责任。

案例二

甲、乙二人每人出资 5 万元合伙经营一家饭店，因经营不善，对丙负债 7 万元，而合伙所剩净资产仅为 4 万元。同时甲欠丁个人债务 1 万元，丙、丁同时起诉要求甲偿还债务，而甲个人资产为 3 万元。

试分析甲应该如何偿还债务。

法律分析：

本案例考查合伙的债权人和合伙人个人的债权实现的顺序问题。丙是合伙的债权人，他有权利要求甲偿还合伙的全部债务，丁为甲的个人债权人，当然也有权利要求甲偿还个人债务，在这两个债权债务中甲都负无限责任。

作为合伙人的甲既要承担个人债务又要承担合伙的债务，但是本案中甲的个人财产 3 万元不足以完全清偿这两项债务，这就涉及清偿债务的顺序问题。该问题在现行法律中没有明确规定，但是依照理论上的通说，在这种情况下应该采取双重优先权原则，即合伙人个人的债权人优先于合伙的债权人从合伙人的个人财产中得到满足，合伙债权人优先于合伙人个人的债权人从合伙财产中得到满足。换言之，合伙财产优先用于清偿合伙债务，个人财产优先用于清偿个人债务。

本案中，债权人丙应该首先要求以合伙财产作为清偿，合伙财产不足清偿时，各个合伙人就不足之额负连带责任。因为全部合伙财产只有 4 万元，不足以清偿丙的 7 万元债务，所以对于剩下的 3 万元债务，甲应该以其个人财产负补充连带责任，即丙有权要求甲以个人财产清偿剩下的这 3 万元债务。但是问题是，甲同时负有 1 万元的个人债务，而且债权人丁也有权要求甲以其 3 万元的个人财产来清偿。于是根据双重优先权理论，甲的 3 万元个人财产就应该先用来清偿对丁的个人债务 1 万元，剩下的 2 万元再用来清偿对丙的债务，不过此时单靠甲的个人财产已经不足以完全清偿对丙的债务。

思考与练习

1. 合伙企业的概念与特征。
2. 普通合伙、有限合伙以及特殊的普通合伙之间的区别。
3. 合伙企业的事务管理及法律效果。
4. 合伙企业的利润分配和亏损分担。
5. 合伙企业合伙人的入伙与退伙。
6. 合伙企业的解散与清算及责任承担。

阅读文献

1. 国务院法制办公室.中华人民共和国合伙企业法.中国法制出版社,2010.
2. 全国人大常委会法工委.中华人民共和国合伙企业法释义.法律出版社,2006.
3. 朱少平.《中华人民共和国合伙企业法》释义及实用指南.中国民主法制出版社,2013.

真题链接

知识体系示意图

合伙企业法律制度
- 概念：两个以上的自然人、法人和其他组织为了共同目的,自愿订立合同,共同出资、共同经营、共负盈亏和共担风险的一种企业形式
- 特征
  - 合伙协议是合伙企业成立的基础
  - 合伙企业是一种共同出资、共同经营管理的企业形式
  - 合伙企业是一种共同分享企业收益,共同分担企业风险的关系
- 种类
  - 普通合伙企业
    - 组成：2个以上合伙人,包括(自然人、法人和其他组织),国有独资公司、国有企业、上市公司以及公益性事业单位和社会团体不得成为普通合伙人。企业名称须注明"普通合伙""特殊普通合伙"字样
    - 责任承担方式：普通合伙人对合伙企业债务承担无限连带责任。特殊普通合伙中,不存在故意或重大过失的普通合伙人仅以其在合伙企业中的财产份额为限承担责任
    - 出资：货币、实物、知识产权、土地使用权等物质性财产,以及劳务、技能、名誉、声望等人力性资产
    - 执事：共同执行或委托执行
    - 利润分配：合伙协议不得约定将全部利润分配给部分合伙人
    - 所有普通合伙人存在法定竞业禁止限制
  - 有限合伙企业
    - 组成：2人以上50人以下,必须同时包含有限合伙人和普通合伙人。企业名称须注明"有限合伙"字样
    - 责任承担方式：有限合伙人以各自的出资额为限承担有限责任,普通合伙人之间承担无限或无限连带责任
    - 出资：有限合伙人不得以劳务来出资
    - 执事：由普通合伙人执行,有限合伙人不执行合伙事务,不得对外代表有限合伙企业
    - 利润分配：可根据合伙协议,将企业全部利润分配给部分合伙人
    - 除合伙协议另有约定外,有限合伙人不存在法定竞业禁止限制
- 解散与清算
  - 解散的7种法定情形
  - 合伙企业的清算
    - 清算人的产生
    - 清算人的职责
    - 债权申报
    - 财产清偿顺序
    - 企业注销与破产

第六章 公司法律制度

1976年4月1日,乔布斯与他们的创业伙伴斯蒂夫·盖瑞·沃兹尼亚克、罗恩·韦恩决定成立一家电脑公司,后改组成为苹果电脑有限公司。但由于公司股权结构没有安排好,乔布斯被自己亲手创建的苹果公司逐出了家门。1985年,乔布斯重新创立 NeXt 软件公司时吸取"下野"的教训持有了公司63%的股份,获得了对公司的控制权。1996年,苹果公司收购 NeXT 软件公司时,乔布斯作为 NeXT 软件公司最大的股东再次回归苹果公司。1997年成为苹果公司董事会成员后,乔布斯重组了苹果公司的董事会。乔布斯积极推动了苹果公司的股票期权计划,大大提高了苹果公司高管和员工的积极性。苹果公司先后推出了 Macintosh(麦金塔电脑)、Mac 系列、iPod、iTunes、iPhone、iPad 等著名产品,苹果公司股票在纳斯达克上市后,当年就产生了4名亿万富翁和40名以上的百万富翁。

苹果公司从一家成立于车库的三人合伙制公司发展成为誉满全球市值最大的上市公司,其成功不仅仅源于乔布斯本人的个人魅力,还源于乔布斯组建的强大的公司管理团队以及对公司管理团队和核心员工的有效激励。最重要的是,乔布斯在不同的创业时期选择了恰当的企业组织形式,特别是苹果公司的上市,最后造就了乔布斯的财富传奇。

【本章导读】

公司是市场经济中最重要的主体,是典型的企业法人,公司法是调整公司法律关系的法律规范,是民商法体系中十分重要的法律部门。了解公司法律制度,应从公司的基本概念着手,熟悉公司的特征、公司的类型,认识有限责任公司与股份公司的区别,熟悉一人公司、国有独资公司、上市公司的特殊规定,了解公司治理结构的功能和价值。

第一节 公司与公司法

一、公司的概念与特征

（一）公司的概念

公司是社会经济活动中最主要的主体,也是最重要的企业形式。尽管在不同的国家,由于立法习惯及法律体系的差异,公司的概念不尽相同,但对于公司的定义,基本上都集中在三个方面,即公司的营利性、公司的法定性和公司的法人性。为此,我们可以将公司定义为：公司是依公司法设立的,以营利为目的的企业法人。无论公司的类型如何,它都属于我国《民法总则》中规定的营利法人,即以取得利润并分配给股东等出资人为目的而成立的法人。

根据我国《公司法》的规定,公司是指依照本法在中国境内设立的有限责任公司和股份有限公司。公司以其全部财产对公司的债务承担责任。有限责任公司的股东以其认缴的出资额为限对公司承担责任;股份有限公司的股东以其认购的股份为限对公司承担责任。

（二）公司的法律特征

无论是我国《公司法》规定的有限责任公司,还是股份有限公司,所有的公司都具有以下三个明显的特征。

(1) 公司的营利性。所谓营利,就是通过公司的经营获取超过投资的收益。营利是公司存在和活动的基本动机和目的,是公司经营活动的出发点和归属。公司的营利性有三层意思：① 公司由股东出资组成,股东出资设立公司的目的就是获取超出投资的收益和回报；② 公司的营利性并非指其自身简单的盈利,还包括按约定的方式向其成员分配盈利；③ 公司的营利是通过合法、公开、持续、有计划地经营或营业的方式取得的。可见,公司具有明显的营利性目的。

(2) 公司的法人性。公司是法人的典型形态,法人性是公司的重要特征。公司作为法人必须具备以下三个条件：① 公司拥有独立的财产。这是公司赖以进行业务经营活动的物质基础和经营条件,也是其承担责任的物质保障；② 公司设有独立的组织机构。这是公司进行正常业务活动的组织条件,一般由权力机关、执行机关和监督机关组成；③ 公司独立承担法律责任。公司以其全部财产对外承担民事责任,并与股东责任、公司工作人责任严格区分。这是公司法人独立性的集中体现,也是公司区别于合伙组织、个人独立企业的重要标志。公司是具有营利性目的的法人。

(3) 公司的法定性。公司的法定性是指公司必须依法定条件和法定程序成立,公司的经营活动规则必须遵循法律的强制性规定。公司的法定性包括三层意思：① 公司类型法定。任何人不得设立法律规定之外的公司类型,如我国《公司法》只规定了股份有限公司和有限责任公司两种公司类型,当事人就不能设立包括无限公司、两合公司、股份两合公司在内的公司类型。② 公司的内容法定。公司的财产关系(包括股东出资、公司财务会计、股票债券发行等)和组织关系(包括股东会、董事会、监事会及其活动规则等)都由法律明确规定,当事人不能任意创设和变更。③ 公司公示方法法定。公司设立、变更、终止都必须依法办理相应登记手续,并进行公示,以保护公司债权人利益,维护社会经济秩序的稳定。公司是依法设立的具有营利性目的的法人。

二、公司的不同分类

依据不同的分类标准,可从不同的角度对公司做不同的分类。

（一）无限公司、有限公司、股份有限公司与两合公司

这是以股东对公司责任为标准对公司进行的分类。

(1) 无限公司是无限责任公司的简称,它是由两个以上的股东组成、全体股东对公司的债务负连带无限责任的公司。

(2) 有限公司,亦称有限责任公司,是由两个以上的股东出资组成,每个股东以其认缴的出资额对公司债务承担有限责任,而公司以其全部资产对其债务承担责任的公司。

(3) 股份有限公司,又称股份公司,是指由一定人数以上的股东组成,公司全部资产分为等额股份,股东以其所认购的股份对公司承担有限责任,公司以其全部资产对其债务承担责任的公司。

(4) 两合公司是指由无限责任股东与有限责任股东共同组成,无限责任股东对公司债务负连带无限责任,有限责任股东对公司债务仅以其出资额为限承担有限责任的公司。

（二）封闭式公司与开放式公司

这是以公司的股份是否公开发行为标准对公司进行的分类。

(1) 封闭式公司,又称为不上市公司、私公司或非公开招股公司,是指公司股份只能向特定范围的股东发行,而不能在证券市场公开向社会发行的公司。股东拥有的股份或股票可以有条件地转让,但不能在证券交易所公开挂牌买卖或流通。

(2) 开放式公司,又称为上市公司、公众公司或公开招股公司,其特点与封闭式公司正相反,它可以在证券市场上向社会公开发行股票,股东拥有的股票也可以在证券交易所自由地买卖或交易。

（三）人合公司、资合公司与人合兼资合公司

这是以公司信用基础为标准对公司进行的分类。

(1) 人合公司是指以股东个人信用为基础组成的公司。股东对公司债务承担无限连带责任。无限公司是典型的人合公司。

(2) 资合公司是指以公司资本和资产条件作为其信用基础的公司。公司股东对公司债务以出资额为限承担有限责任。股份有限公司是最典型的资合公司。

(3) 人合兼资合公司是指公司信用基础兼具股东个人信用及公司资本和资产信用的公司,公司既有人合性质又有资合性质。两合公司、股份两合公司即为人合兼资合

公司。

（四）母公司与子公司

这是以公司之间的控制或从属关系为标准对公司进行的分类。

（1）母公司是指拥有另一公司一定比例以上的股份，或通过协议方式能够对另一公司的经营实行实际控制和影响的公司。母公司也称为控股公司。

（2）子公司是指其一定比例以上的股份被另一公司所拥有或通过协议受到另一公司实际控制的公司。子公司具有独立的法人资格。

（五）总公司与分公司

这是以公司内部管理关系为标准对公司进行的分类。

（1）总公司，又称本公司，是管辖该公司全部组织的总机构。总公司依法首先设立，公司的业务经营、资金调度、人事安排等，均由总公司统一决定。总公司在法律上具有法人资格。

（2）分公司是总公司所管辖的分支机构，在业务、资金、人事等方面均受到总公司的管辖。分公司在法律上和经济上都没有独立性，不具有独立的法人资格。

（六）本国公司、外国公司与跨国公司

这是以公司的国籍为标准对公司进行的分类。

（1）本公司是指依据一个国家的法律在该国境内登记设立的公司。

（2）外国公司是指非依所在国（东道国）国家法律并非经所在国登记而成立的，但经所在国政府许可在所在国进行业务活动的机构。

（3）跨国公司是指以本国为基地或中心，在不同国家或地区设立分公司、子公司或投资企业，从事国际性生产经营活动的组织。

三、我国公司立法简述

公司法是调整公司在设立、组织、活动和解散以及调整公司对内对外关系的法律规范总称。

目前，世界各国的公司法，主要采用两种法律形式：一种是单行法规；另一种是包括在民法或商法之中，作为民商法的一个组成部分。大陆法系国家早期的公司法，主要规定在商法典中。但随着公司在社会经济生活中的作用和影响日益扩大，考虑到公司本身问题的特殊性，大陆法系很多国家将公司法从商法典中分离出来，制定成单行的法规。英美法系国家的公司法则大部分采取了单行立法的形式。

我国属于大陆法系国家，但我国没有成文商法典，公司法采取了单行立法的形式。

我国最早的公司法可以追溯到1904年清朝政府颁布的《公司律》，而最早的现代意义上的公司法则是民国政府于1929年颁布的《公司法》。新中国成立后，废除了旧的法律制度和法律体系，直到1993年第八届全国人大常委会颁布了《中华人民共和国公司法》，该法经过了1999年、2005年的两次修改。其中2005年对其做了较大的改动，修改了公司注册资本制度，增加了一人公司等内容。2013年我国再次修改《公司法》，在公司注册资本、公司登记条件和程序等方面做出了重大改革。作为我国商法制度的重要组成部分,我国公司法紧跟市场经济发展,不断得到修改与完善,体现了我国鼓励投资、简化程序、提高效率的精神,更加符合我国社会主义市场经济建设的不断深入和发展,更将强化了当事人意思自治、完善公司治理、加强股东权益的制度保障。

第二节　有限责任公司法律制度

一、有限责任公司的概念与特征

（一）有限责任公司的概念

有限责任公司,又称有限公司,是指由法律规定的一定人数的股东所组成,股东以其出资额为限对公司债务承担责任,公司以其全部资产对其债务承担责任的企业法人。

有限责任公司集无限责任公司和股份公司的优点于一身:一方面,有限公司组织规模不大,股东之间具有一定的人合因素和信用基础,大大降低了公司的运作成本;另一方面,有限责任公司吸纳了股份有限公司中股东有限责任的优点,把股东的投资风险降低到最低限度。有限责任公司的这种优越性,使得公司能够灵活经营,得到了投资者的广泛青睐。

（二）有限责任公司的特征

（1）股东人数的限制性。我国1993年的《公司法》不承认一人公司,规定有限责任公司由2个以上50个以下的股东共同出资设立。新修订后的《公司法》承认一人公司,取消了对股东人数下限的规定,但规定有限责任公司股东人数的上限为50人。

（2）股东责任的有限性。有限责任公司的股东,仅以其出资额为限对公司债务承担责任,对超过其出资额范围的公司债务不承担责任,公司债权人亦不得直接向股东主张债权或请求清偿。

（3）股东出资的非股份性。有限责任公司的资本,一般不分为股份,每个股东只有一份出资,出资额也可以不同。股东出资后取得出资证明书,股东仅以其出资额为限对公司负责。

（4）公司资本的封闭性。有限责任公司的资本只能由全体股东认缴,不能公开发行股票向社会募集。基于这个特征,有些国家将有限责任公司称为封闭性公司。

（5）公司组织的简便性。有限责任公司设立程序简便,只有发起设立,没有募集设立,股东认缴全部出资即可设立公司。有限责任公司的组织机构比较简单、灵活,股东人数较少、规模较小的有限公司可以不设董事会和监事会,只设一名执行董事和监事。此外,有限责任公司股东会的召集和决议的形成程序也较为简单。

（6）公司兼具资合性和人合性。有限责任公司是处于股份有限公司和合伙企业之间的一种企业形态。股东之间资金的联合以及股东之间的相互信任构成了有限责任公司信用的两大基础。有限责任公司具有兼具资合性和人合性的明显特征。

二、有限责任公司的设立

（一）有限责任公司的设立条件

根据我国《公司法》的规定，设立有限责任公司，应当具备以下五个条件：

（1）股东符合法定人数。设立有限责任公司，共同出资的股东人数不得超过50人。

（2）股东出资达到法定资本最低限额。我国新修订的《公司法》规定，有限责任公司的注册资本为在公司登记机关登记的全体股东认缴的出资额。法律、行政法规以及国务院决定对有限责任公司注册资本实缴、注册资本最低限额另有规定的，从其规定。

（3）股东共同制定公司章程。公司章程不得违反《公司法》的相关规定，由全体发起人协商制定并由股东签名。

（4）有公司名称，建立符合有限责任公司要求的组织机构。有限责任公司的名称必须标明"有限责任公司"字样。有限责任公司必须建立符合《公司法》规范的组织机构，构建完善的法人治理结构。

（5）有公司住所。我国《公司法》规定，公司的主要办事机构所在地为公司的住所。

（二）有限责任公司的设立程序

有限责任公司的设立，一般包括以下六个步骤：

1. 订立发起人协议

有限责任公司只能由发起人设立。经过可行性分析，发起人应当签订发起人协议，对拟设立公司的基本情况作出意向性的规定，明确各方的权利与义务。

2. 制订公司章程

公司章程由公司全体股东共同制定，经全体股东同意并签名盖章。公司章程的内容应当具备《公司法》规定的应载明的必要记载事项，任意记载事项不得与国家法律法规相抵触。

3. 履行必要的行政审批手续

有限责任公司的设立一般不需要经过行政审批手续，但根据我国《公司法》相关规定，法律、行政法规规定设立公司必须报经批准的，应当在公司登记前依法办理批准手续。

4. 股东认缴出资

我国新修订的《公司法》规定，有限责任公司的注册资本为在公司登记机关登记的全体股东认缴的出资额。法律、行政法规以及国务院决定对有限责任公司注册资本实缴、注册资本最低限额另有规定的，从其规定。在公司成立后，股东应当按期足额缴纳各自所认缴的出资额，公司应当向股东签发出资证明书。

5. 办理公司设立登记手续

股东的首次出资经验资机构验资后，由全体股东指定的代表或共同委托的代理人向公司登记机关申请设立登记。公司登记机关对符合条件的予以登记，发给营业执照。公司营业执照签发之日即为公司成立之日。

6. 备置股东名册

有限责任公司成立后，应备置股东名册。股东名册是公司记载股东情况及出资事项的重要文件,应记载如下事项:股东的姓名或者名称及住所、股东的出资额、出资证明书编号。记载于股东名册的股东,可以依照股东名册主张行使股东权利。

三、有限责任公司的组织机构

(一) 股东会

1. 股东会的地位与职权

有限责任公司股东会由全体股东组成,股东会是公司的权力机构,依照公司法和公司章程的规定行使职权。

根据我国《公司法》之规定,股东会行使下列职权:
(1) 决定公司的经营方针和投资计划;
(2) 选举和更换非由职工代表担任的董事、监事,决定有关董事、监事的报酬事项;
(3) 审议批准董事会的报告;
(4) 审议批准监事会或者监事的报告;
(5) 审议批准公司的年度财务预算方案、决算方案;
(6) 审议批准公司的利润分配方案和弥补亏损方案;
(7) 对公司增加或者减少注册资本作出决议;
(8) 对发行公司债券作出决议;
(9) 对公司合并、分立、变更公司形式、解散和清算等事项作出决议;
(10) 修改公司章程;
(11) 公司章程规定的其他职权。

2. 股东会会议的召开

股东会分为定期会议和临时会议。

定期会议按照公司章程规定的时间召开。临时会议根据法律规定或章程规定不定期地召开,如我国《公司法》规定,代表 1/10 以上表决权的股东,1/3 以上的董事,监事会或者不设监事会的公司的监事提议召开临时会议的,应当召开临时会议。

有限责任公司设立董事会的,股东会会议由董事会召集,董事长主持;董事长不能履行职务或者不履行职务的,由副董事长主持;副董事长不能履行职务或者不履行职务的,由半数以上董事共同推举一名董事主持。有限责任公司不设董事会的,股东会会议由执行董事召集和主持。董事会或者执行董事不能履行或者不履行召集股东会会议职责的,由监事会或者不设监事会的公司的监事召集和主持;监事会或者监事不召集和主持的,代表 1/10 以上表决权的股东可以自行召集和主持。

召开股东会会议,应当于会议召开 15 日前通知全体股东;但是,公司章程另有规定或者全体股东另有约定的除外。

股东会应当对所议事项的决定作成会议记录,出席会议的股东应当在会议记录上签名。

3. 股东会的表决

有限责任公司的股东会会议由股东按照出资比例行使表决权;但是,公司章程另有规定的除外。除公司法有规定的外,股东会的议事方式和表决程序由公司章程规定。

股东会的表决分一般表决事项和特别表决事项。一般事项的表决,由公司章程规定;特别事项的表决,包括修改公司章程、增加或者减少注册资本的决议,以及公司合并、分立、解散或者变更公司形式的决议,必须经代表 2/3 以上表决权的股东通过。

(二) 董事会和经理

1. 董事会地位与职权

有限责任公司的董事会是公司的经营管理决策机构,由 3~13 人组成。股东人数较少或规模较小的有限责任公司,可以设 1 名执行董事,不设董事会。

两个以上国有企业或两个以上其他国有投资主体投资设立的有限责任公司,其董事会成员中应当有公司职工代表,其他有限责任公司董事会成员中可以有公司职工代表。

董事会设董事长 1 人,可以设副董事长。董事会的董事任期由公司章程规定,但每届任期不得超过 3 年。

董事会对股东会负责,并行使以下职权:① 召集股东会会议,并向股东会报告工作;② 执行股东会的决议;③ 决定公司的经营计划和投资方案;④ 制订公司的年度财务预算方案、决算方案;⑤ 制订公司的利润分配方案和弥补亏损方案;⑥ 制订公司增加或者减少注册资本以及发行公司债券的方案;⑦ 制订公司合并、分立、变更公司形式、解散的方案;⑧ 决定公司内部管理机构的设置;⑨ 决定聘任或者解聘公司经理及其报酬事项,并根据经理的提名决定聘任或者解聘公司副经理、财务负责人及其报酬事项;⑩ 制定公司的基本管理制度;⑪ 公司章程规定的其他职权。

2. 董事会的召开与决议

董事会会议由董事长召集和主持;董事长不能履行职务或者不履行职务的,由副董事长召集和主持;副董事长不能履行职务或者不履行职务的,由半数以上董事共同推举一名董事召集和主持。

董事会决议的表决,实行一人一票。董事会的议事方式和表决程序,除公司法有规定的外,由公司章程规定。

董事会应当对所议事项的决定作成会议记录,出席会议的董事应当在会议记录上签名。

3. 经理的设立与职权

有限责任公司可以设经理。经理由董事会聘任和解聘,在董事会的领导下主持公司日常经营管理工作、执行公司具体事务。

股东人数较少或者规模较小的有限责任公司,不设董事会而设执行董事的,执行董事可以兼任公司经理。

经理行使下列职权:① 主持公司的生产经营管理工作,组织实施董事会决议;② 组织实施公司年度经营计划和投资方案;③ 拟订公司内部管理机构设置方案;④ 拟订公司的基本管理制度;⑤ 制定公司的具体规章;⑥ 提请聘任或者解聘公司副经理、财务负责人;⑦ 决定聘任或者解聘除应由董事会决定聘任或者解聘以外的负责管理人员;⑧ 董事会授予的其他职权。公司章程对经理职权另有规定的,从其规定。

(三) 监事会

1. 监事会的地位及组成

有限责任公司的监事会是公司监督机构,监事会对股东会负责。

有限责任公司的监事会成员不得少于3人。股东人数较少或者规模较小的有限责任公司,可以设1~2名监事,不设立监事会。

监事会应当包括股东代表和适当比例的公司职工代表,其中职工代表的比例不得低于1/3,具体比例由公司章程规定。监事会中的职工代表由公司职工通过职工代表大会、职工大会或者其他形式民主选举产生。董事、高级管理人员不得兼任监事。

监事会设主席1人,由全体监事过半数选举产生。监事会主席召集和主持监事会会议;监事会主席不能履行职务或者不履行职务的,由半数以上监事共同推举1名监事召集和主持监事会会议。

监事的任期每届为3年。监事任期届满,连选可以连任。监事任期届满未及时改选,或者监事在任期内辞职导致监事会成员低于法定人数的,在改选出的监事就任前,原监事仍应当依照法律、行政法规和公司章程的规定,履行监事职务。

2. 监事会的职权

监事会、不设监事会的公司的监事行使下列职权:① 检查公司财务;② 对董事、高级管理人员执行公司职务的行为进行监督,对违反法律、行政法规、公司章程或者股东会决议的董事、高级管理人员提出罢免的建议;③ 当董事、高级管理人员的行为损害公司的利益时,要求董事、高级管理人员予以纠正;④ 提议召开临时股东会会议,在董事会不履行本法规定的召集和主持股东会会议职责时召集和主持股东会会议;⑤ 向股东会会议提出提案;⑥ 依照《公司法》第152条的规定,对董事、高级管理人员提起诉讼;⑦ 公司章程规定的其他职权。监事可以列席董事会会议,并对董事会决议事项提出质询或者建议。

监事会、不设监事会公司的监事发现公司经营情况异常,可以进行调查;必要时,可以聘请会计师事务所等协助其工作,费用由公司承担。

3. 监事会决议

监事会每年度至少召开一次会议,监事可以提议召开临时监事会会议。监事会的议事方式和表决程序,除《公司法》有规定的外,由公司章程规定。

监事会决议应当经半数以上监事通过。监事会应当对所议事项的决定作成会议记录,出席会议的监事应当在会议记录上签名。

四、一人公司的特别规定

(一) 一人公司的概念与特征

一人公司,系一人有限责任公司的简称,是指只有一个自然人或一个法人股东的有限责任公司。一人公司是有限责任公司的特殊类型。

一人公司的突出特征在于其股东的唯一性,即一人公司的股东只有一人,包括一个自然人或一个法人。公司全部出资额均由唯一的股东持有。一人公司虽然股东只有一个,但同样具备公司所有的法律特征,包括独立的法人人格、独立的财产、独立的组织机构和独立的民事责任。

我国1993年的《公司法》不承认一人公司。为尊重一人公司客观存在的事实,鼓励投资创业,便利公司设立,减少公司冲突与矛盾,并顺应全球公司立法的趋势,2005年修订的《公司法》完全确认了一人有限责任公司制度。

（二）一人公司的特别法律规制

由于一人公司只有一个股东,容易发生股东滥用公司法人地位和股东有限责任而损害债权人利益的情形,因此,《公司法》一方面肯定一人公司的合法地位,另一方面针对一人公司的特殊性进行了特别的规制,这主要表现在以下五个方面：

（1）一个自然人只能投资设立一个一人公司,且该一人公司不能再投资设立新的一人公司。

（2）一人公司应当在公司登记中注明自然人独资或法人独资,并在公司营业执照中载明。

（3）一人公司的章程由股东制定,公司不设股东会,但股东对《公司法》规定的法定事由作出决定时,必须采用书面形式,并由股东签名后置备于公司。

（4）一人公司应当在每一会计年度终了时编制财务会计报告,并经会计师事务所审计。

（5）一人公司的股东不能证明公司财产独立于股东自己财产时,应当对公司债务承担连带责任。

五、国有独资公司的特别规定

（一）国有独资公司的概念

国有独资公司是指国家单独出资、由国务院或者地方人民政府授权本级人民政府国有资产监督管理机构履行出资人职责的有限责任公司。国有独资公司是有限责任公司的一种特殊类型。

我国《公司法》对国有独资公司的设立和组织机构作出了特殊规定；特殊规定以外的其他问题,则适用《公司法》对有限责任公司的一般性规定。

（二）国有独资公司的特征

（1）国有独资公司全部资本由国家投入。公司的财产权源于国家对投资财产的所有权。国有独资公司是国有企业的一种形式。

（2）国有独资公司股东只有一个。依据我国《公司法》之规定,国有独资公司是国家单独出资、由国务院或者地方人民政府授权国资委或其他部门履行出资人职责的公司。国有独资公司下属的全资子公司的出资者则不是国资委,为法人独资,法人人格独立,其财产独立于国家财产,所以该全资子公司不是国有独资公司,不能层层地扩展下去。它不同于由两个以上国有企业或其他国有单位共同投资组成的公司。尽管后者各方投资的所有权仍属于国家,公司资本的所有制性质未发生变化,但公司的投资主体及股东却为多个,具有多个不同的利益主体。

（3）国有独资公司投资者承担有限责任。虽然国有独资企业的投资者是国家,但国家仅以其投入公司的特定财产总额为限对公司的债务负责承担有限责任。这与只有一个投资者的个人独资企业有着明显的不同。

(4) 国有独资公司在性质上属于有限责任公司。国有独资公司的设立、组织机构、生产经营制度、财务会计制度等方面均与《公司法》中有关有限责任公司的一般规定相同。国有独资公司与一人有限责任公司一样,是一种特殊形式的有限责任公司。

(三) 国有独资公司的特别规定

1. 国有独资公司的权力机构

国有独资公司章程由国有资产监督管理机构制定,或者由董事会制定报国有资产监督管理机构批准。

国有独资公司不设股东会,由国有资产监督管理机构行使股东会职权。国有资产监督管理机构可以授权公司董事会行股东会的部分职权,决定公司的重大事项,但公司的合并、分立、解散、申请破产的,应当由国有资产监督管理机构决定,其中,重要的国有独资公司合并、分立、解散、申请破产的,应当由国有资产监督管理机构审核后,报本级人民政府批准。何谓重要的国有独资公司,按照国务院的相关规定来确定。

2. 国有独资公司的管理机构

国有独资公司设董事会,除特殊规定外,董事会的职权与普通有限责任公司的相同。董事会每届任期不超过3年。董事任期届满,连选可以连任。

董事会成员中应当有公司职工代表。董事会成员由国有资产监督管理机构委派,但是,董事会中的职工代表由公司职工通过职工代表大会产生。

董事会设董事长一人,可以设副董事长。董事长和副董事长由国有资产监督管理机构从董事会成员中指定。

国有独资公司设经理,由董事会聘任或者解聘。经理的职权与普通有限责任公司的相同。经国有资产监督管理机构同意,董事会成员可以兼任经理。

国有独资公司的董事长、副董事长、董事、高级管理人员,未经国有资产监督管理机构同意,不得在其他有限责任公司、股份有限公司或者其他经济组织兼职。

3. 国有独资公司的监督机构

国有独资公司监事会成员不得少于5人,其中职工代表的比例不得低于1/3,具体比例由公司章程规定。监事会成员由国有资产监督管理机构委派,但是,监事会成员中的职工代表由公司职工代表大会选举产生。监事会主席由国有资产监督管理机构从监事会成员中指定。

监事会行使下列职权:检查公司财务;对董事、高级管理人员执行公司职务的行为进行监督;对违反法律、行政法规、公司章程或者股东会决议的董事、高级管理人员提出罢免建议;当董事、高级管理人员的行为损害公司的利益时,要求董事、高级管理人员予以纠正;国务院规定的其他职权。

六、有限责任公司的股权转让

(一) 股权的内部转让

有限责任公司股权的内部转让,即股东之间的股权转让,一般不会与公司人合性质因素的基本要求相冲突,通常不会涉及第三人的利益。因此,各国公司法对公司内部的转让限制较为宽松。

除了公司章程对股权转让另有规定的外,我国《公司法》对有限责任公司内部进行的股权转让采取了自由主义原则,即股东之间可以相互转让其全部或部分股权,法律没有专门设定限制,只要转让方和受让方协商一致,转让即可成立。

(二) 股权的外部转让

有限责任公司股权的外部转让,即向股东之外的第三人转让公司股权,由于会吸收新股东加入公司而影响公司股东之间的信任基础,各国公司法都对其做了比较严格的限制。

根据我国《公司法》的相关规定,对有限责任公司股权外部转让的限制主要包括以下四个方面:

(1) 股东向非股东转让其股权,公司章程有规定的,应优先适用章程之规定;章程没有规定的,适用《公司法》之规定。

(2) 股东向非股东转让股权必须经其他股东过半数同意。所谓"过半数同意",是指股东人数的多数,而非持股数量的多数。

(3) 股东就其股权转让事项应书面通知其他股东征求意见,其他股东自接到书面通知之日起满30日未答复的,视为同意转让。

(4) 经股东同意转让的股权,在同等条件下,其他股东对该股权享有优先购买权。两个以上股东主张优先购买权的,协商确定各自购买比例;协商不成的,按照转让时各自的出资比例行使优先购买权。

(三) 股权转让的程序

公司内部股东之间的股权转让,由出让方和受让方签订股权转让协议,完成股权转让后,公司应当注销原股东的出资证明书,向受让股东重新签发出资证明书,公司应相应修订公司章程和公司股东名册中有关股东及其出资额的记载内容。此时,公司章程的修改不需再由股东会进行表决。

股东向公司股东之外的人转让股权的,除了新股东要提交主体资格证明或自然人身份证明外,其他手续与上述股权转让相同。

第三节 股份有限公司

一、股份有限公司的概念与特征

(一) 股份有限公司的概念

股份有限公司,又称股份公司,是指公司资本由等额股份构成并通过发行股份筹集资本,股东以其认购的股份为限对公司承担责任,公司以其全部资产对公司债务承担责任的企业法人。

股份公司是在市场经济条件下产生、发展起来的,适用社会化大生产要求的企业形态。今天,股份公司更是无可争辩地占据了经济领域统治性地位,这被公认为现代历史中最引人注目的现象之一。股份公司具有强大的集资功能,能面向社会公开发行股份,迅速筹集社会闲散资本,扩大经营规模,取得规模效益。股份公司的股份能在市场上自由流通,可以更好地分散投资者的风险。股份公司规模巨大、股东人数众多且分散广泛,必须建立科学的经营管理机制,促进公司的专业化、科学化的经营和管理,提高公司经营管理水平。

今天,股份公司已经渗透到包括金融、制造、运输、采掘、交通、娱乐等在内的各个领域,并成为影响一个国家政治、经济、文化生活的重要因素。

(二)股份有限公司的特征

1. 股东人数的广泛性

股份有限公司通过向社会公众广泛地发行股份来筹集资本,任何投资者只要认购股份都可以成为公司股东。这使得股份有限公司的股东人数具有广泛性的特点。各国公司法对股份公司人数一般只规定最低限额,而无最高人数限制。如我国《公司法》规定,股份有限公司的股东人数应为2人以上,下有底线,上不封顶。

2. 股份责任的有限性

股份有限公司的资本分成均等的股份,股东就其认购的股份对公司债务承担有限责任,公司的债权人不得直接向公司股份提出清偿债务的要求。

3. 股东出资的股份性

股份有限公司的全部资本划分为金额相等的股份,股东出资后获得相应的股票。这适应了股份有限公司向社会公开募集资本的便利需求,也便于股东权利的确定和行使。

4. 公司股份发行和转让的公开性和自由性

股份有限公司可以以发行股票的方式公开募集资本,公司股票具有较高的流动性,能够自由转让和交易,除了可以在一般交易场所转让外,还可以申请在证券交易所挂牌上市交易。

5. 公司经营状况的公开性

由于股份发行和转让的公开性和自由性,股份有限公司不仅要依法制定公司财务会计制度,而且必须依法及时、定期公开其财务会计报表,以便股东和社会公众及时了解公司的经营状况,最大限度地保护股东和债权人的利益。

6. 公司信用基础的资合性

股份有限公司股东责任的有限性、股份转让的公开性和自由性,决定了股东与公司之间的关系比较松散。公司的存续与股东的变更、股东人数的增减无关。公司资本和资产是公司进行经营活动的基本条件,也是公司承担债务的基本担保。这使得股份有限公司具有典型的资合性特点。

二、股份有限公司的设立

(一)股份有限公司的设立条件

按照《公司法》之规定,设立股份有限公司,应当具备以下六个条件:

(1)发起人符合法定人数。设立股份有限公司,由发起人承办公司筹办事务。根据

《公司法》的规定,发起人应当有2人以上200人以下,其中须有半数以上在中国境内有住所。

(2) 发起人认缴和募集的股本符合法律规定。我国新《公司法》取消了原来股份有限公司注册资本最低额为人民币500万元的规定,也实行认缴资本制。但法律、行政法规以及国务院决定对股份有限公司注册资本实缴、注册资本最低限额另有规定的,从其规定。

(3) 股份发行、筹办事项符合法律规定。发起人应当按照《公司法》相关规定的要求和程序,发行股份,募集资本,筹办设立公司事务。

(4) 发起人制订公司章程,采用募集方式设立的经创立大会通过。

(5) 有公司名称,建立符合股份有限公司要求的组织机构。公司名称必须标明"股份有限公司"或"股份公司"字样。公司组织机构必须符合《公司法》的规定。

(6) 有公司住所。公司以其主要办事机构所在地为住所。

(二) 股份有限公司的设立方式

股份有限公司的设立方式有发起设立和募集设立两种。

1. 发起设立

发起设立是指由发起人认购公司应发行的全部股份,不向发起人之外的任何人募集而设立公司的方式。

发起设立具有设立程序简便的优点,其资本的筹集无须履行复杂的招股程序,可以有效地缩短公司设立周期,减少公司设立费用,降低公司设立成本,是世界上较为通行的公司设立方式。

根据我国《公司法》的最新规定,以发起设立方式设立股份有限公司的,注册资本为在公司登记机关登记的全体发起人认购的股本总额。在发起人认购的股份缴足前,不得向他人募集股份。发起人应当书面认足公司章程规定其认购的股份,并按照公司章程规定缴纳出资。以非货币财产出资的,应当依法办理其财产权的转移手续。发起人不依照前款规定缴纳出资的,应当按照发起人协议承担违约责任。

2. 募集设立

募集设立是指由发起人认购公司应发行股份的一部分,其余股份向社会公开募集或者向特定对象募集而设立公司的一种方式。

募集设立具有发起设立无法比拟的优势,它可以通过发行股份的方式充分吸收社会闲散资金,在短期内筹集成立公司所需的巨额资金,缓解发起人的出资压力。但募集设立手续复杂、环节众多,无疑会加大公司设立成本。

我国《公司法》第80条规定,股份有限公司采取募集方式设立的,注册资本为在公司登记机关登记的实收股本总额。在发起人认购的股份缴足前,不得向他人募集股份。

(三) 股份有限公司的设立程序

股份有限公司的设立,一般要经过以下六个步骤:

1. 订立发起协议

设立股份有限公司,发起人首先应当订立发起人协议,明确各自在公司设立过程中的权利和义务。

2. 制定公司章程

股份有限公司的章程由发起人共同制定。股份有限公司章程,必须符合《公司法》

之规定,应当载明发起人姓名或者名称、认购的股份数、出资方式和出资时间等重要事项。

3. 履行行政审批手续

行政审批并非设立股份有限公司的必须程序,但按照法律、行政法规的规定需要行政审批才能设立股份有限公司的,应当在公司登记前依法办理批准手续。

4. 认购公司股份

以发起设立方式设立股份有限公司的,发起人应当书面认足公司章程规定其认购的股份,并按照公司章程规定缴纳出资。以非货币财产出资的,应当依法办理其财产权的转移手续。发起人不依照前款规定缴纳出资的,应当按照发起人协议承担违约责任。股份有限公司采取募集方式设立的,注册资本为在公司登记机关登记的实收股本总额。在发起人认购的股份缴足前,不得向他人募集股份。

5. 建立公司组织机构

发行股份的股款缴足后,必须经依法设立的验资机构验资并出具证明。发起人应当自股款缴足之日起30日内主持召开公司创立大会,选举公司董事和监事,组成公司董事会和监事会,组建公司的组织机构。

6. 办理公司登记手续

股份有限公司的设立登记申请,由董事会向公司登记机关提出。符合公司设立条件的,公司登记机关予以登记,并签发营业执照。营业执照的签发日即为公司成立日。公司成立后,应当进行公告。

三、股份有限公司的组织结构

（一）股东大会

1. 股东大会的地位与职权

根据我国《公司法》第98条之规定,股份有限公司的股东大会由全体股东组成,股东会是公司的权力机构,依照公司法和公司章程的规定行使职权。

我国《公司法》关于有限责任公司股东会职权的规定,适用于股份有限公司股东大会。具体包括：

（1）决定公司的经营方针和投资计划；

（2）选举和更换非由职工代表担任的董事、监事,决定有关董事、监事的报酬事项；

（3）审议批准董事会的报告；

（4）审议批准监事会或者监事的报告；

（5）审议批准公司的年度财务预算方案、决算方案；

（6）审议批准公司的利润分配方案和弥补亏损方案；

（7）对公司增加或者减少注册资本作出决议；

（8）对发行公司债券作出决议；

（9）对公司合并、分立、变更公司形式、解散和清算等事项作出决议；

（10）修改公司章程；

(11) 公司章程规定的其他职权。

2. 股东大会的召开

股东有限公司的股东大会分为股东大会年会和临时会议。

股东大会年会按照公司法和公司章程的规定，定期召开。根据我国《公司法》的规定，"股东大会应当每年召开一次年会。"股东大会年会通常在每一个会计年度终结后的6个月内确定召开日期，具体日期可由章程规定。

股东大会临时会议是指在两次年会之间因特殊原因而随时召开的股东大会。根据我国《公司法》第100条的规定，有下列情形之一的，应当在两个月内召开临时股东大会：① 董事人数不足《公司法》规定人数或者公司章程所定人数的2/3时；② 公司未弥补的亏损达实收股本总额1/3时；③ 单独或者合计持有公司10%以上股份的股东请求时；④ 董事会认为必要时；⑤ 监事会提议召开时；⑥ 公司章程规定的其他情形。

3. 股东大会的召集与主持

股份有限公司的股东大会会议由董事会召集，董事长主持；董事长不能履行职务或者不履行职务的，由副董事长主持；副董事长不能履行职务或者不履行职务的，由半数以上董事共同推举一名董事主持。

董事会不能履行或者不履行召集股东大会会议职责的，监事会应当及时召集和主持；监事会不召集和主持的，连续90日以上单独或者合计持有公司10%以上股份的股东可以自行召集和主持。

4. 股东大会的通知与公告

召开股东大会会议，应当将会议召开的时间、地点和审议的事项于会议召开20日前通知各股东；临时股东大会应当于会议召开15日前通知各股东；发行无记名股票的，应当于会议召开30日前公告会议召开的时间、地点和审议事项。

5. 股东大会的表决

股东有限公司股东大会实行"一股一票"的表决制度。股东可以通过出席表决、代理表决及书面表决方式参与股东大会会议。公司持有的本公司股份没有表决权。根据我国《公司法》第106条的规定，股东委托代理人出席股东大会会议的，代理人应当向公司提交股东授权委托书，并在授权范围内行使表决权。

股东大会作出决议，必须经出席会议的股东所持表决权过半数通过。但是，股东大会作出修改公司章程、增加或者减少注册资本的决议，以及公司合并、分立、解散或者变更公司形式的决议，必须经出席会议的股东所持表决权的2/3以上通过。

此外，我国《公司法》第105条规定，股东大会选举董事、监事，可以根据公司章程的规定或者股东大会的决议，实行累积投票制。

（二）董事会

1. 董事会的组成及职权

股东有限公司的董事会是由股东大会选举产生的，由董事组成的进行公司日常事务决策、执行公司事务的法定机构。

股份有限公司的董事会，其成员为5～19人。董事会成员中可以有公司职工代表。董事会中的职工代表由公司职工通过职工代表大会、职工大会或者其他形式民主选举产生。

我国《公司法》中关于有限责任公司董事任期的规定以及关于有限责任公司董事会职权的规定,均适用于股份有限公司董事会。

2. 董事会会议的召开与通知

股份有限公司的董事会会议分为法定会议和临时会议。

法定董事会会议,应按照公司法规定和公司章程确定的具体时间定期召开。根据《公司法》的规定,股份有限公司的董事会每年至少召开两次。

临时董事会会议,由董事会根据具体需要临时召开。根据我国《公司法》相关规定,代表1/10以上表决权的股东、1/3以上董事或者监事会,可以提议召开董事会临时会议。

股份有限公司董事会会议由董事长召集和主持。法定董事会会议,每次会议应当于会议召开10日前通知全体董事和监事。临时董事会会议,董事长应当自接到提议后10日内,召集和主持董事会会议。董事会召开临时会议,可以另定召集董事会的通知方式和通知时限。

3. 董事会会议的决议及会议记录

董事会会议应有过半数的董事出席方可举行。董事会作出决议,必须经全体董事的过半数通过。董事会决议的表决,实行一人一票。

董事会应当对会议所议事项的决定作成会议记录,出席会议的董事应当在会议记录上签名。董事会会议记录应当妥善保管。

董事应当对董事会的决议承担责任。董事会的决议违反法律、行政法规或者公司章程、股东大会决议,致使公司遭受严重损失的,参与决议的董事对公司负赔偿责任。但经证明在表决时曾表明异议并记载于会议记录的,该董事可以免除责任。

(三) 经理

1. 经理的地位与职权

经理是在董事会领导下主持公司日常经营管理工作、执行公司具体事务的机关。

经理是股份有限公司的必备常设机构。这一点不同于有限责任公司。

股份有限公司的经理职权与有限责任公司经理的职权相同,同样适用《公司法》中关于经理职权之规定。

2. 经理的聘任与解聘

股份有限公司的经理,由董事会决定聘任或者解聘。公司董事会可以决定由董事会成员兼任经理。

(四) 监事会

1. 监事会地位与组成

监事会是股份有限公司的监督机构,监事会对股东大会负责,与董事会地位平行,不存在隶属关系,具体执行公司的监督事务。

股份有限公司设立监事会,其成员不得少于3人。监事会应当包括股东代表和适当比例的公司职工代表,其中职工代表的比例不得低于1/3,具体比例由公司章程规定。监事会中的职工代表由公司职工通过职工代表大会、职工大会或者其他形式民主选举产生。

监事会设主席一人,可以设副主席。监事会主席和副主席由全体监事过半数选举产生。监事会主席召集和主持监事会会议;监事会主席不能履行职务或者不履行职务的,由监事会副主席召集和主持监事会会议;监事会副主席不能履行职务或者不履行职务的,由半数以上监事共同推举一名监事召集和主持监事会会议。

董事、高级管理人员不得兼任监事。

2. 监事会的职权与任期

股份有限公司监事会的职权与任期与有限责任公司监事会的职权与任期相同,同样适用《公司法》中关于有限责任公司监事会之规定。

3. 监事会决议

股份有限公司的监事会每六个月至少召开一次会议。监事可以提议召开临时监事会会议。监事会的议事方式和表决程序,除《公司法》有规定的外,由公司章程规定。

监事会应当对所议事项的决定作成会议记录,出席会议的监事应当在会议记录上签名。

监事会行使职权所必需的费用,由公司承担。

四、上市公司的特别规定

（一）上市公司的概念

根据我国《公司法》之规定,上市公司是指所公开发行的股票经过国务院或者国务院授权的证券管理部门批准在证券交易所上市交易的股份有限公司。非上市公司是指其股票没有上市和没有在证券交易所交易的股份有限公司。

上市公司是股份有限公司的一种,这种公司到证券交易所上市交易,除了必须经过批准外,还必须符合一定的条件。《公司法》《证券法》修订后,有利于更多的企业成为上市公司和公司债券上市交易的公司。与一般公司相比,上市公司最大的特点在于可利用证券市场进行筹资,广泛地吸收社会上的闲散资金,从而迅速扩大企业规模,增强产品的竞争力和市场占有率。因此,股份有限公司发展到一定规模后,往往将公司股票在交易所公开上市作为企业发展的重要战略步骤。

（二）上市公司的特点

1. 上市公司是股份有限公司的一种

公开发行的股票上市交易,表明公司具有很强的公开性,只有股份有限公司具有这种公开性的特点。同时,世界各国的法律也都规定,只有股份有限公司享有股票上市交易的权利,其他任何类型的公司,包括有限责任公司等,都不具有公开发行股票并使股票上市交易的权利。同时,也并非所有股份有限公司发行的股票都能上市交易,股票能够上市交易的只是股份有限公司中的一部分。因此,上市公司一定是股份有限公司,但股份有限公司并不一定都是上市公司。

2. 上市公司的股票上市必须符合法定条件并经政府主管部门核准

按照《公司法》的规定,股份有限公司要上市必须经过国务院或者国务院授权的证券管理部门批准,未经批准,不得上市。我国《证券法》对证券上市的条件和程序作出了具体的规定,其中就包括股票必须经过国务院证券监督管理机构核准并公开发行。在股票公开发行之后,如果要上市交易,还必须获得证券交易所的同意,并签订上市协议。

3. 上市公司发行的股票在证券交易所交易

股票的公开交易不等于股票的上市,公开交易具有各种不同的市场范围和交易方式。我国证券市场分为一级市场、二级市场、场外交易市场等,在这些市场交易的股票都是股份有限公司发行的股票。证券交易所是公开市场中的二级市场,是实行证券集中交易的特殊市场,在证券交易所进行的交易成为挂牌交易,只有股票在证券交易所上市交易的公司才是上市公司。

(三) 公司上市的条件

根据我国《公司法》和《证券法》的相关规定,目前,股份有限公司发行股票要求上市交易的,必须符合以下六个条件:

(1) 股票经国务院证券管理部门批准已经向社会公开发行。

(2) 公司股本总额不少于人民币 3 000 万元。

(3) 公开发行的股份占公司股份总数的 25% 以上;股本总额超过 4 亿元的,向社会公开发行的比例占 10% 以上。

(4) 公司在最近三年内无重大违法行为,财务会计报告无虚假记载。

(5) 开业时间在三年以上,最近三年连续盈利;原国有企业依法改建而设立的,或者本法实施后新组建成立,其主要发起人为国有大中型企业的,可连续计算。

(6) 证券交易所可以规定高于前款规定的上市条件,并报国务院证券监督管理机构批准。

(四) 上市公司组织结构的特别规定

上市公司因为股份由社会公众持有,股东人数较多,《公司法》对其组织机构有特别规定。根据《公司法》以及其他相关规定,上市公司组织机构与活动原则的特别规定主要有以下四个方面内容:

(1) 增加了股东大会的特别决议事项。上市公司在一年内购买、出售重大资产或者担保金额超过公司资产总额 30% 的,应当由股东大会作出决议,并经出席会议的股东所持表决权的 2/3 以上通过。

(2) 上市公司设立独立董事,以保护中小股东的利益。

(3) 上市公司设董事会秘书,负责公司股东大会和董事会会议的筹备、文件保管以及公司股权管理,办理信息披露事务等事宜。董事会秘书是上市公司的高级管理人员。

(4) 增设了关联关系董事的表决权排除制度。上市公司董事和董事会会议决议事项涉及的企业有关联关系的,不得对该决议行使表决权,也不得代理其他董事行使表决权。该董事会会议由过半数的无关联关系董事出席即可举行,董事会会议所作决议须经无关联关系董事过半数通过。

(五) 上市公司独立董事制度

1. 独立董事制度概述

独立董事制度是在上市公司董事会中设立独立董事,以形成权力制衡与监督的制度。独立董事是指不在公司担任除董事外的其他职务,并与其所受聘的上市公司及其主要股东不存在可能妨碍其进行独立客观判断的关系的董事。独立董事对上市公司及全体股东负责。

独立董事制度最早发端于美国。中国证监会于 2001 年颁布了《关于在上市公司建立独立董事制度的指导意见》(以下简称《指导意见》)。根据该规范性文件,上市公司应当建立独立董事制度。独立董事对上市公司及全体股东负有诚信与勤勉义务。独立董事应当按照相关法律法规、《指导意见》和公司章程的要求,认真履行职责,维护公司整体利益,尤其要关注中小股东的合法权益不受损害。独立董事独立履行职责,不受上市公司主要股东、实际控制人或者其他与上市公司存在利害关系的单位或个人的影响。独立董事原则上最多在 5 家上市公司兼任独立董事,并确保有足够的时间和精力有效地履行独立董事的职责。上市公司董事会成员中应当至少包括 1/3 的独立董事,其中至少包括一名会计专业人士(会计专业人士是指具有高级职称或注册会计师资格的人士)。

我国新修订的《公司法》对上市公司独立董事制度再次进行了确认。

2. 独立董事制度的任职条件

根据我国证监会颁布的《指导意见》,担任上市公司的独立董事应符合下列基本条件:

(1) 根据法律、行政法规及其他有关规定,具备担任上市公司董事的资格;
(2) 具有《指导意见》所要求的独立性;
(3) 具备上市公司运作的基本知识,熟悉相关法律、行政法规、规章及规则;
(4) 具有 5 年以上法律、经济或者其他履行独立董事职责所必需的工作经验;
(5) 公司章程规定的其他条件。

此外,《指导意见》还规定下列人员不得担任独立董事:

(1) 在上市公司或者其附属企业任职的人员及其直系亲属、主要社会关系(直系亲属是指配偶、父母、子女等;主要社会关系是指兄弟姐妹、岳父母、儿媳女婿、兄弟姐妹的配偶、配偶的兄弟姐妹等)。
(2) 直接或间接持有上市公司已发行股份 1% 以上或者是上市公司前 10 名股东中的自然人股东及其直系亲属。
(3) 在直接或间接持有上市公司已发行股份 5% 以上的股东单位或者在上市公司前 5 名股东单位任职的人员及其直系亲属。
(4) 最近一年内曾经具有前三项所列举情形的人员。
(5) 为上市公司或者其附属企业提供财务、法律、咨询等服务的人员。
(6) 公司章程规定的其他人员。
(7) 中国证监会认定的其他人员。

3. 上市公司独立董事的职权

上市公司独立董事除行使公司董事的一般职权外,还被赋予以下六项特别职权:

(1) 重大关联交易(指上市公司拟与关联人达成的总额高于 300 万元或高于上市公司最近经审计净资产值的 5% 的关联交易)应由独立董事认可后,提交董事会讨论;独立董事作出判断前,可以聘请中介机构出具独立财务顾问报告,作为其判断的依据。
(2) 向董事会提议聘用或解聘会计师事务所。
(3) 向董事会提请召开临时股东大会。
(4) 提议召开董事会。
(5) 独立聘请外部审计机构和咨询机构。

（6）可以在股东大会召开前公开向股东征集投票权。

独立董事除履行上述职责外，还应当对以下事项向董事会或股东大会发表独立意见：

（1）提名、任免董事；

（2）聘任或解聘高级管理人员；

（3）公司董事、高级管理人员的薪酬；

（4）上市公司的股东、实际控制人及其关联企业对上市公司现有或新发生的总额高于300万元或高于上市公司最近经审计净资产值的5%的借款，或其他资金往来，以及公司是否采取有效措施回收欠款；

（5）独立董事认为可能损害中小股东权益的事项；

（6）公司章程规定的其他事项。

独立董事应当就上述事项发表以下几类意见之一：同意；保留意见及其理由；反对意见及其理由；无法发表意见及其障碍。如有关事项属于需要披露的事项，上市公司应当将独立董事的意见予以公告，独立董事出现意见分歧无法达成一致时，董事会应将各独立董事的意见分别披露。

第四节 公司的财务会计

一、公司财务会计制度概述

（一）公司财务会计制度的概念

公司财务会计是指在会计法规、会计原则及会计制度的指导下，以货币为主要计量形式，对公司的整个财务活动和经营状况进行记账、算账、报账，为公司管理者和其他利害关系人定期提供公司财务信息的活动。

公司财务制度是指有关公司资金筹划、使用和分配的规则，是对公司经营业务和相关活动进行会计核算，实行会计监督的规则。公司财务制度和会计制度密不可分，从不同的角度，在公司经营活动中发挥着各自的功能。

（二）公司财务会计制度的价值和功能

《公司法》对属于公司内部的财务会计制度加以规定，具有十分重要的意义。

（1）保护股东利益。通过建立统一、规范的财务会计制度，让股东全面了解公司经营状况，督促经营者履行善管义务，防止经营者侵害股东利益，保障股权权益的实现。

（2）保护债权人利益。通过对公司财务会计制度的规范化，从而真实地反映公司的经营状况和资产状况，督促公司维持资本、增加资产，防止公司债权人交易风险的扩大。

（3）保护公司利益。通过对公司财务会计制度的规范化，促使财务会计工作切实有效地服务于公司业务经营，支持公司稳定高效发展。

（4）保护社会公益。公司经营的好坏会影响社会稳定和国民经济的正常运行。完善的公司财务会计制度，对于促进公司提高效益，维护社会公共利益具有十分重要的作用。

(5) 保护国家利益。规范化的公司财务会计制度将使国家财税部门得以切实监督和检查公司的财产运行状况，掌握公司盈亏情况，确保国家税收的及时足额征收，防止偷税、漏税、避税等现象的发生。

二、公司财务会计报告

(一) 公司财务会计报告的内容

我国《公司法》规定："公司应当在每一会计年度终了时编制财务会计报告，并依法经会计师事务所审计。财务会计报告应当依照法律、行政法规和国务院财政部门的规定制作。"

公司年度财务会计报告一般包括财务会计报表、财务会计报表附属明细和财务会计报表附注。

1. 财务会计报表

(1) 资产负债表。资产负债表是反映公司一定日期财务状况的报表。它根据"资产＝负债＋股东权益"的会计平衡公式，并根据一定的分类标准和次序，将一定时期的资产、负债和股东权益分类分项编制而成。通过资产负债表，人们可以获悉公司的资本结构、资产构成、负债及偿债能力、股东权益、资产的运作能力等重要的经济信息。

(2) 损益表。损益表是反映公司在一定时期内经营成果的报表。它按照各项收入、费用以及构成净利润的各个项目分类分项列示。损益表以收入、费用、利润三个会计要求为基础，向人们提供了一定期间营业盈余或亏损的实际情况。人们可以了解公司利润增减变化的原因，评价公司的经营成果和投资价值。

(3) 财产状况变动表。财产状况变动表，也称现金流量表，是反映公司一定会计期间现金流入和流出的报表。它按照经营活动、投资活动和筹资活动的现金流量分类分项列示，反映公司资金运动状态。财产状态变动表可以向人们提供一定会计期间内财务状态变动的全貌，说明资金变化的原因，使人们了解公司资金的流转情况，判断公司经营管理水平的高低。

2. 财务会计报表附属明细

(1) 财务状况说明书。财务状况说明书是对财务会计报表所反映的公司财务状况，作进一步说明和补充的文件。它主要说明公司的营业情况、利润实现和分配情况、资金增减和周转情况、税金缴纳情况、对公司财务状况及经营成果有重大影响的事项等内容。

(2) 利润分配表。利润分配表是反映公司利润分配和年末分配情况的报表，它是损益表的附属明细表。利润分配表按照利润分配各个项目分类分项列示。

3. 财务会计报表附注

财务会计报表附注是为了帮助理解财务、会计报表的内容而对报表的相关事项所作的解释和说明。

财务会计报表附注的主要内容包括：采用的会计处理方法、会计处理方法的变更及对财务状况和经营成果的影响、非经常性项目的说明、会计报表中有关重要项目的明细资料、其他有助于理解和分析报表的需要说明的事项。

（二）公司财务会计报告的编制

1. 财务会计报告编制的要求

公司应当根据真实的交易活动和业务事项以及完整、准确的账簿记录等资料，严格按照国家统一的会计制度规定的编制基础、编制依据和编制方法，制作财务会计报告。

公司财务会计报告的编制必须真实、准确、完整、及时，不得有任何虚假、严重误导性陈述和重大遗漏。

2. 财务会计报告编制的制作

根据我国《公司法》第164条的规定，公司应当在每一会计年度终了时编制财务会计报告。公司财务会计报告一般由董事会负责编制，董事会对其真实性、准确性和完整性负责。

公司应当按照会计制度规定的会计报表格式和内容，根据登记完整、核对无误的会计账簿记录和其他有关资料编制会计报表，做到内容完整、数字真实、计算准确，不得遗漏或任意取舍。

财务会计报告应当依照法律、行政法规和国务院财政部门的规定制作。公司财务会计报告应装订成册，并加盖公司印章。

（三）财务会计报告的审计

公司监事会负有检查公司财务的职权，公司财务会计报告在提交股东会前，应交监事会审查。

此外，公司还应将财务会计报告交会计师事务所审计。会计师事务所依法独立、公正地对公司财务会计报告的真实性作出评判，并对出具的意见负责。

（四）公司财务会计报告的公示

公司应依照会计制度规定的财务期限，及时向股东和社会公开其财务会计报告。

根据我国《公司法》相关规定："有限责任公司应当按照公司章程规定的期限将财务会计报告送交各股东。股份有限公司的财务会计报告应当在召开股东大会年会的20日前置备于本公司，供股东查阅；公开发行股票的股份有限公司必须公告其财务会计报告。"

三、公司利润分配制度

（一）公司利润分配的原则及顺序

为贯彻资本充实原则，保护债权人的利益，维护交易安全，各国公司法都将"无盈不分，无利不分；多盈多分，少盈少分"作为公司利润分配的基本原则，并以强制性规范规定公司税后利润的分配秩序。

依据我国《公司法》的规定，公司当年税后利润分配的顺序如下：

（1）弥补亏损。公司在本年度有盈利时，应首先检查上一年度是否有亏损。如有亏损，而公司法定公积金又不足以弥补时，应先以公司当年利润弥补亏损。

（2）提取法定公积金。公司分配当年税后利润时，应当提取利润的10%列入公司法定公积金。公司法定公积金累计额为公司注册资本的50%以上的，可以不再提取。

（3）提取任意公积金。公司从税后利润中提取法定公积金后，经股东会或股东大会决议，可以从税后利润中提取任意公积金。

（4）依法分配利润。公司弥补亏损和提取公积金后，有限责任公司股东按照实缴的出资比例分取红利；股份有限公司按照股东所持股份的比例分配，但股份有限公司章程中规定不按持股比例分配的除外。

违反上述规定，在公司弥补亏损和提取法定公积金之前向股东分配利润的，股东必须将违规分配的利润退还公司。公司持有的本公司股份不得分配利润。

（二）公司公积金制度

1. 法定公积金

法定公积金，又称强制公积金，是指依照法律规定而强制提取的公积金。法定公积金的提取比例和数额由法律直接规定，公司必须遵守，不允许以章程或公司决议加以变通。

根据来源不同，法定公积金可分为法定盈余公积金和法定资本公积金。

法定盈余公积金是指公司在弥补亏损后、分配股利前，按照法定比例在税后利润中提取的公积金。根据我国《公司法》的规定，法定盈余公积金为公司税收利润的10%。

法定资本公积金是指由公司资本或资产以及其他原因形成的公积金。它主要包括股份有限公司以超过股票票面金额溢价发行股份所得的溢价款以及国务院财政部门规定列入资本公积金的其他收入。

公司的公积金用于弥补公司的亏损、扩大公司生产经营或者转为增加公司资本。但是，资本公积金不得用于弥补公司的亏损。法定公积金转为资本时，所留存的该项公积金不得少于转增前公司注册资本的25%。

2. 任意公积金

任意公积金，又称任意盈余公积金，是指根据公司章程或股东会决议，在法定公积金之外自由提取的公积金。

根据目的和用途的不同，任意公积金可以分为以平衡历年盈余分配为目的的"平衡公积金"、以偿还公司债为目的的"公司债偿还公积金"，以及不为专门用途而提取的"普通公积金"等。任意公积金的用途一经确定，即转为专门公积金，非经股东会决议，不得挪作他用。

我国《公司法》对任意公积金并无规定，因此，任意公积金的提取完全属于公司内部事务，应由公司章程或股东会议作出明确规定。

（三）公司股利及其分配

1. 股利分配原则

我国《公司法》规定，公司弥补亏损和提取法定公积金、公益金后的剩余利润可以分配给股东。这表明：公司向股东分配股利的前提是公司必须有盈余，没有盈余，原则上不得进行分配。这是公司分配股利的一般性原则。

当然，这种股利分配原则也有例外：一是用盈余公积金分配股利，即为维护公司股票价格，可用盈余公积金分配股息。这实际上是将公司往年的盈余，并入本年度向股东分配；二是建设股息分配，即对于那些从事建设周期较长的公共建设业务的公司，公司尚未营业，并无盈余可分，但为调动投资积极性，公司可用建设资金向股东分配。

2. 股利分配形式

从国际上看,各国股利分配的形式主要包括以下四种形式:

(1) 现金股利,即以现金方式向股东分配股利。这种股利分配形式可以使股东获得直接的现金收益,方法简便,颇受股东欢迎,但在确定公司派发现金的比例时,容易造成股东和公司之间的矛盾。因为派现过多,会影响公司资金,不利于公司长远发展;派现过少,则会影响股东短期利益,并影响公司股票价格。

(2) 股票股利,即以公司股份替代现金向股东分配股利。股利分配,对股东而言,可以获得具有财产价值的股份而得到投资回报,对公司而言也不会因股利的分配而减少公司资产。股票股利分配已成为现代各国公司法普遍采用的一种股利分配方式。

(3) 财产股利,即以非现金的财产向股东分配股利。公司用以分配的财产包括公司拥有的有价证券或其他实物财产,如公司自己生产的产品等。这种股利分配方式既可以扩大公司产品销路又可以为公司保留现金。

(4) 负债股利,即以债券或应付票据替代现金作为股利向股东分红。通过这种分红,股东虽然没有得到现金收益,但通过股东对公司所享有的债券,可以获得利息达到股东的投资目的。

第五节 公司的合并、分立与减资

一、公司的合并

(一) 公司合并的概念与形式

公司合并是指两个或两个以上的公司依照法定程序归并为其中一个公司或创设另一个新的公司的法律行为。

公司合并有以下两种形式:

(1) 吸收合并,即一个公司吸收其他的公司后存续,被吸收的公司解散。如甲公司吸收乙公司后,继续存在,而乙公司解散。

(2) 新设合并,即两个或两个以上的公司合并设立一个新的公司,合并各方解散。如甲公司、乙公司合并成立丙公司,甲公司和乙公司均解散。

(二) 公司合并的程序

1. 签订合并协议

拟合并各方首先应签订合并协议,并在平等自愿的基础上就合并相关事项达成一致意见。

2. 通过合并决议

公司合并涉及股东重大利益,必须经全体股东或股东会通过合并决议。根据我国《公司法》的相关规定,有限责任公司必须经代表 2/3 以上表决权的股东通过;股份公司必须经出席会议的股东所持表决权的 2/3 以上通过。

3. 编制资产负债表和财产清单

公司合并,合并各方应编制资产负债表和财产清单,以明确各方财产状况,便于公司债权人进行了解。

4. 通知和公告债权人

我国《公司法》规定:"公司应当自作出合并决议之日起 10 日内通知债权人,并于 30 日内在报纸上公告。债权人自接到通知书之日起 30 日内,未接到通知书的自公告之日起 45 日内,可以要求公司清偿债务或者提供相应的担保。"不清偿债务或不提供担保,公司不得合并。

5. 办理合并登记

公司合并必然导致公司的消灭、变更和新设,公司应在法定期限内向登记机关办理有关登记手续。合并后存续的公司,办理变更登记;合并后消灭的公司,办理解散登记;合并后新设的公司,办理设立登记。

二、公司的分立

(一) 公司分立的概念与形式

公司分立是指一个公司通过依法签订分立协议,分为两个或两个以上公司的法律行为。公司分立有以下两种形式:

(1) 派生分立是指公司以其部分资产另设一个或数个新的公司,原公司存续。如甲公司以部分资产设立乙公司或丙公司,甲公司继续存在。

(2) 新设分立是指将公司全部资产进行分割,分别设立两个或两个以上的公司,原公司消灭。如甲公司将其全部资产分别划归于乙公司、丙公司两个新设公司,甲公司解散。

(二) 公司分立的程序

1. 股东会决议

公司分立属于与股东利益密切相关的重大事项,因此,分立应由公司董事会先拟定分立协议,然后交由股东会以特别决议确定。我国《公司法》规定,公司分立,有限责任公司必须经代表 2/3 以上表决权的股东通过;股份公司必须经出席会议的股东所持表决权的 2/3 以上通过。

2. 通知和公告债权人

我国《公司法》规定:"公司应当自作出分立决议之日起 10 日内通知债权人,并于 30 日内在报纸上公告。"

3. 签订分立协议

公司分立,通常由分立各方签订分立协议,就资产分割、债权债务的分担、股权安排等事宜及具体实施办法等内容达成一致。

4. 编制资产负债表和财产清单

5. 申请登记

因分立而存续的公司,应依法办理变更登记;因分立而解散的公司,应办理注销登记;因分立而新设的公司,应办理设立登记。

三、公司的减资

(一) 公司减资的概念

所谓公司减资,就是公司减少其注册资本,是公司根据实际经营的需要,依照法定条件和程序,减少公司的注册资本额的行为。

根据公司资本的基本原则,一般情况下,公司不得减少其注册资本,但是如果出现了法定情形,如公司净资产大幅度下降,大大低于公司注册资本,或在公司进行分立的情况下,原公司的资产减少等,公司就可以通过法定程序减少其注册资本。

(二) 公司减资的方式

在公司实务中,公司减少注册资本,可以采取以下三种方式进行:

(1) 各个股东按照出资比例或持股比例同步减少出资。在减资后,各个股东的股权比例或持股比例不发生变化。

(2) 个别股东改变出资比例或持股比例而减少出资,有的股东减少出资,有的股东不减少出资。这时,在减资后,各个股东的股权比例或持股比例发生变化。

(3) 采取返还某些股东的出资的方式,或者通过免除某些股东出资义务的方式来达到减资的目的,还可以通过消除股权或股份的方式来减资。

(三) 公司减资的程序

公司注册资本的减少,会影响公司债权人利益的实现,为此,我国公司法对公司减资做出了程序性的规范。

(1) 股东(大)会作出减资决议,并相应修改公司章程。公司减资,属于公司重大事项,必须经过股东(大)会特别多数表决通过。

(2) 公司编制资产负债表和财产清单。公司需要减少注册资本时,必须编制资产负债表及财产清单,以理清公司的债权债务关系。

(3) 通知公司债权人和对外发布公告。公司应当自作出减少注册资本决议之日起10日内通知债权人,并于30日内在报纸上公告。债权人自接到通知书之日起30日内,未接到通知书的自公告之日起45日内,有权要求公司清偿债务或者提供相应的担保。

(4) 办理减资登记手续。公司减少注册资本,应当依法向公司登记机关办理变更登记。

第六节 公司解散与清算

一、公司解散

(一) 公司解散的概念

公司解散是指公司因法律或章程规定的解散事由出现而停止营业活动并逐步终止

其法人资格的行为。公司解散是公司主体资格消灭的必经程序。

（二）公司解散的原因

公司解散的原因可以分为自愿解散和被迫解散。

1. 公司自愿解散

（1）公司存续期间届满或章程规定的事由出现。如公司章程规定了经营期限，当经营期限届满而没有按法律或章程规定延长期限，公司即当解散。其次，当公司章程规定的解散的事由出现，公司即可解散。

（2）公司权力机关决定解散。在公司经营过程中，公司权力机关可以解散公司。公司解散属于公司重大事项，必须经特殊表决程序通过。我国《公司法》规定，有限责任公司解散，必须经代表 2/3 以上表决权的股东通过；股份公司解散，必须经出席会议的股东所持表决权的 2/3 以上通过。

（3）公司因合并、分立而解散。公司吸收合并，除存续公司继续存在外，参与合并的其他公司均解散；公司新设合并，所有参与合并的公司均解散；公司新设分立，原公司宣告解散。

2. 公司被迫解散

（1）法院判决解散。我国《公司法》规定："公司经营管理发生严重困难，继续存续会使股东利益受到重大损失，通过其他途径不能解决的，持有公司全部股东表决权 10％以上的股东，可以请求人民法院解散公司。"

（2）主管机关命令解散。我国《公司法》规定，虚报注册资本、提交虚假材料或采取其他欺诈手段隐瞒重要事实取得公司登记的，情节严重的，撤销公司登记或吊销营业执照。公司成立后，无正当理由超过 6 个月未开业，或开业后自行停业连续 6 个月以上的，由公司登记机关吊销营业执照。利用公司名义从事危害国家安全、社会公共利益的严重违法行为的，吊销营业执照。公司登记机关吊销营业执照的，即可导致公司解散。

（3）公司破产解散。公司不能清偿到期债务，达到破产界限，依债权人或债务人的申请，法院可依法宣告公司破产。被宣告破产的公司应依法进行清算，并由清算组织向登记机关申请注销公司。

（三）公司解散的登记

公司解散时，除因破产和合并解散外，应在法定期限内向公司所在地的登记机关办理解散登记手续。经核准登记后，还应在公司所在地进行公告，以便有关利害关系人知悉公司解散的事实，从而保护交易安全。

二、公司清算

（一）公司清算的概念

公司清算是指公司解散后，处分其财产，终结其法律关系，从而消灭公司法人资格的法律程序。

公司除因合并和分立而解散外，其余原因导致的解散，都必须经过清算程序，将公司资产依法向股东和债权人进行分配。

(二) 公司清算的种类

1. 破产清算与非破产清算

根据是否在破产情形下进行,清算可分为破产清算和非破产清算。

破产清算是指公司不能清偿到期债务被依法宣告破产,由法院组织清算组对公司财产进行清理,并将破产财产公平地分配给债权人,并最终消灭公司法人资格的程序。

非破产清算是指在公司财产足以清偿公司全部债务的情况下进行清算,包括自愿解散的清算和强制解散的清算。在非破产清算过程中,如清算组发现公司的财产不足以清偿债务,应转为破产清算。我国《公司法》规定:"清算组在清理公司财产、编制资产负债表和财产清单后,发现公司财产不足清偿债务的,应当依法向人民法院申请宣告破产。"

2. 任意清算与法定清算

根据清算依公司自行确定的程序还是法定程序进行,可分为任意清算和法定清算。

任意清算是指在公司自愿解散的情况下,依照公司章程的规定或全体股东同意的清算方法,处分公司财产的行为。

法定清算是指公司依照法律规定的程序进行的清算。

3. 普通清算与特别清算

根据清算是否受到法律或行政机关的干预,清算可分为普通清算和特别清算。

普通清算是指公司自行依法组织清算组,并按照法定程序进行的清算。

特别清算是指当解散的公司实行普通清算有显著困难时,由法院或行政机关命令组成清算组,并加以监督的清算。特别清算是介于普通清算和破产清算之间的一种特别程序,由法院或行政机关进行一定的干预和监督。

(三) 公司清算机构与职权

公司一经解散,公司董事、经理的地位和职权随即消灭,改由清算组接管公司的财产和公司事务。

清算组一般由股东选任或由法院指定。根据我国《公司法》的规定:"公司解散,应当在解散事由出现之日起15日内成立清算组,开始清算。有限责任公司的清算组由股东组成,股份有限公司的清算组由董事或者股东大会确定的人员组成。逾期不成立清算组进行清算的,债权人可以申请人民法院指定有关人员组成清算组进行清算。人民法院应当受理该申请,并及时组织清算组进行清算。"

根据我国《公司法》的规定,清算组的职权主要包括:① 清理公司财产,分别编制资产负债表和财产清单;② 通知、公告债权人;③ 处理与清算有关的公司未了结的业务;④ 清缴所欠税款以及清算过程中产生的税款;⑤ 清理债权、债务;⑥ 处理公司清偿债务后的剩余财产;⑦ 代表公司参与民事诉讼活动。

(四) 公司清算的程序

(1) 组成清算组。我国《公司法》规定,公司解散后的15日内必须成立清算组。

(2) 公告和通知债权人,催报债权。

(3) 清理公司财产、编制资产负债表和财产清单。

(4) 收取债权、清理债务。我国《公司法》规定,公司财产能够清偿公司债务的,应按如下顺序进行清偿:① 支付清算费用;② 支付职工工资和劳动保险费用;③ 缴纳所欠税款;④清偿公司其他债务。

(5) 分配剩余财产。公司财产在清偿公司债务后仍有剩余的,按照股东出资比例或持股比例分配给公司股东。

(6) 清算完结。我国《公司法》规定:"公司清算结束后,清算组应当制作清算报告,报股东会、股东大会或者人民法院确认,并报送公司登记机关,申请注销公司登记,公告公司终止。"

案 例 分 析

案例一

甲有限责任公司于2006年5月成立,公司章程中规定,如果公司连续两年平均利润不足5‰,公司解散。2008年6月,鉴于公司已经连续两年利润不足5‰,股东会议决定解散公司,并要求抽回出资。但是,董事长于某认为:公司这两年一向经营状况良好,且平均利润已达到4‰。据此,于某认为公司章程不合法,要求人民法院予以撤销。股东会作出决议后,在债权人再三催促下,董事会才于2008年9月成立了清算组。

清算组成立后,考虑到公司现在的盈利,清算组把各股东的股份先行退回,然后对公司的财产进行了清理。清理后发现,公司尚欠国家税收50万元,欠董事、经理等人的工资10万元,欠债权人贷款20万元。此时,由于市场突然变动,甲公司生产的产品在市场上供不应求。于是,清算组抓紧时机,就公司库存的货物,与乙公司签订了购销合同。

请回答下列问题:

1. 股东会根据公司章程能否决定解散公司?董事长于某向法院起诉能否得到支持?
2. 清算组先行退回股东股份的行为是否正确?

法律分析:

1. 根据我国《公司法》相关规定,公司可因公司章程规定的营业期限届满或者公司章程规定的其他解散事由出现而解散。而公司章程中"如果公司连续两年平均利润不足5‰的,公司解散"的规定,并不违反法律、法规的规定。因此,股东会可以决议解散公司,董事长于某的诉讼请求不能得到法院的支持。

2. 根据我国《公司法》相关规定,公司财产在分别支付清算费用、职工的工资、社会保险费用和法定补偿金,缴纳所欠税款,清偿公司债务后的剩余财产,有限责任公司按照股东的出资比例分配,股份有限公司按照股东持有的股份比例分配。清算期间,公司存续,但不得开展与清算无关的经营活动。公司财产在未依照前款规定清偿前,不得分配给股东。因此,清算组先行退回股东股份的行为是不正确的。

案例二

昌顺有限公司成立于2012年4月,注册资本5 000万元,股东为刘昌、钱顺、潘平与程舵,持股比例依次为40%、28%、26%与6%。章程规定设立时各股东须缴纳30%的出资,其余在两年内缴足,公司不设董事会与监事会,刘昌担任董事长,钱顺担任总经理并兼任监事。各股东均已按章程实际缴纳首批出资。公司业务主要是某商厦内商铺的出租与管理。因该商厦商业地理位置优越,承租商户资源充足,租金收入颇为稳定,公司一直处于盈利状态。

2014年4月,公司通过股东会决议,将注册资本减少至3 000万元,各股东的出资额等比例减少,同时将其剩余出资的缴纳期限延展至2030年12月。公司随后依法在登记机关办理了注册资本的变更登记。

公司盈利状况不错,但2014年6月,就公司关于承租商户的筛选、租金的调整幅度、使用管理等问题的决策,刘昌与钱顺爆发严重冲突。后又发生了刘昌解聘钱顺的总经理职务,而钱顺又以监事身份来罢免刘昌董事长的情况,虽经潘平与程舵调和也无济于事。受此影响,公司此后竟未再召开过股东会。好在商户比较稳定,公司营收未出现下滑。

2016年5月,钱顺已厌倦于争斗,要求刘昌或者公司买下自己的股权,自己退出公司,但遭到刘昌的坚决拒绝,其他股东既无购买意愿也无购买能力。钱顺遂起诉公司与刘昌,要求公司回购自己的股权,若公司不回购,则要求刘昌来购买。一个月后,法院判决钱顺败诉。后钱顺再以解散公司为由起诉公司。虽然刘昌以公司一直盈利且运行正常等为理由坚决反对,法院仍于2017年2月作出解散公司的判决。

判决作出后,各方既未提出上诉,也未按规定成立清算组,更未进行实际的清算。在公司登记机关,昌顺公司仍登记至今,而各承租商户也继续依约向公司交付租金。

请回答下列问题:
1. 昌顺公司的治理结构是否存在不规范的地方?为什么?
2. 昌顺公司减少注册资本依法应包括哪些步骤?
3. 刘昌解聘钱顺的总经理职务,以及钱顺以监事身份来罢免刘昌董事长职位的行为是否合法?为什么?

法律分析:

1. 存在。① 昌顺公司股东人数较少,不设董事会的做法符合《公司法》的相关规定,但此时刘昌的职位不应是董事长,而应是执行董事。② 昌顺公司股东人数较少,不设监事会符合《公司法》的相关规定,但根据《公司法》的规定,董事、高级管理人员不得兼任监事,所以钱顺不得兼任监事。

根据我国《公司法》相关规定,股东人数较少或者规模较小的有限责任公司,可以设一名执行董事,不设董事会。执行董事可以兼任公司经理。执行董事的职权由公司章程规定。同时,我国《公司法》还规定,有限责任公司设监事会,其成员不得少于3人。股东人数较少或者规模较小的有限责任公司,可以设1至2名监事,不设监事会。董事、高级管理人员不得兼任监事。可见,昌顺公司不设董事会、监事会是合法、规范的,不规范的地方主要有两点:① 董事长的称谓不妥,应为执行董事;② 总经理兼任监事违反公司法规定,不得兼任。

2. ① 要形成2/3多数议决的关于减资的股东会决议,即要符合《公司法》中关于形成有效的股东会决议的规定要求。② 编制资产负债表及财产清单。③ 按照《公司法》中关于公司减资的相关规定,在减资决议之日起10日内通知债权人,并于30日内在报纸上公告。④ 应向公司登记机关提交相关文件,办理变更登记。登记后才发生注册资本减少的效力。⑤ 应修改公司章程。

公司减少注册资本是重大事项,必须经股东大会决议。依据《公司法》中关于股东

(大)会职权的相关规定,股东会作出修改公司章程、增加或者减少注册资本的决议,以及公司合并、分立、解散或者变更公司形式的决议,必须经代表 2/3 以上表决权的股东通过。又依据《公司法》第 177 条的规定,公司需要减少注册资本时,必须编制资产负债表及财产清单。公司应当自作出减少注册资本决议之日起 10 日内通知债权人,并于 30 日内在报纸上公告。债权人自接到通知书之日起 30 日内,未接到通知书的自公告之日起 45 日内,有权要求公司清偿债务或者提供相应的担保。公司减资以后,依据《公司法》第 179 条的规定,公司增加或者减少注册资本,应当依法向公司登记机关办理变更登记。变更工商登记前,应该修改公司章程。

3. (1) 钱顺罢免刘昌不合法。钱顺兼任公司监事不符合《公司法》规定,即使假定钱顺监事身份合法,根据我国《公司法》的规定,监事对公司董事和高级管理人员,只有罢免建议权,而无决定权。因此,刘昌的执行董事地位不受影响。

(2) 答案一:刘昌解聘钱顺符合《公司法》规定。在不设董事会的治理结构中,执行董事相当于董事会。而按照我国《公司法》之规定,由董事会决定聘任或解聘经理,因此刘昌解聘钱顺总经理职务的行为,符合公司法规定。

答案二:刘昌行为不合法。本案中存在两个事实情节:第一,钱顺任职总经理已规定于公司章程中,因此对钱顺的解聘会涉及是否符合公司章程修改程序的判断;第二,刘昌的解聘行为是二人间矛盾激化的结果,而在不设董事会的背景下,刘昌的这一行为确实存在滥用职权的嫌疑。

昌顺公司的法人治理结构不规范,在董监高的任免问题上也存在问题。这表现在以下三个方面。① 董事长(执行董事)的任免是股东会的职权,监事或监事会只有罢免建议权,无罢免权。何况,依据《公司法》第 51 条的规定,公司高管不得兼任监事。因此,钱顺罢免刘昌不合法,刘昌的执行董事地位不受影响。② 根据《公司法》相关规定,有限责任公司可以设经理,由董事会决定聘任或者解聘。昌顺公司不设董事会,董事会的职权由执行董事行使,因此,刘昌解聘钱顺的行为符合《公司法》的规定。③ 司法部给出了两个不同的答案。从公司章程角度看,由于章程中明确规定钱顺为公司的总经理,因此,罢免其职务,需要按照修改公司章程的程序来进行,即依据我国《公司法》相关规定,股东大会作出修改公司章程、增加或者减少注册资本的决议,以及公司合并、分立、解散或者变更公司形式的决议,必须经出席会议的股东所持表决权的 2/3 以上通过。因此,应由股东会决议来罢免钱顺,而且考虑到刘昌与钱顺的矛盾,其解聘行为有滥用职权之嫌,因此,刘昌的行为不合法。

思考与练习

1. 公司的基本特征。
2. 有限责任公司与股份公司的差异。
3. 有限责任公司股权转让规则。
4. 一人公司和国有独资公司的特殊规定。
5. 股份公司组织结构。
6. 上市公司的特殊规则。

7. 公司财务会计报告的基本内容。
8. 公司减资的情形与程序性规定。
9. 公司解散和清算的程序性规定。

阅 读 文 献

1. 石少侠.公司法.中国政法大学出版社,2006.
2. 赵旭东.公司法学.2版.高等教育出版社,2006.
3. 沈贵明.公司法教程.法律出版社,2006.
4. 王保树,崔勤之.中国公司法原理.社会科学文献出版社,2000.
5. 刘俊海.股份有限公司股东权的保护.法律出版社,2004.

真 题 链 接

知识体系示意图

公司法律制度	概念：公司是依公司法设立的,以营利为目的的企业法人		
	特征	营利性：公司是以营利为目的的企业法人	
		法人性：公司是法人的典型形态,法人性是其典型特征	
		法定性：公司必须依法定条件和法定程序成立,公司的经营活动规则必须遵循法律的强制性规定	
	公司的种类	有限责任公司	普通有限责任公司：由2个以上50个以下的股东共同出资设立。股东以其出资额为限对公司债务承担责任 公司资本一般不分为股份。公司资本的封闭性：公司资本由全体股东认缴,不能向社会募集股份,不能发行股票 设立程序简便,公司组织机构比较简单、灵活。公司必须设立股东会、董事会和监事会公司治理结构,但规模小,人数少的公司可以只设执行董事和执行监事,可以不设经理 公司兼具资合性和人合性,股东之间资金的联合以及股东之间的相互信任关系是公司信用的两大基础
			一人公司：只有一个股东,是有限责任公司的特殊形式。最低注册资本额为10万元,股东应一次性足额缴纳。一个自然人只能投资设立一个一人公司,且一人公司不能投资设立新的一人公司。公司不设股东会,但决策必须采用书面形式并由股东签名后置备于公司。公司的股东不能证明公司财产独立于股东自己财产的,应当对公司债务承担连带责任
			国有独资公司：一种特殊形式的有限责任公司,只有一个股东,全部资本由国家投入。公司章程由国有资产监督管理机构制定,或者由董事会制定报国有资产监督管理机构批准。公司不设股东会,由国有资产监督管理机构行使股东会职权。公司设董事会和监事会,成员中应当有公司职工代表。国有独资公司的董事长、副董事长、董事、高级管理人员,未经国有资产监督管理机构同意,不得在其他公司或者其他经济组织兼职

（转下页）

第六章 公司法律制度

```
                    ┌─(接上页)
                    │         ┌ 普通    ┌ 股份公司具有股东人数的广泛性、股份责任的有限性、股东出资的股份性、公司股
                    │         │ 股份    │ 份发行和转让的公开性和自由性、公司经营状况的公开性、公司信用基础的资
          ┌ 股份    │ 公司    │ 合性的特点
          │ 有限    ┤         ├ 股份公司的设立可以采取发起设立和募集设立两种形式
          │ 公司    │         └ 股份公司必须严格依法设立股东大会、董事会、监事会,并设公司经理
  公司的  ┤         │         ┌ 股份公司的一种特别类型,其发行的股票经核准后可以在证券交易所上市。同时
  种类    │         │ 上市    │ 适用《公司法》和《证券法》的规定
          │         │ 公司    ├ 上市公司必须设置董事秘书,负责董事会会议的召集、公司股权管理和信息披露等
          │         │         │ 事务
          │         └         └ 上市公司必须建立独立董事制度,依法保护公司中小股东的利益

          │                   ┌ 公司在每一个会计年必须根据法定要求制作财务会计报告,并经会计师事务所审
          │         ┌ 财务    │ 计后,向股东或社会公众披露
          │         │ 会计    ├ 财务会计报告包括:财务会计报表、财务会计报表附属明细和财务会计报表附注
          │ 公司    │ 报告    └ 财务会计报告的编制必须真实、准确、完整、及时,不得有任何虚假、严重误导性陈
          │ 财务    ┤         │ 述和重大遗漏
          │ 制度    │
          │         │ 利润    ┌ 分配原则:应坚持"无盈不分,无利不分;多盈多分,少盈少分"的原则
          │         │ 分配    ├ 分配顺序:缴纳税收—弥补亏损—提取法定公积金—提取任意公积金—分配利润
          │         └         └ 分配方式:现金股利、股票股利、财产股利、负债股利等

公司法律  ┤                   ┌ 无论公司吸收合并还是新设合并,派生分立还是新设分立,都会涉及公司控制权和
制度      │         ┌ 合并    │ 公司资本的变化,属于公司的重大事项,都应通过股东(大)会的特别多数决程序
          │         │ 分立    │ 表决通过
          │ 公司    ┤         └ 公司合并和分立,都应当签署合并或分立协议,交由公司股东(大)会作出决议,并
          │ 重大    │         │ 编制资产负债表和财产清单,通知债权人,最后办理公司变更登记
          │ 变更    │
          │         │         ┌ 公司依法定程序增加注册资本或减少注册资本,属于公司重大事项,必须经过公司
          │         │ 增资    │ 股东(大)会特别多数决表决通过
          │         │ 减资    ├ 增资减资的程序:公司股东(大)会做出增资减资决议并修改公司章程—编制资产
          │         │         │ 负债表和财务清单—通知公司债权人和发布对外公告—办理增资减资登记手续
          │         └         └ 分配方式:现金股利、股票股利、财产股利、负债股利等

          │                   ┌ 解散:无论是自愿解散还是被迫解散,公司都必须办理登记手续,进行公告,并进
          │                   │ 行清算
          │ 公司    ┤         ┌ 公司解散,都必须进行清算,了结债权债务关系,办理公司注销登记手续
          │ 解散    │         │ 公司解散,由清算组织接管公司财务和事务,依《公司法》第185条之规定行使职
          │ 与清算  │ 清算    │ 权。公司清算的基本程序:成立清算组—通知公告债权人、催报债权—清理
          └         │         │ 公司财产、编制资产负债表和财产清单—收取债权、清理债务—分配剩余财
                    └         └ 产—清算完结,办理公司注销手续
```

第七章 企业破产法律制度

由于企业战略决策失误、光伏企业间价格的无序竞争以及欧美针对中国光伏企业的"双反"调查等"内外交织"的困境,曾经是国内光伏企业"龙头老大"的无锡尚德太阳能电力有限公司于2013年3月20日经无锡市中级人民法院依据《破产法》裁定进入破产程序。2013年11月12日,在无锡中院合议庭的主持下,备受关注的无锡尚德破产重整案迎来了"峰回路转"的时刻:由债权人和股东组成的五个表决组,在第二次债权人会议上一致通过由江苏顺风光电科技有限公司担任战略投资人。重整计划规定,顺风光电作为重整方完成重组流程后,按照相关规定将支付30亿元现金,收购股权并进行无锡尚德相关债务的清偿。此外,在无锡尚德重整计划获得人民法院裁定批准后两年内,重整方除收购资金外,计划另外根据无锡尚德的发展需要投入不少于30亿元的资金,用于技术改造和增资扩产等。

无锡尚得以在法院主持下"涅槃重生",其标志性意义在于通过债转股等方式破产重整,既最大限度解决了广大债权人对债务清偿的担忧,维护了经济社会的平稳运行,又坚持了市场化运营,在破产法机制下减少行政干预,这是以完全市场化法治化的方式推动企业转型的又一典型案例。

【本章导读】

破产是市场经济体制下一个必然的经济现象,是市场竞争的必然产物。一个健全、完善的市场经济法律体系,应当具备一个有机运行的市场主体法律机制、市场运行法律机制和市场退出法律机制。而规范债务人不能清偿到期债务从而启动破产和解、破产重整或者破产清算程序来处理债权、债务关系的破产法律规范则构成了市场退出法律机制的核心和关键。

第一节 破产与破产法

一、破产的含义和特征

(一)破产的概念

"破产"(insolvency)一词,主要有两种含义:其一,是指债务人经营失败,无力清偿到期债务的客观状态；其二，是指为解决债务纠纷，使债务人退出竞争而终止企业的一种法律程序。破产制度是指债权人不能清偿到期债务，法院根据债权人或债务人的申请，依法定程序将债务人的全部财产公平清偿给全体债权人的法律制度。

（二）破产的法律特征

1. 破产是一种特殊的偿债手段

债务到期后，债务人必须偿还债权人的债务。与一般的债务清偿不同，破产还债是通过消灭债务人的主体资格来实现的，而一般的债务履行行为则不会导致债务人主体资格的消灭。

2. 破产以债务人不能清偿到期债务为前提

虽然各国对破产的法定原因或条件的规定不尽相同，但都将债务人不能清偿到期债务作为破产的基本前提。因为只有当债务人不能清偿到期债务时，才会严重影响债权人利益的实现，妨碍民事流转秩序的安全。

3. 破产的目的是使债权人的债权得到公平清偿

破产制度将债务人的全部财产集中起来，按法定顺序和债权比例分配给各债权人，不能清偿的部分也由各债权人共同分担损失，从而使债权人的债权得到较为公平的清偿。

4. 破产是在法院的主持和监督下依法定程序实施的债务清理程序

债务人不能清偿到期债务时，一旦适用破产程序，就必须受人民法院的概括性执行程序的支配。破产的申请、受理、审理和执行都必须在人民法院的介入和主持下进行。

二、破产法的作用与功能

（一）破产法的概念与特征

破产法是规定在债务人丧失债务清偿能力时，法院强制对其全部财产清算分配，公平清偿债权人，或通过债务人与债权人会议达成的和解协议清偿债务，进行重整程序，避免破产的法律规范的总称。狭义的破产法仅指对债务人破产清算的法律，广义的破产法还包括以避免债务人破产为主要目的的和解制度与重整制度。现代意义上的破产法均由破产清算与和解、重整三部法律制度构成。

破产法与其他相关法律比较，具有以下三个特征：

（1）破产法的调整范围仅限于债务人丧失清偿能力、不能清偿到期债务的特别情况。破产法解决的主要是如何公平清偿债务，即执行问题，对当事人间存在的实体权利、义务争议则应在破产程序外通过民事诉讼、仲裁等制度解决。只有当事人无争议或是已经诉讼、仲裁生效裁判确定的债务，才可以进入破产程序受偿。

（2）破产法是集实体与程序内容于一体的综合性法律。破产法的基本内容涵盖了实体性规范、程序性规范、罚则、免责与复权（专指自然人破产）等诸多内容，就程序内容而言，包括和解程序、重整程序和清算程序，是一部综合性非常明显的法律制度。

（3）破产法的基本制度主要源于民事债权和民事诉讼执行制度，并根据破产程序的特点、原则加以适当的变更，对当事人的权利、义务予以必要的扩张或限制，同时兼顾对社会利益的维护。破产法是一项社会涉及面甚广的立法，不仅民法、民事诉讼法与之相关，企业法、劳动法、社会保险法乃至刑法、行政法等都与之有密切的联系，破产法的实施也要依靠这些相关法律及配套制度的保障。

（二）破产法的作用与功能

1. 公平保护债权人的利益

当债务人不能清偿到期债务时，如适用一般强制执行程序，各债权人之间难免会发生争先恐后行使债权的局面。特别是在债务人资不抵债时，易发生部分债权人获得全部清偿，而另一部分债权人只能获得部分清偿或完全不能受偿的情形。这违背了债权平等的原则，造成了债权人之间的不公平现象。为杜绝这一现象的发生，使债权人公平受偿，唯有依破产法规定的破产程序，按一定比例将债务人的全部财产在债权人之间公平分配，从而公平地保护债权人的利益。

2. 赋予债务人重新开始的机会

破产法在保护债权人利益的同时，亦兼顾了对债务人利益的保护。现代各国破产法大都采用非惩罚主义的立法原则，不再将破产视为犯罪行为。当债务人不能清偿到期债务时，只需将其全部财产依破产法规定的程序，公平分配给债权人即可，不必再受任何惩罚。而且，在符合一定条件时，可就未清偿债务部分免责。这就赋予了债务人在经济上东山再起的机会，并可以减免债务人多次应诉及负担费用之烦。

3. 保障社会经济秩序的良好运行

现代交易是一个相互联系的锁链，各交易主体均是这条锁链上的一环。如果一个主体已濒临倒闭边缘而对其置之不理，则其负债必定日益增多，结果必然使该主体的债权人遭受的损害增多。此时，如任其互为因果连锁反应，则会导致社会经济恐慌。所以，对不能清偿到期债务的债务人及时宣告破产，以防止其与更多的主体发生交易，切断其债务的膨胀，有利于保障社会经济的良好运行。

第二节　破产申请与受理

一、破产原因

破产原因，也称破产界限，指认定债务人丧失清偿能力，当事人得以提出破产申请，法院据以启动破产程序、作出破产宣告的法律事实。作为破产原因的法律事实，可以是单一的，也可以是复合的，主要包括：不能清偿（到期债务）、资产不足以清偿全部债务（资不抵债）以及停止支付等。

我国《企业破产法》第2条规定："企业法人不能清偿到期债务，并且资产不足以清偿全部债务或者明显缺乏清偿能力的，依照本法规定清理债务。"

何为资产不足以清偿全部债务？2011年颁布的《最高人民法院关于适用〈中华人民共和国企业破产法〉若干问题的规定（一）》（以下简称《企业破产法解释（一）》）第2条规定，下列情形同时存在的，人民法院应当认定债务人不能清偿到期债务：① 债权债务关系依法成立；② 债务履行期限已经届满；③ 债务人未完全清偿债务。同时还规定，债务人的资产负债表或者审计报告、资产评估报告等显示其全部资产不足以偿付全部负债的，人民法院应当认定债务人资产不足以清偿全部债务，但有相反证据足以证明债务人资产能够偿付全部负债的除外。

何为明显缺乏清偿能力？根据《企业破产法解释（一）》第4条的规定，债务人账面资产虽大于负债，但存在下列情形之一的，人民法院应当认定其明显缺乏清偿能力：① 因资金严重不足或者财产不能变现等原因，无法清偿债务；② 法定代表人下落不明且无其他人员负责管理财产，无法清偿债务；③ 经人民法院强制执行，无法清偿债务；④ 长期亏损且经营扭亏困难，无法清偿债务；⑤ 导致债务人丧失清偿能力的其他情形。

二、破产申请的提出

（一）破产申请概述

破产申请是指申请人向有管辖权的法院提出宣告债务人破产请求的行为。破产申请是破产申请人请求法院受理破产案件的意思表示。根据我国《企业破产法》的规定，债务人不能清偿到期债务时，债权人可以申请宣告债务人破产，债务人也可以申请宣告自己破产。

1. 破产申请人

破产申请人是与破产案件有利害关系、依法具有破产申请资格的民事主体。需要说明的是，并非所有与破产案件有利害关系的人都具有破产申请资格。例如，公司的股东、董事，不得以股东或董事名义申请公司破产。根据我国法律规定，只有债权人和债务人才是合格的破产申请人。

2. 破产申请的形式

根据《企业破产法》第8条的规定，提出破产申请，应当采用书面形式，即"提交破产申请书和有关证据"。"破产申请书"应采用法院规定的统一格式。"有关证据"是指对破产申请书所列事项的真实性的证明，例如：用于证明申请人身份真实性的文件（如企业法人的营业执照，公民的身份证或护照等）；用于证明申请事实和理由的文件（如债权人用以证明债权有效存在和债务人到期不履行的合同、借据、催款通知书等）。

（二）债权人申请

1. 债权人的申请资格

在破产法中，债权人申请不具有集体诉讼的性质；提出破产申请的债权人只能行使自己的请求权。根据破产法的规定，提出破产申请的债权人的请求权必须具备以下条件：须为具有给付内容的请求权；须为法律上可强制执行的请求权；须为已到期的请求权。

2. 债权人申请的形式条件

债权人申请债务人破产，应当向人民法院提交的材料有：① 债权发生的事实与证据；② 债权性质、数额、有无担保，并附证据；③ 债务人不能清偿到期债务的证据。

3. 债权人申请的实质条件

根据我国《企业破产法》之规定："债务人不能清偿到期债务，债权人可以向人民法院提出对债务人进行重整或者破产清算的申请。"在这里,法律对债权人申请的实质条件只规定了"债务人不能清偿到期债务",《企业破产法》规定,债权人提出申请的,债务人应当自受理裁定送达之日起15日内向人民法院提交财产状况说明、债务清册、债权清册、有关财务会计报告以及职工工资的支付和社会保险费用的缴纳情况。如果债权人不能证明债务人确实具备《企业破产法》第2条规定的破产原因,人民法院受理后可以直接裁定驳回申请。

(三)债务人申请

《企业破产法》第7条第1款规定,债务人有破产法规定的破产原因的,可以向人民法院提出重整、和解或者破产清算申请。第8条规定,债务人申请时,应当提交破产申请书和有关证据,还应当向人民法院提交财产状况说明、债务清册、债权清册、有关财务会计报告、职工安置预案以及职工工资的支付和社会保险费用的缴纳情况。

三、破产申请的受理

破产案件的受理,是法院对当事人提出的破产申请进行审查,对符合受理条件的案件予以立案,并由此开始破产程序的司法行为。法院裁定受理破产申请,是破产程序开始的标志。

(一)法院审查

人民法院收到破产申请后,应当依法对申请人提交的材料进行审查,并在15日内决定是否立案。人民法院决定受理企业破产案件的,应当制作案件受理通知书,并送达申请人和债务人。人民法院经审查认为破产申请人提交的材料需要更正、补充的,可以责令申请人限期更正、补充。按期更正、补充材料的,人民法院自收到更正补充材料之日起15日内决定是否立案;未按期更正、补充的,视为撤回申请。破产申请人对不予受理破产申请的裁定不服的,可以在裁定送达之日起10日内向上一级人民法院提起上诉。

(二)立案受理

人民法院受理破产案件后,应当组成合议庭进行审理,并应当于受理后10日内完成下列工作。

(1)将合议庭组成人员情况书面通知破产申请人和被申请人,并在法院公告栏张贴企业破产受理公告。公告内容包括:破产申请受理时间,债务人名称,债权申报的期限、地点和逾期未申报债权的法律后果,第一次债权人会议召开的日期、地点。

(2)在债务人企业发布公告,要求保护好企业财产,不得擅自处理企业的账册、文书、资料、印章,不得隐匿、私分、转让、出售企业财产。

(3)通知债务人立即停止清偿债务,非经人民法院许可不得支付任何费用。

(4)通知债务人的开户银行停止债务人的结算活动,并不得扣划债务人款项抵扣债务;但经人民法院依法许可的除外。

债权人申请债务人破产的,人民法院决定受案后应当通知债务人在15日内向人民法院提交有关会计报表、债权债务清册、企业资产清册以及人民法院认为应当提交的资料。人民法院受理企业破产案件后,除应当按照《企业破产法》第9条的规定通知已知的债权人外,还应当于 30 日内在国家、地方有影响的报纸上刊登公告。

(三) 破产申请受理后的法律效果

法院受理破产申请,标志着破产程序的开始。破产程序一旦开始,对债务人和债权人均产生一定法律效果。具体而言,其法律效果如下:

1. 对债务人的约束

破产程序开始后,债务人及其法定代表人须承担以下两项义务:

(1) 财产保全义务、说明义务和提交义务。就是说,债务人应当妥善保管企业财产,未经法院许可,不得处理企业的财产、账册、文书、资料和印章等。破产宣告后,应及时向清算组办理移交;在人民法院要求其说明有关情况或提交有关材料时,债务人及其法定代表人和其他工作人员应当负责说明或提交;债务人的法定代表人应列席债权人会议,如实回答债权人的询问。

(2) 不对个别债权人清偿的义务。未经人民法院许可,债务人不得对个别债权人清偿债务,也不得以其财产设立新的担保。但债务人正常生产经营所必需偿付的费用,如水电费、电话费等,经人民法院许可的,可以支付。

2. 对债权人的约束

对债权人的约束主要表现在以下三个方面:

(1) 破产案件受理后,债权人只能通过破产程序行使权利。债权人不得个别追索债务,也不得向法院提起新的民事诉讼。

(2) 有财产担保的债权人,在破产案件受理后至破产宣告前的期间,未经人民法院准许,不得行使优先受偿权。

(3) 债务人的开户银行不得扣划债务人的既有存款和汇入款抵还贷款。

3. 对其他人的约束

对其他人的约束主要包括以下两个方面:

(1) 债务人开户银行的协助义务。破产案件受理后,债务人的开户银行应当遵照人民法院的通知,停止办理债务人清偿债务的结算业务。支付债务人正常生产经营所必需的费用时,须经法院许可。

(2) 债务人企业职工保护企业财产的义务。债务人企业职工在破产案件受理后,应当保管好企业财产,不得非法处理企业的财产和账册、文书、印章等物品。

4. 对其他民事程序的影响

对民事程序的影响主要表现在以下三个方面:

(1) 民事诉讼程序的中止。人民法院受理破产案件后,已经开始而尚未终结的有关债务人的财产和财产权利的民事诉讼,应当中止。

(2) 民事执行程序的中止。法院受理破产案件后,一切有关债务人财产的其他民事执行程序,应当中止。这里所说的"其他民事执行程序",是指非依破产程序产生的法律文书的个别执行程序。

(3) 财产保全的中止。破产案件受理后,一切有关债务人财产的其他保全措施,应当中止。

第三节 管理人制度

一、管理人制度资格与制定

破产程序开始后，无论是进行重整、清算还是和解，都需要对企业法人进行持续的管理，这其中就包括必要的财产清理、营业维持、权利行使和财产处分，有必要设立一个中立的专门机构，来执行破产程序管理，特别是对破产财产和事务的管理。这种中立的专门机构就是破产法中的破产管理人制度。

（一）破产管理人的资格

规模较大的企业法人进入破产程序后，无论是开展重整、和解、清算的何种程序，都会面临债权债务关系复杂、企业职工安置困难等一系列复杂的问题。对此，《企业破产法》第 24 条规定，管理人可以由有关部门、机构的人员组成的清算组或者依法设立的律师事务所、会计师事务所、破产清算事务所等社会中介机构担任。

而对于一些规模较小、债权债务关系比较简单清晰的破产案件，人民法院可以根据债务人的实际情况，指定具备相关专业知识并取得执业资格的人员担任管理人。为了降低管理人的职业风险，《企业破产法》规定，个人担任管理人的应当参加执业责任保险。

（二）破产管理人的指定

我国《企业破产法》第 22 条规定，管理人由人民法院指定。同时，为了实现债权人集体对管理人的监督，又赋予了债权人会议请求人民法院对不称职的管理人予以更换的权利。

管理人应当在人民法院裁定受理破产申请时同时指定。这对于实现债务人财产的及时保全是十分必要的。实践中，从案件受理到破产宣告，往往需要经过一定的审理期间。在此期间，由于破产企业的财产和事务仍然掌握在企业原领导班子的手中，他们有充分的机会转移、私分或者浪费企业财产，以及隐匿、销毁或篡改企业账目以掩盖罪行。为此，我国《企业破产法》改变了《企业破产法》（试行）中法院作出破产宣告之后指定管理人的规定，代之以"同时指定"的规定，其目的就是保护债权人的合法权益和保障破产程序的公正。

二、管理人的报酬

管理人履行职责，付出劳动，应当获得合理的报酬。《企业破产法》第 28 条规定，管理人的报酬由人民法院确定。债权人会议对管理人的报酬有异议的，有权向人民法院提出。管理人执行职务的费用、报酬和聘用工作人员的费用，作为破产费用由债务人财产随时清偿。关于指定管理人和确定管理人报酬的具体办法，由最高人民法院规定。

根据《最高人民法院关于审理企业破产案件确定管理人报酬的规定》人民法院确定

或者调整管理人报酬方案时,应当考虑以下因素:① 破产案件的复杂性;② 管理人的勤勉程度;③ 管理人为重整、和解工作做出的实际贡献;④ 管理人承担的风险和责任;⑤ 债务人住所地居民可支配收入及物价水平;⑥ 其他影响管理人报酬的情况。

关于管理人报酬的数额,根据《最高人民法院关于审理企业破产案件确定管理人报酬的规定》,人民法院应根据债务人最终清偿的财产价值总额,在一定比例限制范围内分段确定管理人报酬。

三、管理人的职责

(一) 管理人的一般职责

《企业破产法》第 25 条规定了管理人的一般职责,包括:接管债务人的财产、印章和账簿、文书等资料;调查债务人财产状况,制作财产状况报告;决定债务人的内部管理事务;决定债务人的日常开支和其他必要开支;在第一次债权人会议召开之前,决定继续或者停止债务人的营业;管理和处分债务人的财产;代表债务人参加诉讼、仲裁或者其他法律程序;提议召开债权人会议;人民法院认为管理人应当履行的其他职责。

(二) 管理人的特别职责

管理人的一些特别职责包括:决定待履行合同的解除或继续履行;对债务人在破产程序前的不正当财产处分行使撤销权和追回权;接受债权申报、调查职工债权和编制债权表;重整期间主持债务人营业或者对债务人自行营业进行监督;制备重整计划草案;申请人民法院批准重整计划草案;监督重整计划的执行;在破产宣告后,拟订破产变价方案;拟订和执行破产分配方案;破产程序终结时,办理破产人的注销登记。

(三) 管理人的义务

管理人的义务主要包括以下三方面:

(1) 忠实义务和勤勉义务。管理人在执行职务时,应当最大限度地维护债务人财产和全体债权人的利益,不欺瞒,不谋私利,并应当以善良管理人的注意,认真、谨慎、合理、高效地处理事务,不疏忽,不懈怠。

(2) 报告义务。《企业破产法》第 23 条规定了管理人向人民法院报告工作的义务和列席债权人会议并报告情况和回答询问的义务。

(3) 不辞任义务。为了保证破产管理的稳定性和连续性,《企业破产法》第 29 条规定,管理人没有正当理由不得辞去职务。管理人辞去职务应当经人民法院许可。

第四节 债务人财产

一、债务人财产及其范围

我国《企业破产法》第 30 条规定:"破产申请受理时属于债务人的全部财产,以及破产申请受理后至破产程序终结前债务人取得的财产,为债务人财产。"该规定明确了债务人财产的范围,即主要从两个时间节点加以认定。

(一)破产申请受理时属于债务人的财产

这是一个广义的概念,主要包括三种情形:① 有形财产、无形财产、货币和有价证券、投资权益和债权。其中,无形财产包括土地使用权、知识产权、专有技术、特许经营权等。② 未成为担保物的财产和已成为担保物的财产。这与企业《企业破产法》(试行)中"已作为担保物的财产不属于破产财产"的规定是不同的。③ 位于中华人民共和国境内的财产和位于中华人民共和国境外的财产。

(二)破产申请受理后至破产程序终结前债务人取得的财产

这主要包括三种情形:① 程序开始后债务人财产的增值,包括孳息、经营收益和其他所得。例如,租金、利息、销售利润、股票红利、不动产升值、新投资、退税等。② 程序开始后收回的财产,如追收的债款、追回的被侵占财产、接受返还的财产、因错误执行而获得执行回转的财产等。③ 债务人的出资人在尚未完全履行出资义务的情况下补交的出资。

《最高人民法院关于适用〈中华人民共和国企业破产法〉若干问题的规定(二)》(以下简称《企业破产法解释(二)》)规定,除债务人所有的货币、实物外,债务人依法享有的可以用货币估价并可以依法转让的债权、股权、知识产权、用益物权等财产和财产权益,人民法院均应认定为债务人财产。

此外,债务人已依法设定担保物权的特定财产、债务人对按份享有所有权的共有财产的相关份额或者共同享有所有权的共有财产的相应财产权利、债务人依法分割共有财产所得部分以及在破产申请受理后依法执行回转的财产,都应当认定为债务人财产。

二、撤销权

(一)撤销权的概念与构成要件

破产法上的撤销权,是指债务人财产的管理人对债务人在破产申请受理前的法定期间内进行的欺诈债权人或损害对全体债权人的公平清偿的行为,有申请法院予以撤销的权利。

破产法中的撤销权的构成,须具备以下四个条件:

(1)得以撤销的行为必须是破产人在破产宣告前所为。在破产宣告后,破产人因丧失了处分其财产的权利,其处分财产的任何行为都绝对无效,不存在撤销的问题。

(2)得以撤销的行为必须是有害于债权人利益的行为。所谓有害于债权人利益的行为,是指该行为减少了破产人的现有财产或者增加了破产人的负债,从而使债权人的受偿比例受到减损的行为,如非正常压价出售财产、放弃财产权利、赠与等。

(3)得以撤销的行为必须发生在法律规定的期间内。法律规定的可撤销行为发生的期间,法理上称为撤销权行使的临界期间。我国《企业破产法》第31条将其规定为人民法院受理破产案件前一年之内。临界期间对撤销权的行使具有绝对意义,如果破产人的行为发生在临界期间之外,即使损害了债权人的利益,清算人也不得主张撤销。

(4) 必须有基于撤销行为而实际获益的人存在。撤销权行使的主要作用在于恢复原状,追回被破产人不当处置的财产。因此,只有实际存在行为获益人的情况下,破产清算人才能实际找到被追偿的主体,以达到追回破产财产的目的。如果不存在实际的行为获益人,则无法行使撤销权。如破产人实际上毁损灭失了财产或抛弃了自己的财产,管理人就无法行使撤销权。

(二) 撤销权的适用范围

我国《企业破产法》第31条规定,人民法院受理破产申请前一年内,涉及债务人财产的下列行为,管理人有权请求人民法院予以撤销:① 无偿转让财产的;② 以明显不合理的价格进行交易的;③ 对没有财产担保的债务提供财产担保的;④ 对未到期的债务提前清偿的;⑤ 放弃债权的。《企业破产法》第32条规定,人民法院受理破产申请前六个月内,债务人不能清偿到期债务,并且资产不足以清偿全部债务或者明显缺乏清偿能力,但仍对个别债权人进行清偿的,管理人有权请求人民法院予以撤销。但是,个别清偿使债务人财产受益的除外。

(三) 撤销权的行使

撤销权由破产清算人以诉讼的方式向法院行使。撤销权行使的直接法律后果,是使破产人于破产宣告前临界期间内所为的害及债权人的行为归于无效,破产人同行为相对人之间的法律关系恢复至行为成立前的状态。具体地说,破产人未给付的,不再给付;相对人已取得利益或财产的,由破产清算人取回,并入破产财产。如相对人已将受领的财产转让给第三人,该第三人为善意时,原则上不能请求返还,只能请求相对人返还因转让财产取得的对价;第三人如为恶意,则可要求返还。破产清算人在行使撤销权时,对返还财产的行为相对人或第三人因此遭受的损失或已经支付的价金,负有返还或予以适当补偿的义务。

三、取回权

(一) 取回权的概念与特征

破产法上的取回权,是指破产清算人接管的不属于破产财产的他人财产的权利人,可以不依破产程序而直接取回该财产的权利。破产取回权是一种民事实体法上的请求权,其基础是财产所有权及其他物权。取回权具有以下四个特征:

(1) 取回权的标的物不属破产人所有。取回权的标的物不属于破产人的财产,而是取回权人自己的财产。这是取回权制度之核心法理所在。

(2) 取回权是对特定物的返还请求权。即取回权须以被请求人占有其财产的事实为前提,以特定物为请求标的,以该物的原物返还为请求内容。如果该物已经灭失或毁损,或者已有效地转让与他人,则只能请求损害赔偿。

(3) 取回权以所有权及其他物权为基础,具有物权特性。取回权的发生依据是物权关系而非债的关系,故对清算人占有的财产不享有所有权及其他物权的人,不得主张取回权。

(4) 取回权是不依破产程序行使的特别请求权。取回权人行使取回权,虽无须依破产程序申报,但必须于破产宣告后对破产清算人行使。

根据我国《企业破产法》第38条的规定,破产企业内属于他人的财产,由该财产的权利人通过管理人取回。这里所指的"属于他人的财产",主要包括两项:① 合法占有的他人的财产,如因共有、委托、租赁、借用、加工承揽、寄存、寄售等法律关系交由破产人占有、未转移所有权的他人财产;② 非法占有的他人财产,如非法侵占的财产、破产人据为己有的他人遗失的财产等。

(二) 取回权的行使

取回权是不依破产程序受偿的权利。取回权人在破产宣告后至破产程序终结前,可随时向破产管理人主张权利。管理人在收到取回权人的请求后,一经证明属实,即应予以返还。如管理人否认取回权人的取回权,或者监督人有异议时,取回权人可以管理人为相对人提起诉讼,请求法院确认其权利。但应注意的是,如果破产人在破产宣告前已将取回权标的物转让给他人,或者因债务人的故意或过失致使标的物毁损灭失,取回权人不能行使取回权时,可向破产人请求损害赔偿,该损害赔偿请求权构成破产债权。在破产宣告后,如果破产管理人将取回权标的物转让给他人,或者由于破产管理人的故意或过失致使标的物毁损灭失,取回权人依法享有的取回权亦转化为损害赔偿请求权。不过,该损害赔偿请求权不是作为破产债权,而是作为共益债务由破产财产优先受偿。

四、抵销权

(一) 抵销权的概念与行使

破产抵销权是指破产债权人在破产宣告前对破产人负有债务的,不论债的种类和到期时间,得于清算分配前以破产债权抵销其所负债务的权利。抵销具有担保债权回收的作用。我国《企业破产法》第40条规定:"债权人在破产申请受理前对债务人负有债务的,可以向管理人主张抵销。"这就是我国《企业破产法》上规定的破产抵销权。

破产抵销权的行使,应当遵守以下两项规则:

(1) 破产抵销权的行使,应以管理人为对象,以意思表示为之。破产抵销权的行使应以抵销的单方意思表示为之。这种意思表示,应向特定的对象作出。这一特定对象就是破产管理人。债权人向管理人提出破产抵销的主张,经管理人承认,始发生抵销的效果。

(2) 破产抵销权的行使,应以债权申报为必要条件。破产抵销是债权人行使权利的一种特殊方式。债权申报是债权人参加破产程序的必要条件。因此,债权人只有在申报债权以后,才取得受破产法保护的地位。

债权申报的重要意义之一,就是使所有对债务人财产提出的请求,都经过债权人会议的审查和确认。通过这种集体审查程序,可以保证请求权的真实性和准确性,从而防止利用虚假债权侵蚀债务人财产从而损害全体债权人利益的情况发生。因此,未依法申报的债权,其真实性、准确性未经过债权人会议审查确认的,不能主张抵销。

(二) 抵销权行使之禁止

抵销权不仅涉及抵销权人与破产人之间权利义务关系的消灭,而且还关系到其他债权人受偿数额的多少。因此,为维护破产债权人的共同利益,我国《企业破产法》第40条对破产债权人行使抵销权的范围进行了限制,主要包括以下三种情况:

(1) 债务人的债务人在破产申请受理后取得他人对债务人的债权。

(2) 债权人已知债务人有不能清偿到期债务或者破产申请的事实,仍对债务人负担债务;但是,债权人因为法律规定或者有破产申请一年前所发生的原因而负担债务的除外。

(3) 债务人的债务人已知债务人有不能清偿到期债务或者破产申请的事实,仍对债务人取得债权的;但是,债务人的债务人因为法律规定或者有破产申请一年前所发生的原因而取得债权的除外。

五、破产费用和共益债务

(一) 破产费用和共益债务的范围

1. 破产费用

破产费用是指破产程序开始后,为破产程序的顺利进行以及破产财产的管理、变价和分配而发生的费用。简言之,就是为全体债权人的共同利益所支出的费用。《企业破产法》第41条规定,人民法院受理破产申请后发生的下列费用,为破产费用:① 破产案件的诉讼费用;② 管理、变价和分配债务人财产的费用;③ 管理人执行职务的费用、报酬和聘用工作人员的费用。

2. 共益债务

共益债务是指破产程序中为全体债权人的共同利益而管理、变价和分配破产财产所负担的债务。我国《企业破产法》第42条规定,人民法院受理破产申请后发生的下列债务,为共益债务:① 因管理人或者债务人请求对方当事人履行双方均未履行完毕的合同所产生的债务;② 债务人财产受无因管理所产生的债务;③ 因债务人不当得利所产生的债务;④ 为债务人继续营业而应支付的劳动报酬和社会保险费用以及由此产生的其他债务;⑤ 管理人或者相关人员执行职务致人损害所产生的债务;⑥ 债务人财产致人损害所产生的债务。

(二) 破产费用和共益债务的清偿

根据《企业破产法》第42条的规定,破产费用和共益债务的清偿,采用以下四个原则:

(1) 随时清偿。破产费用和共益债务由债务人财产随时清偿。在债务人财产足以清偿破产费用和共益债务时,二者的清偿不分先后。

(2) 破产费用优先清偿。在债务人财产不足以清偿所有破产费用和共益债务的情况下,先行清偿破产费用。

(3) 按比例清偿。债务人财产不足以清偿所有破产费用或者共益债务的,按照比例清偿。

(4) 不足清偿时的终结程序。债务人财产不足以清偿破产费用的,管理人应当提请人民法院终结破产程序。如果此时尚未宣告债务人破产,则无须宣告。

第五节 破产债权

一、破产债权的概念与范围

破产债权是指破产宣告前成立的、对破产人享有的、必须通过破产程序受偿的财产请求权。根据《企业破产法》第 107 条的规定,"债务人被宣告破产后,债务人称为破产人,债务人财产称为破产财产,人民法院受理破产申请时对债务人享有的债权称为破产债权。"

根据我国《企业破产法》和相关法律之规定,下列债权属于破产债权:

(1) 破产宣告前发生的无财产担保的债权。

(2) 破产宣告前发生的债权人放弃优先受偿权利的有财产担保的债权。

(3) 破产宣告前发生的有财产担保的债权中数额超过担保物价款未受优先清偿的债权。

(4) 票据出票人被宣告破产,付款人或者承兑人不知其事实而向持票人付款或者承兑所产生的债权。这是为了维护票据作为无因证券的地位,保障付款人或承兑人的合法权益,保证票据的流通信用。

(5) 解除破产企业未履行的合同,对方当事人依法或者依照合同约定产生的对债务人可以用货币计算的损失赔偿债权。此项债权以实际损失为计算原则。违约金不作为破产债权,定金不再适用定金罚则。

(6) 债务人的受托人在债务人破产后,为债务人的利益处理委托事务所发生的债权。

(7) 债务人发行债券形成的债权。

(8) 债务人的保证人代替债务人清偿债务后依法可以向债务人追偿的债权。

(9) 债务人的保证人预先行使追偿权而申报的债权。《担保法》第 32 条规定:"人民法院受理债务人破产案件后,债权人未申报债权的,保证人可以参加破产财产分配,预先行使追偿权。"

(10) 债务人为保证人的,在破产宣告前已经被生效的法律文书确定承担的保证责任。

(11) 债务人在破产宣告前因侵权、违约给他人造成财产损失而产生的赔偿责任。

(12) 人民法院认可的其他债权。

二、破产债权的申报

在破产案件受理后,债权人应依法定程序主张并证明其债权,以便参加破产程序。

债权人申报债权,是其参加破产程序的必要条件。

关于债权申报期限,《企业破产法》第 45 条,债权申报期限自人民法院发布受理破产申请公告之日起计算,最短不得少于 30 日,最长不得超过 3 个月。

关于债权申报的范围,一般认为,破产案件受理前成立的对债务人的债权,均为可申报债权。如债权在案件受理时未到期,则视为已到期。有财产担保的债权和无财产担保的债权,均应申报。附条件的债权,以该债权的全额行使权利。连带债权人可以由其中一人代表全体连带债权人申报债权,也可以各自申报债权。债务人的保证人及其他连带债务人,可以就其承担连带清偿义务而享有的追偿权,向人民法院申报债权。

关于破产债权申报的方式,根据我国法律规定,债权人申报债权时,应向法院提供以下材料:① 债权发生的事实及有关证据;② 债权性质、数额;③ 有无财产担保,有担保的,应提供有关证据。法院收到债权申报材料后,应当登记造册,编制债权表。

三、破产债权的审查和确定

债权人申报债权后,对于债权是否成立、债权额多少、债权的性质,应当经债权人会议审查和确认。只有经过审查确定的债权人,才能取得破产程序当事人的地位,享有参加破产程序和接受破产分配的一切权利。债权的调查由债权人会议进行。但是,已经过仲裁或者人民法院判决确定的债权,以及诉讼未决或者仲裁未决的债权,不在债权人会议调查之列。对于经调查无异议的债权,由人民法院裁定后,即为确定的债权。债权因异议不能确定的,债权人可以向受理破产案件的人民法院提起确认债权的诉讼。

第六节 债权人会议

一、债权人会议的概念与性质

债权人会议是指在人民法院受理破产案件后,为保障债权人的合法权益,表达债权人的意志和统一债权人的意见而由申报债权的债权人组成的临时性机构。

债权人会议是一个决议机构。债权人会议在审查债权证明材料、确认债权性质的数额、讨论通过和解协议草案以及破产财产的处理、分配方案等方面,有一定的决议权。

债权人会议是一个监督机构。在债权人会议和债务人之间的和解协议经人民法院批准生效后的整顿期间,债权人会议有对债务人执行和解协议情况的监督权。

债权人会议是一个临时机构。债权人会议根据人民法院的通知或公告组成,随着破产程序的结束而终止;在债权人会议存续期间,也只在需讨论决定破产程序中的有关事项时才召集开会。

债权人会议是一个自治机构。债权人会议在谋求债权人共同利益的同时,还必须在平等的基础上协商、协调债权人各自的利益,它是一个债权人自己管理自己的机构。

二、债权人会议的召集与职权

(一)债权人会议的召集与参加

1. 会议的召集

我国《企业破产法》第62条规定,第一次债权人会议由人民法院召集,应当在债权申报期限届满后15日内召开。人民法院召集第一次债权人会议时,应当宣布债权人资格审查结果,指定并宣布债权人会议主席,宣布债权人会议的职权及其他有关事项,并通报债务人的生产、经营、财产、债务的基本情况。

2. 会议的参加

债权人会议召开时,所有已申报权利的债权人,不论其是否享有表决权,均可出席并发表意见。债权人不能出席债权人会议的,可以委托代理人出席,行使表决权。债权人委托代理人出席债权人会议的,应向人民法院或者债权人会议主席提交由委托人签名或盖章的授权委托书。

(二)债权人会议的议决程序

1. 决议方式

《企业破产法》第64条规定,债权人会议的决议,由出席会议有表决权的债权人过半数通过,并且其所代表的债权额必须占无财产担保债权总额的半数以上,但是通过和解协议草案的决议,必须占无财产担保债权总额的2/3以上。

2. 决议的效力

债权人会议的决议,对全体债权人均具有法律约束力。无论债权人是否出席会议,是否享有表决权,也不论对会议决议持肯定态度还是否定态度,只要决议一经合法通过,全体债权人均应受其约束。

3. 对决议的异议

《企业破产法》第64条第2款规定,债权人认为债权人会议决议违反法律规定的,可以在债权人会议作出决议后15日内提请法院裁定撤销该决议,责令债权人会议依法重新作出决议。这里的"违反法律规定",既包括决议内容违法,也包括决议及会议程序违法。

(三)债权人会议的职权

根据我国《企业破产法》第61条之规定,债权人会议的职权是:① 核查债权;② 申请人民法院更换管理人,审查管理人的费用和报酬;③ 监督管理人;④ 选任和更换债权人委员会成员;⑤ 决定继续或者停止债务人的营业;⑥ 通过重整计划;⑦ 通过和解协议;⑧ 通过债务人财产的管理方案;⑨ 通过破产财产的变价方案;⑩ 通过破产财产的分配方案;⑪ 人民法院认为应当由债权人会议行使的其他职权。债权人会议应当对所议事项的决议作成会议记录。

三、债权人委员会

(一) 债权人委员会概念与组成

债权人会议不是一个常设机构,不能经常性地召集和作出决定。为了保证债权人充分地行使权利,特别是行使对债务人财产的管理,处分和破产财产变价、分配过程的监督权,有必要将债权人的集体决定权授予他们的代表机构。这种代表债权人会议行使监督权利的机构,就是债权人委员会。

根据《企业破产法》第 67 条的规定,债权人委员会由债权人会议选任的债权人代表和一名债务人的职工代表或者工会代表组成。债权人委员会成员不得超过 9 人。债权人委员会成员应当经人民法院书面决定认可。

(二) 债权人委员会职权

1. 债权人委员会的一般监督权

债权人委员会行使下列职权:① 监督债务人财产的管理和处分;② 监督破产财产分配;③ 提议召开债权人会议;④ 债权人会议委托的其他职权。债权人委员会执行职务时,有权要求管理人、债务人的有关人员对其职权范围内的事务作出说明或者提供有关文件。管理人、债务人的有关人员违反《企业破产法》规定拒绝接受监督的,债权人委员会有权就监督事项请求人民法院作出决定;人民法院应当在 5 日内作出决定。

2. 债权人委员会的特别监督权

管理人实施的下列行为,属于对债权人利益关系重大的处分行为,应当及时报告债权人委员会:① 涉及土地、房屋等不动产权益的转让;② 探矿权、采矿权、知识产权等财产权的转让;③ 全部库存或者营业的转让;④ 借款;⑤ 设定财产担保;⑥ 债权和有价证券的转让;⑦ 履行债务人和对方当事人均未履行完毕的合同;⑧ 放弃权利;⑨ 担保物的取回;⑩ 对债权人利益有重大影响的其他财产处分行为。未设立债权人委员会的,管理人实施以上行为应当及时报告人民法院。

第七节 重整程序

一、破产重整的概念

重整是指企业在无力偿债或将陷入无力偿债的情况下,依照法律规定的程序,保护企业继续经营,实现债务调整和企业整理,走向复兴的再建型债务清理制度。

根据我国《企业破产法》第 2 条和第 7 条之规定,重整程序可适用于三种情形:

(1) 债务人具备破产原因,即不能清偿到期债务并且资产不足以清偿全部债务的,或者不能清偿到期债务并且明显缺乏清偿能力的;

(2) 债务人将要出现破产原因,即有明显丧失清偿能力可能的;

(3) 债务人不能清偿到期债务的。

重整企业可运用多种重整措施,达到恢复经营能力、清偿债务、避免破产清算的目的,除了债务延期、减少债务外,还可以提出企业的经营方案,可以采取向重整企业无偿转让全部或部分股权、核减或增加注册资本、向特定对象发行新股或债券、将债权转变为股权、转让营业或置换资产等多种方法进行。

只要债权人会议各表决组及股东组以法定多数通过重整计划,经法院批准,该重整计划对所有的当事人均具有法律约束力。而且,在未获得全部表决组通过的情况下,如重整计划符合法定条件,债务人或管理人可以申请人民法院予以批准。

二、破产重整的申请与期间

债务人或者债权人都可以依照《企业破产法》的规定,直接向人民法院申请对债务人进行重整。债权人申请对债务人进行破产清算的,在人民法院受理破产申请后、宣告债务人破产前,债务人或者出资额占债务人注册资本 1/10 以上的出资人,可以向人民法院申请重整。

人民法院经审查认为重整申请符合本法规定的,应当裁定债务人重整,并予以公告。自人民法院裁定债务人重整之日起至重整程序终止,为重整期间。在重整期间,经债务人申请,人民法院批准,债务人可以在管理人的监督下自行管理财产和营业事务。管理人负责管理财产和营业事务的,可以聘任债务人的经营管理人员负责营业事务。在重整期间,对债务人的特定财产享有的担保权暂停行使。在重整期间,债务人或者管理人为继续营业而借款的,可以为该借款设定担保。

在重整期间,有下列情形之一的,经管理人或者利害关系人请求,人民法院应当裁定终止重整程序,并宣告债务人破产:① 债务人的经营状况和财产状况继续恶化,缺乏挽救的可能性;② 债务人有欺诈、恶意减少债务人财产或者其他显著不利于债权人的行为;③ 由于债务人的行为致使管理人无法执行职务。

三、破产重整计划的制定与批准

债务人或者管理人应当自人民法院裁定债务人重整之日起六个月内,同时向人民法院和债权人会议提交重整计划草案。债务人或者管理人未按期提出重整计划草案的,人民法院应当裁定终止重整程序,并宣告债务人破产。债务人自行管理财产和营业事务的,由债务人制作重整计划草案。管理人负责管理财产和营业事务的,由管理人制作重整计划草案。

重整计划草案应当包括下列内容:① 债务人的经营方案;② 债权分类;③ 债权调整方案;④ 债权受偿方案;⑤ 重整计划的执行期限;⑥ 重整计划执行的监督期限;⑦ 有利于债务人重整的其他方案。

人民法院应当自收到重整计划草案之日起 30 日内召开债权人会议,对重整计划草案进行表决。出席会议的同一表决组的债权人过半数同意重整计划草案,并且其所代表的债权额占该组债权总额的 2/3 以上的,即为该组通过重整计划草案。债务人或者管理人应当向债权人会议就重整计划草案作出说明,并回答询问。债务人的出资人代表可以列席讨论重整计划草案的债权人会议。重整计划草案涉及出资人权益调整事项的,应当设出资人组,对该事项进行表决。各表决组均通过重整计划草案时,重整计划即为通过。

四、破产重整计划的执行、监督与终止

(一)重整计划的执行与监督

1. 重整计划的执行人

重整计划由债务人负责执行。管理人在重整期间主持营业的,应当在人民法院裁定批准重整计划后,将其接管的财产和营业事务移交债务人。

2. 重整计划的监督人

(1)监督期间。自人民法院裁定批准重整计划之日起,在重整计划规定的监督期内,由管理人监督重整计划的执行。经管理人申请,人民法院可以裁定延长重整计划执行的监督期限。

(2)债务人的报告义务。在监督期内,债务人应当向管理人报告重整计划执行情况和债务人财务状况。债务人的行为违反重整计划的,管理人有权提出异议;情节严重,构成重整计划的不执行或者不能执行的,管理人有权请求人民法院裁定终止重整计划的执行并宣告债务人破产。

(3)监督期满终止。监督期届满时,管理人应当向人民法院提交监督报告。自监督报告提交之日起,管理人的监督职责终止。管理人向人民法院提交的监督报告,重整计划的利害关系人有权查阅。

3. 重整计划的约束力

经人民法院裁定批准的重整计划,对债务人和全体债权人均有约束力。

在重整计划执行期间,债权人未依照《企业破产法》规定申报的债权不得行使;在重整计划执行完毕以后,可以按照重整计划中同类债权的清偿条件行使权利。这意味着,未申报债权只有在已申报债权按照重整计划获得清偿以后才能获得清偿,而且其获得的清偿不得高于同类债权在重整计划中的清偿比例。

债权人对债务人的保证人和其他连带债务人所享有的权利,不受重整计划的影响。在这种情况下,无论该债权人是否参加重整计划的清偿,均可就其未由重整计划获得的清偿向债务人的保证人或者其他连带债务人要求清偿。

(二)重整计划的终止

破产重整计划的终止,主要包括以下两种情形:

(1)重整计划因执行不能而终止。重整计划执行不能,包括债务人不执行和不能执行两种情形。在重整计划执行不能时,人民法院经管理人或者利害关系人请求,应当裁定终止重整计划的执行,并宣告债务人破产。

(2)重整计划因执行完毕而终止。重整计划执行完毕后,债务人应当及时向人民法院提交执行报告。人民法院审查确认后,裁定终结破产案件。自法院裁定终结破产案件时确认的重整计划执行完毕之日起,债务人对于依照重整计划减免的债务免除清偿责任。

第八节 和解制度

一、破产和解的概念与特征

和解是指具备破产原因的债务人,为避免破产清算而与债权人会议达成以让步方法了结债务的协议,协议经法院认可后生效的法律程序。

《企业破产法》上的和解,具有以下五个特征:

(1) 和解的目的是为了避免破产清算。债务人与债权人会议达成的减少、延缓债务或者第三人承担清偿的和解协议生效后,破产程序即予中止。只要债务人履行和解协议约定的义务,就可避免破产清算,并可终结破产程序。

(2) 和解的适用以债务人已具备破产原因为条件。如果债务人不具备破产原因,破产清算程序即无法开始,自然也就没有适用和解制度的必要。

(3) 和解的成立须由债务人向法院提出申请并经债权人会议同意。和解的成立,首先须由债务人向有管辖权的法院提出申请,债权人以及其他利害关系人不能申请和解。其次,须经债权人会议表决同意。债权人会议通过和解协议的决议,由出席会议有表决权的债权人过半数通过,且其所代表的债权额必须占已确定债权总额的2/3以上。

(4) 和解协议须经法院裁定认可后才能生效。由于和解协议能够产生阻止破产程序开始、中止破产程序或者终结破产程序的效果,为防止和解协议违反法律,尤其是损害少数债权人的利益,在债务人与债权人会议达成和解协议后,必须报请法院裁定认可。经法院裁定认可后,和解协议始生效力。

(5) 和解协议无强制执行力。经法院裁定认可的和解协议,在破产程序终结前,如债务人不履行和解协议,法院不得强制执行,而应当依职权宣告债务人破产;已宣告债务人破产的,继续进行破产清算程序。

二、破产和解协议的程序与效力

根据《企业破产法》的规定,和解程序的申请,必须符合以下三项条件:① 和解的申请人必须是已经具备破产原因的债务人。实践中,债权人希望和解的,可以与债务人协商,由债务人提出和解申请。② 申请和解的债务人应当遵守有关破产申请的一般规定,向人民法院提交相关的证据和文件。③ 债务人在申请和解时必须提交和解协议草案。人民法院经审查认为和解申请符合《企业破产法》规定的,应当裁定和解,予以公告,并召集债权人会议讨论和解协议草案。

一个生效的破产和解协议,具有以下六个法律效果:

(1) 和解协议成立前产生的和解债权人只能按和解协议的约定接受债务清偿,不得要求或接受债务人在和解协议外给予的单独利益,但和解协议成立后新产生的债权人不受协议约束。

(2) 债务人只能按照和解协议清偿债务,不得给予个别和解债权人任何特殊利益,但公平地给予全体债权人清偿上的利益者除外。

(3) 和解协议对债务人的保证人或连带债务人无效。债权人对债务人所作的减免债务或延期偿还让步,效力不及于其保证人和连带债务人,他们仍应按原来债的约定承担保证责任或连带责任。

(4) 债务人不履行或者不能履行和解协议的,经债权人申请,人民法院应当裁定恢复破产程序。如和解协议系在破产宣告前达成的,人民法院应当在裁定恢复破产程序的同时裁定宣告债务人破产。但是,如债务人不按和解协议规定对个别债权人清偿债务,则相关的个别债权人可以申请人民法院强制执行和解协议。

(5) 和解执行完毕,以和解协议规定的清偿义务完全履行为标志。和解执行完毕的法律效果就是剩余债务的自动免除。所以,《企业破产法》第106条规定,按照和解协议减免的债务,自和解协议执行完毕时起,债务人不再承担清偿责任。

(6) 实践中,在和解申请前或者申请后,当事人之间可以就和解事项开展法庭外谈判并达成和解协议。但根据我国《企业破产法》第105条之规定,这种和解协议,在请求人民法院裁定认可后,人民法院可终结破产程序。经人民法院裁定认可的法庭外达成的和解协议与经由债权人会议表决通过后人民法院裁定认可的和解协议,具有同等效力。

第九节　破产清算程序

一、破产宣告的特征和效力

(一) 破产宣告的特征

破产宣告是法院依据当事人的申请或法定职权裁定宣布债务人破产以清偿债务的活动。债权人或债务人的破产申请只有经过人民法院审查认为债务人已具备破产宣告条件时,法院才能作出破产宣告的裁定。破产宣告作为一种司法审判行为,具有以下三个特征:

(1) 破产宣告的基本依据和必要条件是债务人已具备破产原因。如果债务人没有破产原因的事实存在,则不得宣告其破产。

(2) 破产宣告的主体只能是法院。破产宣告事关债权人、债务人和社会利益,因此,只能由法院依法进行。法院以外的任何机关和个人都无权宣告债务人破产。

(3) 破产宣告是破产清算开始的标志。法院一旦作出破产宣告的裁定,破产程序就进入实质性阶段,债务人正式成为破产人,债权人则依清算、分配程序受偿。

破产宣告将对债务人、债权人和第三人产生一系列法律后果。

(二) 破产宣告的效力

1. 对债务人的效力

在我国现行法中,被申请破产的企业,在破产宣告前称为债务人,在破产宣告后称为破产企业。破产宣告后,债务人的财产成为破产财产,由破产清算人占有、支配并用于破产分配。此外,破产宣告后,债务人的财产和事务都由清算人全面接管,因此,债务人已丧失对财产和事务的管理处分权,同时,自然也丧失了有关财产和事务的诉讼权利。依我国现行《企业破产法》的规定,破产企业的法定代表人在破产宣告后,负有保管好破产财产、办理财产移交、随时回答询问、不得擅离职守、列席债权人会议、按法院或清算组的要求进行工作等义务。

2. 对债权人的效力

无财产担保的债权人成为破产债权人,非依破产程序,不得行使其对破产财产的权利;有财产担保的债权人,无须征得法院的同意,即可直接通过清算人就担保物行使优先受偿的权利;破产债权人所拥有的未到期债权,在减去未到期的利息后,视为已到期;计息的债权,其利息计算至破产宣告之日止;对破产企业负有债务的债权人享有破产抵销权。

3. 对第三人的效力

破产人占有的属于他人的财产,其权利人有权通过清算人取回。破产人的债务人和财产持有人,应当向清算人清偿债务和交付财产。对于破产人在破产宣告前订立但未履行或未履行完毕的双务合同,清算人有权决定解除或继续履行。如果清算人决定继续履行,应当向对方提供充分的对待给付或者提供担保,否则视为解除合同。清算人解除合同的,由此产生的相对人的损害赔偿请求权,作为破产债权。

二、别除权

别除权是指债权人不依破产程序,而对破产财产中的特定财产单独优先受偿的权利。

债权人在破产程序中享有和行使别除权,须具备以下三个条件:

(1) 债权和担保权合法成立和生效。作为别除权根据和基础的债权和担保权,必须符合《民法通则》《民法总则》《合同法》和《担保法》的有关规定。不符合法律规定以及欠缺法律要件的,不得在破产程序中享有别除权。

(2) 债权和担保权符合《企业破产法》的规定。作为别除权根据和基础的债权和担保权,还必须符合我国破产法的有关规定。具体而言:① 债权和担保权必须指向破产人及其财产。② 债权和担保权必须成立于破产宣告以前。③ 债权和担保权的成立不存在破产法上的无效或可撤销事由。

(3) 债权已依法申报并获得确认。根据《企业破产法》第 44 条的规定,无论是有财产担保的债权还是无财产担保的债权,均应当依照《企业破产法》规定的程序行使权利。债权申报是债权人参加破产程序的必经手续。又根据《企业法》第 58 条的规定,已申报的债权应提交债权人会议核查并由人民法院确认。所以,未获确认的有担保债权,债权人不享受别除权。

别除权人行使别除权，不受破产程序的约束。行使别除权的方法，依标的物的占有状态，分为以下两种情况：

（1）别除权人占有标的物的。按照担保法的规定，在质押的情况下，标的物应移交债权人占有；而留置则以债权人依合同占有标的物为前提。所以，在破产宣告时，质权人、留置权人是别除权标的物的实际占有人。他们行使别除权，可以不经管理人同意，而依《担保法》的规定，以标的物折价抵偿债务，或者将标的物拍卖、变卖后以价款偿还债务。

（2）别除权人未占有担保物的。根据担保法的规定，在抵押的情况下，标的物不转移占有。所以，在破产宣告时，抵押权人不是别除权标的物的实际占有人。此时，管理人依照《企业破产法》的规定，取得对抵押物的合法占有。在这种情况下，抵押权人要行使别除权，必须向管理人主张权利，经管理人同意，取得对抵押物的占有，然后按担保法的规定，以抵押物折价抵偿债务，或者以拍卖、变卖后的从价款偿还债务。

三、破产财产的变价和分配

（一）破产财产的处置

破产企业的财产全部清理核实后，在处理之前，可以确定有相应评估资质的评估机构对破产财产进行评估。破产财产的变现，由清算组负责委托有拍卖资格的拍卖机构进行拍卖。依法不得拍卖或者拍卖所得不足以支付拍卖所需费用的，不进行拍卖。不进行拍卖或者拍卖不成的破产财产，可以在破产分配时进行实物分配或者作价变卖。

清算组在接管破产企业后，应在法院的监督、指导下认真审查破产企业的财务报表和原始凭证，逐项核实债权、债务，最大限度地保护债权人和其他当事人的合法权益，应特别注意审查有无破产财产的流失和破产欺诈问题，并积极行使撤销权加以纠正。

例如，清算组应依据《企业破产法》第31条和第32条的规定，严格确定撤销权行使的范围、时效和程序，在破产企业有违反《企业破产法》规定的违法行为时，及时行使法定职权，依照法定程序向人民法院提出撤销之诉来追回财产。追回的财产并入破产财产分配。如企业违法行为于破产程序终结之日起一年内被查出，则由人民法院追回财产，依法律规定按原已确定的清偿顺序与债权数额分配。

（二）破产财产的分配

破产财产的分配是指破产管理人将变价后的破产财产，根据符合法定顺序并经合法程序确定的分配方案，对全体破产债权人进行公平清偿的程序。

根据《企业破产法》第113条的规定，破产财产在优先清偿破产费用和共益债务后，依照下列顺序清偿：① 破产人所欠职工的工资和医疗、伤残补助、抚恤费用，所欠的应当划入职工个人账户的基本养老保险、基本医疗保险费用，以及法律、行政法规规定应当支付给职工的补偿金（第一顺序）；② 破产人欠缴的除前项规定以外的社会保险费用和破产人所欠税款（第二顺序）；③ 普通破产债权（第三顺序）。在计算第一顺序的债权分配时，破产企业的董事、监事和高级管理人员的工资按照该企业职工的平均工资计算。

四、破产程序终结

(一) 终结的事由

破产程序的终结可能意味着破产程序预期目标的实现,也可能意味着预期目标的不能实现。根据《企业破产法》的规定,破产程序的终结事由有:① 重整计划执行完毕;② 人民法院裁定认可和解协议;③ 债务人有不予宣告破产的法定事由;④ 债务人财产不足以清偿破产费用;⑤ 破产人无财产可供分配;⑥ 破产财产分配完毕。

以上六种事由中,前三种发生于破产宣告前,第四种可以发生在破产程序期间的任何时候,最后两种发生于破产宣告后。

(二) 遗留事务的处理

在通常情况下,管理人自破产程序终结之日起10日内,持人民法院终结破产程序的裁定,向破产人的原登记机关办理注销手续。管理人于办理注销手续的次日终止执行职务。

自破产程序终结之日起2年内,有下列情形之一的,债权人可以请求人民法院按照破产财产分配方案进行追加分配:① 发现有依照《企业破产法》的规定应当追回的财产的;② 发现破产人有应当分配的其他财产的。

有以上情形,但财产数量不足以支付分配费用的,不再进行追加分配,由人民法院将其上交国库。破产人的保证人和其他连带债务人,在破产程序终结后,对债权人依照破产清算程序未受清偿的债权,依法继续承担清偿责任。

案 例 分 析

案例一

西日贸易有限责任公司(以下简称"贸易公司")系由甲公司和乙公司分别出资300万元和200万元设立,贸易公司实际到位的注册资本为400万元,甲公司尚有100万元出资因公司章程规定的出资期限未到期而没有完全履行出资义务。贸易公司在经营中因投资决策发生严重失误,造成重大损失,不能清偿到期债务,向其所在地的人民法院申请破产。人民法院于2007年2月8日受理了该破产申请后,指定了管理人全面接管贸易公司。经审理人民法院于2008年1月8日依法宣告贸易公司破产。管理人对贸易公司的相关事项清理如下:

(1) 2006年4月20日向丙公司无偿赠与一批物资,价值30万元。

(2) 2006年1月24日向丁银行借款10万元,借期2年。其借款利息截至2007年2月8日为8万元,其后截至2008年1月8日为5万元。

(3) 2006年12月16日与甲公司签订一份买卖合同,约定甲公司为贸易公司定制一批特殊规格的服装,合同标的额为68万元,由甲公司于2007年4月上旬交货,货到付款。现双方均尚未履行该合同,管理人决定解除该合同,由此造成甲公司实际经济损失10万元。

(4) 武汉一债权人因参加债权人会议发生差旅费 1 万元，南京一债权人为参加贸易公司的破产清算而聘请律师发生费用 2 万元。

(5) 2007 年 6 月 19 日贸易公司的一幢危房突然倒塌，致路人戊不幸受到伤害，遭受损失 3 万元。

(6) 除上述事项外，贸易公司经评估确认尚有资产 1 200 万元（变现价值）；负债 2 800 万元（其中，应付工资 300 万元、基本养老保险费用 60 万元、补充养老保险费用 40 万元、基本医疗保险费用 30 万元、补充医疗保险费用 20 万元、应缴税金 400 万元、其他流动负债 650 万元、长期负债 1 300 万元）；破产费用 100 万元。

根据以上事实和破产法律制度的规定，分别分析回答下列问题：

1. 甲公司享有的破产债权是多少数额？其尚未缴纳的出资是否应补缴？请分别说明理由。
2. 贸易公司向丙公司赠与物资的行为是否可以撤销？请说明理由。
3. 丁银行享有的破产债权是多少？请说明理由。

法律分析：

1. ① 根据规定，对破产企业未履行的合同，管理人可以决定解除合同，另一方当事人因此受到经济损失的，其损害赔偿额应作为破产债权。② 甲公司尚未缴纳的出资应补缴。根据规定，人民法院受理破产申请后，债务人的出资人尚未完全履行出资义务的，管理人应当要求该出资人缴纳所认缴的出资，而不受出资期限的限制。③ 甲公司享有的破产债权数额是 10 万元。甲公司对贸易公司享有的破产债权不得主张与其未到位的 100 万元注册资本金相抵销。根据规定，债务人的开办人注册资本投入不足的，应当由该开办人予以补足，补足部分属于破产财产。

2. 对贸易公司向丙公司赠与物资的行为应予以撤销。根据规定，人民法院受理破产申请前 1 年内，涉及债务人无偿转让财产行为的，管理人有权请求人民法院予以撤销。本题中贸易公司向丙公司赠与物资的行为，发生在人民法院受理破产申请前 1 年内，因此，该行为是可以撤销的。

3. 丁银行享有的破产债权为 18 万元（10＋8）。根据规定，未到期的债权，在破产申请受理时视为到期，附利息的债权自破产申请受理时起停止计息。因此，丁银行的贷款尽管没有到期，仍应视为到期，且其利息计算至人民法院受理破产申请时（即 8 万元利息）。

案例二

A 公司因拖欠 B 公司债务被诉至人民法院并败诉，判决生效后，经人民法院强制执行，A 公司仍无法完全清偿 B 公司债务。A 公司的债权人 C 公司知悉该情况后，于 2014 年 7 月 30 日向人民法院提出对 A 公司的破产申请，A 公司提出异议：第一，A 公司账面资产仍大于负债；第二，C 公司并未就其债权向 A 公司提出清偿要求，因此不能直接判断其债权能否获得清偿。人民法院驳回 A 公司的异议，于 8 月 12 日裁定受理破产申请。管理人接管 A 公司后，在清理债权债务过程中发现以下事项。

(1) 2013 年 6 月，D 公司向甲银行借款 80 万元，借期 1 年，A 公司以其设备为 D 公司的借款提供抵押担保，并办理了抵押登记。借款到期后，D 公司未能偿还，经 A 公司、D公司和甲银行协商，A公司用于抵押的设备依法变现，所得价款全部用于偿还借款本息，但尚有14万元未能清偿。

（2）2013年9月，A公司向乙银行借款50万元，借期6个月，E公司为此提供保证担保。2014年2月2日，A公司提前偿还借款。

（3）2013年11月，F公司向A公司订购一批汽车零部件，合同价款30万元。A公司交货后，F公司一直未付款，获悉人民法院受理针对A公司的破产申请后，F公司以30万元的价格受让了G公司对A公司的58万元债权，之后，F公司向管理人主张以其受让G公司的债权抵销所欠A公司的债务。

根据上述内容，分别回答下列问题：

1. A公司就破产申请提出的两项异议是否成立？请分别说明理由。
2. 甲银行能否就尚未得到清偿的14万元向管理人申报破产债权？请说明理由。
3. 对A公司提前偿还乙银行借款的行为，管理人是否有权请求人民法院予以撤销？请说明理由。
4. F公司向管理人提出以其受让G公司的债权抵销所欠A公司债务的主张是否成立？请说明理由。

法律分析：

1. A公司的两项异议均不成立。根据规定，债务人账面资产虽大于负债，但经人民法院强制执行，无法清偿债务的，人民法院应当认定其明显缺乏清偿能力。而"经人民法院强制执行，无法清偿债务"，是指只要债务人的任何一个债权人经人民法院强制执行未能得到清偿，其每一个债权人均有权提出破产申请，并不要求申请人自己已经采取了强制执行措施。在本题中，债权人B公司在经人民法院强制执行后未能得到清偿，故债权人C公司可以提出破产申请。

2. 甲银行不能就尚未得到清偿的14万元向管理人申报破产债权。根据规定，如破产企业仅作为担保人为他人债务提供物权担保，担保债权人的债权虽然在破产程序中可以构成别除权，但因破产企业不是主债务人，在担保物价款不足以清偿担保债权额时，余债不得作为破产债权向破产企业要求清偿，只能向原主债务人（D公司）求偿。

3. 管理人无权请求人民法院予以撤销。根据规定，破产申请受理前1年内债务人提前清偿的未到期债务，在破产申请受理前已经到期，管理人请求撤销该行为的，人民法院不予支持。

4. F公司不能主张抵销。根据规定，债务人的债务人在破产申请受理后取得他人对债务人的债权的，不得抵销。在本题中，债务人的债务人F公司是在破产申请受理后取得他人（G公司）对债务人（A公司）的债权的，故不能抵销。

思考与练习

1. 破产法的制度价值。
2. 破产原因。
3. 破产申请条件。
4. 破产和解、破产重整和破产清算。

5. 破产宣告的法律效力。
6. 破产取回权、抵销权、撤销权和别除权。
7. 破产财产的分配顺序。

阅 读 文 献

1. 李永军.破产法：理论与规范研究.中国政法大学出版社,2013.
2. 齐明.中国破产法原理与适用.法律出版社,2017.
3. 杨忠孝.破产法上的利益平衡问题研究.北京大学出版社,2008.
4. 韩长印.破产法学.中国政法大学出版社,2013.
5. 王欣新.破产法.3版.中国人民大学出版社,2011.
6. 王艳梅,孙璐.破产法.中山大学出版社,2005.
7. 汤维建.新企业破产法解读与适用.中国法制出版社,2006.

真 题 链 接

知识体系示意图

破产法律制度
- 破产的概念：破产制度指债权人不能清偿到期债务,法院根据债权人或债务人的申请,依法定程序将债务人的全部财产公平清偿给全体债权人的法律制度
- 价值和功能
  - 公平保护债权人的利益；弥补传统民事救济手段之不足
  - 赋予债务人重新开始的机会；保障社会经济秩序的良好运行
- 基本程序和制度
  - 破产申请
    - 申请的前提：债务人具备破产原因
    - 申请的提出：债务人或者债权人
    - 申请的管辖：债务人所在地法院
    - 申请的受理：法院受理破产申请,标志破产程序正式启动
  - 管理人制度
    - 管理人的资格：由清算组或社会中介机构或取得职业资质的人员担任
    - 管理人的指定：破产管理人最终由人民法院指定
    - 管理人的报酬：管理人的报酬由人民法院参照规定并综合实际因素予以确定
    - 管理人的职责：管理人应尽勤勉义务,忠实履行职务,防止债务人财产的不当减少
  - 债务人财产
    - 债务人财产范围：破产申请受理时的全部财产以及受理后至程序终结前取得的财产
    - 撤销权：债务人在法定期间欺诈逃债或损害公平的清偿行为,管理人有权请求法院撤销
    - 取回权：债务人占有的不属于债务人的财产,权利人可向管理人请求取回
    - 抵销权：债权人对债务人在破产申请受理前负有的债务,无论标的和期限,可向管理人请求抵销
    - 破产费用与公益债务：为保障破产程序顺利进行而支付的破产费用以及在破产程序中发生的应由债务人财产负担的债务,可以优先于其他债权优先予以清偿

(转下页)

```
破产法律制度
├─ 基本程序和制度
│  ├─ （接上页）
│  ├─ 破产债权
│  │  ├─ 破产债权的范围：人民法院受理破产申请时对债务人享有的债权皆为破产债权，是对破产财产的一种请求权
│  │  ├─ 破产债权的申报：破产受理后，债权人应依法定程序在法定期限内向管理人申报并证明其债权
│  │  └─ 破产债权的审查与确定：对于债权申报的债权是否成立、债权额的多少、债权的性质等，应当经债权人会议审查和确认
│  ├─ 债权人会议
│  │  ├─ 债权人会议的性质：它是为保障债权人的合法权益，表达债权人的意志并由债权人组成的临时性自治性机构
│  │  ├─ 债权人会议的职权：主要根据《破产法》第61条之规定，为保护债权人的利益而行使决议权和监督权
│  │  ├─ 债权人会议的召集：第一次会议由人民法院召集，以后的会议根据法定情形由债权人会议主席提议召开
│  │  └─ 债权人委员会：作为债权人会议的常设机构，行使一般监督权和特别监督权
│  ├─ 重整程序
│  │  ├─ 重整的申请：债务人或债权人为恢复债务人企业的盈利能力，可向人民法院提出债务人重整申请
│  │  ├─ 重整的期限：从法院裁定债务人重整到重整程序终结期间，债务人的财产管理和经营事务，可由债务人或管理人负责
│  │  ├─ 重整计划的制定：债务人或管理人应于重整程序开始后的6个月内向人民法院提交重整计划草案，最后由债权人会议表决
│  │  ├─ 重整计划的执行：由债务人执行重整计划，并由管理人进行监督
│  │  └─ 重整计划的终止：重整期限届满，重整计划执行不能且不能恢复债务人营利能力或者最终恢复盈利能力，重整计划终止
│  ├─ 和解程序
│  │  ├─ 和解协议的性质：和解协议是为了避免债务人破产，由债务人和债权人达成和解的一种特别程序
│  │  ├─ 和解协议的提出：和解申请只能由债务人提出，获债权人会议同意，并最后经人民法院裁定认可生效
│  │  └─ 和解协议的效力：和解协议生效后，对债务人和债权人都有约束力，债务人不执行和解协议，债权人可向人民法院申请恢复破产程序
│  └─ 清算程序
│     ├─ 破产宣告：依当事人申请或法定职权裁定启动
│     ├─ 别除权：债权人就已经申报确认并具有担保的债权，不受破产程序约束，而优选于其他债权得到受偿
│     ├─ 破产财产的变价与处置：清算组接管破产企业，在法院的监督下，清理破产企业的债权和债务，并进行评估后变卖处理
│     ├─ 破产财产的分配：破产财产变价后，由清算组织按照《企业破产法》第113条规定的清算顺序进行清偿
│     └─ 破产程序终结：法院依法定情形裁定破产程序终结，管理人办理债务人企业注销手续
```

第八章 证券法律制度

> 商人至某地,附近山上多产猴子。商人和当地居民商量以1 000元一只的价格买猴。居民试着抓猴子,商人如约支付。故当地居民后续弃本业而抓猴者甚多,商人皆收购。随后商人已将附近猴子收购过大半,猴子逐渐稀少,抓捕困难。商人将收购价格翻倍,村民见猴价上涨,踊跃捉猴,猴子更加稀少,抓捕更加困难。商人再次将收购价格翻倍,此时几乎无猴可捉了,山上的猴子都囤积于商人。商人借故回城,嘱咐村民继续捉猴,承诺返回时将继续高价收猴,并留下助理管理囤积的猴子。商人走后,助理与村民商量,将猴子以2 000元每只的价格卖给村民,届时村民可再转卖给商人。村民大喜,倾全村之力将猴群收购一空。助理卷款跑路了,村民望穿秋水坚信商人会回来收购他们的猴子,可是商人却再也没有回来。许久以后,失望的村民们放猴归山,于是山上又满是猴子了。

【本章导读】

证券是证明商品所有权或表示财产所有权、收益请求权以及债权的各种凭证。狭义的证券主要包括股票和债券,其本身也是权利的外在表彰,类型法定,不可自由创设。证券具备标准化、格式化的特点,购买和交易主体涉及众多证券投资者,即不特定的金融消费者。由于涉及公众利益,证券的发行和交易需要证券监管部门介入,并且在发行和交易程序等各个环节强调信息公开。重大资产重组关系上市公司和投资者的重大利益,应遵循审慎监管原则。对于证券欺诈行为应依法追究相应法律责任。

第一节 证券法律制度概述

一、证券法律制度的基本理论

(一)证券的概念和特征

证券一词一般有广义和狭义之分。广义的证券是指"借助文字图形,表彰特定民事权利的书据",包括股票、债券、票据、提单、保险单等;狭义的证券则仅指股票、债券等资本有价证券。

我国《证券法》第2条规定："在中华人民共和国境内，股票、公司债券和国务院依法认定的其他证券的发行和交易，适用本法。"根据上述规定，受我国《证券法》规范约束的证券仅包括三类：① 股票；② 债券；③ 国务院依法认定的其他证券，如证券投资基金、认股权证及其他经国务院认定的证券衍生工具。政府债券虽属证券的范畴，但是由法律、行政法规另行规定。

证券具有以下五个基本特征：

(1) 证券是资本性权利凭证。证券是资本的反映，证券借助商品经济的发达和信用体制的完善发挥资本信用的功能，这是证券的本质特征。证券是投资工具，股份公司通过发行证券可以筹集资金，获取信用。投资者通过购买证券既可获得利润，又可参与公司的治理，证券体现了投资者的权利和利益。

(2) 证券是财产性权利凭证。证券是代表一定财产权的法律凭证，直接涉及证券持有人的物质利益，证券不反映人身权内容。

(3) 证券是要式性权利凭证。证券是一种规范化的书面凭证，证券的书面形式具有法定的格式要求，即证券的样式、印制程序和机构均为法律所规定。

(4) 证券是占有性权利凭证。证券的占有与证券权利的享有具有密切关系，行使证券权利必须占有证券，转移证券权利必须交付证券。依占有推定规则，证券的占有者即推定为证券权利的享有者，除非有相反的证明。

(5) 证券是流通性权利凭证。证券的流通性是指证券权利依法可多次转让，其转让过程表现为证券的转让(如买卖、赠与、借贷)。通过证券转让，可以产生证券权利转移的法律效果。证券流通性的目的是实现证券的最大价值，创造社会财富。证券的流通性也促进了交易的便捷性和安全性，保证了证券制度的顺利发展。

（二）证券法的概念

证券法同样有广义和狭义之分。广义的证券法是一切与证券有关的法律规范的总称，既包括民事商事的证券发行与交易，也包括刑法上的证券犯罪和行政法上的证券违规处罚；狭义的证券法仅指调整证券法律关系的法律，即调整证券发行、证券交易和对证券市场进行监管的法律规范的总称。

为规范证券市场，我国自1993年起先后颁布了《股票发行与交易管理暂行条例》《公司法》《禁止证券欺诈行为暂行办法》《证券交易所管理办法》《公开发行股票公司信息披露实施细则》《证券经营机构股票承销业务管理办法》《投资基金管理暂行办法》《中华人民共和国证券投资基金法》等一系列全面规范证券市场的法律、法规，初步构建了我国证券法律制度的框架。其中《中华人民共和国证券法》由1998年12月29日九届全国人大常委会第六次会议通过，并于1999年7月1日开始实施。2005年10月27日，十届全国人大常委会第十八次会议对《中华人民共和国证券法》进行了较大的修订，自2006年1月1日起开始施行。2014年8月31日全国人大常委会颁布了最新的《证券法》。

（三）证券的种类

我国《证券法》所规定的证券有以下三类：

1. 股票

股票是股份公司签发的证明股东所持股份的凭证。股票具有权利性、非返还性、风险性、流通性等特点。股票可分为一以下五大类：

(1) 面额股股票和无面额股股票。面额股股票是指股票票面上记载一定金额的股票；无面额股股票是指股票票面上不记载金额的股票，只是在票面上标明其在公司资本总额中所占的比例，所以又称比例股股票。我国公司法规定股票应当载明票面金额，即应当为面额股股票。

(2) 记名股票和无记名股票。记名股票是指股东姓名或名称记载于股票票面的股票，无记名股票是指股东的姓名或名称不记载于股票票面的股票。我国《公司法》第129条规定："公司发行的股票，可以为记名股票，也可以为无记名股票。公司向发起人、法人发行的股票，应当为记名股票，并应当记载该发起人、法人的名称或者姓名，不得另立户名或者以代表人姓名记名。"

(3) 普通股股票和优先股股票。普通股是指股东所持的每一股份对公司资产都具有平等的权益，即对股东享有的平等权益不加限制。优先股股票是指公司发行的在分配公司收益和剩余资产方面比普通股股票具有优先权的股票。我国承认普通股和优先股，但优先股股东一般不应参与公司的经营管理。

(4) A股、B股、H股、N股、S股。A股是指以人民币标明面值，由国内投资者以人民币购买、交易，在上海、深圳证券交易所上市交易的股票；B股是指以人民币标明面值，由境外投资者以外币交易，在上海、深圳证券交易所上市交易的股票。目前B股市场已对境内投资者开放，但仍需以外币进行交易。H股、N股、S股是指国内企业在香港、纽约和新加坡证券交易所发行及挂牌交易的股票。这是我国在实践中对股票的一种分类，也是我国所存在的特有分类方式。

(5) 国家股、法人股、社会公众股。国家股是指有权代表国家投资的部门或者机构，以国有资产向股份有限公司投资形成的股票；法人股是指企业法人以其依法可支配的资产向股份公司投资形成的股票，或者具有法人资格的事业单位和社会团体以国家允许用于经营的资产向股份公司投资所形成的股票；社会公众股是指社会个人或者股份公司内部职工以个人财产投入公司所形成的股票。社会公众股又可分为社会公众个人股和内部职工股两种。这是对我国发行的股票按投资主体的不同所做的划分，也是在目前我国特定的经济环境下所做的一种特殊的分类。

2. 债券

债券是政府、金融机构、公司、企业等单位依照法定程序发行的，约定于一定期限还本付息的有价证券。债券是一种债券凭证，是一种到期还本付息的有价证券，债券体现的是债权债务关系，以金钱为其权利标的，债券持有人对债券发行人享有债权，债券发行人对债券持有人负有债务，它具有风险小和流通性强的特点。债券按发行主体的不同可以分为公司、企业债券，金融债券，政府债券，其他企业、事业和社会团体法人债券。债券依据发行地点的不同还可以分为国内债券和国际债券。

3. 其他证券类型

(1) 认股权证。认股权证是股份有限公司给予持证人的无限期或在一定期限内，以确定的价格购买一定数量的普通股份的权利凭证。这是持证人认购公司股票的一种长期选择权,它本身不是权利证明书,其持有人不具备股东资格。但认股权证也能依法转让,给持有人带来很大收益,因而也是一种有价证券。认股权证持有者可以在规定的期限内以事先确定的价格买入公司发行的股票,同时,认股权证持有者享有选择权,可以购买股票也可以放弃购买。

(2) 基金投资券。基金投资券也称基金受益凭证,是证券投资基金发给投资者,用以记载投资者所持基金单位数的凭证。投资者按其所持有的基金券在基金中所占的比例来分享基金盈利、分担基金亏损。投资基金通过发行基金证券,集中投资者的资金,交由基金托管人托管,由基金管理人管理,主要从事股票、债券等金融工具的投资。

(3) 其他证券。证券的种类及范围是随着市场的发展而不断地变化的,立法上的穷举无法将所有的证券都囊括,因而需要对其进行弹性规定,当法律中尚未规定而又具有证券性质和特点的证券品种出现的时候,便可以将其纳入证券法的调整范围,我国《证券法》规定的有证券确认权的国家机关是国务院证券监督管理机构。

二、证券市场监管体制

(一) 我国证券市场监管体制的变迁

在 20 世纪 80 年代左右,我国的证券监管体制随着证券市场的繁荣而逐渐发展。最初的证券市场由人民银行的金融管理部门负责,当时的考虑是人民银行与证券市场的运行有较为紧密的联系,由其负责采取地区分管的格局便于开展工作。而在实际运行中,人民银行的监管工作也得到了其他政府部门的大力支持,并借此机会在地方设立了许多分支监管机构,为将来的全国性证券市场监管奠定了基础。

随着证券行业的快速发展,传统的证券监管体制在一定程度上暴露出满足不了证券市场发展需要等诸多弊端。于是国务院证券委员会成为当时监管证券市场的最高权力机构,在过渡时期人民银行也在履行相应的监管职能。在证券市场发展的过程中,金融危机的爆发对国内国外的经济环境产生了巨大的影响,各项经济政策都不能解决和减缓经济萧条的加剧。面对这样的形势,我国国务院当机立断逐步开展重大改革,首先将中国人民银行金融管理部门和国务院证券委员会进行了合并,统一职能后发展为中国证券监督管理委员会(证监会)。这个机构从属于国务院,是管理整个证券市场的最高机构。此后,因为证券行业发展规模的不断扩大,所以证监会内部开始职能分散,各省建立了证监局,形成了 36 个派出机构统一管理的局势。

证监会的成立意味着我国证券监管体制的全面建立,但是因为我国证券监管体制中的法律制度仍不健全,证券监管的行政特征仍然较为明显,且证券市场日益壮大,证券监管仍需不断完善与提高。

(二) 我国证券市场监管体制的模式

从监管机构的主体设置看,世界范围内金融监管体制主要有三种:一是分业监管体制,也称多峰或分散式监管体制,银行、保险、证券以及养老金等领域的监管机构彼此独立,分散管理;二是集中监管体制,亦称单峰模式,除货币政策外,对其他所有金融机构及业务统一监管；三是不完全集中体制，又称不完全统一监管模式，是分业监管和集中监管的过渡模式，主要分为牵头监管和双峰监管两种。

1. 我国金融行业实行分业监管模式

我国证券法中对金融业的分业监管内容有明确的规定，它指出证券业需要与其他各类金融行业实行分类管理，并且其所属机构也应该相应地分别设立。这是规范金融行业，保证经济有序运行的基本原则，也是证券监管内容中较为重要的一环。我国之所以实施分业经营这种金融发展模式，是因为现阶段中国的金融市场还不成熟，并且在这种不稳定的发展阶段其金融业却达到了较大的规模。为了规避经营风险，有效地将监督和管理融入各个分市场，政府部门决定严格实行分业监管措施。

2. 我国证券市场实行统一监管

《证券法》中还对全国证券市场统一集中监管的制度进行了重点阐述，证监会可以设立派出机构对证券分市场进行监管，由证监会实行统一集中管理。证券行业的运营需要一个规范化、专业化、标准化的市场环境，这样能够降低金融业中存在的风险系数，在维护市场秩序的同时也保护了公众的利益。与此同时，基于国内证券市场的现状，分层次、专业化、小集中的监管模式更能体现管理效果，进而促进证券业和金融业的持续健康发展。

3. 政府监管为主，行业自律为辅

证券业是一个较为庞大的金融分支，它不仅需要强制措施的制约，也需要从业人员的自律化管理。《证券法》中规定，国家证券机构和组织在进行统一集中监管的基础上还要充分发挥金融行业的自律精神，有关机构可以引导社会设立专门的证券协会来进行自律管理。这种以政府监管为主、自律管理为辅的监管模式并不是中国证券市场的首创，国外许多发达国家早已运用这种方法取得了监管成效。我国在吸收和借鉴这种先进经验的基础上，结合自身情况做了适应性改变，以此投入证券市场的运营。从我国现行的监管体制来看，我国的监管还停留在以政府监管为主导的监管体制，市场对于政府监管的制约减少，自律监管机构的力量远远不够。很多时候，自律监管机构处于证监会的附属地位，没有任何实际的权利，自律机构的自律监管名存实亡，这严重落后于政府监管与自律监管并重的监管体制发展趋势。

（三）我国证券市场的监管体系

我国证券市场的监管体系从上到下主要分为四个部门：中国证券监督管理委员会、地方证券监管机构、自律性监管机构、其他相关部门。证券监管管理委员会，简称为"证监会"，其对证券市场起着统筹的监管职能，并对证券市场的首次公开募股（IPO）发行、并购重组等履行审批职能，是我国证券市场的主要监管机构。

地方证券监管机构是指全国各地所设置的证监会的派出机构"证监局"，证监局对其辖区内的上市公司、证券公司等主体进行监管，并具体执行证监会的监管措施并上报辖区内的各类违法、违规行为。

证券监管的自律性组织是指上海和深圳证券交易所、证券业协会、基金业协会。上海与深圳交易所属于主要针对上市公司的自律型组织，及时有效地发布上市公司的各类信息，并对上市公司的各类违法性行为进行自律监管。证券业协会是证券公司的自律型组织,基金业协会是私募基金、公募基金、资产管理公司等主体的自律性组织,上述主体共同具备自律监管职能。因为自律性组织既是证券市场交易者,也是证券市场自律者,对证券市场的具体业务和发展趋势具备更强的反应速度和敏锐度。

在目前分业监管的模式下,中国证券监督管理委员会是我国证券市场的主要监管机构,但是其他政府部门也对我国证券市场监管工作起到了辅助作用,尤其是中国人民银行,对证监会、中国银行保险监督管理委员会(银保监会)有相互协调监管的权利,其政策对证券市场同样有着重大影响。

三、强制信息披露制度

(一)信息披露制度的概念

信息披露制度,也称信息公示制度、信息公开披露制度,是指上市公司为保障投资者利益、接受社会公众的监督,依照法律规定必须将其自身的财务变化、经营状况等信息和资料向证券管理部门和证券交易所报告,并同时向社会公开或公告,以便投资者充分了解上市公司经营情况和重大事项的制度。信息披露制度从信息披露阶段划分,既包括发行前的披露,也包括上市后的持续信息公开。信息披露制度本身主要由招股说明书制度、定期报告制度和临时报告制度组成。

(二)信息披露制度的类型

持续信息公开又称持续信息披露,是指证券发行后,信息披露义务人应当按照法律规定将影响证券价格的重大信息,以一定的方式持续公开的专门制度。

法律规定持续信息公开的目的在于通过保障投资者的知情权维护投资者的利益,信息公开制度促进证券市场参与者通过公司公开的信息监督公司的经营活动,同时促使上市公司改善自身的经营和管理。信息公开的主体是上市公司,要求上市公司公开、及时、完整、准确地公布信息,并保证信息的真实性。持续信息公开的形式分为定期报告和临时报告,其中定期报告又有年度报告和中期报告两种。

1. 定期报告

定期报告是上市公司在法定期限内制作并公告的公司文件,主要公开上市公司的经营和财务状况。

(1)年度报告。年度报告是指在每个会计年度结束之日起4个月内,公司向国务院证券监督管理机构和证券交易所报送并公告的文件。根据《证券法》第66条的规定,上市公司和公司债券上市交易的公司,应当在每一会计年度结束之日起4个月内,向国务院证券监督管理机构和证券交易所报送记载以下内容的年度报告,并予以公告:① 公司概况;② 公司财务会计报告和经营情况;③ 董事、监事、高级管理人员简介及其持股情况;④ 已发行的股票、公司债券情况,包括持有公司股份最多的前10名股东名单和持股数额;⑤ 公司的实际控制人;⑥ 国务院证券监督管理机构规定的其他事项。

(2)中期报告。中期报告是指上市公司和公司债券上市交易的公司,应当在每一会计年度的上半年结束之日起2个月内,向国务院证券监督管理机构和证券交易所报送并公告的文件。根据《证券法》第65条的规定,上市公司和公司债券上市交易的公司,应当在每一会计年度的上半年结束之日起两个月内,向国务院证券监督管理机构和证券交易所报送记载以下内容的中期报告,并予以公告:① 公司财务会计报告和经营情况;② 涉及公司的重大诉讼事项;③ 已发行的股票、公司债券变动情况;④ 提交股东大会审议的重要事项;⑤ 国务院证券监督管理机构规定的其他事项。

另外,还有一种季度报告制度,作为反映公司第一季度和第三季度经营及财务状况的文件,也是中期报告的一种形式。

2. 临时报告

为了使投资者能及时获得突发的对公司有重大影响的信息,法律规定了临时报告制度,即上市公司就可能发生的对上市公司证券交易产生较大影响的,而投资者尚未得知的重大事件,为说明事件的实质情况而出具的临时性信息公开文件。《证券法》第67条规定,发生可能对上市公司股票交易价格产生较大影响的重大事件,投资者尚未得知时,上市公司应当立即将有关该重大事件的情况向国务院证券监督管理机构和证券交易所报送临时报告,并予公告,说明事件的起因、目前的状态和可能产生的法律后果。该条第2款对重大事件作了具体规定:① 公司的经营方针和经营范围的重大变化;② 公司的重大投资行为和重大的购置财产的决定;③ 公司订立重要合同,可能对公司的资产、负债、权益和经营成果产生重要影响;④ 公司发生重大债务和未能清偿到期重大债务的违约情况;⑤ 公司发生重大亏损或者重大损失;⑥ 公司生产经营的外部条件发生的重大变化;⑦ 公司的董事、1/3以上监事或者经理发生变动;⑧ 持有公司5%以上股份的股东或者实际控制人,其持有股份或者控制公司的情况发生较大变化;⑨ 公司减资、合并、分立、解散及申请破产的决定;⑩ 涉及公司的重大诉讼,股东大会、董事会决议被依法撤销或者宣告无效;⑪ 公司涉嫌犯罪被司法机关立案调查,公司董事、监事、高级管理人员涉嫌犯罪被司法机关采取强制措施;⑫ 国务院证券监督管理机构规定的其他事项。

信息披露制度在信息公开的时间上是个永远持续的过程,是定期与不定期的结合。各国企业股份化的经验证明,证券市场是股份制发展的必然结果,只有给股份持有人创设一个可以随时变现其股份的制度,股份制改造才能获得更为广泛的群众基础,才能更快地推广,从而实现资金规模化所产生的效益。

(三) 信息披露制度的特征

1. 信息披露的强制性

有关市场主体在一定的条件下披露信息是一项法定义务,披露者没有丝毫逃避的余地。虽然从证券发行的角度看,发行人通过证券发行进行的筹资行为与投资者购买证券的行为之间是一种契约关系,发行人因此应按照招募说明书中的承诺,在公司证券发行阶段中履行披露义务,但这仅是投资者之间关系的一个次要的方面,更主要的方面还在于法律规定的发行人具有及时披露重要信息的强制义务。即使在颇具契约特征的证券发行阶段,法律对发行人的披露义务也作出了详尽的规定,具体表现在发行人须严格按照法律规定的格式和内容编制招募说明书,在此基础上,发行人的自主权是极为有限的,只有在提供所有法律要求披露的信息之后,发行人才有少许自由发挥的余地。这些信息不是发行人与投资者协商的结果,而是法律在征得各方同意的基础上,从切实保护投资者权益的角度出发所作的强制性规定。发行人必须对披露的所有信息的真实性、准确性和完整性承担责任。

2. 信息披露制度权利义务的单向性

信息披露制度在法律上的另一个特点是权利义务的单向性,即信息披露人只承担信息披露的义务和责任,投资者只享有获得信息的权利。无论在证券发行阶段还是在交易阶段,发行人或特定条件下的其他披露主体均只承担披露义务,而不得要求对价。无论现实投资者还是潜在投资者均可依法要求有关披露主体提供必须披露的信息材料。而信息的获取者不仅仅包括投资者,还包括监管部门、竞争对手和其他非直接投资者。这种信息获取权利也处于一种相对稳定的状态,因为通过立法的形式将信息公开的范围、频率和形式等确定下来,可以尽可能地在保护普通投资者和减少对上市公司正常经营的影响之间形成平衡。

第二节 股票发行制度

一、股票发行条件

为规范股票发行市场,防止股票发行中欺诈"圈钱"的行为,我国现行法律、行政法规规定了一系列发行条件。根据证券法律制度的规定,公开发行股票的发行人必须是具有股票发行资格的股份有限公司。同时,因股份有限公司发行股票时的情况不同,其应具备的条件也有所不同。

(一)设立股份有限公司申请公开发行股票的条件

设立股份有限公司,申请公开发行股票必须满足下列条件:① 其生产经营符合国家政策;② 其发行的普通股限于一种,同股同权;③ 发起人认购的股本数不少于公司拟发行的股本总额的35%;④ 在公司拟发行的股本总额中,发起人认购的部分不少于人民币3 000万元(国家有特别规定的除外);⑤ 向社会公众发行的部分不少于公司拟发行的股本总额的25%,公司拟发行的股本总额超过人民币4亿元的,证监会按照规定可以酌情降低向社会公众发行部分的比例,但是最低不少于公司发行的股本总额的10%;⑥ 发起人在近3年没有重大违法行为;⑦ 国务院证券监督管理机构规定的其他条件。

(二)配股发行条件

配股是指上市公司为筹集资金依法向股东增发新股时,现有股东可按其所持股份的比例认购配售股份,其中国有股和法人股的持股人可将配股权有偿转让给其他法人单位或社会公众。根据国务院证券监督管理机构有关上市公司配股的规定,上市公司向股东配股必须符合7项基本条件:① 配股募集资金的用途必须符合国家产业政策的规定。② 前一次发行的股份已经募足,并间隔1年以上。前一次发行包括配股发行方式;从公司前一次募足股份后的工商注册登记日或变更登记日,至本次配股说明书的公布,其间隔时间不少于12个月。③ 公司在最近3年内连续盈利;公司净资产税后利润率3年平均在10%以上,属于能源、原材料、基础设施类的公司可以略低于10%,但不低于9%。④ 公司在最近3年内财务会计文件无虚假记载或重大遗漏。⑤ 本次配股募集资金后,公司预测的净资产税后利润率应达到同期银行个人定期存款利率。⑥ 配售的股票限于普通股,配售对象为股权登记日登记在册的本公司全体股东。⑦ 公司一次配股发行股份总数,不得超过该公司前一次发行并募足股份后其普通股股份总数的30%。公司将本次配股募集资金用于国家重点项目和技改项目的,在发起人承诺足额认购其配股的情况下,不受30%比例的限制。

《上市公司证券发行管理办法》中规定,向原股东配售股份还应当符合下列规定:① 拟配售股份数量不超过本次配售股份前股本总额的30%;② 控股股东应当在股东大会召开前公开承诺认配股份的数量;③ 采用证券法规定的代销方式发行。控股股东不履行认配股份的承诺,或者代销期限届满,原股东认购股票的数量未达到拟配售数量70%的,发行人应当按照发行价并加算银行同期存款利息返还已经认购的股东。

(三) 发行境外上市外资股的条件

国内企业发行境外上市外资股除应符合境外要求外,还须由国内有关部门推荐,报经国家证券管理机构批准。根据国务院证券监督管理机构《关于推荐境外上市预选企业的条件、程序及所需文件的通知》的规定,推荐境外上市预选企业应符合6个条件:① 符合国家产业政策。重点支持符合国家产业政策的大中型企业,向能源、交通、原材料等基础设施、基础产业和高新技术产业及国家支持的重点技改项目倾斜,适当考虑其他行业。发行境外上市外资股的企业应属于国家允许外商投资的行业。② 对所筹集资金的使用有明确的安排,主要应用于企业生产发展,应符合向集约化经营转变的要求。部分资金也可用于调整资产负债结构、补充流动资金等。③ 要有一定的规模和良好的经济效益,企业改组后投入上市公司部分的净资产规模一般不少于4亿元人民币,经评估或估算后的净资产税后利润率达到10%以上,税后净利润需达到6 000万元以上。企业应连续3年盈利(对国家支持发展的基础设施建设项目,境外证券交易所对业绩有豁免的除外)。募股后国有股一般应占控股地位。④ 企业发行境外上市外资股筹资额预计可达4亿元人民币(折合5 000万美元)以上。⑤ 创汇水平一般需要达到税后净利润的10%,确保上市后分红派息有可靠的外汇来源。⑥ 应有一定的知名度和经营管理水平,企业产品市场占有率在国内同行业中连续3年名列前茅等。

二、首次公开发行条件

首次公开募股(IPO)是股份有限公司首次公开发行股票,其发行条件、程序需要满足《证券法》《公司法》和《首次公开发行股票并上市管理办法》(2018修正)的相关要求(审核工作流程见图8-1)。

(一) 主体资格条件

发行人应当是依法设立且合法存续的股份有限公司。经国务院批准,有限责任公

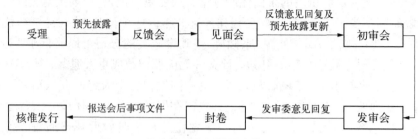

图 8-1　首次公开发行股票审核工作流程图

司在依法变更为股份有限公司时,可以采取募集设立方式公开发行股票。发行人自股份有限公司成立后,持续经营时间应当在 3 年以上,但经国务院批准的除外。有限责任公司按原账面净资产值折股整体变更为股份有限公司的,持续经营时间可以从有限责任公司成立之日起计算。

(二) 规范运行条件

发行人已经依法建立健全股东大会、董事会、监事会、独立董事、董事会秘书制度,相关机构和人员能够依法履行职责。发行人的内部控制制度健全且被有效执行,能够合理保证财务报告的可靠性、生产经营的合法性、营运的效率与效果。

(三) 财务会计条件

财务会计条件包括:① 最近 3 个会计年度净利润均为正数且累计超过人民币 3 000 万元,净利润以扣除非经常性损益前后较低者为计算依据;② 最近 3 个会计年度经营活动产生的现金流量净额累计超过人民币 5 000 万元,或者最近 3 个会计年度营业收入累计超过人民币 3 亿元;③ 发行前股本总额不少于人民币 3 000 万元;④ 最近一期末无形资产(扣除土地使用权、水面养殖权和采矿权等后)占净资产的比例不高于 20%;⑤ 最近一期末不存在未弥补亏损。中国证监会根据《关于开展创新企业境内发行股票或存托凭证试点的若干意见》等规定认定的试点企业(以下简称试点企业),可不适用第①项、第⑤项条件。

三、证券发行审核制度

证券发行审核制度,是证券管理机关依法对公开的证券发行作出是否允许发行决定的制度。目前,世界各国对证券发行的审核主要有两种方式,即注册制和核准制。

注册制是指政府对证券发行不作实质条件的限制,证券发行人在发行证券时,只需向政府证券管理部门报送与证券发行有关的一切有价值的文件资料,在法定期限内,政府证券管理部门未提出对证券发行的意见,即视为同意证券的发行。注册制也称形式审核或自动审核,强调证券发行的公开原则,注册制以美国为代表。

核准制是指证券的发行不仅要以信息的充分公开为条件,而且还必须符合一定的适于发行的实质要件。证券管理部门不仅要审查证券发行中所公开的信息的真实性,而且要依法定标准审查发行人是否具有发行资格,经其许可,证券才能发行。核准制也称实质审核,强调对证券发行的实质审查。核准制以大陆法系国家为代表。

我国《证券法》明确了我国对证券发行采取核准制,即公开发行证券,必须符合法律、行政法规定的条件,并依法报经国务院证券监督管理机构或者国务院授权的部门核准或审批;未经依法核准和审批,任何单位和个人不得向社会公开发行证券。此外,政府及国家证券管理部门对证券发行作出的任何决定,均不表明其对发行人的证券的价值或者投资人的收益作出实质性判断或者保证。国务院证券监督管理机构对已作出的核准证券发行的决定,发现不符合法律、行政法规规定的,应当予以撤销;尚未发行证券的,停止发行;已经发行的,证券持有人可以按照发行价并加算银行同期存款利息,要求发行人返还。具体股票发行上市的流程如图 8-2 所示。

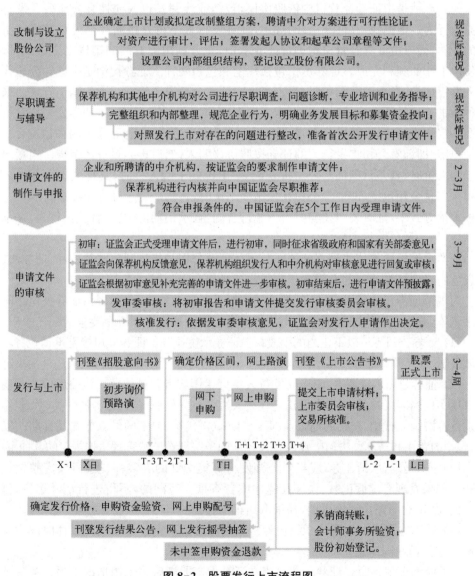

图 8-2 股票发行上市流程图

注:X 日——初步询价日;T 日——网上发行日;L 日——股票上市日

根据 2015 年 12 月 27 日十二届全国人大常委会第十八次会议通过的《关于授权国务院在实施股票发行注册制改革中调整适用〈中华人民共和国证券法〉有关规定的决定》,我国股票发行市场的发行审核制改革为股票发行注册制,为进一步发挥资本市场服务实体经济的基础功能,授权国务院对拟在上海证券交易所、深圳证券交易所上市交易的股票的公开发行,调整适用《中华人民共和国证券法》关于股票公开发行核准制度的有关规定,实行注册制度,具体实施方案由国务院作出规定,报全国人民代表大会常务委员会备案。

四、股票的承销

证券承销是指证券经营机构依照协议,包销或代销发行人向社会公众公开发行的证券的行为。根据我国《证券法》的规定,证券发行人不得直接向社会公众发售其所发行的证券,而应由证券经营机构进行证券承销,充分利用证券商的销售渠道,以确保证券发行工作的顺利完成。证券承销包括代销和包销两种。证券代销是指证券公司代发行人发售证券,在承销期结束时,将未售出的证券全部退还给发行人的承销方式。采取这种承销方式的证券公司只是代发行人发售证券,发售多少算多少,证券公司按发行数收取一定的手续费,不对发行数量的多少承担责任。证券包销可分为两种情况:一是全额包销,即证券公司将发行人的证券按照协议购入,然后再向投资者销售。当卖出价高于购入价时,其差价归证券公司所有;当卖出价低于购入价时,其损失也由证券公司承担。二是余额包销,即证券公司在承销期结束时,将售后剩余证券全部自行购入。在这种承销方式中,证券公司要与发行人签订合同,在承销期内,是一种代销行为,在承销期满后,是一种包销行为。

证券承销机构是依法设立的证券公司。证券公司是指依照《公司法》和《证券法》规定设立的经营证券业务的有限责任公司或者股份有限公司。

为规范证券承销活动,防止证券承销中对投资者的欺诈行为,确保证券公司之间的公平竞争,我国《证券法》对证券公司从事证券承销业务有以下五个要求:

(1) 证券公司不得以不正当的手段招揽证券承销业务。证券公司接受承销业务不受地域限制,选择哪个证券公司承担承销业务,应由公开发行证券的发行人依法自主决定。

(2) 证券公司承销证券,应当同发行人签订代销或者包销协议。该协议应当载明下列事项:① 当事人的名称、住所及法定代表人姓名;② 代销、包销证券的种类、数量、金额及发行价格;③ 代销、包销的期限及起止日期;④ 代销、包销的付款方式及日期;⑤ 代销、包销的费用和结算办法;⑥ 违约责任;⑦ 国务院证券监督管理机构规定的其他事项。

(3) 证券公司承销证券,应当对公开发行募集文件的真实性、准确性、完整性进行核查。如果发现有虚假记载、误导性陈述或者有重大遗漏的,不得进行证券销售,已经销售的,必须立即停止销售事项,并采取纠正措施。

(4) 应当在规定的期限内承销证券。其期限最长不得超过 90 日,具体时间由发行人和证券公司共同商定。

(5) 应当上报备案。证券公司应当在证券承销期满后将承销情况上报国务院证券监督管理机构备案,接受证券监督管理机构的监督。

第三节 公司债券的发行与交易

一、公司债券的发行条件

根据《证券法》第 16 条的规定,公开发行公司债券,必须符合下列条件:① 股份有限公司的净资产不低于人民币 3 000 万元,有限责任公司的净资产额不低于人民币 6 000 万元;② 累计债券总额不超过公司净资产额的 40%;③ 最近 3 年平均可分配利润足以支付公司债券 1 年的利息;④ 筹集的资金投向符合国家产业政策;⑤ 债券的利率不得超过国务院限定的利率水平;⑥ 国务院规定的其他条件。

二、可转换公司债券的发行条件

根据我国《公司法》第 162 条的规定,上市公司经股东大会决议可以发行可转换为股票的公司债券,并在公司债券募集办法中规定具体的转换办法。上市公司发行可转换为股票的公司债券应当报国务院证券监督管理机构核准。

按照由中国证监会颁布,并于 2006 年 5 月 8 日开始施行的《上市公司证券发行管理办法》的规定,可转换公司债券是指发行公司依法发行,在一定期间内依据约定的条件可以转换成股份的公司债券。公开发行可转换公司债券的公司,应当符合下列规定。

(1) 上市公司的组织机构健全、运行良好,符合下列规定:① 公司章程合法有效,股东大会、董事会、监事会和独立董事制度健全,能够依法有效履行职责;② 公司内部控制制度健全,能够有效保证公司运行的效率、合法合规性和财务报告的可靠性;内部控制制度的完整性、合理性、有效性不存在重大缺陷;③ 现任董事、监事和高级管理人员具备任职资格,能够忠实和勤勉地履行职务,不存在违反《公司法》第 148、149 条规定的行为,且最近 36 个月内未受到过中国证监会的行政处罚,最近 12 个月内未受到过证券交易所的公开谴责;④ 上市公司与控股股东或实际控制人的人员、资产、财务分开,机构、业务独立,能够自主经营管理;⑤ 最近 12 个月内不存在违规对外提供担保的行为。

(2) 上市公司的盈利能力具有可持续性,符合下列规定:① 最近 3 个会计年度连续盈利,扣除非经常性损益后的净利润与扣除前的净利润相比,以低者作为计算依据;② 业务和盈利来源相对稳定,不存在严重依赖于控股股东、实际控制人的情形;③ 现有主营业务或投资方向能够可持续发展,经营模式和投资计划稳健,主要产品或服务的市场前景良好,行业经营环境和市场需求不存在现实或可预见的重大不利变化;④ 高级管理人员和核心技术人员稳定,最近 12 个月内未发生重大不利变化;⑤ 公司重要资产、核心技术或其他重大权益的取得合法,能够持续使用,不存在现实或可预见的重大不利变化;⑥ 不存在可能严重影响公司持续经营的担保、诉讼、仲裁或其他重大事项;⑦ 最近 24 个月内曾公开发行证券的,不存在发行当年营业利润比上年下降 50% 以上的情形。

（3）上市公司的财务状况良好，符合下列规定：① 会计基础工作规范，严格遵循国家统一会计制度的规定。② 最近3年及一期财务报表未被注册会计师出具保留意见、否定意见或无法表示意见的审计报告；被注册会计师出具带强调事项的无保留意见审计报告的，所涉及的事项对发行人无重大不利影响或者在发行前重大不利影响已经消除。③ 资产质量良好，不良资产不足以对公司财务状况造成重大不利影响。④ 经营成果真实，现金流量正常。营业收入和成本费用的确认严格遵循国家有关企业会计准则的规定，最近3年资产减值准备计提充分合理，不存在操纵经营业绩的情形。⑤ 最近3年以现金或股票方式累计分配的利润不少于最近3年实现的年均可分配利润的20%。

（4）上市公司最近36个月内财务会计文件无虚假记载，且不存在下列重大违法行为：① 违反证券法律、行政法规或规章，受到中国证监会的行政处罚，或者受到刑事处罚；② 违反工商、税收、土地、环保、海关法律、行政法规或规章，受到行政处罚且情节严重，或者受到刑事处罚；③ 违反国家其他法律、行政法规且情节严重的行为。

（5）上市公司募集资金的数额和使用应当符合下列规定：① 募集资金数额不超过项目需要量；② 募集资金用途符合国家产业政策和有关环境保护、土地管理等法律和行政法规的规定；③ 除金融类企业外，本次募集资金使用项目不得为持有交易性金融资产和可供出售的金融资产借予他人、委托理财等财务性投资，不得直接或间接投资于以买卖有价证券为主要业务的公司；④ 投资项目实施后，不会与控股股东或实际控制人产生同业竞争或影响公司生产经营的独立性；⑤ 建立募集资金专项存储制度，募集资金必须存放于公司董事会决定的专项账户。

（6）上市公司存在下列情形之一的，不得公开发行可转换公司债券：① 本次发行申请文件有虚假记载、误导性陈述或重大遗漏；② 擅自改变前次公开发行证券募集资金的用途而未作纠正；③ 上市公司最近12个月内受到过证券交易所的公开谴责；④ 上市公司及其控股股东或实际控制人最近12个月内存在未履行向投资者作出的公开承诺的行为；⑤ 上市公司或其现任董事、高级管理人员因涉嫌犯罪被司法机关立案侦查或涉嫌违法违规被中国证监会立案调查；⑥ 严重损害投资者的合法权益和社会公共利益的其他情形。

（7）最近3个会计年度加权平均净资产收益率平均不低于6%。扣除非经常性损益后的净利润与扣除前的净利润相比，以低者作为加权平均净资产收益率的计算依据。

（8）本次发行后累计公司债券余额不超过最近一期末净资产额的40%。

（9）最近3个会计年度实现的年均可分配利润不少于公司债券1年的利息。

三、债券发行审核程序

（一）一般公司债券的审核程序

依据我国现行《公司债券发行与交易管理办法》，中国证监会对公司债券发行的标准或者中国证券业协会对公司债券发行的备案，不表明其对发行人的经营风险、偿债风险、诉讼风险以及公司债券的投资风险或收益等作出判断或者保证。公司债券的投资风险，由投资者自行承担。

中国证监会依法对公司债券的公开发行、非公开发行及交易或转让活动进行监督管理。证券自律组织可依照相关规定对公司债券的上市交易或非公开发行及转让、承销、尽职调查、信用评级、受托管理及增信进行自律管理,证券自律组织应当制定相关业务规则,明确公司债券承销、备案、上市交易或转让、信息披露、投资者适当性管理、持有人会议及受托管理等具体规定,报中国证监会批准。

（二）可转换公司债券的审批程序

按照《上市公司证券发行管理办法》,中国证监会依照下列程序审核发行可转换公司债券的申请:

(1) 收到申请文件后,5个工作日内决定是否受理。
(2) 中国证监会受理后,对申请文件进行初审。
(3) 发行审核委员会审核申请文件。
(4) 中国证监会作出核准或者不予核准的决定。

自中国证监会核准发行之日起,上市公司应在6个月内发行债券;超过6个月未发行的,核准文件失效,须重新经中国证监会核准后方可发行。

四、债券的上市交易

（一）公司债券上市交易的条件

根据我国《证券法》和《公司法》的规定,公司债券可以上市交易,公司申请其发行的公司债券上市交易,必须报经中国证监会核准。公司申请其公司债券上市交易必须符合如下条件:① 公司债券的期限为1年以上;② 公司债券实际发行额不少于人民币5 000万元;③ 公司申请其债券上市时仍符合法定的公司债券发行条件。

（二）公司债券上市交易程序

公司债券上市交易主要有以下程序(发行债券的一般流程如图8-3所示):

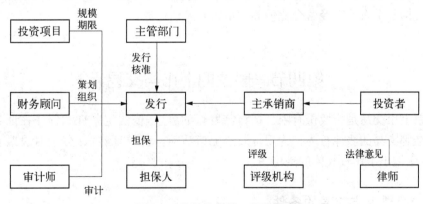

图8-3 发行债券的一般流程图

1. 向证券交易所申请核准

公司申请公司债券上市交易,应向国务院证券监督管理机构申请核准,在提出申请时,应当提交下列文件:① 上市报告书;② 申请上市的董事会决议,即公司董事会就公司债券上市交易的决议;③ 公司章程;④ 公司营业执照;⑤ 公司债券募集办法;⑥ 公司债券的实际发行数额,即公司发行债券实际收到的资金数额;⑦ 证券交易所上市规则规定的其他文件。申请可转换为股票的公司债券上市交易,还应当报送保荐人出具的上市保荐书。

2. 提请证券交易所安排上市

公司债券上市交易申请经证券交易所核准后,其发行人应当向证券交易所提交核准文件和向国务院证券监督管理机构提出公司债券上市交易申请时提交的文件。交易所应当自接到该债券发行人提交的文件之日起3个月内,安排该债券上市交易。

3. 刊发上市公告

公司债券上市交易申请经证券交易所审核同意后,签订上市协议的公司应当在规定的期限内公告公司债券上市文件及有关文件,并将其申请文件置备于指定场所供公众查阅。

(三) 公司债券的暂停上市交易或终止上市交易

(1) 公司债券上市交易的暂时停止。公司债券上市交易后,公司有下列情形之一的,由证券交易所决定暂停其公司债券上市交易:① 公司有重大违法行为;② 公司情况发生重大变化不符合公司债券上市条件;③ 公司债券所募集资金不按照审批机关批准的用途使用;④ 未按照公司债券募集办法履行义务;⑤ 公司最近2年连续亏损。

(2) 公司债券上市交易的终止。公司债券上市交易的终止情形与暂停情形基本一样,只是程度和要求上有差异,有暂停情形中第①项、第④项所列情形之一,经查实后果严重的,终止其上市交易;有暂停情形第②项、第③项、第⑤项所列情形之一,在限期内未能消除的,终止其债券上市交易。

公司解散、依法被责令关闭或者被宣告破产的,由证券交易所终止其公司债券上市。

我国《证券法》中未对企业债券的上市交易直接作出规定。但根据《企业债券管理条例》的规定,企业债券的转让,应当在经批准的可以进行债券交易的场所进行。非证券经营机构和个人不得经营企业债券的承销和转让业务。

第四节 股票的上市与交易

股票上市交易是指股份有限公司将已发行的股票,依法定条件和程序在证券交易所公开挂牌交易的法律行为。为规范股票上市活动,我国《证券法》分别对股票上市的条件、程序作出了比较具体的规定。

一、股票上市交易的条件

股份有限公司申请股票上市,应当符合下列条件:① 股票经国务院证券监督管理机构核准已公开发行。② 公司股本总额不少于人民币3 000万元。③ 公开发行的股份达到公司股份总数的25％以上；公司股本总额超过人民币4亿元的，公开发行股份的比例为10％以上。④ 公司最近3年无重大违法行为，财务会计报告无虚假记载。证券交易所可以规定高于前款规定的上市条件，并报国务院证券监督管理机构批准。

二、股票上市交易的程序

股票上市主要经过以下三道程序：

1. 报请国务院证券监督管理机构核准

股份有限公司申请其股票上市交易，必须报经国务院证券监督管理机构核准。股份有限公司向国务院证券监督管理机构提出股票上市交易申请时，应当提交如下文件：① 上市报告书（包括公司基本情况等）；② 申请股票上市的股东大会决议；③ 公司章程；④ 公司营业执照；⑤ 依法经会计师事务所审计的公司最近3年的财务会计报告；⑥ 法律意见书和上市保荐书；⑦ 最近一次的招股说明书；⑧ 证券交易所上市规则规定的其他文件。根据《证券法》的规定，国务院证券监督管理机构可以授权证券交易所依照法定条件和法定程序核准股票上市申请。

2. 提请证券交易所安排上市

股票上市交易申请经国务院证券监督管理机构核准后，其发行人应当向证券交易所提交核准文件和向国务院证券监督管理机构提出股票上市交易申请时提交的文件。目前我国股票的发行和上市是连动的，公司股票获准公开发行，同时也就获得了上市的资格。因此证券交易所对公司的上市申请只是做形式上的审查或部分实质性审查。根据规定，公司提交给证券交易所的股票上市申请，由证券交易所的上市委员会进行审查，证券交易所上市委员会应自收到申请之日起20个工作日内做出审核，6个月内安排该股票上市交易。

证券交易所同意申请人提出的股票上市申请并做出上市安排后，一方面要将有关安排文件报送国务院证券监督管理机构备案，另一方面要通知申请人。申请人在接到上市通知后，应与证券交易所签订上市协议书。上市协议书应当包括如下内容：① 上市费用的项目和数额；② 证券交易所为公司证券发行、上市所提供的技术服务；③ 要求公司指定专人负责证券事务；④ 上市公司定期报告、临时报告的报告程序及回复交易所质询的具体规定；⑤ 股票停牌事宜；⑥ 协议双方违反上市协议的处理；⑦ 仲裁条款；⑧ 证券交易所认为需要在上市协议中明确的其他内容。

3. 刊发上市公告

股票上市交易申请经证券交易所同意后，上市公司应当在其股票上市交易前5个工作日内，在国务院证券监督管理机构指定的全国报刊上公告经核准的股票上市有关文件和下列有关事项：① 股票获准在证券交易所交易的日期；② 持有公司股份最多的前10名股东的名单和持股数额；③ 董事、监事、经理及有关高级管理人员的姓名及其持有本公司股票和债券的情况。同时，上市公司还应将所公告的文件置备于指定场所（如公司所在地、拟挂牌交易的证券交易所、有关证券经营机构及网点），供公众查阅。

三、股票的暂停上市或终止上市

我国《证券法》规定,上市公司丧失公司法规定的上市条件的,其股票依法暂停上市或者终止上市。我国《证券法》对股票暂停上市或者终止上市的情形作了具体规定。

1. 股票上市的暂时停止

上市公司有下列情形之一的,由证券交易所决定暂停其股票上市交易:① 公司股本总额、股权分布等发生变化,不再具备上市条件;② 公司不按照规定公开其财务状况,或者对财务会计报告作虚假记载,可能误导投资者;③ 公司有重大违法行为;④ 公司最近3年连续亏损;⑤ 证券交易所上市规则规定的其他情形。

2. 股票上市的终止

上市公司有下列情形之一的,由证券交易所决定终止其股票上市交易:① 公司股本总额、股权分布等发生变化不再具备上市条件,在证券交易所规定的期限内仍不能达到上市条件;② 公司不按照规定公开其财务状况,或者对财务会计报告作虚假记载,且拒绝纠正;③ 公司最近3年连续亏损,在其后1个年度内未能恢复盈利;④ 公司解散或者被宣告破产;⑤ 证券交易所上市规则规定的其他情形。

第五节 上市公司收购和重组

一、上市公司收购概述

上市公司收购是指收购人通过证券交易所的股份转让活动持有一个上市公司的股份达到一定比例、通过证券交易所股份转让活动以外的其他合法途径控制一个上市公司的股份达到一定程度,导致其获得或者可能获得对该公司的实际控制权的行为。

上市公司收购的方式主要有两种:协议收购和要约收购。此外,还可以在证券交易所通过集中竞价交易方式进行上市公司收购,获得对该公司的实际控制权。

我国证券法对上市公司收购的方式、条件、程序、监管作了系统的规定。2002年,中国证监会发布了《上市公司收购管理办法》,对上市公司收购制度作了更为全面的操作性规定。

二、持股变动报告与公告制度

(一) 持股变动报告与公告制度概述

为防止少数股东操纵股票交易价格,维护被收购公司中小股东的利益,我国《证券法》及《上市公司收购管理办法》规定了持股变动报告与公告制度。所谓持股报告与公告制度,即上市公司收购的持股情况披露制度,属于信息披露制度的一部分。其基本的内容是:任何投资者直接或间接持有一个上市公司发行在外的股份达到一定比例时,或者达到该比例后持股数量变化又达到法定比例时,必须依法在规定的期限内向中国证监会、证券交易所、被收购公司及社会公众予以披露。

(二) 持股变动披露的条件

通过证券交易所的证券交易,投资者持有一上市公司已发行的股份的5%时,或者投资者持有上市公司已发行的股份的5%后,其所持该上市公司已发行的股份比例每增加或减少5%时,投资者都应当按时披露。

(三) 持股情况披露的期限、方式和内容

投资者持有某一上市公司股份总额的比例首次达到5%时,或每增减5%,应当在该事实发生之日起3日内进行报告和公告。披露方式为向中国证监会、证券交易所提交书面报告,通知该上市公司,并向社会公众公告。

报告和公共的内容包括:① 持股人的名称、住所;② 持有的股票名称、数量;③ 持股达到法定比例或者持股增减变化达到法定比例的日期。

(四) 持股情况披露期间的行为禁止

投资者在持股比例首次达到5%时的3天内,以及随后每增减达5%时,在报告期限内(该事实发生之日起3日内)和作出报告、公告后2日内,不得再行买卖该上市公司的股票。

三、要约收购

(一) 要约收购条件

要约收购是指收购人向目标公司全体股东发出收购要约购买该公司股票的一种公司收购方式。我国《证券法》第88条规定:"通过证券交易所的证券交易,投资者有一个上市公司已发行的股份的30%时,继续进行收购的,应当依法向该上市公司所有股东发出收购要约。"

(二) 要约收购的程序

1. 要约收购的决定

收购人决定要约收购时应当制作收购要约书,明确与收购有关的主要事项,如收购目的、被收购的目标公司、收购的股份数、收购期限、收购价格。

2. 报送公司收购报告书

收购人在发出收购要约前,应当向证监会和证券交易所报送上市公司收购报告书。《证券法》第89条规定,上市收购报告书应当载明以下事项:① 收购人的名称、住所;② 收购人关于收购的决定;③ 被收购上市公司的名称;④ 收购的目的;⑤ 收购股份的详细名称和预定收购的股份数额;⑥ 收购期限、收购价格;⑦ 收购所需金额及资金保证;⑧ 公告上市公司收购报告书时持有被收购公司股份数占该公司已发行的股份总数的比例。

3. 公告收购要约

收购要约约定的收购期限不得少于 30 日，并不得超过 60 日。按照中国证监会发布的《上市公司信息披露管理办法》的规定，上市公司及其他信息披露义务人依法披露信息，应当将公告文稿和相关备查文件报送证券交易所登记，并在中国证监会指定的媒体发布。

4. 目标公司的承诺

在收购要约的期限内，受承诺人即目标公司的股东可以根据自己的意愿作出是否承诺的意思表示。目标公司的股东可以同意出让其持有的股票，也可以拒绝，但其不能修改收购要约的内容提出反要约，否则会影响要约收购条件的统一性和公平性。同时，收购人也不能采取要约规定以外的形式和超出要约的条件买卖目标公司的股票。

5. 报告收购情况

收购行为结束后，收购人应当在 15 日内将收购情况报告国务院证券监督管理机构和证券交易所，并予以公告。

（三）要约收购的法律后果

公司收购行为通常会改变公司股份结构，收购人在上市公司中持股比例的提高会加强其对目标公司的控制力。要约收购人对目标公司的持股比例的不同，会造成不同的法律后果。

1. 维持上市资格

收购要约结束时，如果收购人持有的目标公司已发行的股份不超过 75%，则目标公司仍为上市公司，维持上市资格。

2. 终止上市交易

我国《证券法》第 97 条第 1 款规定："收购期限届满，被收购公司股权分布不符合上市条件的，该上市公司的股票应当由证券交易所依法终止上市交易；其余仍持有被收购公司股票的股东，有权向收购人以收购要约的同等条件出售其股票，收购人应当收购。"此时公司的性质仍然是股份公司，只是不再具备上市条件。

3. 变更企业形式

我国《证券法》第 97 条第 2 款规定："收购行为完成后，被收购公司不再具备股份有限公司条件的，应当依法变更企业形式。"当目标公司股权分布不再符合公司法对股份有限公司的要求时，就必须变更公司的企业形式，如变更为有限责任公司。

四、协议收购

（一）协议收购的概念

协议收购是指收购人向股东提出收购其所持有的股份的意向，并以达成双方协议的形式收购上市公司股权的行为。我国《证券法》第 94 条第 1 款规定："采取协议收购方式的，收购人可以依照法律、行政法规的规定同被收购公司的股东以协议方式进行股份转让。"

(二)协议收购的程序

1. 订立收购协议

收购协议是收购人与目标公司的股票持有人之间订立的以股权转让为内容的一种合同。

2. 报告与公告收购协议

达成协议后,收购人必须在3日内将收购协议向国务院证券监督管理机构及证券交易所作出书面报告,并予以公告。

3. 收购协议的履行

在收购协议公告后,收购人与目标公司的股票持有人应按收购协议内容行使权利并承担义务,实现上市公司收购的目标。

五、上市公司重大资产重组

(一)上市公司重大资产重组的概念

上市公司重大资产重组,即上市公司及其控股或者控制的公司在日常经营活动之外购买、出售资产或者通过其他方式进行资产交易达到规定的比例,导致上市公司的主营业务、资产、收入发生重大变化的资产交易行为。

中国证监会依法对上市公司重大资产重组行为进行监督管理。中国证监会审核上市公司重大资产重组或者发行股份购买资产的申请,可以根据上市公司的规范运作和诚信状况、财务顾问的执业能力和执业质量,结合国家产业政策和重组交易类型,做出差异化的、公开透明的监管制度安排,有条件地减少审核内容和环节。

(二)上市公司重大资产重组的原则和标准

1. 重组原则

上市公司实施重大资产重组,应当就本次交易符合下列要求作出充分说明,并予以披露:

(1)符合国家产业政策和有关环境保护、土地管理、反垄断等法律和行政法规的规定;

(2)不会导致上市公司不符合股票上市条件;

(3)重大资产重组所涉及的资产定价公允,不存在损害上市公司和股东合法权益的情形;

(4)重大资产重组所涉及的资产权属清晰,资产过户或者转移不存在法律障碍,相关债权债务处理合法;

(5)有利于上市公司增强持续经营能力,不存在可能导致上市公司重组后主要资产为现金或者无具体经营业务的情形;

(6)有利于上市公司在业务、资产、财务、人员、机构等方面与实际控制人及其关联人保持独立,符合中国证监会关于上市公司独立性的相关规定;

(7)有利于上市公司形成或者保持健全有效的法人治理结构。

2. 重组标准

上市公司及其控股或者控制的公司购买、出售资产,达到下列标准之一的,构成重大资产重组：

(1) 购买、出售的资产总额占上市公司最近 1 个会计年度经审计的合并财务会计报告期末资产总额的比例达到 50% 以上；

(2) 购买、出售的资产在最近 1 个会计年度所产生的营业收入占上市公司同期经审计的合并财务会计报告营业收入的比例达到 50% 以上；

(3) 购买、出售的资产净额占上市公司最近 1 个会计年度经审计的合并财务会计报告期末净资产额的比例达到 50% 以上，且超过 5 000 万元人民币。

购买、出售资产未达到规定标准，但中国证监会发现存在可能损害上市公司或者投资者合法权益的重大问题的，可以根据审慎监管原则，责令上市公司按照《上市公司重大资产重组管理办法》的规定补充披露相关信息、暂停交易、聘请独立财务顾问或者其他证券服务机构补充核查并披露专业意见。

第六节　证券欺诈的法律责任

我国《公司法》《证券法》《最高人民法院关于审理证券市场因虚假陈述引发的民事赔偿案件的若干规定》规定了证券市场中禁止的交易行为，主要包括：虚假陈述、内幕交易、操纵市场、欺诈客户四类。法律之所以禁止这些行为，主要是因为这些行为违背交易的公平性，损害市场的信心。

一、禁止虚假陈述

(一) 虚假陈述的界定

《最高人民法院关于审理证券市场因虚假陈述引发的民事赔偿案件的若干规定》第 17 条规定，证券市场虚假陈述是指信息披露义务人违反证券法律规定，在证券发行或者交易过程中，对重大事件作出违背事实真相的虚假记载、误导性陈述，或者在披露信息时发生重大遗漏、不正当披露信息的行为。虚假陈述包括虚假记载、误导性陈述、重大遗漏、不正当披露。

虚假记载是指信息披露义务人在披露信息时，将不存在的事实在信息披露文件中予以记载的行为。

误导性陈述是指虚假陈述行为人在信息披露文件中或者通过媒体，作出使投资人对其投资行为发生错误判断并产生重大影响的陈述。

重大遗漏是指信息披露义务人在信息披露文件中，未将应当记载的事项完全或者部分予以记载。

不正当披露是指信息披露义务人未在适当期限内或者未以法定方式公开披露应当披露的信息。

(二) 虚假陈述的法律责任

发起人、发行人或者上市公司对其虚假陈述给投资人造成的损失承担民事赔偿责任。

发行人、上市公司负有责任的董事、监事和经理等高级管理人员对前款的损失承担连带赔偿责任。但有证据证明无过错的,应予免责。

实际控制人操纵发行人或者上市公司违反证券法律规定,以发行人或者上市公司名义虚假陈述并给投资人造成损失的,可以由发行人或者上市公司承担赔偿责任。发行人或者上市公司承担赔偿责任后,可以向实际控制人追偿。

实际控制人违反证券法第4条、第5条以及第188条规定虚假陈述,给投资人造成损失的,由实际控制人承担赔偿责任。

我国《证券法》规定,在证券交易活动中作出虚假陈述或者信息误导的,责令改正,处以3万元以上20万元以下的罚款;属于国家工作人员的,还应当依法给予行政处分。

二、禁止内幕交易

(一) 内幕交易的界定

内幕交易是指内幕人员根据内幕消息买卖证券或者帮助他人,违反了证券市场"公开、公平、公正"的原则,严重影响证券市场功能的发挥。《证券法》第73条规定,禁止证券交易内幕信息的知情人和非法获取内幕信息的人利用内幕信息从事证券交易活动。

(二) 内幕知情人

① 发行人的董事、监事、高级管理人员;② 持有公司百分之五以上股份的股东及其董事、监事、高级管理人员,公司的实际控制人及其董事、监事、高级管理人员;③ 发行人控股的公司及其董事、监事、高级管理人员;④ 由于所任公司职务可以获取公司有关内幕信息的人员;⑤ 证券监督管理机构工作人员以及由于法定职责对证券的发行、交易进行管理的其他人员;⑥ 保荐人、承销的证券公司、证券交易所、证券登记结算机构、证券服务机构的有关人员;⑦ 国务院证券监督管理机构规定的其他人。

(三) 内幕信息

证券交易活动中,涉及公司的经营、财务或者对该公司证券的市场价格有重大影响的尚未公开的信息,为内幕信息。下列信息皆属内幕信息:①《证券法》第67条第2款所列重大事件;② 公司分配股利或者增资的计划;③ 公司股权结构的重大变化;④ 公司债务担保的重大变更;⑤ 公司营业用主要资产的抵押、出售或者报废一次超过该资产的30%;⑥ 公司的董事、监事、高级管理人员的行为可能依法承担重大损害赔偿责任;⑦ 上市公司收购的有关方案;⑧ 国务院证券监督管理机构认定的对证券交易价格有显著影响的其他重要信息。

(四) 从事内幕交易的法律责任

证券交易内幕信息的知情人和非法获取内幕信息的人,在内幕信息公开前,不得买卖该公司的证券,或者泄露该信息,或者建议他人买卖该证券。

持有或者通过协议、其他安排与他人共同持有公司5％以上股份的自然人、法人、其他组织收购上市公司的股份,《证券法》另有规定的,适用其规定。

内幕交易行为给投资者造成损失的,行为人应当依法承担赔偿责任。

在调查内幕交易等重大证券违法行为时,经国务院证券监督管理机构主要负责人批准,可以限制被调查事件当事人的证券买卖,但限制的期限不得超过15个交易日;案情复杂的,可以延长15个交易日。

证券交易内幕信息的知情人或者非法获取内幕信息的人,在涉及证券的发行、交易或者其他对证券的价格有重大影响的信息公开前,买卖该证券,或者泄露该信息,或者建议他人买卖该证券的,责令依法处理非法持有的证券,没收违法所得,并处以违法所得1倍以上5倍以下的罚款;没有违法所得或者违法所得不足3万元的,处以3万元以上60万元以下的罚款。单位从事内幕交易的,还应当对直接负责的主管人员和其他直接责任人员给予警告,并处以3万元以上30万元以下的罚款。证券监督管理机构工作人员进行内幕交易的,从重处罚。

三、禁止操纵市场

(一) 操纵市场的界定

操纵市场是任何单位或者个人背离市场自由竞争和供求关系原则,人为地操纵证券价格,以诱使他人参与证券交易,为自己牟取私利、扰乱证券市场秩序的行为。包括:① 单独或者通过合谋,集中资金优势、持股优势或者利用信息优势联合或者连续买卖,操纵证券交易价格或者证券交易量;② 与他人串通,以事先约定的时间、价格和方式相互进行证券交易,影响证券交易价格或者证券交易量;③ 在自己实际控制的账户之间进行证券交易,影响证券交易价格或者证券交易量;④ 以其他手段操纵证券市场。

(二) 操纵市场的法律责任

操纵证券市场行为给投资者造成损失的,行为人应当依法承担赔偿责任。在调查操纵证券市场等重大证券违法行为时,经国务院证券监督管理机构主要负责人批准,可以限制被调查事件当事人的证券买卖,但限制的期限不得超过15个交易日。案情复杂的,可以延长15个交易日。

违反《证券法》的规定,操纵证券市场的,责令依法处理非法持有的证券,没收违法所得,并处以违法所得1倍以上5倍以下的罚款;没有违法所得或者违法所得不足30万元的,处以30万元以上300万元以下的罚款。单位操纵证券市场的,还应当对直接负责的主管人员和其他直接责任人员给予警告,并处以10万元以上60万元以下的罚款。

违反《证券法》的规定,操纵证券市场的,责令依法处理非法持有的证券,没收违法所得,并处以违法所得1倍以上5倍以下的罚款;没有违法所得或者违法所得不足30万元的,处以30万元以上300万元以下的罚款。单位操纵证券市场的,还应当对直接负责的主管人员和其他直接责任人员给予警告,并处以10万元以上60万元以下的罚款。

四、禁止欺诈客户

所谓欺诈客户,是指在证券交易中,证券公司及其从业人员利用受托人的地位,进行损害投资者利益或者诱使投资者进行证券买卖而从中获利的行为。欺诈客户必然造成投资者利益的损害,最终将损害证券市场的健康发展。因此,《证券法》明确禁止该行为,同时规定,欺诈客户行为给客户造成损失的,行为人应当依法承担赔偿责任。

《证券法》第79条规定,禁止证券公司及其从业人员从事下列损害客户利益的欺诈行为:① 违背客户的委托为其买卖证券;② 不在规定时间内向客户提供交易的书面确认文件;③ 挪用客户所委托买卖的证券或者客户账户上的资金;④ 未经客户的委托,擅自为客户买卖证券,或者假借客户的名义买卖证券;⑤ 为牟取佣金收入,诱使客户进行不必要的证券买卖;⑥ 利用传播媒介或者通过其他方式提供、传播虚假或者误导投资者的信息;⑦ 其他违背客户真实意思表示、损害客户利益的行为。欺诈客户行为给客户造成损失的,行为人应当依法承担赔偿责任。

案 例 分 析

原告李某与被告某证券公司于2000年10月19日签订了一份配售新股协议书。协议约定:① 原告选择被告某证券公司为二级市场配售新股的代理商,被告经审核同意接受原告的委托;② 协议签订后,如遇新股配售发行,被告将自动进行申购处理,原告于T+2日到被告处查询中签与否并存足款项,账面资金不足视同放弃认购;③ 原告要撤销上海账户制定交易或深圳账户进行转托管必须同时撤销本协议,否则,由此引起的后果由原告负责。

协议签订后,2003年11月5日长江电力配售新股,原告账户中签1 000股,每股4.30元。但由于原告资金账户余额不足,只成交了6股。被告于中签当日拨打原告手机通知原告,因原告手机关机,未能通知到原告,其后两天被告未再通知。之后该股票上市交易,开票价6.23元,当日最高价6.48元、收盘价6.18元,原告损失1 918.42元。原告向被告某证券公司索赔,遭到拒绝后向人民法院提起诉讼,要求被告某证券公司赔偿损失1 918.42元。

法律分析:

新股中签后券商有无通知义务及相关法律问题,涉及投资者与券商双方的权利、义务和切身利益,问题和潜在纠纷的存在较为普遍。券商往往以新股中签通知只是券商提供的一项服务内容,并不是证券公司的法定义务为由进行抗辩。

在我国目前的法律制度体系内,确实没有任何关于券商必须尽以上通知义务的明确法律规定。投资者和证券公司所签的协议所约定的条款就显得特别重要。如果证券公司签订的代理申购新股配售协议约定证券公司具有中签通知义务,证券公司没有履行该义务就应当承担违约责任。如果协议中约定了证券公司的中签通知义务,因为股民的联系方式不畅导致无法通知股民,需要根据具体情况分析以确定应当由谁承担责任。如股民留下的地址、电话号码准确无误,则证券公司没有通知的行为属于违约行为,应当承担违约责任。除非证券公司能够提供相反的证据,否则其不能免除责任。

那么是不是协议里没有约定通知义务,证券公司就不承担责任呢?证券公司代理投资者进行新股配售申购,双方形成平等主体之间的代理法律关系。代理人的活动就是为了实现被代理人的利益,因此代理人的代理行为,应当从代理人的利益出发,以对自己事务的注意,处理好被代理人的事务,以实现被代理人的利益。代理人应将代理事务的一切重要情况向被代理人报告,以使被代理人能够及时知道事务的进展和财产损益情况。证券公司作为李某的代理人应认真履行代理职责,及时报告代理事务的进展情况,维护被代理人的利益。本案中,证券公司为李某申购的股票中签,理应及时尽力通知李某,以便其在有效的时间内存足款项进行认购,但是证券公司只在当日拨打过一次李某的电话,在随后的两天内便没有再试图与李某取得联系,根本达不到尽力的要求,被告证券公司仍应该对原告李某的损失承担赔偿责任。

思考与练习

1. 试述证券法的基本特征。
2. 简述股票发行的资格和条件。
3. 简述什么是证券发行的承销协议。
4. 简述要约收购的条件和程序。
5. 简述证券投资基金托管人的申请条件。
6. 简述操纵市场的法律责任。

阅 读 文 献

1. 帕尔米特.证券法.中国方正出版社,2003.
2. 郭锋.金融发展中的证券法问题研究.法律出版社,2010.
3. 陈甦.证券法专题研究.高等教育出版社,2006.
4. 程淑娟,杨春平.证券法理论与实务(法学专业民商法学方向).中国政法大学出版社,2008.
5. 马其家,李可佳,任欢.证券法:原理·规则·案例.清华大学出版社,2007.
6. 刘丹.证券法案例评析.对外经济贸易大学出版社,2010.

真 题 链 接

知识体系示意图

- 证券法律制度
  - 证券法律制度概述
    - 证券法律制度的基本原理（证券的特征：资本性 财产性 要式性 占有性 流通性）
    - 证券市场监管体制
      - 证券监管体制的变迁
      - 证券监管体制的模式
        - 我国金融行业实行分业监管模式
        - 我国证券市场实行统一监管
        - 政府监管为主，行业自律为辅
      - 证券监管体制的体系
        - 证券监管管理委员会
        - 地方证券监管机构
        - 证券监管的自律性组织
    - 强制信息披露制度
  - 股票发行制度
    - 股票发行条件
      - 设立股份有限公司申请公开发行股票的条件
      - 配股发行条件
      - 发行境外上市外资股的条件
    - 证券发行审核制度
    - 股票的承销要求
      - 第一，证券公司不得以不正当的手段招揽证券承销业务
      - 第二，证券公司承销证券，应当同发行人签订代销或者包销协议
      - 第三，证券公司承销证券，应当对公开发行募集文件的真实性、准确性、完整性进行核查
      - 第四，应当在规定的期限内承销证券
      - 第五，应当上报备案
  - 公司债券的发行与交易
    - 公司债券的发行条件
    - 可转换公司债券的发行条件
    - 证券发行审核程序
    - 证券的上市交易
  - 股票的上市与交易
    - 股票上市交易的条件
    - 股票上市交易的程序
      - 第一，报请国务院证券监督管理机构核准
      - 第二，提请证券交易所安排上市
      - 第三，刊发上市公告
  - 上市公司收购和重组
    - 上市公司收购概述
    - 持股变动报告与公告制度概述
    - 要约收购
      - 第一，要约收购的决定
      - 第二，报送公司收购报告书
      - 第三，公告收购要约
      - 第四，目标公司的承诺
      - 第五，报告收购情况
    - 协议收购
    - 上市公司重大资产的重组
  - 证券欺诈的法律责任
    - 禁止虚假陈述
    - 禁止内幕交易
      - 内幕交易的界定
      - 内幕信息的界定
      - 内幕人员的界定
      - 从事内幕交易的法律责任
    - 禁止操纵市场

第九章 票据与支付结算法律制度

> 随着网络技术和电子商务的发展,新兴快捷支付越来越频繁地出现,有取代传统刷卡支付的趋势。某宝、某信等第三方支付已从早期小众的电商购物支付方式,扩展到了大众衣食住行消费的方方面面,包括线下大超市、餐饮店、打出租车等,具体表现在商家的付款标签或者消费者扫码付款。到底什么是支付和结算呢?
>
> 支付——对消费者来说,可以理解为摇一摇、扫一扫、刷一刷,并通过手机短信、某信提醒感知到扣款的过程。对商户来说,也就是看到收据打印出来,确认资金到账的过程。结算——在付款时,从消费者角度看来是支付,在消费者开卡行来看是与消费者之间发生的结算行为。对于商铺来说,收款行为从他们结算账户开户行的角度来看是明确的结算行为。

【本章导读】

近年来,国内支付结算市场快速发展,对便利社会生产生活、扩大内需、促进消费和经济发展发挥了积极作用。结算可以看作以银行类的金融机构为主体视角,与公司、个人或者其他金融机构之间发生的专业化的后台结算行为。票据作为重要的非现金支付工具之一,是经济行为人安全、高效地转移资金的载体。随着我国市场经济体制的建立和完善,电子支付的出现,票据的汇兑、信用、支付、结算、融资等各种功能得以竞相发挥,由此衍生出的货币替代功能和货币创造功能也更加强大。票据法作为调整我国市场经济关系,特别是金融市场关系的重要法律,通过对各种票据法律关系的调整、对票据行为的全面规制,使票据市场的资金配置、流动性管理更加合理,从而有效地防范了票据风险,充分发挥了货币政策传导机制的作用。

第一节 支付结算概述

一、支付结算的概念与方式

支付结算有广义和狭义之分。广义的支付结算包括现金结算和银行转账结算。支付结算作为一种要式行为,具有一定的法律特征。狭义的支付结算是指单位、个人在社会经济活动中使用现金、票据(包括支票、本票、汇票)、银行卡和汇兑、托收承付、委托收款等结算方式进行货币给付及其资金清算的行为,其主要功能是完成资金从一方当事人向另一方当事人的转移。

1997年中国人民银行发布的《支付结算办法》第3条规定:"本办法所称支付结算是指单位、个人在社会经济活动中使用票据、信用卡和汇兑、托收承付、委托收款等结算方式进行货币给付及其资金清算的行为。"

二、支付结算的特征

(一)结算单位为金融机构

《支付结算办法》第6条规定:"银行是支付结算和资金清算的中介机构。未经中国人民银行批准的非银行金融机构和其他单位不得作为中介机构经营支付结算业务。但法律、行政法规另有规定的除外。"故仅有经过中国人民银行批准的金融机构才可以实施结算行为。

(二)支付结算为要式法律行为

票据和结算凭证是办理支付结算的工具。单位、个人和银行办理支付结算,必须使用按中国人民银行统一规定印制的票据凭证和统一规定的结算凭证。未使用按中国人民银行统一规定印制的票据,票据无效;未使用中国人民银行统一规定格式的结算凭证,银行不予受理。故不符合上述统一规定的支付结算行为不具备法律效力。

(三)委托代理行为

支付结算机构及银行等金融机构属于代理人,而其他单位、个人和银行通过在结算机构开设账户、使用账户的形式成为被代理人。银行以善意且符合规定和正常操作程序审查,对伪造、变造的票据和结算凭证上的签章以及需要交验的个人有效身份证件,未发现异常而支付金额的,对出票人或付款人不再承担受委托付款的责任,对持票人或收款人不再承担付款的责任。

(四)支付结算实行统一管理

中国人民银行总行负责制定统一的支付结算制度,组织、协调、管理、监督全国的支付结算工作,调解、处理银行之间的支付结算纠纷。

中国人民银行省、自治区、直辖市分行根据统一的支付结算制度制定实施细则,报总行备案;根据需要可以制定单项支付结算办法,报经中国人民银行总行批准后执行。中国人民银行分、支行负责组织、协调、管理、监督本辖区的支付结算工作,调解、处理本辖区银行之间的支付结算纠纷。

政策性银行、商业银行总行可以根据统一的支付结算制度,结合本行情况,制定具体管理实施办法,报经中国人民银行总行批准后执行。政策性银行、商业银行负责组织、管理、协调本行内的支付结算工作,调解、处理本行内分支机构之间的支付结算纠纷。

三、支付结算的原则

(一) 恪守信用,履约付款

银行等金融机构作为支付结算机构,应当恪守信用,在对代理人发出结算指令,以善意且符合规定的正常操作程序进行形式审查后,应当按照票据和结算凭证上的记载事项严格履行付款义务,不得以其他借口拒不付款或者延迟付款。银行将付款作为一项抽象的结算行为,并不审查实质的经济往来,仅根据委托人的指示履行付款义务。

(二) 谁的钱进谁的账,由谁支配

他人支付给存款人的资金,应当收入存款人的银行账户;存款人在银行账户里的资金,其所有权归存款人所有,由其自主支配,其他任何一方都无权擅自动用处理和任意转移,否则就是侵犯了存款人的合法权益,应当承担相应的法律责任。简而言之,该原则为:谁的钱进谁的账户,而一旦进入账户,即由账户所有人掌控。一般情况下,结算行为不得随意撤销,资金进入了对方账户以后由对方账户所有人享有控制权利。权属和支配关系较为明确,不得相互混淆和变更。由此,资金结算的过程中,账户的操作应当较为谨慎,避免出现账户与所有人不相匹配的情况发生。

(三) 银行不垫款

银行及金融机构等支付结算机构,在履行付款义务时仅以委托人在支付结算机构中所开立账户中的金额为限履行付款义务。支付结算机构本身并不承担为委托人垫付资金的义务,在委托人所委托的结算行为所涉及的金额超过委托人本身账户的余额时,该项结算行为将无法进行。故资金结算仅仅是结算机构代替委托人处理债权债务的行为,本身不具备融资信贷的功能和作用。

四、银行结算账户

银行结算账户是指存款人在经办银行开立的办理资金收付结算的人民币活期存款账户。这里的存款人是指在中国境内开立银行结算账户的机关、团体、部队、企业、事业单位、其他组织、个体工商户和自然人;银行是指在中国境内经中国人民银行批准经营支付结算业务的政策性银行、商业银行(含外资独资银行、中外合资银行、外国银行分行)、城市商业银行、农村商业银行、城市信用合作社、农村信用合作社。

银行结算账户按存款人不同,分为单位银行结算账户和个人结算账户。

其中,单位银行结算账户按用途不同分为基本存款账户、一般存款账户、专用存款账户、临时存款账户。银行结算账户根据开户地的不同,分为本地银行结算账户和异地银行结算账户。

(一) 基本存款账户

基本存款账户是存款人办理日常转账结算和现金收付的账户。存款人的工资、资金等现金的支取,只能通过本账户办理。

下列存款人可以申请开立基本存款账户：① 企业法人；② 企业法人内部单独核算的单位；③ 管理财政预算资金和预算外资金的财政部门；④ 实行财政预算管理的行政机关、事业单位；⑤ 县级（含）以上军队、武警单位；⑥ 外国驻华机构；⑦ 社会团体；⑧ 单位附设的食堂、招待所、幼儿园；⑨ 外地常设机构；⑩ 私营企业、个体经济户、承包户和个人。

（二）一般存款账户

是存款人在基本存款账户以外的银行借款转存、与基本存款账户的存款人不在同一地点的附属非独立核算单位开立的账户。存款人可以通过本账户办理转账结算和现金缴存，但不能办理现金支取。

下列情况中，存款人可以申请开立一般存款账户：① 在基本存款账户以外的银行取得借款的；② 与基本存款账户的存款人不在同一地点的附属非独立核算单位。

（三）临时存款账户

是存款人因临时经营活动需要开立的账户。存款人可以通过本账户办理转账结算和根据国家现金管理的规定办理现金收付。

在下列情况下，存款人可以申请开立临时存款账户：① 外地临时机构；② 临时经营活动需要的。

（四）专用存款账户是存款人因特定用途需要开立的账户

对下列资金，存款人可以申请开立专用存款账户：① 基本建设的资金；② 更新改造的资金；③ 特定用途，需要专户管理的资金。

第二节　票据法律制度

一、票据与票据法概述

（一）票据的概念和种类

1. 票据的概念及特征

票据作为一种有价证券，有广义和狭义两种理解。广义的票据是指各种商业中与权利结合在一起的有价证券和凭证，是一种商业凭证。如提单、运货单、股票、国库券、债券、汇票、本票、支票等；狭义的票据仅指出票人依票据法规定的法定条件，签章于票据上而发行的，并以其无条件支付或委托他人无条件支付一定金额货币为目的的有价证券。我国《票据法》第2条第2款规定："本法所称票据，是指汇票、本票和支票。"

票据法上的票据，具有以下10个法律特征：

（1）票据是完全有价证券。票据所表示的权利与票据不可分离。权利人对其票据上权利的发生和行使，必须持有票据。票据丧失，则不能对票据债务人行使票据权利。

（2）票据是设权证券。票据不是用以证明已经存在的权利，而是创设权利，是一种设权证券而不是证权证券。

(3) 票据是债权证券。票据所创设的权利为金钱债权,票据权利的内容为一定金钱支付的请求权。

(4) 票据是货币证券或称金钱证券。它请求给付的标的是一定数额的货币,而不是货币以外的其他物品或利益。

(5) 票据是要式证券。票据的制作应当符合法律的专门规定,不符合法定要式,该票据无效。

(6) 票据是无因证券。票据作成后即具有独立的权利义务关系,而与产生或转让该票据的原因关系相分离。持票人只要持有的票据具备要式条件,即可向票据债务人行使权利,而无须说明其取得票据的原因。票据关系与票据的基础关系相分离。

(7) 票据是流通证券。票据具有流通性,票据在到期前,可以通过背书或交付而转让,并可在市场上自由流通。

(8) 票据是文义证券。票据上创设的权利义务必须以票据上记载的文义为准,在票据上签章的人,均应依签章时的票据文义对票据负责。

(9) 票据是提示证券。票据权利人欲行使票据权利,无论是请求承兑、付款或行使追索权时,必须向义务人提示票据,否则,义务人无履行的依据,票据将被拒付。

(10) 票据是返还证券。权利人的票据权利实现后,须将票据返还给义务人,以示票据上债权债务的消灭,否则票据义务人可以拒付。

2. 票据的种类

关于票据的种类,根据我国票据法的规定,票据主要可作以下三种分类:

(1) 依是否为票据法所规定,分为票据法上的票据和非票据法上的票据。

(2) 依功能不同,票据法将票据分为汇票、本票、支票。

(3) 依票据行为的发生地和适用法律的不同,分为境内票据和涉外票据。

3. 票据的作用

票据作为金融工具的一种,是商业信用的载体,具有汇兑作用、支付作用、结算作用、流通作用、融资作用、信用作用。在整个社会的商业活动和资金融通中发挥着越来越重要的作用。

(二) 票据法的概念及特征

广义的票据法或称实质意义的票据法是指涉及票据关系调整的各种法律规范,既包括专门的票据法律、法规,也包括其他法律、法规中有关票据的规范。狭义的票据法或称形式意义的票据法,是国家专门规定票据关系以及与票据行为有密切关系的非票据关系的法律规范的总称,即主要指1995年5月10日八届全国人大常委会第十三次会议通过的《中华人民共和国票据法》。该法共7章111条,自1996年1月1日起施行。此后,2004年8月28日十届全国人大常委会第十一次会议对1995年5月制定的《中华人民共和国票据法》进行了修改。2009年10月16日,中国人民银行颁布了《电子商业汇票业务管理办法》,进一步完善了我国的票据法律制度,使票据的使用和推广走向了现代法制化轨道。

与其他法律部门相比,票据法具有以下特征:二元性、强行性、技术性以及国际统一性。联合国国际贸易法委员会为进一步促使各国票据法的协调和统一,于1988年

12月9日经联合国第43次大会通过了《国际汇票本票公约》,并开放供签署。按该公约的有关规定,该公约须经至少10个国家批准或加入后,方能生效。该公约目前尚未生效。

二、票据关系和票据法上的非票据关系

所谓票据关系,是指当事人之间基于票据行为而发生的债权债务关系,票据关系是票据当事人之间的基本法律关系。

所谓票据法上的非票据关系,是指由票据法规定,与票据行为有联系,但不是由票据行为本身所产生的法律关系。

根据我国票据法的规定,非票据关系主要有以下三种:

(1) 利益返还关系。我国《票据法》第18条规定,持票人因超过票据权利时效或者因票据记载事项欠缺而丧失票据权利的,仍享有民事权利,可以请求出票人或者承兑人返还其与未支付的票据金额相当的利益。

(2) 票据返还关系。我国《票据法》第12条规定,对于因恶意或重大过失而取得票据者,正当权利人可以向其行使票据返还请求权。

(3) 损害赔偿关系。根据《票据法》第66条、62条、14条的规定,我国票据法对三种损害赔偿关系作出了规定。分别是:怠于通知的损害赔偿;拒不作出拒绝证明的损害赔偿;伪造、变造票据的损害赔偿。

所谓票据基础关系,是指与票据有关,但不基于票据行为,而是作为产生票据行为的基础的法律关系。因其为产生票据法律关系的前提和基础,故称为票据基础关系。

票据基础关系虽与票据有关,但不基于票据行为产生,并不是票据法上的票据关系,是由民法调整的民法上的债权债务关系,是民法上的非票据关系,也不同于票据法上的非票据关系。民法上的债权债务关系不一定必然发生票据关系,但票据关系却一定是基于票据的基础关系。由于票据关系具有无因性,票据关系一经形成,就与票据基础关系相分离,不依附于其他关系而独立存在,具有独立性,票据基础关系是否存在,是否有效,对票据关系都没有影响,而票据基础关系作为产生票据行为的基础的法律关系,其不具有独立性和无因性。

票据基础关系,一般包括以下三类:

(1) 票据原因关系,即票据当事人之间作为授受票据(如发行、转让票据)的原因(无论是经济上还是法律上的原因)而发生的法律关系。① 依《票据法》第13条第2款的规定,授受票据的直接当事人之间,可以基于原因关系主张抗辩。② 依《票据法》第11条的规定,没有支付对价而取得票据的人,受其前手原因关系的影响,不能享有优于其前手的票据权利。③ 依《票据法》第13条第1款的规定,持票人明知前手存在票据原因关系上的抗辩事由而取得票据的,票据债务人可以以此抗辩事由对抗该知情的持票人。

(2) 票据资金关系,即汇票或支票的出票人之所以委托付款人付款的原因关系,是汇票、支票的付款人与出票人之间有关票据付款的资金基础关系,如存款、承诺、欠债等。① 依《票据法》第13条第2款的规定,授受票据的直接当事人之间,可以基于票据

资金关系主张抗辩。② 根据《票据法》第89条的规定,出票人在付款人处的存款足以支付支票金额时,付款人应当在当日足额付款,体现了票据资金关系和票据付款关系的强制性牵连。

(3) 票据预约关系,即当事人之间以授受票据为标的的约定,是票据当事人在作成票据之前,一般就票据的种类、金额、到期日、付款地等事项进行的约定。这种约定本身不是票据行为,是票据行为的基础,票据行为是票据预约的实现。票据预约一旦履行,票据关系产生,而票据预约关系因已履行而消灭。

三、票据权利的取得

(一) 票据权利的概念和特征

1. 票据权利的概念

票据权利是指持票人向票据债务人请求支付票据金额的权利。

2. 票据权利的二重性

根据我国《票据法》第4条的规定,票据权利包括付款请求权和追索权两类。

付款请求权是指票据债权人请求票据主债务人或其他付款义务人按照票载金额支付金钱的权利,是票据上的主要权利。票据债权人在向主债务人或其他付款人提示票据,行使付款请求权,未得到实现时,才可以行使追索权,故付款请求权被称为第一次请求权。

追索权是指持票人于不获付款或不获承兑或其他法定原因发生时,在保全票据权利的基础上,向除主债务人以外的前手(包括出票人、背书人或其他债务人)请求偿还票据金额及其损失的权利。原则上是为票据不获付款时而设立的票据权利,所以称其为第二次请求权。

鉴于两类权利的行使有一定顺序,是不可选择的,即只有付款请求权不能实现时,才能行使追索权,票据权利体现为二次请求权,具有二重性,不同于仅为一次性的金钱债权。

(二) 票据权利的取得

票据权利的取得是指根据什么方式、依据何种法律事实而取得票据权利。凡合法、有效取得的票据,其持票人就取得了票据权利。取得票据主要有以下两种情况:① 原始取得,即从出票人处取得。② 继受取得。继受取得分为两种:一种是票据法上的继受取得,即从持票人处受让取得;另一种是非票据法上的继受取得,即依照法定方式,如税收、继承、赠与、企业合并等方式取得票据。

按照我国《票据法》的规定,行为人合法取得票据,依法取得票据权利,应注意以下三点:

(1) 票据的取得应遵循诚实信用原则。我国票据法第10条明确规定,票据的签发、取得和转让,应当遵循诚实信用的原则,具有真实的交易关系和债权债务关系。真实的交易关系和债权债务关系是票据产生和存在的基础,是维护票据信用之所需,其与票据的无因性并无法律冲突。票据只要符合形式要件,票据债务人就必须依票据所记载事项对票据债权人承担票据责任,而不能以该票据没有真实的交易关系和债权债务关系为由提出抗辩,除非持票人是不履行约定义务的与自己有直接的债权债务关系的人。当事人之间因没有真实的交易关系和债权债务关系而产生的纠纷,应依据民法规定处理。

有"真实贸易背景"的理论受到考验,学界热议修改现行票据法,要求删除《票据法》第10条中关于"具有真实交易关系"的限制,重塑票据无因性,明确确立融资性票据的合法地位,适度放开票据的融资功能。

(2) 以欺诈、偷盗或者胁迫等手段取得票据的,或者明知有前列情形,出于恶意取得票据的,不得享有票据权利。持票人因重大过失取得不符合本法规定的票据的,也不得享有票据权利。

(3) 票据的取得,须给付对价。对价是一个特定的法律概念,是指当事人一方在获得某种利益时,必须给付对方相当或相等的代价。我国《票据法》第10条第2款规定:"票据的取得,必须给付对价,即应当给付票据双方当事人认可的相对应的代价。"

但在某些法定情形下票据的取得不受给付对价的限制。《票据法》第11条规定:"因税收、继承、赠与可以依法无偿取得票据的,不受给付对价的限制。但是,所享有的票据权利不得优于其前手的权利。"这里的前手是指"在票据签章人或者持票人之前签章的其他票据债务人"。由此,根据上述票据善意取得原则以及民法一般原理,如果票据的取得是无对价或无相等对价的,只要票据取得人取得票据时没有恶意,即不存在欺诈、偷盗、胁迫等,那么他当然享有该票据权利,但该票据权利不得优于其前手,即票据持有人必须承受其前手的权利瑕疵。如果前手的权利因违法或有瑕疵而受影响或丧失,则该持票人的权利也因此受影响或丧失。

四、票据的伪造和变造

所谓票据伪造,是指无权限人假冒他人或虚构人的名义签章的行为,包括票据本身的伪造和票据上签名的伪造。

所谓票据变造,是指无权更改票据内容的人,对形式有效的票据上签章以外的记载事项加以改变的行为。签章的变造属于伪造。变造后的票据仍须为形式上有效的票据。同时,应注意的是票据权利人对票据依法进行变更及行为人在空白票据上经授权进行补记的,不属于票据的变造。

我国《票据法》第14条明确规定,票据上的记载事项应当真实,不得伪造、变造。伪造、变造票据上的签章和其他事项的,应当承担法律责任。鉴于票据行为的独立性,票据上有伪造、变造的签章的,不影响票据上其他真实签章的效力。票据上其他记载事项被变造的,在变造之前签章的人,对原记载事项负责;在变造之后签章的人,对变造之后的记载事项负责;不能辨别是在票据被变造之前或者之后签章的,视同在变造之前签章。

五、票据权利的消灭与补救

票据权利的消灭是指因发生一定的法律事实而使票据权利不复存在。在一般情况下,票据权利可因履行、免除、抵销等事由的发生而消灭。我国《票据法》第17条着重规定了持票人的票据权利因在一定期限内不行使而消灭的4种情形,即因时效届满而消灭。

(1) 持票人对票据的出票人和承兑人的权利(付款请求权),自票据到期日起 2 年;见票即付的汇票、本票,自出票日起 2 年。

(2) 持票人对支票出票人的权利,自出票日起 6 个月。

(3) 持票人对前手的追索权,自被拒绝承兑或者拒绝付款之日起 6 个月。

(4) 持票人对其前手的再追索权,自清偿日或者被提起诉讼之日起 3 个月。

根据票据法的规定,票据丧失后的补救措施主要有 3 种形式:挂失止付、公示催告、普通诉讼。这里,挂失止付并不是票据丧失后票据补救的必经程序。我国《票据法》第 15 条规定:"票据丧失,失票人可以及时通知票据的付款人挂失止付,但是,未记载付款人或者无法确定付款人及其代理付款人的票据除外。收到挂失止付通知的付款人,应当暂停支付。失票人应当在通知挂失止付后三日内,也可以在票据丧失后,依法向人民法院申请公示催告,或者向人民法院提起诉讼。"

六、票据抗辩

(一) 票据抗辩的概念及其立法原由

票据抗辩是指票据债务人根据票据法的规定对票据债权人拒绝履行义务的行为。

(二) 票据抗辩的种类

根据抗辩的事由及其效力的不同,票据抗辩可以分为物的抗辩和人的抗辩。

1. 物的抗辩

物的抗辩又称绝对抗辩或客观抗辩,是指基于票据本身所存在的事由,一切票据债务人或特定票据债务人可以对抗一切债权人的抗辩。

依提出抗辩的债务人的不同,物的抗辩分为以下两类:

(1) 一切票据债务人可以对一切票据债权人行使的抗辩。这类抗辩包括:① 票据无效的抗辩,如欠缺票据上应记载的事项或记载了不得记载的事项;② 依票据记载不能提出请求的抗辩,如票据记载的到期日未至;③ 票据权利已经消灭的抗辩;④ 票据失效的抗辩。

(2) 只有特定债务人可以提出,但可以对抗一切债权人的抗辩。这类抗辩包括:① 欠缺票据行为能力的抗辩;② 保全手续欠缺的抗辩;③ 否定票据行为有效成立的抗辩;④ 依票据记载而提出的抗辩,如提示的票据系伪造或变造;⑤ 票据时效届满的抗辩等。

2. 对人的抗辩

对人的抗辩又称相对抗辩或主观抗辩,是指票据债务人仅可以对特定的票据债权人提出的抗辩。

按照抗辩人的不同,对人的抗辩也可分为以下两类:

(1) 一切票据债务人可以对特定的债权人行使的抗辩。这类抗辩包括:① 债权人欠缺实质上的受领资格的抗辩,如持票人被法院宣告破产等;② 直接恶意抗辩。

(2) 特定债务人可以向特定的债权人行使的抗辩。这类抗辩包括:① 基于票据基础关系原因而提起的抗辩,如欠缺对价的抗辩、欠缺原因关系的抗辩等;② 基于票据关系原因而提起的抗辩,如直接当事人之间发生债权债务抵销或债务免除的情形。

(三) 票据抗辩的限制及其例外

票据抗辩的限制是指票据流转给直接当事人以外的其他人后,直接当事人之间的抗辩原则上被切断,故又称为票据抗辩的切断。票据抗辩的限制不可能存在于物的抗辩中,仅存在于人的抗辩中,是一种消极的抗辩限制。

根据我国《票据法》第 13 条的规定,票据债务人不得以自己与出票人或者与持票人的前手之间的抗辩事由,对抗持票人。但是,持票人明知存在抗辩事由而取得票据的除外。这是对票据抗辩的限制,这一限制的要求是,只要持票人取得票据不是出于恶意和重大过失,即使其前手采用非法手段取得票据也不影响该持票人的权利;反之,则存在票据抗辩限制的例外。

七、票据丧失及补救

(一) 票据丧失及其救济

票据丧失,失票人可以及时通知票据的付款人挂失止付,但是,未记载付款人或者无法确定付款人及其代理付款人的票据除外。收到挂失止付通知的付款人,应当暂停支付。失票人应当在通知挂失止付后 3 日内,也可以在票据丧失后,依法向人民法院申请公示催告,或者向人民法院提起诉讼。

(二) 补救具体措施

允许挂失止付的票据丧失,失票人需要挂失止付的,应填写挂失止付通知书并签章。挂失止付通知书应当记载下列事项:

(1) 票据丧失的时间、地点、原因;
(2) 票据的种类、号码、金额、出票日期、付款日期、付款人名称、收款人名称;
(3) 挂失止付人的姓名、营业场所或者住所以及联系方法。

欠缺上述记载事项之一的,银行不予受理。

八、汇票

(一) 汇票的概念及分类

1. 汇票的概念与特征

汇票是出票人签发的,委托付款人在见票时或在指定日期无条件支付确定的金额给收款人或者持票人的票据。它与本票、支票相比,具有以下四个法律特征:

(1) 从当事人来看,汇票、支票的基本当事人均有三方:出票人、付款人和收款人,但除《票据法》另有规定外,汇票的出票人不为付款人,支票的付款人仅限于办理支票存款业务的银行或其他金融机构,而本票的基本当事人只有出票人和收款人。

(2) 汇票是委付证券,而本票是一种自付证券。

(3) 汇票须经承兑,是汇票区别于本票和支票的重要特征。

(4) 付款日不同。汇票除有见票即付的情况外,还有定日付款、出票后定期付款和见票后定期付款等情况,而本票和支票是见票即付。

2. 汇票的分类

汇票依不同的标准,可作不同的分类。

(1) 依出票人身份的不同,我国《票据法》将汇票分为银行汇票和商业汇票。银行汇票是指出票银行签发的,由其在见票时按照实际结算金额无条件支付给收款人或者持票人的票据。银行汇票是一种变式汇票,即已付汇票,其基本当事人只有两个,即出票人和收款人,出票银行既是出票人,又是付款人。商业汇票是指出票人签发的,委托付款人在指定日期无条件支付确定的金额给收款人或者持票人的票据。商业汇票按承兑人的不同,分为商业承兑汇票和银行承兑汇票。凡由银行承兑的,称为银行承兑汇票;凡由银行以外的付款人承兑的,称为商业承兑汇票。

(2) 依汇票到期日的不同,汇票分为即期汇票和远期汇票,远期汇票又分为定日汇票、见票后定期付款汇票、出票后定期付款汇票、分期付款汇票,我国票据法不承认分期付款汇票。

(3) 依记载权利人名称方式的不同,可分为记名汇票、指示汇票和无记名汇票。

(4) 按照票据关系当事人资格是否重叠,汇票可分为一般汇票和变式汇票。变式汇票是指出票人、付款人及收款人中有一人兼任数个票据当事人身份的汇票。

(5) 按照汇票的付款要求不同,汇票可分为光票和跟单汇票。

(6) 按照出票和付款的地域不同,可分为国内汇票和国际汇票。

(7) 按照汇票的形式不同,可分为普通纸质汇票和电子商业汇票。

电子商业汇票是指出票人依托电子商业汇票系统,以数据电文形式制作的,委托收款人在指定日期无条件支付确定的金额给收款人或者持票人的票据。按承兑人的不同,电子商业汇票分为电子银行承兑汇票和电子商业承兑汇票。电子银行承兑汇票由银行或财务公司承兑;电子商业承兑汇票由银行、财务公司以外的法人或其他组织承兑。电子商业汇票的付款人为承兑人。

与普通纸质商业汇票相比,电子商业汇票具有以下特点:① 以数据电文形式代替实物票据。② 以电子签名取代实体签章。③ 以网络传输代替人工传递。④ 以计算机录入代替手工书写。⑤ 电子商业汇票必须依托电子商业汇票系统签发和交付,为定日付款票据。⑥ 每一票据流转行为包括行为申请和行为回复两个动作。行为回复包括签收(同意行为申请)和驳回(拒绝行为申请)两种。系统同时支持申请方发起撤销操作,申请方的撤销操作和接收方的回复操作按照时间优先、先到先得的原则进行处理。票据当事人通过电子商业汇票系统作出行为申请,行为接收方未签收且未驳回的,票据当事人可撤销该行为申请。电子商业汇票系统为行为接收方的,票据当事人不得撤销。⑦ 电子商业汇票系统支持的最大票据金额为10亿元,人民银行可根据需要进行调整。

此外,电子商业汇票的付款期限由普通商业汇票付款期限的6个月延长到了1年。

(二) 汇票的主票据行为

1. 汇票出票的概念及其记载事项

汇票的出票,又称汇票的发票,是指出票人签发汇票并将其交付给收款人的票据行为,是制作票据的原始行为,是创设汇票的基本票据行为,或称汇票的主票据行为,是汇票、本票、支票所共有的行为。汇票的出票包括签发票据和交付两个行为,出票若无交付行为,则该票据尚不能发生效力。根据我国《票据法》的规定,出票人签发的汇票必须记载以下事项:

(1) 表明"汇票"的字样;
(2) 无条件支付的委托;
(3) 确定的金额;
(4) 付款人名称;
(5) 收款人名称;
(6) 出票日期;
(7) 出票人签章。

汇票未记载上述事项之一的,汇票无效。

另外,汇票上未记载付款日期的,视为见票即付;未记载付款地的,以付款人的营业场所、住所或经常居住地为付款地;未记载出票地的,以出票人的营业场所、住所或经常居住地为出票地。

付款日期可以按照下列形式之一记载:

(1) 见票即付;
(2) 定日付款;
(3) 出票后定期付款;
(4) 见票后定期付款。

上述付款日期为汇票到期日。

2. 汇票出票的条件及其效力

关于汇票出票的条件,我国《票据法》规定,出票时"汇票的出票人必须与付款人具有真实的委托关系,并且具有支付票据金额的可靠的资金来源",出票人"不得签发无对价的汇票用以骗取银行或其他票据当事人的资金"。符合上述条件出具的汇票,才具有法律效力。

(三) 汇票的从票据行为

汇票的从票据行为包括背书、承兑、保证、付款等。电子商业汇票每一个流转行为一般包括行为申请和行为回复两个动作。

1. 背书

(1) 背书的目的和概念。我国《票据法》第 27 条规定,持票人可以将汇票权利转让给他人或者将一定的汇票权利授予他人行使。通常,汇票权利转让给他人有两种方式:一是单纯交付转让;二是背书交付转让。对第一种方式我国票据法并不排斥,《票据法》第 31 条规定,非经背书转让,而以其他合法方式取得汇票的,依法举证,证明其汇票权利。但为了保证票据权利的安全性,我国票据权利的转让,主要采用背书转让方式。

所谓背书是指持票人在票据背面或者粘单上记载有关事项并签章的票据行为。作背书转让的持票人为背书人,接受票据受让背书的人为被背书人,被背书人接受票据后可以再次背书,称为再背书。汇票、本票、支票都可以有背书行为。

(2) 转让背书和非转让背书。依据上述背书目的的不同,背书可分为转让背书和非转让背书。

转让背书是指持票人以转让票据权利为目的的背书。故转让背书的效力有三:一是通过背书将票据权利由背书人转移给被背书人;二是背书人负有担保责任;三是权利证明的效力,即持票人只需背书的连续即可证明其取得票据权利。

非转让背书是指持票人以转让票据权利以外的其他目的(授权)而为的背书,又分为委任背书和设质背书两种。

委任背书或称委托收款背书,是指持票人为委托他人(被背书人)代为领取票款而为的背书,是一种授权背书。

我国《票据法》第35条第1款就委任背书作了规定,委托收款背书的被背书人可以代理行使票据上的一切权利。被背书人只是代理人,背书人仍是票据权利人。所以,委托收款的被背书人不得再以背书转让汇票权利,否则,原背书人对后手的被背书人不承担票据责任,但不影响出票人、承兑人以及原背书人之前手的票据责任。

委托收款背书与其他背书一样,要作成背书并交付才能生效。按《票据法》的规定,背书人可以记载"委托收款"字样,但如果记载"因收款""托收""代理"等字样的,也应该认为有效。

设质背书或称质权背书,是指背书人以票据权利设定质押的背书。背书人为出质人,被背书人为质权人。

《票据法》第35条第2款规定:"汇票可以设定质押,质押时应当以背书记载'质押'字样。被背书人依法实现其质权时,可以行使汇票权利。"票据设质,实质上是《担保法》中规定的权利质押,而不是一种票据权利的转让与被转让关系。

质押时应当以背书记载"质押"字样。但是,只记载了"质押"字样而未在票据上签章的,或者出质人未在汇票、粘单上记载"质押"字样而另行签订质押合同、质押条款的,不构成票据质押。

非转让背书的效力,就委任背书而言,背书的效力仅产生对被背书人代理权的授予,而不产生票据权利的转移。就设质背书而言,也不发生权利转移的效力,而仅使被背书人取得对票据权利的质权,只有在被背书人依法实现其质权时,才可以行使汇票权利。

(3) 背书的格式。背书是一种要式行为,必须符合法定的形式。

① 背书应记载必要事项,包括:背书人签章、被背书人。背书人背书时,应当在票据上签章并记载背书日期,背书才能成立。背书人未签章的,背书行为无效,背书未记载日期的,视为在汇票到期日前背书;汇票以背书转让或者以背书将一定的汇票权利授予他人行使时,必须记载被背书人名称。但是,背书人未记载被背书人名称即将票据交付他人的,持票人在票据被背书人栏内记载自己的名称与背书人记载具有同等法律效力。

② 背书得(可以)记载的事项。我国《票据法》第34条规定:"背书人在汇票上记载

'不得转让'字样,其后手再背书转让的,原背书人对后手的被背书人不承担保证责任。"其中的"不得转让"即为得(可以)记载事项。

③ 背书不得记载(无效)的内容。背书时附有条件的,所附条件不具有汇票上的效力。这与一般民事法律行为可以附条件是不同的。这里所指的"所附条件不具有汇票上的效力"并不影响背书行为本身的效力,被背书人仍可依该背书取得票据权利。部分背书是指背书人在背书时,将汇票金额的一部分或者将汇票金额分别转让给2人以上的背书。部分背书无效。

④ 关于背书时粘单的使用。票据凭证不能满足背书人记载事项的需要,可以加附粘单,粘附于票据凭证上。粘单上的第一记载人,应当在汇票和粘单的粘接处签章。

(4) 背书连续。背书连续是指在票据转让中,转让汇票的背书人与受让汇票的被背书人在汇票上的签章依次前后衔接,即本次背书人应是前一次背书的被背书人。

背书连续有以下五项法律效力:

① 据票据法规定,以背书转让的汇票,背书应当连续。持票人以背书的连续,证明其汇票权利,以背书转让的汇票,后手应当对其直接前手背书的真实性负责。后手是指在票据签章人之后签章的其他票据债务人。

② 背书连续主要是指背书在形式上连续。如果背书在形式上连续,在实质上不连续(如无行为能力人或限制行为能力人签章、伪造签章),则不影响背书的连续,付款人仍应对持票人付款。但如果付款人明知持票人不是真正票据权利人,则不得向持票人付款,否则应自行承担责任。

③ 如果背书不连续的,付款人可以拒绝向持票人付款,否则付款人自行承担责任。(属于前述"对物抗辩"的情形)

④ 形式和实质均不连续时,持票人只能行使追索权或利益偿还请求权。

⑤ 背书的连续是指转让背书连续,而不包括非转让背书在内,如委托收款背书、质押背书。

(5) 法定禁止背书。法定禁止背书是指根据《票据法》的规定而禁止背书转让的情形。

① 出票人在汇票上记载"不得转让"字样,汇票不得转让。如果收款人或持票人将出票人作禁止背书的汇票转让的,该转让不发生票据法上的效力,出票人和承兑人对受让人不承担票据责任。背书人在汇票上记载"不得转让"字样,其后手再背书转让的,原背书人对后手的被背书人不承担保证责任。在实践中只要表明了禁止背书的含义,如记载"禁止背书""禁止转让"等字样,亦是有效的。

② 被拒绝承兑、被拒绝付款或者超过提示付款期限的汇票,法律规定禁止背书。如果背书转让的,背书人应当承担汇票责任。注意:与前面记载禁止背书不同,这里是法定,只要发生法定情形即禁止背书转让。

2. 承兑

(1) 承兑的概念及效力。承兑是指汇票付款人承诺在汇票到期日支付汇票金额的票据行为。付款人一经承兑就成为承兑人,即票据主债务人。承兑是商业汇票特有的制度,银行汇票无须承兑。承兑仅存在于汇票关系中,本票、支票关系中不存在承兑行为。

(2) 承兑的分类。承兑的分类一般有以下两种:

① 依承兑有无限制,分为单纯承兑和不单纯承兑。前者是指不附加任何条件的承兑,后者是指对汇票上记载的文义加以变更或限制而为的承兑。我国《票据法》第43条不承认附条件承兑,附有条件的,视为拒绝承兑。

② 依承兑的方式不同,分为正式承兑和略式承兑,前者是指在汇票正面记载承兑文句,并由付款人签章的承兑行为,后者是指付款人只签章而无承兑文句的承诺行为。我国《票据法》第42条只承认正式承兑。

(3) 承兑的程序。

① 提示承兑。提示承兑是指持票人向付款人出示汇票,并要求付款人承诺付款的行为。我国《票据法》根据汇票记载付款日期形式的不同,规定了不同的提示承兑期间:定日付款或者出票后定期付款的汇票,持票人应当在汇票到期日前向付款人提示承兑,否则即丧失对其前手的追索权;见票后定期付款的汇票,持票人应当自出票日起1个月内向付款人提示承兑,否则即丧失对其前手的追索权;无须提示承兑汇票主要包括两种,一是汇票上明确记载有"见票即付",二是汇票上没有记载付款日期,视为"见票即付"。

② 承兑成立。付款人的承兑期间。《票据法》规定:"付款人对向其提示承兑的汇票,应当自收到提示承兑的汇票之日起3日内承兑或者拒绝承兑。"一般来说,付款人在3日内不作承兑与否表示的,则应视为拒绝承兑,持票人可以请求其作出拒绝承兑证明,向其前手行使追索权。拒绝承兑在国外一般只需口头表示并退票即可。但在我国,依《票据法》第62条第2款的规定,付款人拒绝承兑的,必须出具拒绝证明或者退票理由书,否则,要承担由此而产生的民事责任。

接受承兑。《票据法》规定:"付款人收到持票人提示承兑的汇票时,应当向持票人签发收到汇票的回单。回单上应当记明汇票提示承兑日期并签章。"这一手续办理完毕,即意味着接受承兑。

承兑的格式。《票据法》规定:"付款人承兑汇票的,应当在汇票正面记载'承兑'字样和承兑日期并签章;见票后定期付款的汇票,应当在承兑时记载付款日期",汇票上未记载承兑日期的,以"自收到提示承兑的汇票之日起3日内"的最后一日为承兑日期。

退回已承兑的汇票。付款人依承兑格式填写完毕应记载事项后,并不意味着承兑生效,只有在其将已承兑的汇票退回持票人才产生承兑的效力。

(4) 承兑的效力。付款人承兑汇票后,应当承担到期付款的责任。承兑人到期付款的责任是一种绝对责任,表现在以下四个方面:

① 承兑人于汇票到期日必须向持票人无条件地支付汇票上的金额,否则其必须承担迟延付款责任。

② 承兑人必须对汇票上的一切权利人承担责任,该等权利人包括付款请求权人和追索权人。

③ 承兑人不得以其与出票人之间资金关系来对抗持票人，拒绝支付汇票金额。

④ 承兑人的票据责任不因持票人未在法定期限提示付款而解除。

3. 票据保证

（1）票据保证的概念。票据保证是票据债务人以外的第三人以担保特定债务人履行票据债务为目的，而在票据上所为的一种附属票据行为。其适用于汇票、本票。

（2）票据保证的当事人。关于票据保证的当事人有以下三个方面的规定：

① 保证人是指票据债务人以外的，为票据债务的履行提供担保而参与到票据关系中的第三人。保证人应当是具有代为清偿票据债务能力的法人、其他组织或者个人。国家机关、以公益为目的的事业单位、社会团体、企业法人的分支机构和职能部门不得为保证人；但法律另有规定的除外。票据保证无效的，票据的保证人应当承担与其过错相应的民事责任。

② 已成为票据债务人的，不得再充当票据上的保证人。

③ 被保证人是指票据关系中已有的债务人，包括出票人、背书人、承兑人。

（3）票据保证的格式。关于票据保证的格式有以下四个方面的规定：

① 保证是一种书面行为，保证人必须在汇票或粘单上记载下列事项：表明"保证"的字样；保证人名称和住所；被保证人的名称；保证日期；保证人签章。其中绝对应记载事项包括保证文句和保证人签章。保证人在汇票或者粘单上未记载被保证人名称的，已承兑的汇票，以承兑人为被保证人；未承兑的汇票，以出票人为被保证人。保证人未记载保证日期的，以出票日期为保证日期。

② 另行签订保证合同或者保证条款的，不属于票据保证。

③ 为出票人、承兑人保证的，则应记载于汇票的正面；为背书人保证的，则应记载于汇票的背面或者粘单上。

④ 保证不得附有条件；附有条件的，不影响对汇票的保证责任。

（4）保证的效力。保证的效力就是使保证人依法承担保证责任。

① 保证人的保证责任。依我国《票据法》规定，保证人一旦在汇票上或者粘单上作出保证，除被保证人的债务因汇票记载事项欠缺而无效的外，应对合法取得汇票的持票人所享有的汇票权利承担保证责任。

被保证的汇票，保证人应当与被保证人对持票人承担连带责任。汇票到期后得不到付款的，持票人有权向保证人请求付款，保证人应当足额付款。

共同保证人的责任。保证人为2人以上的，保证人之间承担连带责任。值得注意的是：电子商业汇票的保证，保证人为2人以上的，同一被保证人只有在通过电子商业汇票系统收到保证申请回复或撤销保证申请后，才能向其他保证人一对一发起保证申请。

② 保证人的追索权。保证人清偿汇票债务后，可以行使持票人对被保证人及其前手的追索权。此时被保证人的后手全部免责，追索权都是向前手行使。

保证人行使这一权利时，被保证人及其前手不得以对抗持票人的事由对抗保证人。

承兑人并不因保证人清偿债务而解除责任，承兑人仍是票据上的主债务人，保证人应该享有对承兑人的付款请求权和追索权。

综上所述,票据保证与普通民事保证虽同属人的担保方式,但差别颇大,如:前者为要式行为,后者为不要式行为;前者为单方法律行为,后者为合同行为;前者如为共同保证时共同保证人必须负连带责任,后者的共同保证人不必然负连带责任;等等。另有几点区别须在票据实践中特别注意:第一,票据保证具有较强的独立性,只要被保证债务在形式上有效成立,即使实质上无效,保证行为仍有效;第二,票据保证的保证人无先诉抗辩权,而普通民事保证的保证人有先诉抗辩权;第三,票据保证的保证人在代被保证人清偿债务后即可代被保证人行使追索权,而民事保证的保证人在清偿后只对被保证人有求偿权及代位权。追索权显然较求偿权对保证人更为有利。

4. 付款

(1) 付款的概念。付款是指付款人依据票据文义支付票据金额,以消灭票据关系的行为。电子商业汇票的付款人为承兑人。

(2) 付款的程序。付款的程序包含以下三个步骤:

① 付款提示。付款提示是指持票人向付款人或承兑人出示票据,请求付款的行为。持票人只有在法定期限内进行付款提示的,才产生法律效力。见票即付的汇票,自出票日起1个月内向付款人提示付款;定日付款、出票后定期付款或者见票后定期付款的汇票,自到期日起10日内向承兑人提示付款。另外,持票人通过委托收款银行或者通过票据交换系统向付款人提示付款的,视同持票人提示付款。

持票人未在上述法定期限内进行付款提示的,则丧失对其前手的追索权。但是,持票人丧失的追索权仅限于对其前手,对于承兑人并不发生失权的效果。持票人未按照前款规定期限提示付款的,在作出说明后,承兑人或者付款人仍应当继续对持票人承担付款责任。

此外,持票人在以下情形下可不进行付款提示:付款人拒绝承兑,无须再为提示;票据丧失,只能通过公示催告或普通诉讼来救济;因不可抗力不能在规定期限提示,可直接行使追索权;付款人或承兑人主体资格消灭,持票人无法提示。

② 支付票款。持票人向付款人或承兑人进行付款提示后,付款人应当无条件地在当日按票据金额足额支付给持票人。另依《票据法》第58条的规定,付款人在到期日前,对定日付款、出票后定期付款或者见票后定期付款的汇票提前付款的,由付款人自行承担所产生的责任。

在票款支付时,持票人可以委托银行收款,付款人也可委托银行付款。但受托银行的责任,限于按照汇票上记载的事项将汇票金额转入持票人账户或划出付款人的账户。

付款人或者代理付款人在付款时应当尽审查义务,但该审查义务仅限于汇票格式是否合法,即对汇票形式上的审查,而不负责实质上的审查。应当审查持票人提示的汇票背书是否连续,并应审查提示付款人的合法身份证明或者有效证件。付款人及其代理付款人以恶意或者重大过失付款的,应当自行承担责任。

③ 收回汇票。汇票是返还证券,付款人付款后,有向持票人收回汇票的权利。对

持票人拒不记载"收清"字样和签章的,付款人可拒绝付款。我国《票据法》第 55 条规定:"持票人获得付款的,应当在汇票上签收,并将汇票交给付款人。持票人委托银行收款的,受委托的银行将代收的汇票金额转账收入持票人账户,视同签收。"

(3) 付款的效力。付款人依法足额付款后,全体汇票债务人的责任解除,付款责任和担保责任都被解除。由于付款行为不必在票据上作出任何意思表示,付款后即可收回票据,消灭票据关系,所以,有学者认为付款不是票据行为,只是一种准票据行为。但是,付款人未尽审查义务而对不符合法定形式的票据付款,或其存在恶意或重大过失而付款的,则不发生上述法律效力,付款人的义务不能免除,其他债务人也不能免除责任。

5. 追索权

(1) 追索权的概念。追索权是指持票人在票据到期不获付款或期前不获承兑或有其他法定原因时,在实施行使或保全票据上权利的行为后,可以向其前手请求偿还票据金额、利息及其他法定款项的一种票据权利。是法律上为补充付款请求权而设定的第二次请求权。

在追索权关系中,其当事人分为追索权人和被追索权人。前者是指行使追索权的人,也就是持票人;后者也称偿还义务人,是指有偿还持票人票据金额及其损失的责任的人,包括出票人、背书人、保证人、承兑人等,他们原则上对持票人负有连带清偿责任,持票人可以向他们中的任何一个人行使追索权。但持票人为出票人时,对其前手无追索权,只对承兑人有追索权;持票人为背书人时,对其后手无追索权;禁止背书人对其直接被背书人的后手不负票据责任,即不受追索。

(2) 追索权发生的原因。追索权基于何种原因产生,我国票据法分到期追索和期前追索两种情形,就其实质和形式要件进行了规范。

① 追索权发生的实质条件。到期追索的原因是汇票到期被拒绝付款。

对于远期汇票而言,持票人还可能在到期前取得追索权,称为"期前追索权"。其发生的原因包括:汇票在到期日前被拒绝承兑;在汇票到期日前,承兑人或付款人死亡、逃匿的;在汇票到期日前,承兑人或付款人被依法宣告破产或因违法被责令终止业务活动。

② 追索权发生的形式条件。持票人行使追索权必须履行一定的保全手续而不致使追索权丧失。票据法规定,其保全手续包括下述方式。

在法定提示期限提示承兑或提示付款,但如果由于付款人或承兑人死亡、逃匿等原因无法提示,或付款人、承兑人被宣告破产、被责令终止业务活动时,持票人可不进行票据提示而直接行使追索权。

在不获承兑或不获付款时,在法定期限内作成拒绝证明,包括以下情形:持票人提示承兑或者提示付款被拒绝的,承兑人或者付款人必须出具拒绝证明,或者出具退票理由书。未出具拒绝证明或者退票理由书的,应当承担由此产生的民事责任;持票人因承兑人或者付款人死亡、逃匿或者其他原因,不能取得拒绝证明的,可以依法取得其他有关证明;承兑人或者付款人被人民法院依法宣告破产的,人民法院的有关司法文书具有拒绝证明的效力。承兑人或者付款人因违法被责令终止业务活动的,有关行政主管部门的处罚决定具有拒绝证明的效力。

持票人不能出示拒绝证明、退票理由书或者未按照规定期限提供其他合法证明的，丧失对其前手的追索权。但是，承兑人或者付款人仍应当对持票人承担责任。

(3) 追索权的行使。持票人按照法定手续保全了追索权之后，就可进入行使追索权的程序。该程序一般包括：由持票人发出追索通知、确定追索对象、请求偿还、受领清偿金额等。

① 发出追索通知。被通知人包括出票人、背书人、保证人等。持票人应当自收到被拒绝承兑或者被拒绝付款的有关证明之日起 3 日内，将被拒绝事由书面通知其前手；其前手应当自收到通知之日起 3 日内书面通知其再前手。持票人也可以同时向各汇票债务人发出书面通知。

通知义务并不是行使追索权的必经程序，未按规定期限通知的，持票人仍可以行使追索权。不过，因延期通知给其前手或者持票人造成损失的，要在汇票金额限度内承担对该损失的赔偿责任。

② 确定追索对象。持票人可以不按照汇票债务人的先后顺序，对其中任何一人、数人或者全体行使追索权。出票人、背书人、承兑人和保证人均为被追索人，该等被追索人对持票人承担连带责任。

③ 请求清偿和受领。持票人在向追索对象行使追索权时，应当向其出示汇票、拒绝证明或退票理由书或其他具有法定证明效力的文书，请求其依法偿还追索的金额。该请求可以诉讼方式，也可以非诉讼方式进行。

持票人行使追索权，可以请求被追索人支付的金额和费用包括：被拒绝付款的汇票金额；汇票金额自到期日或者提示付款日起至清偿日止，按照中国人民银行规定的同档次流动资金贷款利率计算的利息；取得有关拒绝证明和发出通知书的费用。

④ 进行再追索。被追索人清偿债务后，与持票人享有同一权利，可以向其他汇票债务人行使再追索权，请求其他汇票债务人支付以下金额和费用：已清偿的全部金额；前项金额自清偿日起至再清偿日止的利息；发出通知的费用。行使再追索权的被追索人获得清偿时，应当交出汇票和有关拒绝证明，并出具所收到利息和费用的收据。

九、本票

(一) 本票的概念及其特点

1. 本票的概念

本票是出票人签发的，承诺自己在见票时无条件支付确定的金额给收款人或者持票人的票据。本票不需要承兑。在国外，本票依持票人的不同，可分为银行本票和商业本票，而我国《票据法》仅承认银行本票。银行本票又可以分为定额本票和不定额本票。定额银行本票面额为 1 000 元、5 000 元、1 万元和 5 万元。

2. 本票的特点

本票具有一般票据所共有的性质，但又有不同于汇票和支票的一些特点。

(1) 本票是自付证券,是出票人自己承诺支付款项的票据;而汇票和支票是委付证券,是由出票人委托他人支付款项的票据。

(2) 本票出票时当事人只有出票人和收款人,出票人即为付款人,所以本票无须记载付款人的名称;而汇票、支票当事人一般有出票人、付款人和收款人三方。

(3) 本票是自付证券,其出票人始终是主债务人,他必须对本票债务承担绝对的偿付义务,因此,本票无须承兑,这与汇票须经承兑不同。

(二) 本票的主票据行为

1. 出票的实质要件

本票的出票人必须具有支付本票金额的可靠资金来源,并保证支付。

2. 出票的程序要件和形式要件

(1) 本票的出票与汇票一样,包括作成票据和交付票据。

(2) 本票的绝对应记载事项包括:表明"本票"的字样;无条件支付的承诺;确定的金额;收款人名称;出票日期;出票人签章。

注意:与汇票相比,缺少"付款人名称",因为付款人就是出票人。

(3) 本票的相对应记载事项:付款地,本票上未记载付款地的,出票人的营业场所为付款地;出票地,本票上未记载出票地的,出票人的营业场所为出票地。

注意:与汇票相比,缺少"付款日期",因为见票付款。

(三) 本票的附属票据行为

汇票中有关背书、保证、付款、追索权的具体制度规定,都可适用于本票。

银行本票是见票付款的票据,收款人或持票人在取得银行本票后,随时可以向出票人请求付款。本票自出票日起,付款期限最长不得超过 2 个月。本票的持票人未按照规定期限提示本票的,则丧失对出票人以外的前手的追索权。

十、支票

(一) 支票概述

1. 支票的概念和特点

支票是出票人委托银行或者其他金融机构见票时无条件支付一定金额给受款人或者持票人的票据。

支票与汇票和本票相比,有以下显著特点:支票以银行或者其他金融机构作为付款人,这与汇票有明显区别,汇票的付款人不局限于金融机构;支票为见票即付,而汇票、本票则有定期、定日等多种付款形式;支票不必经过承兑,不存在承兑行为,而汇票在出票时或者出票后必须经过承兑;支票是委付证券,而本票是自付证券,这是支票和本票的显著区别。

2. 支票的种类

我国《支付结算办法》规定,支票有三类:① 现金支票,即票据正面印有"现金"字样、只能用来支取现金的支票。② 转账支票,即票据正面印有"转账"字样、只能用来转账的支票。③ 普通支票,即票据上未印有"现金"或"转账"字样、既可用来支取现金也可用来转账的支票。但是,普通支票左上角划两条平行线的,为划线支票。划线支票只能用来转账,不得支取现金。在实践中,我国一直采用的是现金支票和转账支票,没有普通支票。

(二) 支票的主票据行为

出票是支票的主票据行为。出票人签发支票并交付的行为即为出票。但是,出票人签发支票必须具备以下三方面的条件:

1. 出票的实质要件

(1) 出票人为在经中国人民银行当地分支行批准办理支票业务的银行机构开立可以使用支票的存款账户的单位和个人。

(2) 支票的出票人所签发的支票金额不得超过其付款时在付款人处实有的存款金额。否则,该支票称为空头支票。签发空头支票是一种违法行为,对其责任人要给予严厉的处罚和制裁,构成犯罪的,要依法追究其刑事责任。

(3) 支票的出票人不得签发与其预留本名的签名式样或者印鉴不符的支票;使用支付密码的,出票人不得签发支付密码错误的支票。

2. 出票的程序要件和形式要件

(1) 支票的出票与汇票一样,包括作成票据和交付票据。

(2) 支票的绝对应记载事项:表明"支票"的字样;无条件支付的委托;确定的金额;付款人名称;出票日期;出票人签章。

注意:这里列举的绝对应记载的事项没有包括"收款人名称",但在前面"票据行为成立的有效条件"中,"收款人名称"被列为各类票据共同必须绝对记载的内容。

支票的两项绝对应记载事项可以通过授权补记的方式记载:支票上的金额可以由出票人授权补记,未补记前的支票,不得使用。支票上未记载收款人名称的,经出票人授权,可以补记。出票人可以在支票上记载自己为收款人。

(3) 支票的相对应记载事项:付款地,支票上未记载付款地的,付款人的营业场所为付款地;出票地,支票上未记载出票地的,出票人的营业场所、住所或者经常居住地为出票地。

支票上可以记载非法定记载事项,但这些事项并不发生支票上的效力。

3. 出票的效力

出票人必须按照签发的支票金额承担保证向该持票人付款的责任。这一责任包括两项:一是出票人必须在付款人处存有足够可处分的资金,以保证支票票款的支付;二是当付款人对支票拒绝付款或者超过支票付款提示期限的,出票人应向持票人承担付款责任。

(三) 支票的附属票据行为

根据票据法的规定,支票的出票、背书、付款行为和追索权的行使,除另有规定外,适用有关汇票的规定。相关的特殊规定主要有以下三项:

1. 提示期间

支票的持票人应当自出票日起 10 日内提示付款,超过提示付款期限的,付款人可以不予付款,但出票人仍应当对持票人承担票据责任。

2. 付款

(1) 支票限于见票即付,不得另行记载付款日期。另行记载付款日期的,该记载无效。

(2) 出票人在付款人处的存款足以支付支票金额时,付款人应当在当日足额付款。

(3) 付款人依法支付支票金额的,对出票人不再承担受委托付款的责任,对持票人不再承担付款的责任。但是,付款人以恶意或者有重大过失付款的除外。

3. 对签发空头支票行为实施的行政处罚

(1) 依据有关规定,由中国人民银行及其分支机构实施对签发空头支票出票人的行政处罚。

(2) 签发空头支票或者签发与其预留的签章不符的支票,不以骗取财物为目的的,由中国人民银行处以票面金额5%但不低于1 000元的罚款。

(3) 对于屡次签发空头支票的出票人,银行有权停止为其办理支票或全部支付结算业务。

第三节 非票据结算方式

一、汇兑

(一) 汇兑的概念

汇兑是汇款人委托银行将其款项支付给收款人的结算方式。单位和个人的各种款项的结算,均可使用汇兑结算方式。汇兑分为信汇、电汇两种,由汇款人选择使用。

(二) 签发汇兑凭证必要记载事项

(1) 表明"信汇"或"电汇"的字样。

(2) 无条件支付的委托。

(3) 确定的金额。

(4) 收款人名称。

(5) 汇款人名称。

(6) 汇入地点、汇入行名称。

(7) 汇出地点、汇出行名称。

(8) 委托日期。

(9) 汇款人签章。

汇兑凭证上欠缺上列记载事项之一的,银行不予受理。汇兑凭证记载的汇款人名称、收款人名称,其在银行开立存款账户的,必须记载其账号。欠缺记载的,银行不予受理。委托日期是指汇款人向汇出银行提交汇兑凭证的当日。

(三) 汇兑业务的基本要求

未在银行开立存款账户的收款人,凭信、电汇的取款通知或"留行待取"的,向汇入银行支取款项,必须交验本人的身份证件,在信、电汇凭证上注明证件名称、号码及发证机关,并在"收款人签盖章"处签章;信汇凭签章支取的,收款人的签章必须与预留信汇凭证上的签章相符。银行审查无误后,以收款人的姓名开立应解汇款及临时存款账户,该账户只付不收,付完清户,不计付利息。

支取现金的,信、电汇凭证上必须有按规定填明的"现金"字样,才能办理。未填明"现金"字样,需要支取现金的,由汇入银行按照国家现金管理规定审查支付。

收款人需要委托他人向汇入银行支取款项的,应在取款通知上签章,注明本人身份证件名称、号码、发证机关和"代理"字样以及代理人姓名。代理人代理取款时,也应在取款通知上签章,注明其身份证件名称、号码及发证机关,并同时交验代理人和被代理人的身份证件。

转账支付的,应由原收款人向银行填制支款凭证,并由本人交验其身份证件办理支付款项。该账户的款项只能转入单位或个体工商户的存款账户,严禁转入储蓄和信用卡账户。

转汇的,应由原收款人向银行填制信、电汇凭证,并由本人交验其身份证件。转汇的收款人必须是原收款人。原汇入银行必须在信、电汇凭证上加盖"转汇"戳记。

二、托收承付

(一)托收承付的概念

托收承付是根据购销合同由收款人发货后委托银行向异地付款人收取款项,由付款人向银行承认付款的结算方式。使用托收承付结算方式的收款单位和付款单位,必须是国有企业、供销合作社以及经营管理较好,并经开户银行审查同意的城乡集体所有制工业企业。办理托收承付结算的款项,必须是商品交易,以及因商品交易而产生的劳务供应的款项。代销、寄销、赊销商品的款项,不得办理托收承付结算。

(二)签发托收承付凭证必要记载事项

签发托收承付凭证必须记载下列事项,托收承付凭证上欠缺记载下列事项之一的,银行不予受理:

(1) 表明"托收承付"的字样;
(2) 确定的金额;
(3) 付款人名称及账号;
(4) 收款人名称及账号;
(5) 付款人开户银行名称;
(6) 收款人开户银行名称;
(7) 托收附寄单证张数或册数;
(8) 合同名称、号码;
(9) 委托日期;
(10) 收款人签章。

三、委托收款

（一）委托收款的概念

委托收款是收款人委托银行向付款人收取款项的结算方式。单位和个人凭已承兑商业汇票、债券、存单等付款人债务证明办理款项的结算，均可以使用委托收款结算方式。委托收款在同城、异地均可以使用。委托收款结算款项的划回方式，分邮寄和电报两种，由收款人选用。

（二）签发委托收款凭证必要记载事项

签发委托收款凭证必须记载下列事项，欠缺记载下列事项之一的，银行不予受理：

(1) 表明"委托收款"的字样；
(2) 确定的金额；
(3) 付款人名称；
(4) 收款人名称；
(5) 委托收款凭据名称及附寄单证张数；
(6) 委托日期；
(7) 收款人签章。

委托收款以银行以外的单位为付款人的，委托收款凭证必须记载付款人开户银行名称；以银行以外的单位或在银行开立存款账户的个人为收款人的，委托收款凭证必须记载收款人开户银行名称；未在银行开立存款账户的个人为收款人的，委托收款凭证必须记载被委托银行名称。欠缺记载的，银行不予受理。

四、国内信用证

（一）国内信用证的定义

国内信用证（以下简称信用证），是指银行（包括政策性银行、商业银行、农村合作银行、村镇银行和农村信用社）依照申请人的申请开立的、对相符交单予以付款的承诺。信用证是以人民币计价、不可撤销的跟单信用证。信用证的开立和转让，应当具有真实的贸易背景。信用证只限于转账结算，不得支取现金。

（二）信用证业务当事人

(1) 申请人指申请开立信用证的当事人，一般为货物购买方或服务接受方。
(2) 受益人指接受信用证并享有信用证权益的当事人，一般为货物销售方或服务提供方。
(3) 开证行指应申请人申请开立信用证的银行。
(4) 通知行指应开证行的要求向受益人通知信用证的银行。
(5) 交单行指向信用证有效地点提交信用证项下单据的银行。
(6) 转让行指开证行指定的办理信用证转让的银行。
(7) 保兑行指根据开证行的授权或要求对信用证加具保兑的银行。

(8) 议付行指开证行指定的为受益人办理议付的银行,开证行应指定一家或任意银行作为议付信用证的议付行。

(三) 信用证的有关日期和期限

(1) 开证日期指开证行开立信用证的日期。信用证未记载生效日的,开证日期即为信用证生效日期。

(2) 有效期指受益人向有效地点交单的截止日期。

(3) 最迟货物装运日或服务提供日指信用证规定的货物装运或服务提供的截止日期。最迟货物装运日或服务提供日不得晚于信用证有效期。信用证未作规定的,有效期视为最迟货物装运日或服务提供日。

(4) 付款期限指开证行收到相符单据后,按信用证条款规定进行付款的期限。信用证按付款期限分为即期信用证和远期信用证。

即期信用证,开证行应在收到相符单据次日起5个营业日内付款。

远期信用证,开证行应在收到相符单据次日起5个营业日内确认到期付款,并在到期日付款。远期的表示方式包括:单据日后定期付款、见单后定期付款、固定日付款等可确定到期日的方式。信用证付款期限最长不超过一年。

(5) 交单期指信用证项下所要求的单据提交到有效地的有效期限,以当次货物装运日或服务提供日开始计算。未规定该期限的,默认为货物装运日或服务提供日后15天。任何情况下,交单不得迟于信用证有效期。

(四) 信用证的基本条款

信用证应使用中文开立,记载条款包括下列内容:

(1) 表明"国内信用证"的字样。

(2) 开证申请人名称及地址。

(3) 开证行名称及地址。

(4) 受益人名称及地址。

(5) 通知行名称。

(6) 开证日期。开证日期格式应按年、月、日依次书写。

(7) 信用证编号。

(8) 不可撤销信用证。

(9) 信用证有效期及有效地点。

(10) 是否可转让。可转让信用证须记载"可转让"字样并指定一家转让行。

(11) 是否可保兑。保兑信用证须记载"可保兑"字样并指定一家保兑行。

(12) 是否可议付。议付信用证须记载"议付"字样并指定一家或任意银行作为议付行。

(13) 信用证金额。金额须以大、小写同时记载。

(14) 付款期限。

(15) 货物或服务描述。

(16) 溢短装条款(如有)。

(17) 货物贸易项下的运输交货或服务贸易项下的服务提供条款。

货物贸易项下运输交货条款：① 运输或交货方式；② 货物装运地(港)，目的地、交货地(港)；③ 货物是否分批装运、分期装运和转运，未作规定的，视为允许货物分批装运和转运；④ 最迟货物装运日。

服务贸易项下服务提供条款：① 服务提供方式；② 服务提供地点；③ 服务是否分次提供、分期提供，未作规定的，视为允许服务分次提供；④ 最迟服务提供日；⑤ 服务贸易项下双方认为应记载的其他事项。

(18) 单据条款，须注明据以付款或议付的单据，至少包括发票，表明货物运输或交付、服务提供的单据，如运输单据或货物收据、服务接受方的证明，或服务提供方或第三方的服务履约证明。

(19) 交单期。

(20) 信用证项下相关费用承担方。未约定费用承担方时，由业务委托人或申请人承担相应费用。

(21) 表明"本信用证依据《国内信用证结算办法》开立"的开证行保证文句。

(22) 其他条款。

五、银行卡

(一) 银行卡的定义

银行卡是指由商业银行(含邮政金融机构，下同)向社会发行的具有消费信用、转账结算、存取现金等全部或部分功能的信用支付工具。

商业银行未经中国人民银行批准不得发行银行卡。

(二) 银行卡的类型

银行卡包括信用卡和借记卡。银行卡按币种不同分为人民币卡、外币卡；按发行对象不同分为单位卡(商务卡)、个人卡；按信息载体不同分为磁条卡、芯片(IC)卡。

信用卡按是否向发卡银行交存备用金分为贷记卡、准贷记卡两类。

贷记卡是指发卡银行给予持卡人一定的信用额度，持卡人可在信用额度内先消费、后还款的信用卡。

准贷记卡是指持卡人须先按发卡银行要求交存一定金额的备用金，当备用金帐户余额不足支付时，可在发卡银行规定的信用额度内透支的信用卡。

借记卡按功能不同分为转账卡(含储蓄卡，下同)、专用卡、储值卡。借记卡不具备透支功能。

转账卡是实时扣账的借记卡。具有转账结算、存取现金和消费功能。

专用卡是具有专门用途、在特定区域使用的借记卡。具有转账结算、存取现金功能。专门用途是指在百货、餐饮、饭店、娱乐行业以外的用途。

储值卡是发卡银行根据持卡人要求将其资金转至卡内储存，交易时直接从卡内扣款的预付钱包式借记卡。

联名/认同卡是商业银行与盈利性机构/非盈利性机构合作发行的银行卡附属产品，其所依附的银行卡品种必须是已经中国人民银行批准的品种，并应当遵守相应品种的业务章程或管理办法。发卡银行和联名单位应当为联名卡持卡人在联名单位用卡提供一定比例的折扣优惠或特殊服务；持卡人领用认同卡表示对认同单位事业的支持。

芯片(IC)卡既可应用于单一的银行卡品种，又可应用于组合的银行卡品种。

(三) 银行卡的使用和管理

个人申领银行卡(储值卡除外)，应当向发卡银行提供公安部门规定的本人有效身份证件，经发卡银行审查合格后，为其开立记名账户。

凡在中国境内金融机构开立基本存款账户的单位，应当凭中国人民银行核发的开户许可证申领单位卡。

银行卡及其账户只限经发卡银行批准的持卡人本人使用，不得出租和转借。

单位人民币卡账户的资金一律从其基本存款账户转账存入，不得存取现金，不得将销货收入存入单位卡账户。

单位外币卡账户的资金应从其单位的外汇账户转账存入，不得在境内存取外币现钞。其外汇账户应符合下列条件：① 按照中国人民银行境内外汇账户管理的有关规定开立；② 其外汇账户收支范围内具有相应的支付内容。

发卡银行对贷记卡的取现应当每笔授权，每卡每日累计取现不得超过 2 000 元人民币。

发卡银行应当对持卡人在自动柜员机(ATM)取款设定交易上限，每卡每日累计提款不得超过 5 000 元人民币。

储值卡的面值或卡内币值不得超过 1 000 元人民币。

六、预付卡

(一) 预付卡的定义

预付卡是指以营利为目的发行的、在发行机构之外购买商品或服务的预付价值，包括采取磁条、芯片等技术以卡片、密码等形式发行的预付卡。预付卡卡面应当记载预付卡名称、发卡机构名称、是否记名、卡号、有效期限或有效期截止日、持卡人注意事项、客户服务电话等要素。

(二) 预付卡的类型

预付卡分为记名预付卡和不记名预付卡。记名预付卡是指预付卡业务处理系统中记载持卡人身份信息的预付卡。不记名预付卡是指预付卡业务处理系统中不记载持卡人身份信息的预付卡。

(三) 预付卡的金额

发卡机构发行的预付卡应当以人民币计价，单张记名预付卡资金不超过 5 000 元，单张不记名预付卡资金不超过 1 000 元。中国人民银行可视情况调整预付卡资金限额。

(四) 预付卡的使用

记名预付卡应当可挂失，可赎回，不得设置有效期。不记名预付卡不挂失，不赎回。不记名预付卡有效期不得低于 3 年。预付卡不得具有透支功能。发卡机构发行销售预付卡时,应向持卡人告知预付卡的有效期及计算方法。超过有效期尚有资金余额的预付卡,发卡机构应当提供延期、激活、换卡等服务,保障持卡人继续使用。

预付卡不得用于或变相用于提取现金;不得用于购买、交换非本发卡机构发行的预付卡、单一行业卡及其他商业预付卡或向其充值;卡内资金不得向银行账户或向非本发卡机构开立的网络支付账户转移。

七、电子支付

(一)电子支付的定义

电子支付是指单位、个人(以下简称客户)直接或授权他人通过电子终端发出支付指令,实现货币支付与资金转移的行为。

电子支付的类型按电子支付指令发起方式分为网上支付、电话支付、移动支付、销售点终端交易、自动柜员机交易和其他电子支付。

电子支付指令与纸质支付凭证可以相互转换,二者具有同等效力。

(二)电子支付业务的申请

银行应根据审慎性原则,确定办理电子支付业务客户的条件。银行应认真审核客户申请办理电子支付业务的基本资料,并以书面或电子方式与客户签订协议。

银行应按会计档案的管理要求妥善保存客户的申请资料,保存至该客户撤销电子支付业务后5年。

银行为客户办理电子支付业务,应根据客户性质、电子支付类型、支付金额等,与客户约定适当的认证方式,如密码、密钥、数字证书、电子签名等。

客户可以在其已开立的银行结算账户中指定办理电子支付业务的账户。该账户也可用于办理其他支付结算业务。

客户未指定的银行结算账户不得办理电子支付业务。

(三)电子支付协议的签订

客户与银行签订的电子支付协议应包括以下内容:① 客户指定办理电子支付业务的账户名称和账号;② 客户应保证办理电子支付业务账户的支付能力;③ 双方约定的电子支付类型、交易规则、认证方式等;④ 银行对客户提供的申请资料和其他信息的保密义务;⑤ 银行根据客户要求提供交易记录的时间和方式;⑥ 争议、差错处理和损害赔偿责任。

有以下情形之一的,客户应及时向银行提出电子或书面申请:① 终止电子支付协议的;② 客户基本资料发生变更的;③ 约定的认证方式需要变更的;④ 有关电子支付业务资料、存取工具被盗或遗失的;⑤ 客户与银行约定的其他情形。

(四)电子支付凭证记载事项

电子支付指令需转换为纸质支付凭证的,其纸质支付凭证必须记载以下事项(具体格式由银行确定):① 付款人开户行名称和签章;② 付款人名称、账号;③ 接收行名称;④ 收款人名称、账号;⑤ 大写金额和小写金额;⑥ 发起日期和交易序列号。

案 例 分 析

甲公司向乙公司购买水泵一台,为支付货款,签发了一张以自己为出票人、以乙公司为收款人、以M银行为承兑人、票面金额为30万元、到期日为2018年8月3日的银行承兑汇票,并交付给乙公司。甲公司和M银行均在该汇票上进行了签章。

乙公司的财务人员A利用工作之便,将上述汇票扫描,通过其他途径获得M银行的空白银行承兑汇票进行技术处理,"克隆"了一张与原始汇票几乎完全一样的汇票,然后将"克隆汇票"留在乙公司,将原始汇票偷出。A以乙公司的名义,向丙公司购买了一批黄金制品,归自己所有,并将原始汇票背书转让给丙公司,在背书人签章处加盖了伪造的乙公司公章,签署了虚构的B的姓名。

乙公司为向丁公司购买钢材,将"克隆汇票"背书转让给了丁公司。

在上述汇票付款到期日,丙公司和丁公司分别持有原始汇票和"克隆汇票"向M银行请求付款。M银行以丙公司所持有汇票的背书人的签章系伪造为由拒绝付款,以丁公司持汇票系伪造为由而拒绝付款。

请根据上述事实回答下列问题:

1. A在原始汇票上伪造乙公司的签章是否导致该汇票无效?
2. M银行是否可以拒绝丙公司的付款请求?
3. 如果M银行拒绝丙公司的付款请求,丙公司是否可以向甲公司追索?
4. 如果M银行拒绝丙公司的付款请求,丙公司是否有权向A追索?
5. M银行是否可以拒绝丁公司的付款请求?
6. 如果M银行拒绝丁公司的付款请求,丁公司是否有权向乙公司追索?

法律分析:

1. 不导致该汇票无效。根据规定,票据上的伪造包括票据的伪造和票据上签章的伪造两种。在本题中,A在原始汇票上伪造乙公司的签章,属于票据上签章的伪造(伪造了背书人的签章),该汇票仍然有效。

2. M银行不能拒绝丙公司的付款请求。根据规定,票据上有伪造签章的,不影响票据上其他真实签章的效力。在票据上真正签章的当事人,仍应对被伪造的票据的债权人承担票据责任,票据债权人在提示承兑、提示付款或者行使追索权时,在票据上真正签章人不能以伪造为由进行抗辩。在本题中,M银行属于在汇票上真正签章的当事人,在持票人丙公司提示付款时,真正签章人M银行不能以伪造为由进行抗辩。另根据规定,背书连续主要是指背书在形式上连续,如果背书在实质上不连续,如有伪造签章,付款人仍应对持票人付款。

3. 丙公司可以向甲公司追索。根据规定,票据上有伪造签章的,不影响票据上其他真实签章的效力。在票据上真正签章的当事人,仍应对被伪造的票据的债权人承担票据责任,票据债权人在提示承兑、提示付款或者行使追索权时,在票据上真正签章人不能以伪造为由进行抗辩。在本题中,甲公司属于在汇票上真正签章的当事人,在丙公司行使追索权时,真正签章人甲公司不能以伪造为由进行抗辩。

4. 丙公司无权向A追索。根据规定,由于伪造人没有以自己的名义签章,因此不承担票据责任。但是,如果伪造人的行为给他人造成损失的,必须承担民事责任;构成犯罪的,还应承担刑事责任。在本题中,A 属于伪造人,A 在票据上没有以自己的名义签章,因此,A 不承担票据责任。

5. M 银行可以拒绝丁公司的付款请求。根据规定,丁公司持有的汇票属于汇票本身的伪造,该汇票属于无效票据,丁公司不享有票据权利。M 银行可以对物抗辩,拒绝支付票款。

6. 丁公司无权向乙公司追索。根据规定,丁公司不享有票据权利,不能行使票据上的追索权,但丁公司可以基于双方的买卖合同要求乙公司承担违约责任,赔偿丁公司的损失。

思考与练习

1. 支付结算的特质与方式是什么?
2. 票据的概念、特征及其作用是什么?
3. 根据我国《票据法》的规定,分析汇票上各种票据行为的效力。
4. 试述票据法上的先序权利与后序权利。
5. 与其他票据相比,支票的特殊性表现在哪些方面?
6. 试述确立票据为无因证券的合理性。
7. 汇兑的基本要求是什么?
8. 国内信用证的开立条件是什么?
9. 银行卡的基本类型及区别是什么?
10. 预付卡的使用限制是什么?
11. 电子支付的凭证必要记载事项是什么?

阅读文献

1. 于莹.票据法.高等教育出版社,2008.
2. 赵新华.票据法问题研究.法律出版社,2007.
3. 董安生.票据法.3 版.中国人民大学出版社,2009.
4. 谢怀栻.票据法概论.法律出版社,1990.
5. 刘心稳.票据法.中国政法大学出版社,2010.
6. Richard E.Speidel, Steve H.Nickles.票据法.3 版.中国人民大学出版社,2003.
7. 徐连金.商业银行支付结算业务.上海财经大学出版社,2010.
8. 李国光.票据与支付结算法律分解适用集成.人民法院出版社,2006.

真 题 链 接

知识体系示意图

- 支付结算概述
  - 支付结算的概念与方式
  - 支付结算的特征
    1. 结算单位为金融机构
    2. 支付结算为要式法律行为
    3. 委托代理行为
    4. 支付结算实行统一管理
  - 支付结算的原则
  - 银行结算账户（基本存款账户，一般存款账户，临时存款账户，专用存款账户）

- 票据法律制度
  - 票据的概念及特征
    - （1）票据是完全有价证券
    - （2）票据是设权证券
    - （3）票据是债权证券
    - （4）票据是货币证券或称金钱证券
    - （5）票据是要式证券
    - （6）票据是无因证券
    - （7）票据是流通证券
    - （8）票据是文义证券
    - （9）票据是提示证券
    - （10）票据是返还证券
  - 票据关系和票据法上的非票据关系
  - 票据权利的取得
  - 票据的伪造和变造
  - 票据权利的消灭与补救
  - 票据抗辩
  - 票据丧失及补救
  - 汇票
    - 汇票的概念及分类
    - 汇票的主票据行为
    - 汇票的从票据行为（背书，承兑，票据保证，付款）
    - 追索权
  - 本票
    - 本票的概念及其特征
    - 本票的主票据行为
    - 本票的附属票据行为
  - 支票
    - 支票概述
    - 支票的主票据行为
    - 支票的附属票据行为
    - 对签空头支票行为实施的行政处罚

- 非票据结算方式
  - 汇兑（基本要求）
  - 托收承付（开立条件）
  - 委托收款
  - 国内信用证
  - 银行卡（基本类型及区别）
  - 预付卡（使用限制）
  - 电子支付（凭证必要记载事项）

第十章 反垄断法律制度

> 于2014年尘埃落定的"3Q大战"(奇虎360公司诉腾讯公司滥用市场支配地位案)必将会在中国反垄断法史上占据重要一席。虽然在终审判决中,最高法院维持了广东省高院的判决,认定腾讯不具有相关市场的支配地位,因此不构成滥用市场支配地位行为,但在3Q大战过程中,消费者在面对互联网巨头"做出一个非常艰难决定(逼迫用户进行二选一的限制交易行为)"时显得那么弱小与无奈。如果说垄断对经济效率的减损,更多地体现在经济学上的分析统计数据中,那么,垄断对消费者福利的侵蚀则是普通公众能够切身感受的事实。任何一个建立了市场经济体制国家,在走向发达繁荣的过程中,都会催生出众多经济寡头,当基本的商业伦理道德不足以约束寡头企业的行为时,反垄断法也就有了其发展的空间,同时也承载了更多的使命与期盼。

【本章导读】

反垄断法被誉为自由经济的大宪章,在市场经济法律制度中居于核心地位。全球已经有超过100多个国家颁布了反垄断法,在市场开放和经济活动一体化的作用和影响下,反垄断法已经突破了国家和民族的地域、文化界限,并超越了不同的经济体制、政治制度和意识形态,成为全球化背景下国际同质化程度最高的法律之一。当今世界,反垄断法主要从禁止达成和实施垄断协议、禁止滥用市场支配地位以及控制经营者集中等方面对垄断予以规制。

第一节 反垄断法律制度概述

一、垄断的基本含义和类型

(一)垄断的基本含义

垄断(monopoly)是与竞争对立的概念,一般来说,垄断排斥竞争,竞争亦排斥垄断。这是性质上不同的两种经济行为。垄断使得经营者可以轻易地攫取高于正常竞争水平的垄断利润,从而降低社会整体效率、破坏竞争秩序、损害消费者福利,其危害是显而易见的。但是,垄断有时候是一国政府不得不做出的政策选择,尤其是建设投资巨大的电网、水网、煤气网等具有显著规模经济效益的行业时。因此,我们必须正视垄断在一定程度上存在的客观性与合理性,研究反垄断法的起点也应从研究垄断的概念、起因等入手。

垄断,最早是一个经济学概念,是指一个或者少数几个市场主体单独或联合控制市场的情形。这可以从两个角度进行解读:一是垄断是一种市场结构(生产者的数目不多),二是垄断是一种垄断行为(一个或者少数几个市场主体单独或联合起来,控制和操作市场的行为)。而国家规制垄断的基本理念就是从这两个角度入手,并因此产生了结构主义与行为主义两种垄断规制模式。产业组织理论为国家对市场竞争进行法律规制的必要性和合理性提供了理论基础,而随着结构主义向行为主义的转变,国家的反垄断政策和法律也开始从规制市场状态向规制滥用市场行为转变。第一,结构主义,它建立在哈佛学派的产业组织理论的基础上。他们认为,市场结构、市场行为和市场绩效是构成市场的三个基本范畴,它们之间存在着因果关系,即市场结构决定市场行为,而市场行为又决定着市场运行的经济绩效,集中的市场结构,必然导致削弱竞争的市场行为,从而产生超额利润,破坏资源的配置效率,因而市场结构是最主要因素。这种以哈佛学派为代表的产业组织理论被称为结构主义理论,至今仍然是分析垄断的重要依据。第二,行为主义,它建立在以芝加哥学派为代表的产业组织理论的基础上。他们认为,在市场结构、市场行为与市场绩效的相互关系中,市场绩效起着决定性的作用,经济效率作为市场绩效的重要指标,对市场结构的形成产生决定性影响。因而,高集中度未必一定导致垄断,因为高集中度仅表明市场主体有了实施垄断的优势力量,而真正构成市场垄断、对市场经济的发展产生影响的是市场主体滥用市场控制地位、构筑市场进入壁垒的行为。

垄断的法律概念是以其经济学上的概念为基础的,但与经济学上的概念又有着一定的差别。法律所禁止和反对的垄断,是指违反法律或者社会公共利益,通过垄断协议、滥用市场优势地位或者经营者集中,对市场运行过程进行排他性控制,或者对市场竞争进行实质性限制,从而妨碍自由、公平的竞争秩序的行为。这种垄断概念,着重强调了垄断的违法性和社会危害性特征,法律未禁止的经济垄断不属于法律意义上的垄断,但对于法律禁止的非经济垄断,如行政机关和法律、法规授权的具有管理公共事务职能的组织,或者行业协会所实施的垄断行为,同样属于法律意义上的垄断。可见,法律意义上的垄断概念的外延与经济学意义上的垄断概念既有重合,又有交叉,不能混为一谈。反垄断法所涉及的垄断,专指法律意义上的垄断。

(二) 垄断的类型划分

根据市场结构的影响标准,可将垄断分为完全垄断、寡头垄断和垄断竞争。

根据垄断的立法价值取向,可分为合法垄断与非法垄断。

根据垄断形成的原因,可以将垄断分为国家垄断、行政垄断、自然垄断、经济垄断、知识产权垄断。

1. 国家垄断

国家垄断是指国家为了保障国家安全,增加财政收入或促进社会整体利益,依法对某个特定领域的商品的生产或销售,或服务的提供实行排他性控制,不允许其他市场主体进入该特定领域参与竞争,如邮政服务、军火、烟草、黄金等商品以及一些基础设施的建设等。国家垄断的范围会因不同国家或不同时期有所不同,因为国家垄断是基于国家权力产生的,故各国均通过特别法的形式予以明确规定,不纳入反垄断法规制范围。

2. 行政垄断

行政垄断是指行政机关和法律、法规授权的具有管理公共事务职能的组织滥用行政权力排斥、限制或妨碍市场竞争的行为,主要表现为地区封锁、行业垄断、强制联合、强制交易等形式。行政垄断与国家垄断的最大区别在于垄断是否有合法依据,国家垄断虽然可能存在不合理之处,但均具有明确的法律依据,是合法行为,而行政垄断中,"滥用"一词即表明其欠缺法律、法规依据,属于非法行为。

3. 自然垄断

自然垄断是指由于市场的自然条件原因,在某些行业或产业实行竞争性经营,将会导致资源的浪费或市场秩序的混乱,不利于社会资源的有效配置,因而只允许一家企业垄断经营的情形,如电力、电信、铁路、供气、供热、供水等行业。由于自然垄断有其特殊的经济合理性,各国对反垄断法在自然垄断行业的适用都特别谨慎。

4. 经济垄断

经济垄断又称市场垄断,是指市场主体凭借其经济优势,单独或联合排斥或限制市场竞争所形成的垄断,主要包括联合限制竞争、滥用市场支配地位和经营者集中三种形式。经济垄断对市场竞争秩序具有很大危害,因此是现代反垄断法规制的主要对象。

5. 知识产权垄断

知识产权垄断,包括商标权、专利权和著作权垄断。知识产权权利人对其权利享有专有性,在一定时间内、在一定区域内享有一定的排除他人参与竞争的合法权利。一般而言,因为知识产权的法定性,其被视为一种合法垄断,但知识产权权利人必须依法正当行使权利,如果滥用知识产权并产生排除、限制竞争的效果的,将受到反垄断法的规制和约束。

二、反垄断法的概念与我国反垄断法律制度框架

(一) 反垄断法的概念

由于各国的经济发展状况和立法传统的不同,反垄断法的称谓也不尽相同。例如,美国称之为"反托拉斯法",日本称之为"禁止垄断法"或"公平交易法",德国称之为"卡特尔法"或"反限制竞争法",俄罗斯称之为"限制垄断活动的法律",欧盟称之为"竞争法",等等。虽然称谓不同,但其基本内涵都是指国家为促进和保护竞争,通过规制垄断与限制竞争行为来调整竞争关系以及与竞争有密切联系的其他社会关系的法律规范的总称。反垄断法是保护市场竞争,防止和制止垄断行为,提高经济运行效率,维护经营者、消费者合法权益和社会公共利益,促进市场经济健康发展的重要法律制度,是"市场

经济的基石""自由企业的大宪章",在整个经济法律体系中,反垄断法处于经济宪法的地位。

(二) 我国反垄断法律制度体系

我国反垄断法律制度,不仅包括实体性规范,还包括程序性规范,实体性规范主要涉及经营者的权利、义务和责任、垄断的认定标准,反垄断执法机关的权限、职责和责任等内容,程序性规范主要涉及反垄断执法机关查处垄断的程序性规则。我国反垄断法律制度不仅指形式意义上的《反垄断法》法典,还包括所有具有反垄断内容的法律和行政法规,它们共同构筑了我国反垄断法律制度。

在我国反垄断法律制度体系中,最为重要的当属2008年实施的《中华人民共和国反垄断法》,我国反垄断法重点规制垄断协议、滥用市场支配地位、经营者集中这三种经济性垄断,此外,因为我国行政性垄断问题的严峻性,我国反垄断法也创设性的将行政垄断纳入规制范围,这四块内容共同构成反垄断法规制的实体性内容,此外,反垄断法中还规定了法律实施的一般性程序内容。

我国反垄断法通篇共8章57条,相比已经颁布反垄断法的成熟市场经济体制国家,我国反垄断法呈现出高度概括性与抽象性的特征,加上反垄断法本身的不确定性,我国反垄断法的实施还需要一系列与反垄断有关的配套法规、规章、指南等对法律进行具体化。在《反垄断法》出台之后,作为议事协调机构的国务院反垄断委员会,以及相关执法机构都陆续颁布了各种规范性法律文件,细化反垄断实体、程序内容,例如:国务院反垄断委员会颁布的《关于相关市场界定的指南》;商务部颁布的《经营者集中申报办法》和《经营者集中审查办法》;国家工商总局颁布的《工商行政管理机关禁止垄断协议行为的规定》《工商行政管理机关禁止滥用市场支配地位行为的规定》《工商行政管理机关制止滥用行政权力排除、限制竞争行为的规定》和《关于禁止滥用知识产权排除、限制竞争行为的规定》;国家发改委颁布的《反价格垄断规定》和《反价格垄断行政执法程序规定》等。这些内容共同构成我国反垄断法律制度体系。

三、相关市场及其界定

任何竞争行为,包括具有或可能具有排除、限制竞争效果的行为,均发生在一定的市场范围内。界定相关市场就是明确经营者竞争的市场范围。在禁止经营者达成垄断协议、禁止经营者滥用市场支配地位、控制具有或者可能具有排除、限制竞争效果的经营者集中等反垄断执法工作中,均可能涉及相关市场的界定问题。科学合理地界定相关市场,对识别竞争者和潜在竞争者、判定经营者市场份额和市场集中度、认定经营者的市场地位、分析经营者的行为对市场竞争的影响、判断经营者行为是否违法以及在违法情况下需承担的法律责任等关键问题,具有重要的作用。因此,相关市场的界定通常是对竞争行为进行分析的起点,是反垄断执法工作的重要步骤。

相关市场是指经营者在一定时期内就特定商品或者服务(以下统称商品)进行竞争的商品范围和地域范围。因此,在界定相关市场时必须兼顾产品、地理和时间三方面的因素。

相关商品市场是根据商品的特性、用途及价格等因素,由需求者认为具有较为紧密替代关系的一组或一类商品所构成的市场。这些商品表现出较强的竞争关系,在反垄断执法中可以作为经营者进行竞争的商品范围。

相关地域市场是指需求者获取具有较为紧密替代关系的商品的地理区域。这些地域表现出较强的竞争关系,在反垄断执法中可以作为经营者进行竞争的地域范围。

相关时间市场。在市场竞争过程中,时间对于相关市场的确定也有着十分重要的影响。在有些情况下,生产周期、使用期限、季节性、流行时尚性或知识产权保护期限等都会构成商品不可忽视的特征,因此,界定相关市场还应考虑时间性。

界定相关市场的方法有很多,在反垄断执法实践中,必须根据实际情况,使用不同的方法。界定相关市场时,可以基于商品的特征、用途、价格等因素进行需求替代分析,必要时进行供给替代分析。在经营者竞争的市场范围不够清晰或不易确定时,可以按照"假定垄断者测试"的分析思路来界定相关市场。

需要说明的是,虽然界定相关市场是实施反垄断法的一个重要问题,但并不是任何反垄断案件都需要界定相关市场。对某些违法性非常明显的限制竞争案件,如直接或间接固定购买或者销售价格或者其他任何交易条件的行为,因为行为本身就是违法的,故而不需要界定相关市场。又如在滥用市场支配地位案件的审理中,界定相关市场是评估经营者的市场力量以及被诉垄断行为对竞争影响的工具,其本身并非目的。即使不明确界定相关市场,也可以通过排除或妨碍竞争的直接证据对被诉经营者的市场地位及被诉垄断行为可能的市场影响进行评估。

第二节 垄断协议

一、垄断协议概述

(一)垄断协议概念和特征

垄断协议本质上是竞争者之间相互勾结以限制竞争,是垄断行为的最基本形态。各国反垄断法对垄断协议的表述不尽相同,如卡特尔、竞争者合谋、联合行为、不正当交易限制、限制竞争协议等。虽然垄断协议在不同国家与地区有不同名称,但其核心内涵并无太大差别,概括起来,可将垄断协议定义为:以排除、限制竞争为目的,或具有排除、限制竞争内容或后果的明示或默示的协议、决定或其他协同行为。

垄断协议主要有以下两个特征:

1. 垄断协议具有两个或两个以上的市场独立主体

垄断协议的主体必须是两个或两个以上的具有独立性的经营者。所谓独立性,即具备事实上的独立决策能力,如果市场主体不具备事实上的独立决策能力,即便是独立法人,一般也不能认定其属于反垄断法意义上的独立主体。例如,母公司与其全资子公司虽然在法律上各自具有独立性,但子公司必须服从母公司,没有独立决策权,此时母公司与子公司的垄断协议一般不属于反垄断法禁止之列。

2. 垄断协议的表现形式多样化

垄断协议包括协议、决定和协同行为三种形式。其中，协议与合同法上的协议相同，既包括书面协议，也包括口头协议。决定则指企业集团、其他形式的企业联合组织以及行业协会等要求其成员企业共同实施排除、限制竞争行为的决议。协同行为则是指经营者虽然没有达成协议，也没有可供遵循的决定，但相互通过意思联络，共同实施的排除、限制竞争的协调、合作行为。

（二）垄断协议分类

从法律规制的角度，一般从参与主体所处经营领域的不同以及参与主体之间的相互关系出发，将垄断协议分为横向垄断协议和纵向垄断协议。

横向垄断协议是指两个或两个以上因生产或销售同一类型产品或提供同一类型服务而具有直接竞争关系的经营者，通过共谋而实施的限制竞争行为。由于横向垄断协议是竞争者之间的联合，对竞争的危害直接、严重，所以是反垄断法所重点规制的行为。各国（地区）均对横向垄断协议进行严厉处罚，如欧盟委员会曾在2000年对美国阿丹米（ADM）等5家公司合谋操纵世界食品添加剂市场价格的行为课以1.1亿欧元罚款。

纵向垄断协议通常也被称作垂直限制协议、垂直协议、纵向限制，是指两个或两个以上在同一产业中处于不同经济层次，无直接竞争关系但有买卖关系的经营者，通过协议、决定或其他协同方式实施排除、限制竞争行为。纵向垄断协议由于是非竞争者之间的联合，只有在特定情形下，如对价格进行限制时，才会产生限制竞争的后果而需要反垄断法规制。

二、横向垄断协议

横向垄断协议被认为是最原始、最直接、危害最大的垄断协议，以至于对横向垄断的认定一般采用本身违法原则，即不需要证明横向垄断协议是否产生排除、限制竞争效果，就认定其违法。横向垄断协议主要有以下五种形式：

（一）横向限制价格

横向限制价格又称价格卡特尔，是指具有竞争关系的经营者联合固定或变更商品价格的行为。价格是竞争中最敏感的信号，价格竞争是市场竞争最主要的表现形式，固定或变更价格限制了正常的价格竞争，造成了资源错配。由于被固定的价格通常会超过在有效竞争条件下的价格，它使消费者失去了选择的机会并承担不合理的价格，实际上是一种以隐晦方式对公众进行的掠夺。因此，禁止横向限制价格协议是各国反垄断法的基本精神。

固定或变更价格的表现形式是多种多样的，具体包括以下情形：① 固定或者变更价格变动幅度；② 固定或者变更对价格有影响的手续费、折扣或者其他费用；③ 使用约定的价格作为与第三方交易的基础；④ 约定采用据以计算价格的标准公式；⑤ 约定未经参加协议的其他经营者同意不得变更价格等。

（二）横向限制产销量

横向限制产销量又称数量卡特尔，是指具有竞争关系的经营者共谋限定商品的生产数量或销售数量,间接控制商品价格的垄断协议。限制产销量往往伴随价格限制,具有强化固定价格的作用,通过限制产销量,可以人为地制造市场紧张,使消费者不能获得充裕的产品,固定价格也能因此得以长期存在。因此,各国反垄断法都禁止限制产销量协议行为。

经营者之间达成的数量限制协议可以具体表现为：① 以限制产量、固定产量、停止生产等方式限制商品的生产数量或者限制商品特定品种、型号的生产数量；② 以拒绝供货、限制商品投放量等方式限制商品的销售数量或者限制商品特定品种、型号的销售数量。

（三）横向划分市场

横向划分市场是指经营者之间共同划定或者分割地域市场、客户市场或者产品市场的行为。市场的有效竞争要以市场的统一、开放为前提,在划分市场协议中,经营者彼此约定不进入对方"领地"是为了规避彼此间的竞争,以保持在各自区域市场中的独占地位,实现对商品价格的间接控制,获取垄断利润。

横向划分市场可以通过划分地域、划分客户和划分产品等形式实现。协议可具体表现为：① 划分商品销售地域、销售对象或者销售商品的种类、数量；② 划分原料、半成品、零部件、相关设备等原材料的采购区域、种类、数量；③ 划分原料、半成品、零部件、相关设备等原材料的供应商。

（四）限制技术创新

限制技术创新是指经营者之间限制购买新技术、新设备或者限制开发新技术、新产品。在科技高度发展的今天,企业参与市场竞争的成败很大程度上取决于技术创新,技术的创新与升级是保障成本降低,保证价格优势的最主要手段。为了缓解竞争压力,在不增加开发投入成本的基础上维持现有产品的供求平衡、价格和利润,经营者之间很可能达成限制技术创新的垄断协议。限制技术创新协议不仅弱化了企业间的正常竞争,还将严重地阻碍市场整体创新能力提升,降低社会总体效率,损害消费者福利。

限制创新协议的表现形式有：① 限制购买、使用新技术、新工艺；② 限制购买、租赁、使用新设备；③ 限制投资、研发新技术、新工艺、新产品；④ 拒绝使用新技术、新工艺、新设备；⑤ 拒绝采用新的技术标准。

（五）联合抵制

联合抵制又称集体拒绝交易,是指具有竞争关系的经营者联合起来,共同拒绝与其他特定经营者进行交易的行为。联合抵制交易一般用来惩罚那些破坏联合协议的当事人,例如,具有竞争关系的经营者通过联合起来拒绝与之进行商业往来的方式,惩罚违反或者不配合固定价格垄断协议的同行,再如某产品的多个供货商联合起来,对违反供货商关于产品销售价格的限制、自行降价的销售商,实施一致拒绝供货的惩罚。此外,联合抵制还可以用来要挟客户接受价格或其他条件,迫使供应商或者客户停止与其他任何竞争对手进行交易。

联合抵制交易具体包括：① 联合拒绝向特定经营者供货或者销售商品；② 联合拒绝采购或者销售特定经营者的商品；③ 联合限定特定经营者不得和与其具有竞争关系的经营者进行交易。

三、纵向垄断协议

纵向垄断协议发生在处于不同的生产经营阶段或者环节的经营者之间,即上下游经营者之间,如生产商与批发商、批发商与零售商。反垄断法将其表述为经营者与交易相对人达成的垄断协议。

大部分学者认为纵向垄断协议对于市场经济存在一定程度的积极作用,譬如提高经销商的销售积极性,减少"搭便车"行为;保证产品和服务质量的标准化,树立品牌形象等。因此反垄断法对其采取了不同于横向垄断协议的规制制度,一般而言,在认定纵向垄断协议是否违法时,不但需要证明协议内容满足法律规定的形式要件,还需要说明协议具有排除、限制竞争效果的实质要件。

根据我国《反垄断法》的规定,涉嫌违法的纵向垄断协议主要是限制转售价格行为,它是指产品的制造商或供应商要求购买方必须按照一定的价格水平转售其商品,包括固定转售价格和限定最低转售价格两种形式。例如:上游企业将产品卖给批发商,同时规定该批发商必须以一定价格转卖给零售商,并且规定零售商仅能以特定价格再转售给消费者,对有违反规定者,则要给予违约金处罚、断绝供应、取消折扣等经济制裁手段。

固定转售价格和限定最低转售价格两种形式在不同程度上限制了作为协议当事人的批发商或零售商根据市场竞争状况做出相应价格调整的自主权,由于转售价格被固定或必须维持在某一个水平,这样会弱化下游厂商之间的竞争,使经营效率低下的厂商得以生存,甚至使下游厂商实质上形成一个固定价格卡特尔,损害消费者利益。在2013年的"五粮液纵向垄断案"中,四川省发改委就指出:"作为高端酒类生产商的五粮液酒厂对其经销商的最低转售价格限定行为不但排除了同一品牌内各经销商之间的竞争,作为行业龙头企业,其行为还对其他竞争者有一定示范作用,因而限制了白酒行业不同品牌之间的竞争,并且,该行为同时损害了消费者利益,剥夺了消费者以更低价格购买商品的机会。"

需要注意的是,与限制转售价格具有相似表征的价格推荐行为并不违反反垄断法。价格推荐是制造商对销售商就其所供商品的转售价格做出的没有约束力的推荐,如"建议零售价"。价格推荐与限制转售价格本质的区别在于推荐没有约束力,只要制造商不监督不制裁销售商的定价行为,销售商没有义务按照推荐价格销售商品,就不会排除销售商之间的价格竞争,就应被视为合法行为。

四、行业协会组织的垄断协议

行业协会是指同一行业经营者自愿组成,以保护和增进全体会员的共同利益为目的,按照其章程开展活动的非营利性社会组织。行业协会通常具有沟通协调、行业自律、提供行业服务、支持国际竞争等功能,也正是因为协会具有的沟通协调能力,它可以组织成员实施反竞争行为。根据《工商行政管理机关禁止垄断协议行为的规定》,行业协会组织实施垄断协议的形式包括:① 制定、发布含有排除、限制竞争内容的行业协会章程、规则、决定、通知、标准等;② 召集、组织或者推动本行业的经营者达成含有排除、限制竞争内容的协议、决议、纪要、备忘录等。

在我国,行业协会组织成员实施垄断协议的问题是比较突出的,从 2016 年的公开数据显示,有超过一半的经营者达成垄断协议的案件,实际上是在行业协会的授意和指导下形成的。相比经营者达成垄断协议,行业协会组织实施垄断协议具有更大危害性,因为行业协会决议的通过一般并不以全体会员的同意为要件,只要多数通过即可,对未参加者和反对者往往也具有拘束力,而经营者达成的垄断协议则对未同意协议的经营者不具有任何约束力。同时,行业协会涉及成员广泛,能在更大范围内实施垄断行为;此外,行业协会以行业管理权为保障,在处罚的威慑下,经营者执行行业协会垄断决议的效率更高。因此,我国反垄断法对行业协会组织实施垄断协议进行了重点关注。

五、垄断协议的豁免制度

传统的竞争理论认为垄断协议的恶性明显,主张实现一律禁止的规制政策,现代竞争理论则认为完全竞争不一定能实现竞争的功能和目标,主张在一定范围和程度上允许垄断协议的存在。垄断协议的豁免制度,即是这种理念的体现,是指经营者之间的协议、决定或其他协同行为在某些方面的有益作用大于其所造成的限制竞争后果,允许以特定程序使其免受反垄断法制裁的法律制度。

法定豁免事由主要包括六种情形:
(1) 为了改进技术、研究开发新产品的研发协议;
(2) 为提高产品质量、降低成本、增进效率、统一产品规格、标准或者实行专业化分工的标准化或专业化协议;
(3) 为了提高中小经营者效率,增强中小经营者竞争力的中小企业合作协议;
(4) 为了实现节约能源、保护环境、救灾救助等社会公共利益的合作协议;
(5) 因经济不景气,为了缓解销量严重下降或者生产明显过剩的经济危机合作协议;
(6) 为了保障对外贸易和对外经济合作中的正当利益的进出口合作协议。

若垄断协议内容符合上述情形,且不会严重限制相关市场的竞争,并且能够使消费者分享由此产生的利益,则可以得到反垄断法的豁免。要说明的是,上述第 6 种协议是为了维护国际贸易中的国家利益,所以不需要经营者证明协议不会严重限制相关市场的竞争,并且能够使消费者分享由此产生的利益,就能够得到豁免。此外,执法机构也可根据相关法律和国务院规定对其他垄断协议予以豁免。

第三节 滥用市场支配地位

一、市场支配地位的概念

市场支配地位是经营者的一种市场结构状态,是指经营者在特定市场上所具有的某种程度的支配或控制力量,即在相关产品、地域、时间市场内具有能够控制商品价格、数量或者其他交易条件,或者能够阻碍、影响其他经营者进入相关市场的能力。

禁止滥用市场支配地位是一种对特殊市场主体的行为控制制度。经营者具有市场支配地位并不会当然受到反垄断法的否定性评价。这是因为,在竞争的过程中,经营者取得显著的市场地位很可能是源于创新和远见卓识,例如:美国的微软公司就是通过自己的知识产权从一个小企业发展成为一个大牌企业,如果法律一方面承认它们在竞争中通过效益增加了财产,另一方面又谴责它们因为效益取得的市场支配地位,这样的法律就是不一致的。

然而,拥有市场支配地位的企业也会对市场竞争产生潜在的威胁。从理性角度而言,当任何一个市场主体拥有左右市场的经济权力时,都难以保证它会严格遵守商业道德,不滥用其经济权力。所以,在此意义上,反垄断法正是悬在该类企业头上的"达摩克利斯之剑"。反垄断法的立场是,并不反对市场支配地位本身,只有当经营者滥用市场支配地位时,才会受到反垄断法的禁止。占有市场支配地位的经营者原则上可以与其他企业一样参与经济交往,有权根据合同自由原则订立合同,但如果其行为不当地限制、排除竞争,则这些行为会因为行为实施主体具有市场支配地位而丧失合法性。

二、市场支配地位的认定与推定

(一)认定市场支配地位的考虑因素

通常,市场份额是经营者是否具有市场支配地位的直观指标,然而,市场份额仅是对企业过去竞争力的说明,而不能完全说明企业今后的市场地位,以市场份额作为认定市场支配地位的唯一标准,容易造成"误伤"。举例而言,假如一个企业在相关市场占有90%以上的市场份额,一般情况下足以证明其具有市场支配地位,然而,若该市场的进入壁垒足够低,如餐饮、零售等投入资金相对较小且不存在明显规模经济效应的行业,具有支配地位的经营者事实上很难具备控制价格或排除竞争的能力,因为潜在的竞争对手在利润驱使下可以迅速做出反应,进入该市场参与竞争,从而瓦解其市场支配地位,使该市场恢复到可竞争的格局。

另一方面,在被称为科技时代的今天,企业所掌握的知识产权,尤其是专利权,也可以使其在不具备显著市场份额的情形下,在未来迅速地通过技术实力,构建专利壁垒,实现垄断相关市场的可能。在该种情况下,技术优势也是认定市场支配地位不得不考虑的重要因素。

所以,认定经营者是否具有市场支配地位,应当综合考察各种要素,包括相关市场的竞争状况和进入壁垒的高低,经营者的市场份额、财力、技术条件和既有的市场控制能力,以及其他经营者对它存在的依赖程度等。

(二)市场支配地位的推定制度

为了降低反垄断执法机构和司法机构的评估难度,减少工作量,也为了降低当事人的举证难度,提高法律的实施效率,包括我国在内的许多国家都规定,可以推定经营者具有市场支配地位,即,只要经营者的市场份额达到一定标准,就推定其具有市场支配地位,而不用考虑其他相关因素。

根据《反垄断法》的规定,有下列情形之一的,可以推定经营者具有市场支配地位:① 1个经营者在相关市场的市场份额达到1/2的;② 2个经营者在相关市场的市场份额合计达到2/3的;③ 3个经营者在相关市场的市场份额合计达到3/4的。有第②项、第③项规定的情形,其中有的经营者市场份额不足1/10的,不应当推定该经营者具有市场支配地位。当然,为保障经营者的合法权益,市场支配地位推定制度也赋予经营者抗辩权利,被推定具有市场支配地位的经营者,有证据证明不具有市场支配地位的,不应当认定其具有市场支配地位。

三、滥用市场支配地位的具体形式

根据《反垄断法》的规定,被禁止的滥用市场支配地位的行为主要包括下列几种形式。

(一) 以不公平的高价销售商品或以不公平的低价购买商品

在市场经济条件下,产品的价格水平由市场调节,对于一般企业高价销售或低价购买的行为,反垄断法不予过问。但具有市场支配地位的经营者由于不受竞争压力的限制,在利润最大化的趋势下,可以向市场提供比其实际可能的生产数量少得多的产品,从而索取与其生产成本相比非常不合理的垄断高价。同样地,它也可以在进行原材料及其他产品的购进活动时尽可能地压低购买价格,由于其独占市场的支配地位,交易相对人无力拒绝该项不合理的价格。

如何界定"不公平",是认定该行为的难点和关键。根据国家发改委颁布的《反价格垄断规定》,认定"不公平的高价"和"不公平的低价",应当考虑下列因素:① 销售价格或者购买价格是否明显高于或者低于其他经营者销售或者购买同种商品的价格;② 在成本基本稳定的情况下,是否超过正常幅度提高销售价格或者降低购买价格;③ 销售商品的提价幅度是否明显高于成本增长幅度,或者购买商品的降价幅度是否明显高于交易相对人成本降低幅度;④ 需要考虑的其他相关因素。

(二) 没有正当理由,以低于成本价格销售商品

该行为也被称为"掠夺性定价(predatory pricing)",是指具有市场支配地位的经营者,为了限制竞争者的生产或者销售,持续性地以低于成本的价格销售产品,或采取回扣、补贴、赠送等手段变相降价的行为。掠夺性定价是一种典型的滥用市场支配地位表现,其目的是将竞争者排挤出市场或者吓退进入该市场的潜在竞争者,当目的达成时,经营者可以通过索取高价来弥补短期损失。

低价销售仅是掠夺性定价行为的表征,是否构成反垄断法禁止的滥用行为,还需要综合考察经营者的目的、已经造成或可能造成排除、限制竞争的后果。当经营者具有正当理由,以低于成本价格销售商品并不违法。根据《反价格垄断规定》,经营者能够进行抗辩的正当理由包括:① 降价处理鲜活商品、季节性商品、有效期即将到期的商品和积压商品的;② 因清偿债务、转产、歇业降价销售商品的;③ 为推广新产品进行促销的;④ 能够证明行为具有正当性的其他理由。

(三) 没有正当理由,拒绝交易相对人进行交易

拒绝交易也被称为抵制,典型的拒绝交易行为就是拒绝供货。在市场经济的情况下,依照合同自由原则,经营者可以根据意思自治,享有自主选择交易对象的权利,但对具有市场支配地位的经营者而言,其市场力量过于强大,拒绝交易极有可能造成严重的限制竞争后果。例如,生产商通过拒绝供货的方式,可以强迫批发商或者零售商按照其规定的价格销售商品,从而可以限制批发商或者零售商在这种产品上的价格竞争。因此,具有市场支配地位的经营者在没有正当理由的情形下,不能行使拒绝交易权,否则就构成市场支配地位的滥用。

依据《反价格垄断规定》,经营者可以拒绝交易的正当理由,包括:① 交易相对人有严重的不良信用记录,或者出现经营状况持续恶化等情况,可能会给交易安全造成较大风险的;② 交易相对人能够以合理的价格向其他经营者购买同种商品、替代商品,或者能够以合理的价格向其他经营者出售商品的;③ 能够证明行为具有正当性的其他理由。

(四) 没有正当理由,限定交易相对人只能与其进行交易或者只能与其指定的经营者进行交易

限定交易行为不但是对意思自治和合同自由的限制,侵犯了交易相对人的自主选择权,同时也会对竞争产生无效率的排挤性效果,或会迫使竞争对手不得不寻找成本更高的销售渠道,提高竞争对手的成本,阻碍潜在的竞争,从而产生排除、限制市场竞争的后果。

当然,限定交易也可能存在积极效用,如促进制造商和销售商建立稳定、畅通的供应、销售渠道,降低企业的运营成本,并可以在一定程度上解决"搭便车"问题。因此,对限定交易同样可以以正当理由进行抗辩,根据《反价格垄断规定》,限定交易的正当理由包括:① 为了保证产品质量和安全的;② 为了维护品牌形象或提高服务水平的;③ 能够显著降低成本、提高效率,并且能够使消费者分享由此产生的利益的;④ 能够证明行为具有正当性的其他理由。

(五) 没有正当理由搭售商品,或者在交易时附加其他不合理的交易条件

该条所描述的行为可统称为附条件交易行为。搭售是附条件交易行为的典型,是指具有市场支配地位的经营者在销售某种商品或服务时,强迫交易对手购买从性质或从交易习惯上均与第一种商品或服务无关的其他产品或服务。

搭售行为的本质是占市场支配地位的企业通过这种行为将其在某个市场的竞争优势不公平地辐射到被搭售的产品或服务的市场上,从而不公平地限制这些产品或者服务的竞争。

(六) 没有正当理由,对条件相同的交易相对人在交易价格等交易条件上实行差别待遇

差别待遇行为在很多情况下是经营者的一种营销策略,也是行使经营自主权的表现,但是,当具有市场支配地位的经营者没有正当理由实施差别待遇时,对市场竞争的损害是巨大的。具有市场支配地位的经营者可以采取差别待遇,对其竞争者所在地区或竞争者的客户给予特别的低价销售,以排挤竞争对手;也可以此威胁、诱使交易相对人接受不合理的交易条件或排他交易条件,建立纵向限制竞争的协议;或者使不同客户

处于不同的竞争地位,从而建立或维持关联企业的垄断地位,或将自己的垄断地位扩展到上、下游市场。

差别待遇行为主要表现为价格歧视,即在出售或购买产品或服务时,对相同条件的交易相对人实行不同交易价格。但差别待遇不仅限于价格待遇的差别,依照《工商行政管理机关禁止滥用市场支配地位行为的规定》,除价格外的其他交易条件主要包括:① 实行不同的交易数量、品种、品质等级;② 实行不同的数量折扣等优惠条件;③ 实行不同的付款条件、交易方式;④ 实行不同的保修内容和期限、维修内容和时间、零配件供应、技术指导等售后服务。

在实践中,一些差别待遇行为往往具有经济上的合理性。例如,在大型超级市场进货的时候,生产商出于节约销售成本的考虑,给它们比小型零售商更大的价格折扣,这种差别待遇行为对中小零售企业虽然是不利的,但在经济上是合理的,因为这有利于提高生产商的经济效益。所以,判断差别待遇是否具有合理性的一个重要因素是,分析交易相对人是否"条件相同",若交易相对人的条件是相同的,经营者很难基于成本事由,对其实行的差别待遇行为进行抗辩。

第四节 经营者集中

一、控制经营者集中行为概述

(一) 经营者集中的概念

经营者集中又被称为企业合并、企业集中、企业结合,是指经营者通过取得股权或者资产的方式取得对其他经营者的控制权,或者经营者通过合同等方式取得对其他经营者的控制权或者能够对其他经营者施加决定性影响的情形。

在企业法的范畴中,企业合并是指两个或两个以上独立的企业,通过取得财产或股份等形式被一个新企业所取代或合并成一个企业的行为,包括吸收合并和新设合并两种形式。它强调的是参与合并企业的主体资格的变更或者消灭。而在反垄断法的经营者集中制度中,认定经营者集中则采用更广义的标准,不仅包括企业法意义上的合并,还泛指一个经营者对其他经营者产生支配性影响的所有形式。例如:在不改变各自企业的法律主体资格的前提下,通过改变股权或资产的方式取得对被收购企业的实际控制,成为事实上而非法律上的同一主体;或者两个或两个以上的经营者在保留各自独立法律人格的前提下,通过协议、联营等方式形成控制与被控制的关系。

(二) 经营者集中的经济效果

经营者集中的经济效果具有两面性。经济学中的产业组织理论认为,经营者集中有利于形成规模经济。所谓规模经济,是指随着企业生产规模的扩大,单位产品平均成本随产量的增加而降低的现象。规模经济产生的原因在于企业在生产、销售、研究开发、融资、行政管理方面有固定投入,这些固定投入一般不随产销量增加而增加。规模经济是工业经济中的一种普遍规律，美国、日本、西欧等国家的近代经济发展史已经证明，规模经济有利于生产效率的提高和经济增长，有利于科技进步与创新，有利于增强一个国家的国际竞争力。

但是，经营者集中除了能产生规模经营效应之外，也可能形成垄断，从而构成对市场竞争秩序的限制以及对社会整体利益的损害。首先，经营者集中特别是横向集中可能直接消灭相关市场的竞争者，产生垄断。其次，即使经营者集中没有完全消灭相关市场的竞争，但不管怎么样，仍会增加市场集中度，从而使经营者之间的协调行为变得更加容易。再次，经营者集中导致单个企业在集中之后拥有远远大于集中之前的市场份额，使原本不具有市场支配地位的企业拥有支配地位，使原来具有支配地位的企业进一步加强其市场支配地位，使市场竞争受到损害的风险加大。最后，经营者集中还可能导致经济权力的集中，有害于经济民主，进而妨碍政治民主的实现。

基于此，各国在鼓励经营者集中、优化产业组织与产业结构的同时，也对经营者的集中行为进行控制，防止经营者过度集中，对社会整体利益造成损害。

(三) 经营者集中的种类

根据参与集中的经营者之间的相互关系，经营者集中可以划分为横向集中、纵向集中和混合集中三种类型。

1. 横向集中

横向集中又称水平合并，是指生产或销售同类产品或提供同类服务、具有直接竞争关系的经营者之间的合并。例如，同为飞机制造企业的波音公司和麦道公司之间的合并、同为铁路设备制造商的"中国北车"与"中国南车"之间的合并都属于典型的横向合并。

无论在国内市场还是在国际市场上，横向合并都是最重要的合并方式。横向合并的最大好处是有利于实现规模经济，降低单位产品的成本。但另一方面，因为这种合并将会减少甚至消灭市场上的竞争者，它们对竞争的影响是显而易见的。当竞争者的数量过少乃至市场的集中度过高的时候，市场上的有效竞争就会受到威胁。因此，横向合并一直是各国反垄断法所规制的主要对象。

2. 纵向合并

纵向合并又称垂直合并，是指处于同一产业中不同生产阶段的经营者之间的合并，亦即某种产品的卖方和买方之间的合并或上游经营者与下游经营者之间的合并。其中，最典型的表现形式是工业与商业的集中，如鞋类制造企业与鞋类销售企业之间的联合。

纵向合并的好处是，有助于稳定供应方的销售渠道，同时也有助于稳定买方采购原材料、半成品或商品的来源，从而减少交易成本，提高企业生产效率。因为在纵向合并中，参与合并的经营者并不存在直接的竞争关系，纵向合并后并没有直接减少或消灭竞争者，相比横向合并而言，它对经济和竞争的危害要小一些，所以，各国反垄断法对纵向合并的态度较为宽容。但纵向合并并非对竞争没有一点影响。纵向合并会减少其他经营者与被合并企业进行交易的机会，并有可能扩大合并一方原有的市场优势，给其他经营者造成市场进入障碍，所以，各国反垄断法对纵向合并并非放任不管。

3. 混合合并

混合合并是指既不存在竞争关系也不存在买卖关系的经营者之间的合并。混合合并一般不会影响和改变市场结构,而且生产不同产品的企业可以通过使用共同的销售渠道或在共同研发新产品中获得好处,可以改善企业间的资金流通,企业通过多样化的生产还可以减少市场风险,所以,各国反垄断法对混合合并的控制较为宽松。只有当混合合并间接传导、放大竞争者的优势,影响其他市场的竞争时,才对其加以控制。

二、经营者集中的申报标准与审查程序

(一)经营者集中的事前申报标准

经营者集中是大量频繁发生的,反垄断执法机构不可能对所有的经营者集中行为进行审查,所以反垄断法就需要一个适当的反垄断审查申报标准。这一标准既要使得那些有较大限制竞争可能性的经营者集中得到必要的审查和有效的控制,又要使那些基本上不会限制竞争的经营者集中行为能够及时、顺利地进行,防止政府不必要的干预,减少交易的成本。

根据《国务院关于经营者集中申报标准的规定》,经营者集中达到下列标准之一的,应当事先向国务院商务主管部门申报,未申报的不得实施集中:① 参与集中的所有经营者上一会计年度在全球范围内的营业额合计超过 100 亿元人民币,并且其中至少两个经营者上一会计年度在中国境内的营业额均超过 4 亿元人民币;② 参与集中的所有经营者上一会计年度在中国境内的营业额合计超过 20 亿元人民币,并且其中至少两个经营者上一会计年度在中国境内的营业额均超过 4 亿元人民币。营业额的计算,应当考虑银行、保险、证券、期货等特殊行业、领域的实际情况,具体办法由国务院商务主管部门会同国务院有关部门制定。

经营者集中申报也存在豁免情形,根据《反垄断法》的规定,经营者集中有下列情形之一的,可以不向国务院反垄断执法机构申报:① 参与集中的一个经营者拥有其他每个经营者 50%以上有表决权的股份或者资产的;② 参与集中的每个经营者 50%以上有表决权的股份或者资产被同一个未参与集中的经营者拥有的。反垄断之所以豁免这两种情形的事前申报义务,是因为这两种情形下的集中属于母子公司或姐妹公司的集中,不管是母子公司还是姐妹公司,在集中发生之前,它们都已经形成了一种控制关系,不会对市场结构造成显著影响。

(二)经营者集中的反垄断审查程序

符合申报条件的经营者集中必须在宣告集中或订立集中协议后的一定期限内,向反垄断执法机构进行申报。反垄断执法机构在核准过程中,分析的重点是经营者集中行为对市场竞争的影响,并根据不同的情形,给出批准、附条件批准或禁止经营者集中三种审查结果(审查流程如图 10-1 所示)。

1. 审查期限

反垄断执法机关对经营者集中的审查分两个阶段,每个阶段的审查期限是不一样的。

第一阶段为初步审查阶段,期限为 30 日,自反垄断执法机关收到经营者提交的文件、资料之日起计算。补交文件的,应自反垄断机关收到符合要求的补交文件之日起计算。在初步审查期限内,经营者不得实施集中。如果反垄断执法机构在 30 日内作出不

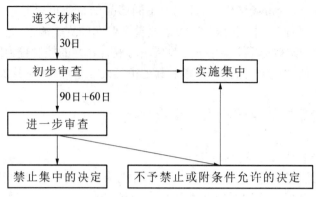

图 10-1　审查流程示意图

实施进一步审查的决定,或期限届满未作出任何决定,经营者可以实施集中。

第二个阶段为实质性审查阶段,期限一般为 90 日,自反垄断执法机构决定实施进一步审查之日起计算。在该期限内,反垄断执法机构应当作出是否禁止经营者集中的决定,并书面通知经营者,审查期间内,经营者不得实施集中。第二阶段的审查期限可以延长,但最长不得超过 60 日。延长审查期限的情形有三种:① 经营者同意延长审查期限的;② 经营者提交的文件、资料不准确,需要进一步核实的;③ 经营者申报后有关情况发生重大变化的。

2. 审查标准

根据反垄断法的规定,审查经营者集中的一般标准为是否"具有排除、限制竞争效果",具体言之,在审查过程中,应当考虑以下五个因素:① 参与集中的经营者在相关市场的市场份额及其对市场的控制力。市场份额直接反映了市场结构、经营者及其竞争者在相关市场中的地位,也很大程度上表现了经营者的经济实力和竞争力,是市场控制的重要表现。② 相关市场的市场集中度。通常情况下,相关市场的市场集中度越高,集中后产生排除、限制竞争效果的可能性越大。③ 经营者集中对市场进入、技术进步的影响。如是否提高潜在竞争者进入相关市场的壁垒以及对技术进步产生的消极影响。④ 经营者集中对消费者和其他有关经营者的影响。集中后的经营者是否可能滥用经济实力减损消费者福利,以及辐射相关领域产生排除、限制竞争之效果。⑤ 经营者集中对国民经济发展的影响。

3. 审查结果

在每项经营者集中申报经过法定审查程序后,反垄断执法机构会根据情况给予允许集中、禁止集中、附条件允许集中三种审查结果。若经营者具有排除、限制竞争效果,则反垄断执法机构应当对该项集中予以禁止,反之,则允许。此外,为了不打击经营者集中的积极性,又避免其限制竞争的可能性,反垄断执法机构也可以附加限制条件批准经营者集中。限制性条件可以包括如下种类:① 剥离参与集中的经营者的部分资产或业务等结构性条件;② 参与集中的经营者开放其网络或平台等基础设施、许可关键技术(包括专利、专有技术或其他知识产权)、终止排他性协议等行为性条件;③ 结构性条件和行为性条件相结合的综合性条件。

第五节　滥用行政权力排除限制竞争

一、滥用行政权力排除、限制竞争概述

滥用行政权力排除、限制竞争在学理上也被称为"行政垄断",是指行政机关和法律、法规授权的具有管理公共事务职能的组织滥用行政权力,排除、限制市场竞争的行为。

与经济垄断相比,行政垄断的主体具有特定性。实施行政垄断行为的主体是行政机关和法律、法规授权的具有管理公共事务职能的组织。需要说明的是,作为最高行政机关的国务院实施的垄断行为具备国家意志性,属于国家垄断范畴,其宗旨是维护国家整体利益与社会公共利益,是合法行为。行政垄断概念中的"滥用行政权力",是指它们既不属于政府为维护社会经济秩序而进行的正常经济管理活动,也不属于政府为实现对国民经济的宏观调控而采取的产业政策、财政政策等经济政策和社会政策。

虽然发达国家都不同程度地存在行政垄断,但对处于转型时期的我国而言,政府职能转变尚未到位,在部门利益与地方利益的驱使下,行政垄断问题更为凸显与严重,因此,反垄断法对此予以了重点关注。

二、滥用行政权力排除、限制竞争表现形式

(一) 限定交易

限定交易是指行政机关和法律、行政法规授权的具有管理公共事务职能的组织滥用行政权力,要求他人与其限定的特定经营者进行交易的行为。具体方式包括:以明确要求、暗示或者拒绝、拖延行政许可以及重复检查等方式限定或者变相限定单位或者个人经营、购买、使用其指定的经营者提供的商品或者限定他人正常的经营活动。

公权力机关实施限定交易的动因一般有两个:① 为了地方经济利益,保护本地经营者,限制外地经营者;② 为了本部门、本单位的小团体利益,通过强制经营者与和公权力机关存在利益关系的特定经营者进行交易,从中获利,以充实本单位"小金库",有时甚至还伴随少数人的腐败现象。

(二) 地区封锁

地区封锁是指行政机关和法律、行政法规授权的具有管理公共事务职能的组织滥用行政权力,采取不正当的方式阻碍商品在地区之间的自由流通,损害全国统一市场的行为。

地区封锁的主要形式包括:对外地商品执行与本地同类商品不同的技术要求、检

验标准,或者采取重复检验、重复认证等歧视性技术措施,阻碍、限制外地商品进入本地市场;采取专门针对外地商品的行政许可,或者对外地商品实施行政许可时采取不同的许可条件、程序、期限等,阻碍、限制外地商品进入本地市场;设置关卡或者采取其他手段,阻碍、限制外地商品进入本地市场或者本地商品运往外地市场;妨碍商品在地区之间自由流通的其他行为。

（三）排斥或限制外地经营者参与本地招投标

排斥或限制外地经营者参与本地招投标是指行政机关和法律、行政法规授权的具有管理公共事务职能的组织滥用行政权力,在招投标活动中从事地方保护行为。该种行为的目的在于减少本地招投标市场中的竞争,保护本地企业的商业机会。具体手段包括对外地投标者设定歧视性资质要求、评审标准或者不依法发布信息等。该种行为不但违反《反垄断法》,还同时触犯《招投标法》和《政府采购法》的相关规定。

（四）排斥或限制在本地投资或者设立分支机构

排斥或限制在本地投资或者设立分支机构是指行政机关和法律、法规授权的具有管理公共事务职能的组织滥用行政权力,采取提供与本地经营者不平等的待遇等方式,排斥或者限制外地经营者在本地投资或者设立分支机构。排斥或限制在本地投资或者设立分支机构的行为会保护本地经营者的利益,使外地经营者无法对本地经营者形成挑战,排斥、限制正常竞争,其结果会使可竞争的统一市场转变为垄断趋向的市场结构,破坏比较优势,保护落后经营者,最终也不利于本地区经济发展。

（五）强制经营者实施垄断

强制经营者实施垄断是指行政机关和法律、法规授权的具有管理公共事务职能的组织滥用行政权力,强制经营者从事反垄断法规定的垄断行为,包括强制经营者达成垄断协议、强制具有市场支配地位的经营者滥用其市场支配地位,以及强制经营者实施违法经营者集中等。强制经营者实施垄断会侵害经营者依法享有的经营自主权,损害消费者的合法权益,具有超经济的强制性和排斥竞争的封闭性,相对于经营者自己从事的垄断行为,往往具有更大的危害性。

（六）制定含有排除、限制竞争内容的规定

制定含有排除、限制竞争内容的规定也称为抽象性行政垄断,是指行政机关滥用行政权力,制定含有排除、限制竞争内容的规定,具体形式包括决定、公告、通告、通知、意见、会议纪要等形式。公权力机关滥用行政权力,排除、限制竞争,既可以通过具体行政行为实现,也可以通过抽象行政行为实现。抽象行政行为是指以不特定的人或事为对象制定具有普遍约束力的规范性文件的行为。因为抽象行政行为所具有普遍适用性,比起公权力机关通过具体行政行为实施的垄断,它危害更大。经营者以抽象性行政垄断文件为由实施的垄断行为,亦属违法。

公权力机构以制定规范性文件的方式实行垄断是我国实践中较难处理的问题,虽然反垄断法对该行为进行原则性禁止,但因规制方式和法律责任的相关规定模糊,该行为一直难以得到有效遏制。为此,2016年出台了《国务院关于在市场体系中建立公平竞争审查制度的意见》(简称"34号文"),"34号文"是我国深化经济体制改革中一个具有里程碑意义的文件,它强调规范政府行为,特别是防止政府出台不合理排除和限制竞争的政策措施,为推进我国的竞争政策做出了顶层设计。34号文明确规定建立公平竞争审查制度,对行政机关和法律、法规授权的具有管理公共事务职能的组织(以下统称政策制定机关)制定的市场准入、产业发展、招商引资、招标投标、政府采购、经营行为规范、资质标准等涉及市场主体经济活动的规章、规范性文件和其他政策措施,应当进行公平竞争审查。

第六节 反垄断法的实施

一、反垄断法的公共实施机制

反垄断法的公共实施机制是指反垄断公权机关运用公权力,对违反反垄断法的行为予以调查、制裁的活动,主要包括公共机构的设置、权力义务的分配、机构运作的程序,以及机构之间的相互关系,但其中最为本质的是公权力机构对垄断行为进行行政制裁。

我国反垄断公共实施机制可以概述为"1+3+X"的双层执法模式。其中:"1"代表国务院反垄断委员会,负责组织、协调、指导反垄断工作;"3"代表商务部、国家发改委、国家工商总局三大反垄断执法机构;"X"代表国家电力监管委员会、工信部、铁道部、中国民航局、中国证监会、中国银保监会等行业监管机构。

其中,三大执法机构是最核心的反垄断公共实施力量,在反垄断执法中,具有较为明确的分工。具体而言:国家发改委(价格监督检查与反垄断局)负责查处价格垄断行为;国家工商总局(反垄断与反不正当竞争执法局)负责对价格垄断行为以外的垄断协议、滥用市场支配地位、滥用行政权力排除限制竞争等的审查;商务部(反垄断局)负责经营者集中的反垄断审查。值得注意的是,根据2018年十三届全国人大第一次会议通过的《国务院机构改革方案》,国家已新组建国家市场监督管理总局,反垄断职能统一归属市场监督管理总局,中国反垄断执法机构的"三驾马车"实现在国家市场监管总局之下的"三合一",预计将对中国的反垄断执法实践产生深远影响。

二、反垄断法的私人实施机制

反垄断法的私人实施是指那些自身利益受到违法垄断行为影响的法人和自然人通过向法院提起民事诉讼或仲裁等方式来实施反垄断法。我国《反垄断法》第50条规定:"经营者实施垄断行为,给他人造成损失的,依法承担民事责任。"这就是私人可以在我国发动反垄断民事诉讼的法律依据。此外,2012年颁布的《最高人民法院关于审理因垄断行为引发的民事纠纷案件应用法律若干问题的规定》也对起诉主体、案件受理、管辖法院、举证责任、诉讼证据、诉讼时效等问题作了具体规定,确立了我国反垄断民事诉讼的基本框架。

除通过民事诉讼寻求法律救济外,私人还可以向法院提起反垄断行政诉讼,具体表现为两种诉讼形式:一是反垄断执法行政诉讼,指针对反垄断执法机关的执法行为提起的行政诉讼;二是针对行政垄断提起的行政诉讼。

案 例 分 析

美国数字交互集团(简称IDC公司)是美国一家通过研发投入,持有一些无线通信领域的标准必要专利(包括2G,3G,4G和IEEE 802系列标准)的技术公司,它是标准普尔中型股400指数之一。IDC将其标准必要专利授权给了40家无线通信设备企业,包括苹果、三星、宏达(HTC)等主要手机品牌商。其年报显示,这家公司的收入主要来自通过专利许可协议获取的专利使用费。

作为中国,乃至世界知名的无线通信设备生产商,华为技术有限公司(简称华为公司)生产的许多终端设备都无法绕开IDC公司的标准必要专利。华为公司与IDC公司从2008年11月开始就IDC持有的必要专利许可进行过多次谈判,但因IDC索求的许可费大大高于它授权苹果和三星等企业的许可费而未能达成协议。

华为认为IDC公司开出的标准必要专利许可协议属于"霸王条款",拒绝接受。华为将IDC给它的要约价格与给苹果、三星等公司的做了比较。根据IDC年报中披露的内容,2007年9月,IDC与苹果签订在全球范围内的3G专利许可协议,许可期间从2007年6月开始为期7年,总额为5 600万美元。2009年IDC与三星签订全球范围内的2G、3G专利许可协议,许可期间四年,总额为4亿美元。也就是说,按照一次性支付专利许可使用费计算,IDC给华为10.54亿美元的专利许可费报价,是给苹果公司的19倍,是给三星的2倍多。

2011年7月,IDC公司将华为公司起诉至美国特拉华州法院,并向美国国际贸易委员会(International Trade Commission, ITC)起诉,称华为公司涉嫌侵犯其在美国享有的7项标准必要专利,请求对华为公司启动"337调查",并禁止华为公司制造、销售、进口相关产品。华为对IDC的行为做出了反击。2011年12月6日,华为向深圳中院起诉IDC公司滥用市场支配地位,对其专利许可设定不公平的过高价格,对条件相似的交易相对人设定歧视性的交易条件。

请回答下列问题:

1. IDC是否构成市场支配地位?
2. 请结合《反垄断法》就IDC的市场行为进行分析。

法律分析:

1. 市场支配地位的认定前提是界定相关市场,以判断市场集中程度,进而认定企业的市场地位及其市场行为对竞争的影响。在该案中,争议的一大焦点正是如何界定相关市场。

被告IDC认为其被诉的标准必要专利不构成一个独立的相关市场,理由是:根据必要专利的特殊性,仅凭IDC自身的必要专利涵盖的技术是不可能制造任何终端产品的。但是,这样的申辩理由是站不住脚的。华为公司取得IDC在3G无线通信标准中的必要专利是其生产经营活动不可缺少的环节。这就是说，即便一部智能手机或者一台计算机有几百个标准，每个标准也许有几百甚至几千个必要专利，由于每个标准必要专利对潜在被许可人来说都具有不可替代性，它们在具体案件中都可能构成一个单独的相关市场。正如IDC公司在其他场合宣称的那样："世界上每一个蜂窝无线通信设备都运用了本公司的技术。"

也正是由于标准必要专利对潜在被许可人所体现的不可替代性，每个标准必要专利权利人自然在相关市场占支配地位，而且事实上是垄断地位，IDC公司即是如此。

2. 在该案中，IDC涉嫌构成的滥用市场支配地位行为具体包括：不合理高价、价格歧视以及没有正当理由附加不合理的交易条件。

在标准必要专利中，每个专利权人所做的贡献是其创新的技术，他仅能就其专利获取报酬，而不能因专利纳入标准而获得额外的利益，这一逻辑有助于判断价格是否合理。然而，具体确定一个合理的价格是非常困难的，因为现实中，一个高科技产品可能涉及很多技术标准，如一台电脑可能涉及上百个标准，一个标准可能涉及几千个必要专利，再加上缺乏评价这些必要专利的质量及其对最终产品贡献大小的实践经验，评估一个标准必要专利公平合理的许可费时就会遇到巨大的困难。

所以，在认定滥用市场支配地位时，考察经营者是否具有价格歧视行为，即对条件相同的交易对手是否收取了基本相同的许可费或者许可费率，更有助于确认滥用市场支配地位的具体行为。如果标准必要专利权人给予某一被许可人比较低的许可费率，而给予另一被许可人比较高的许可费率，后者通过对比就有理由认为其受到了歧视待遇，标准必要专利权人从而也就违反了无歧视的市场竞争要求。

在该案中，法院主要比较了IDC对华为和对苹果公司收取的专利许可费。根据对公开数据调查的结果，2007年至2014年的7年间，IDC对苹果公司的全球授权仅收取5 600万美元的许可费，考虑到苹果公司在这7年间的销售收入至少为3 000亿美元，法院推算IDC许可苹果公司的专利许可费率约为0.018 7%。然而，以IDC在2012年向华为公司的第4次报价为例，2009年至2016年7年间凡涉及2G、3G和4G的技术产品，IDC均按照华为的销售额提成2%的许可费率。考虑到一般工业品的利润率仅为3%，如果华为接受IDC提出的许可条件，单IDC的许可费就几乎可以掏空华为的全部利润，因此法院认为，IDC向华为提出的许可费率太不公平。

除了索取过高的必要专利许可费，IDC向华为的许可还捆绑了一个条件，即要求华为公司将其所有的专利免费许可IDC，该行为构成没有正当理由附加不合理的交易条件。

此外，法院还认为，IDC在美国提起的禁令诉讼意图是逼迫华为接受其过高定价。

延伸启示：

知识产权滥用的反垄断规制是反垄断法领域的前沿问题，其中，标准必要专利问题则颇具典型性。标准必要专利是指实施技术标准或者为生产符合技术标准的产品而必须使用的专利技术。标准必要专利在无线通信、计算机和电子等行业尤为普遍，这些领域中一项产品可能包含的技术不仅种类繁多且异常复杂，同时对技术的质量有着极高的要求，因此不同的生产企业为了实现产品的兼容与互联互通，就需要制定和执行统一的技术标准。

作为知识产权之一的专利权具有显著的垄断性,但因其体现的是智力成果,属于一种合法垄断;同时,专利权属于一种私法权利,权利人享有自由决定许可对象以及包括许可费用在内的交易条件的权利。然而,当某个专利成为行业技术标准的组成部分,这意味着其具有不可替代的强制性,当垄断性的专利权与强制性的标准相结合而产生标准必要专利时,标准必要专利权人基于其强势地位和追逐利益的动机,很有可能会滥用其在标准必要专利许可市场的支配地位。

一般而言,反垄断法原则上对知识产权的行使采用排除适用的立场,但随着知识产权滥用的现象逐步频发,产生了显著的削弱竞争、减损社会公益的负面效果,反垄断法也在与时俱进地积极介入知识产权领域,对滥用知识产权的垄断行为进行规制。华为诉IDC案是我国首例涉及标准必要专利的反垄断案件,具有典型性和示范性。该案所确立的行为标准对之后众多案件,如"商务部附加限制性条件批准的微软收购诺基亚设备和服务业案""商务部查处高通滥用市场支配地位案"等,起到了重要的参考作用。

思考与练习

1. 反垄断政策的经济学基础。
2. 相关市场界定需要考虑的因素。
3. 行政垄断的具体形态。
4. 反垄断法与产业政策的冲突与协调。

阅读文献

1. 种明钊.竞争法.3版.法律出版社,2016.
2. 王晓晔.反垄断法.法律出版社,2011.
3. 沈敏荣.法律的不确定性——反垄断法规则分析.法律出版社,2001.
4. 许光耀.欧共体竞争法通论.武汉大学出版社,2006.
5. 郑鹏程.对政府规制的规制:市场统一法律问题研究.法律出版社,2012.
6. 赫伯特·霍温坎普.联邦反托拉斯政策:竞争法律及其实践.3版.许光耀等译.法律出版社,2009.
7. W.基普·维斯库斯、小约瑟夫·E.哈林顿、约翰·M.弗农.反垄断法与管制经济学.4版.陈甫军等译.中国人民大学出版社,2010.

真题链接

知识体系示意图

- **相关概念**
  - 经营者：从事商品生产、经营或者提供服务的自然人、法人和其他组织
  - 相关市场：经营者在一定时期内就特定商品或者服务（以下统称商品）进行竞争的商品范围和地域范围
  - 市场支配地位：经营者在相关市场内具有能够控制商品价格、数量或者其他交易条件，或者能够阻碍、影响其他经营者进入相关市场能力的市场地位
  - 垄断协议：排除、限制竞争的协议、决定或者其他协同行为

- **总则**
  - 适用范围
    - 境内经济活动中的垄断行为
    - 对境内市场竞争产生排除、限制影响的垄断行为
  - 垄断行为
    - 经济垄断
      - 达成垄断协议
      - 滥用市场支配行为
      - 具有或可能具有排除、限制竞争效果的经营者集中
    - 行政垄断　行政机关等滥用行政权力，排除、限制竞争
  - 例外　关系国民经济命脉和国家安全的行业以及依法实行专营专卖的行业，国家对其经营者的合法经营活动予以保护，但其不得滥用控制地位损害消费者利益

反垄断法实体性制度

- **垄断协议**
  - 横向垄断协议
    - 固定或变更价格
    - 限制产销量
    - 分割市场
    - 限制创新
    - 联合抵制
  - 纵向垄断协议
    - 固定向第三人转售价格
    - 限定向第三人转售最低价格

- **滥用市场支配地位**
  - 市场支配地位推定
    - 一个经营者市场份额达 1/2
    - 两个经营者市场份额达 2/3
    - 三个经营者市场份额达 3/4
  - 具体行为
    - 不公平的价格高售、低买
    - 无正当理由，赔本销售
    - 无正当理由，拒绝交易
    - 无正当理由，限定交易
    - 无正当理由，搭售或限定交易条件
    - 无正当理由，差别待遇

- **经营者集中**
  - 适用情形
    - 合并或控股
    - 实际上取得控制权或能够施加决定性影响
  - 申报标准
    - 上一会计年度在全球范围内的营业额合计超过 100 亿元人民币，并且其中至少两个经营者上一会计年度在中国境内的营业额均超过 4 亿元人民币
    - 上一会计年度在中国境内的营业额合计超过 20 亿元人民币，并且其中至少两个经营者上一会计年度在中国境内的营业额均超过 4 亿元人民币

- **行政垄断**
  - 指定交易　限定或者变相限定指定经营者提供的商品
  - 妨碍商品自由流通（地区封锁）
    - 对外地商品设定或实行歧视性收费或价格
    - 对外地商品规定与本地商品不同的要求、标准，或采取重复检验等歧视性措施
    - 采取专门针对外地商品的行政许可
    - 采取设置关卡或其他手段，阻碍商品进入或运出
    - 妨碍商品在地区之间自由流通的其他行为
  - 招投标中的地方保护　设定歧视性资质要求、评审标准或者不依法发布信息等方式
  - 排斥或限制在本地投资或设计分支机构
  - 强制经营者从事垄断行为
  - 制定含有排除限制竞争内容的规定

第十一章 消费者权益保护法律制度

> 2006年3月,大学生黄静因购买华硕笔记本电脑维权不当被北京市公安局海淀分局以涉嫌敲诈勒索罪刑事拘留;4月,被北京市海淀区人民检察院以涉嫌敲诈勒索罪批准逮捕。尽管2007年11月,北京市海淀区人民检察院以证据不足为由对黄静作出不起诉决定,受害人黄静也因此获得了国家赔偿金,但在维权之后被拘留的时间里,黄静被学校开除、学业中断前程尽毁,并遭受了长达7个月的拘留时光。消费者维权不易,既是因为维权与违法往往在一线之间,更是因为相较于经营者,消费者本身具有经济实力弱、组织结构弱、信息来源少、维权手段弱等难以克服的缺陷。对消费者进行特别保护,是一国矫正失衡的交易关系、维护公平正义的必然选择。

【本章导读】

消费者保护运动是20世纪60年代中期在美国兴起,继而流行于欧洲、日本和若干发展中国家的一种社会运动。随着运动的深入,消费者保护的观念逐步得到认同,各国也纷纷制定法律保护消费者利益,进而形成了一个新的法域——消费者权益保护法。作为一个新兴的"法种",消费者权益保护法在立法结构、内容及程序等方面,都突出了保护弱者的现代立法趋势,也体现着经济立法的社会化倾向。中华人民共和国消费者权益保护法是维护全体公民消费权益的法律规范的总称,是为了保护消费者的合法权益,维护社会经济秩序稳定,促进社会主义市场经济健康发展而制定的一部法律。

本章主要内容包括"消费者的认定""消费者的权利和经营者的义务""争议解决和法律责任"。

第一节 消费者权益保护法的基本概念

一、消费者的概念

《消费者权益保护法》(以下简称"消法")第2条规定,消费者为生活消费需要购买、使用商品或者接受服务,其权益受《消费者权益保护法》保护。综合《消费者权益保护法》立法宗旨及司法审判实践的一般认定规律,我们认为消费者应该具有以下三个特征:

(1) 消费者是指购买、使用商品或者接受服务的人。消费者既可以是亲自购买商品的个人,也可以是使用和消费他人购买的商品的人;既可以是有关服务合同中接受服务的(如旅游、餐饮、运输、劳务等各种服务)的一方当事人,也可以是接受服务的非合同当事人。同时,交易形式上的有偿、无偿不是决定消费者构成要件的标准。

(2) 消费者购买、使用商品或者接受服务非以交易为目的。消费者购买、使用商品或者接受服务,并不是为了再次转让给他人从而盈利,而主要是用于个人或家庭的消费,即购买商品或者接受服务是为了个人的消费或者是用于储存、欣赏,或作为礼品赠送给他人。消费者购买商品或者接受服务,也可能是用于家庭的或单位成员的消费,这些直接使用商品或接受服务的个人虽然不是合同的当事人,但也是消费者。如果不是用于个人消费,而是用于生产和经营并会再次转售,则不是法律上所说的消费者。确定消费者的概念必须严格区分消费与经营行为。任何人只要其购买商品或服务的目的不是未来将商品或服务再次转售,不是为了再次从事商品交易活动,他就是消费者。在市场上,消费者是与生产者和商人相对立的,即便是明知商品有一定瑕疵而仍然购买的人,只要其购买商品不是为了销售,不是为了再次将其投入市场交易,我们就不应当否认其消费者的身份。

(3) 消费者原则上仅限于自然人,不应当包括"单位",亦不包括动物。各国消费者保护法及国际组织也都将消费者定位于"个体社会成员"或"个人"。

关于消费者的认定,司法实践中存在以下两个焦点问题:

(1) "职业打假人"是不是消费者?尽管过去各地裁判不一,但近年来的实践表明,无论是司法机关还是执法机构,对此问题的回答日趋一致,即"职业打假人"不是消费者。如周兵与南京悦家超市有限公司产品销售者责任纠纷案中,法院认为"上诉人认为周兵是职业打假人,其此次购买多床羊毛被不是自己消费使用,不应认定为消费者。"另外,国家工商总局发布的《消费者权益保护法实施条例(征求意见稿)》也规定:"消费者以外的自然人、法人和其他组织以营利为目的而购买、使用商品或者接受服务的行为不适用本条例。"

(2) "知假买假者"是不是消费者?"知假买假"是指消费者在明明知道即将购买和使用的商品是假货的情况下,仍然购买、使用商品和接受服务的行为。从"中国打假第一人"王海到打假英雄臧家平等,以王海为代表的知假买假的做法成为法学界争论的话题。司法机关对王海现象的处理也很不一致,如何山诉乐万达商行案以胜诉告终,而耿某诉南京中央商场案则以败诉结束。2014年3月15日开始正式施行的《最高人民法院关于审理食品药品纠纷案件适用法律若干问题的规定》第3条规定:"因食品、药品质量问题发生纠纷,购买者向生产者、销售者主张权利,生产者、销售者以购买者明知食品、药品存在质量问题而仍然购买为由进行抗辩的,人民法院不予支持。"这一规定态度鲜明地确定了在食品、药品质量问题的范畴内,人民法院应支持知假买假的职业打假人的合理请求。但在其他领域"知假买假者"是不是消费者,尚无定论。

二、消费者权益保护概述

消费者权益保护法的概念有广义、狭义之分。广义的消费者权益保护法是指所有有关保护消费者权益的法律、法规,实际上是指保护消费者权益的法律体系,包括:消费者权益保护法的基本法、安全保障法、标准和计量监督法、标示监督法、价格监督法、消费合同法、竞争监督法等。我们主要讲狭义的消费者权益保护法,即上述法律体系中消费者权益保护法的基本法——《消费者权益保护法》。

我国《消费者权益保护法》于1993年10月31日八届全国人大常委会第四次会议通过,自1994年1月1日起施行。2014年3月15日,由全国人大修订的新版《消费者权益保护法》(简称"新消法")正式实施。《消费者权益保护法》分总则、消费者的权利、经营者的义务、国家对消费者合法权益的保护、消费者组织、争议的解决、法律责任、附则共8章63条。

三、消费者权益保护法的基本原则

消费者保护法的基本原则是指集中体现消费者保护法的基本价值和调整方法,对消费者保护法的制定、执行、解释和适用具有普遍指导意义的基本精神。

(一)对消费者特别保护原则

该原则要求消费者保护法在充分认识消费者的弱者地位及其利益特殊性的基础上,站在消费者的立场上,对经营者的活动进行一定的限制与约束,在法律中全面规定消费者的权利,并为消费者权利提供严密的保障机制。在消费者保护立法中,不必拘泥于经营者与消费者地位的绝对平等,消费者的权利义务与经营者的义务与权利也无须对等,法律应当体现对消费者利益的倾斜,对消费者规定更多权利,并对经营者设置更多义务。如果刻意追求消费者与经营者之间的绝对平等和权利义务的互补对应,那么,由于消费者的弱者地位及其利益的特殊性,消费者的利益就会不可避免地受到来自经营者一方的严重损害。

(二)消费者保护与经济建设协调发展的原则

对消费者的保护必须与经济发展水平保持一致。脱离实际,一味强调对消费者的保护,而忽视客观的经济发展水平,不仅会严重妨碍社会经济的发展,而且消费者的根本利益也会得不到保障。就消费者保护立法而言,既要充分考虑对消费者利益的合理满足,又要考虑生产经营者的现实承受能力,以及由此可能造成的对宏观经济的影响。我国的经济发展与世界发达国家还有相当大的距离,因此,目前在制定各种消费者保护法律制度时既要考虑我国经济的发展现状,又要考虑消费者的接受能力,不能一味照搬照抄西方各国的立法。其次,要根据经济的发展,不断提高对消费者保护的水平,消费者保护制度不应是一成不变的。

(三)国家与社会干预原则

保护人民生命财产安全,维护社会正义是国家的基本职责。对消费者给予各种帮助,国家更是责无旁贷。要贯彻这一原则,首先,国家应设立各种保护机构,受理消费者投诉,维护消费者权利,制裁违法经营行为,督促经营者合法经营,支持消费者与不法侵害行为做斗争。其次,要通过政府的力量,加强消费者法制教育,培养消费者的权利意识,推进消费信息的传播,提高消费者的自我保护能力。

保护消费者的合法权益,也是全社会的职责。各种社会组织和个人,特别是以消费者保护为本职工作的消费者保护组织,应当明确地站在消费者的立场上,对与消费者的合法权益有关的经济活动和社会活动进行社会监督。大众传媒是实现社会监督和消费者教育的重要工具,因此,在消费者保护工作中负有特别重要的责任。报刊、广播、电视应当对侵害消费者利益的行为进行及时的揭露、曝光,使其受到社会的普遍谴责。同时,要通过各种传播媒介,宣传法制和消费知识,提高消费者的自我保护能力,督促经营者树立"消费者主权"与"消费者至上"的观念,为消费者提供更多、更好的消费品和服务。

(四)综合法律保护原则

消费者保护法应当根据不同情形,采用民事的、行政的和刑事的多种手段,对消费者的各种利益都予以充分的保护。根据这一原则,首先,必须对侵害消费者的行为按危害程度进行区分。其次,要根据这种区分,分别确定不同的责任。对于侵害消费者个人利益的一般行为,应当按照民事侵权、违约等来处理,对消费者予以民事保护。在民事保护中,应坚持当事人意思自治原则,由受害消费者自行决定采用何种方式处理争议,维护自己的权益,国家和社会应积极支持并为受害者提供帮助。对于侵害社会公共利益的一般违法行为,则由国家行政机关依职权追究行政责任。对于严重侵害社会利益,构成犯罪的行为,应当由国家司法机关追究刑事责任。

第二节 消费者的权利和经营者的义务

一、消费者权利概述

消费者的权利是指消费者为了满足生活消费需要,依法为或不为一定行为,以及要求经营者和其他有关主体为或不为一定行为的法律许可。消费者权利的基本性质是生存权、发展权和其他基本人权,是包含财产权、人身权等多种民事、经济权利在内的综合权利。

美国前总统肯尼迪于1962年3月15日提出了消费者应当享有的4项基本权利:一是获得商品的安全保障的权利;二是获得正确的商品信息资料的权利;三是对商品自由选择的权利;四是提出消费者意见的权利。该"四权论"提出后,得到了国际社会的广泛认同,一些国家在此基础上结合本国实践对其加以扩展。而国际消费者组织联盟则提出了消费者的9项权利:生存权、评价权、选择权、安全权、知情权、求偿权、获助权、受教育权、环保权。

二、消费者权利

我国《消费者权益保护法》明确了消费者具有安全权、知情权、选择权、公平交易权、求偿权、结社权、获知权、受尊重权、监督权等九项权利。

（一）安全权

在消费者的 9 项权利中，安全权排在第一位。安全权是指消费者有要求经营者提供的商品和服务必须符合保障人身、财产安全的标准的权利。安全是人得以生存最基本的条件和要求。消费者在消费活动中，首先关心的就是安全的问题。产品和服务如果不能保障消费者的安全，则人人都将处于一种戒备状态，无法维持正常的社会经济秩序。因此，一些工业发达国家的法院在处理因产品质量导致的消费纠纷时，判令生产厂家向受害者支付巨额的惩罚性赔偿金，理

图 11-1 消费者权利示意图

由就是生产厂家在明知产品存在危及人身安全可能性的情况下仍持漠视的态度。

（二）知情权

知情权，又称知悉真情权、获取信息权、了解权，是指消费者在消费过程中有获得关于消费品和消费项目的真实情况的权利。诚实信用是交易最基本的前提条件。消费者有权要求经营者提供，经营者也应当事先提供有关商品的基本的真实信息和情况。任何的欺诈、故意隐瞒，都是对消费者知情权的侵害。

（三）选择权

选择权，又称自主选择权，是指消费者单方所享有的自主选择经营者、自主选择商品和服务的权利。该权利包括：对经营者的自主选择权；自主选择商品品种或者方式的权利；是否购买商品或接受服务的决定权；对商品或者服务的比较和挑选的自主权。经营者不得拒绝交易，或者强买强卖。这也是消费者权益保护法作为经济法带有的"公法"性质，以及国家对交易行为和交易关系加以干预的体现，不同于传统民商法中的完全自由、意思自治，或者双方的完全自愿。在特定的消费领域，消费者享有区别于经营者的自主选择权。当经营者面向社会经营的时候，经营者无权选择消费者，而消费者却有权自由选择经营者。例如，非会员制的商场，经营者不得选择消费者而拒绝销售，但是，消费者则可以自由选择经营者。因此，消费领域与合同中双方当事人自由选择交易伙伴的情形完全不同。

（四）公平交易权

公平交易权是指消费者在购买商品或接受服务时享有获得质量保证、价格合理、计

量准确等公平交易条件的权利。凡是假冒伪劣、计量不准、厚此薄彼等侵害消费者权利的经营行为,均是对消费者权利的侵犯。在遭遇不公平交易条件时,消费者有权拒绝交易。

(五) 求偿权

依法求偿权是指消费者因购买、使用商品或者在接受服务过程中,遭受人身、财产损害的,有依法获得赔偿的权利。

(六) 结社权

结社权,又称依法结社权,是指消费者享有依法成立维护自身权益的社会组织的权利。赋予消费者依法自愿结社的权利,可以使消费者在社会组织中获得更多的消费信息,并能相对地改变其弱势地位,以便于在消费者与经营者之间形成"抗衡";政府也可以通过消费者团体了解有关情况并征求意见,以便于加强对消费领域和市场经济的监管。1984年12月,中国消费者协会正式成立。

(七) 获知权

获知权,又称接受教育权,是指消费者享有接受有关组织进行的消费者知识和消费者权益保护等方面的知识教育的权利。政府和经营者均应当充分尊重消费者的权益,为消费者提供消费知识,如辨别真假货币、辨别真假货物、辨别真假经营者以及其他保护消费者权益的基本知识。在当今的消费时代,应当将普及消费知识教育和普及法律知识教育、普及科学知识教育同等对待。

(八) 受尊重权

受尊重权是指消费者在购买、使用商品和接受服务时,享有人格尊严、民族风俗习惯得到尊重的权利,享有个人信息依法得到保护的权利。人格尊严、人身自由以及私人信息是人格权的重要内容。人格受到尊重和民族风俗习惯受到尊重,是社会文明的表现。

(九) 监督权

监督权,又称监督批评权,是指消费者享有对提供消费品和服务的经营者以及政府有关消费者权益保护的工作进行监督和批评、建议的权利。对于任何有损消费者权益的事件、行为和人员,消费者均可依法进行检举、控告,还可以提出相应的批评和建议。

三、经营者义务

权利和义务是对应的,消费者有权利也有义务,其义务可以简单地归纳为付款;相对应地,经营者的权利只有一项,就是获得经营收益。法律之所以对消费者的权利作专章的规定,并对应性地规定了经营者的义务,是考虑到在消费关系中,经营者作为一个组织,消费者作为个体,在很大程度上是一种不对等的状态,要保护消费者就必须在一定程度上向消费者倾斜,因此明确消费者的权利和突出经营者的义务是必要的。

(一) 法定义务

法定义务是指经营者依照法律规定应当为的或者不能为的一定的行为。法定义务是法律明确规定的,经营者不得在契约中或者以声明排除的方式予以免除,具体而言经营者有以下法定的义务。

1. 诚实信用，恪守社会公德

新消法第4条规定，经营者与消费者进行交易，应当遵循自愿、平等、公平、诚实信用的原则。该法第16条也规定，经营者向消费者提供商品或者服务，应当恪守社会公德，诚信经营，保障消费者的合法权益；不得设定不公平、不合理的交易条件，不得强制交易。

2. 听取意见，接受监督

经营者应当认真听取消费者关于其提供的商品或者服务的意见、建议，接受消费者、社会、政府有关部门的监督。这一规定，不但是保护消费者权益的需要，也是维护市场经济秩序的需要，更是经营者提高经营管理能力和增加效益的自身需要。

3. 保障安全，必要召回

新消法第18条规定，经营者应当保证其提供的商品或者服务符合保障人身、财产安全的要求。对可能危及人身、财产安全的商品和服务，应当向消费者作出真实的说明和明确的警示，并说明和标明正确使用商品或者接受服务的方法以及防止危害发生的方法。宾馆、商场、餐馆、银行、机场、车站、港口、影剧院等经营场所的经营者，应当对消费者尽到安全保障义务。

新消法第19条规定，经营者发现其提供的商品或者服务存在缺陷，有危及人身、财产安全危险的，应当立即向有关行政部门报告和告知消费者，并采取停止销售、警示、召回、无害化处理、销毁、停止生产或者服务等措施。采取召回措施的，经营者应当承担消费者因商品被召回支出的必要费用。

4. 真实宣传，明码标价

这是与消费者知悉真情权相对应的经营者的义务。真实宣传，不但包括在广告活动中必须遵循依法、真实的原则，而且也包括在具体的经营活动中向消费者提供有关商品或者服务质量、性能、用途、有效期限等信息之时，应当真实、全面，不得作虚假或者引人误解的宣传。

新消法第20条规定，经营者对消费者就其提供的商品或者服务的质量和使用方法等问题提出的询问，应当作出真实、明确的答复。经营者提供商品或者服务应当明码标价。

5. 表明身份，出具凭证

经营者应当标明其真实名称和标记。租赁他人柜台或者场地的经营者，应当标明其真实名称和标记。经营者在收取消费者款项的时候，必须依法出具购货凭证或者服务单据。消费凭证，是消费者消费的依据和报账的依据，也是今后消费者提请消费者组织调查处理、采取司法救济时必须提供的主要证据。在我国的税收管理制度中，一些地方对于某些经营者是按照发票开具的额度进行纳税的，导致不少经营者为了能够逃避应当缴纳的税款而拒绝向消费者开具发票。

6. 公平交易，尊重人权

经营者应当在诚实信用的基础上，充分尊重消费者的权益，交易必须公平、合理。不得作出对消费者不公平、不合理对待的规定，或者以交易优势胁迫消费者。

人权的概念相当广泛,在消费领域主要是指消费者的人身安全权、人格权、民族尊严权、隐私权等。经营者在经营当中有义务尊重消费者的人格权等。上述经营者的义务是由法律直接加以规定的,经营者不得通过单方的所谓声明、通知、店堂告示或者在其提供的格式合同中予以免除。

7. 货版对应,履行三包

经营者提供的商品或者服务,在符合安全标准、能够正常使用、具有应有功能和性能之外,还应当与货样相一致、与说明书相一致、与介绍承诺相一致、与单据相一致。凡是向消费者提供的商品或服务与货样、说明、承诺或者单据不一致的,视为欺诈。消费者在购买商品之后发现的,有权退货并要求予以赔偿。

新消法第24条规定,经营者提供的商品或者服务不符合质量要求的,消费者可以依照国家规定、当事人约定退货,或者要求经营者履行更换、修理等义务。没有国家规定和当事人约定的,消费者可以自收到商品之日起7日内退货;7日后符合法定解除合同条件的,消费者可以及时退货,不符合法定解除合同条件的,可以要求经营者履行更换、修理等义务。依照前款规定进行退货、更换、修理的,经营者应当承担运输等必要费用。

8. 特殊领域的法定义务

(1) 采用网络、电视、电话、邮购等方式提供商品或者服务的经营者,以及提供证券、保险、银行等金融服务的经营者,应当向消费者提供经营地址、联系方式、商品或者服务的数量和质量、价款或者费用、履行期限和方式、安全注意事项和风险警示、售后服务、民事责任等信息。

(2) 经营者收集、使用消费者个人信息,应当遵循合法、正当、必要的原则,明示收集、使用信息的目的、方式和范围,并经消费者同意。经营者收集、使用消费者个人信息,应当公开其收集、使用规则,不得违反法律、法规的规定和双方的约定收集、使用信息。经营者及其工作人员对收集的消费者个人信息必须严格保密,不得泄露、出售或者非法向他人提供。经营者应当采取技术措施和其他必要措施,确保信息安全,防止消费者个人信息泄露、丢失。在发生或者可能发生信息泄露、丢失的情况时,应当立即采取补救措施。经营者未经消费者同意或者请求,或者消费者明确表示拒绝的,不得向其发送商业性信息。

(二) 约定义务

除了法律直接规定的经营者义务外,在具体的经营活动中,经营者和消费者还可以通过合同的形式,或者由经营者以单方承诺等方式约定经营者应当承担的其他义务。新消法第16条规定:经营者向消费者提供商品或者服务,应当依照本法和其他有关法律、法规的规定履行义务。经营者和消费者有约定的,应当按照约定履行义务,但双方的约定不得违背法律、法规的规定。在约定中,通过格式合同约定而扩大消费者责任的属于无效;但是通过约定而扩大经营者的责任,国家对此予以承认并保护。这种表面的不平等,目的就是通过限制拥有优势一方的经营者来维持相对的平衡。这和国家不干预的民商事法律关系有本质的区别。

第三节 消费争议解决和法律责任

一、消费者权益争议及解决途径

（一）消费争议概念

消费争议，系消费者权益保护争议的简称，是指消费者与经营者之间因商品或服务质量造成消费者人身、财产损失而引发的纠纷。争议的实质是经营者与消费者之间价值目标的不同和物质利益的冲突。消费者与经营者之间的关系是对立统一的关系。他们相互依存、互为条件，但在具体经济关系中却要求不同、互相对立。

（二）消费争议解决途径

消费者与经营者发生消费者权益争议时，消费者有五种可供选择的解决争议的途径。这五种方式的约束力度和效力是依次增强的。

（1）与经营者协商和解。协商和解是消费者与经营者在平等、自愿基础上，就有关争议进行协商，最终达成解决争议的方案。这是发生争议的初期最常采用的方式，具有方便、简捷、节约、及时等优点。消费者可直接与经营者协商解决，也可委托消费者协会或其他人为代理人，与经营者协商和解。

（2）请求消费者协会调解。调解是指在消费者与经营者之间，由消费者协会作为第三方，就有关争议进行协调，双方达成协议，以解决争议的方式。消费者协会是消费者运动由分散的自发的个人权利维护发展为自觉的有组织的抗争的产物，是消费者在市场经济条件下为维护自身利益而组织起来的群众性的社会团体。消费者协会履行下列公益性职责：① 向消费者提供消费信息和咨询服务，提高消费者维护自身合法权益的能力，引导文明、健康、节约资源和保护环境的消费方式；② 参与制定有关消费者权益的法律、法规、规章和强制性标准；③ 参与有关行政部门对商品和服务的监督、检查；④ 就有关消费者合法权益的问题，向有关部门反映、查询、提出建议；⑤ 受理消费者的投诉，并对投诉事项进行调查、调解；⑥ 投诉事项涉及商品和服务质量问题的，可以委托具备资格的鉴定人鉴定，鉴定人应当告知鉴定意见；⑦ 就损害消费者合法权益的行为，支持受损害的消费者提起诉讼或者依照本法提起诉讼；⑧ 对损害消费者合法权益的行为，通过大众传播媒介予以揭露、批评。与此同时，新消法还规定：各级人民政府对消费者协会履行职责应当予以必要的经费等支持；消费者协会应当认真履行保护消费者合法权益的职责，做到听取消费者的意见和建议，接受社会监督（包括不从事商品和营利性服务，不得以牟利目的向社会推荐商品和服务）。

（3）向有关行政部门投诉。

（4）根据与经营者达成的仲裁协议提请仲裁机构仲裁。

（5）向人民法院提起诉讼。

二、经营者的法律责任

经营者损害了消费者的合法权益,就要承担相应的法律责任。经营者的法律责任有三种:民事责任、行政责任和刑事责任。

(一) 损害消费者合法权益的民事责任

1. 承担民事责任的损害消费者合法权益的行为

① 提供的商品或者服务存在缺陷;② 提供的商品不具备商品应当具备的使用性能而在出售时未作说明;③ 提供的商品不符合在商品或者其包装上注明采用的商品标准;④ 提供的商品不符合商品说明、实物样品等方式表明的质量状况;⑤ 生产国家明令淘汰的商品或者销售失效、变质的商品;⑥ 销售的商品数量不足;⑦ 服务的内容和费用违反约定;⑧ 对消费者提出的修理、重作、更换、退货、补足商品数量、退还货款和服务费用或者赔偿损失的要求,故意拖延或者无理拒绝;⑨ 法律、法规规定的其他损害消费者权益的情形。经营者对消费者未尽到安全保障义务,造成消费者损害的,应当承担侵权责任。

2. 损害消费者合法权益的民事责任

(1) 人身损害的民事责任。① 经营者提供商品或者服务,造成消费者或者其他受害人人身伤害的,应当赔偿医疗费、护理费、交通费等为治疗和康复支出的合理费用,以及因误工减少的收入。造成残疾的,还应当赔偿残疾生活辅助具费和残疾赔偿金。造成死亡的,还应当赔偿丧葬费和死亡赔偿金。② 经营者侵害消费者的人格尊严、侵犯消费者人身自由或者侵害消费者个人信息依法得到保护的权利的,应当停止侵害、恢复名誉、消除影响、赔礼道歉,并赔偿损失。③ 经营者有侮辱诽谤、搜查身体、侵犯人身自由等侵害消费者或者其他受害人人身权益的行为,造成严重精神损害的,受害人可以要求精神损害赔偿。

(2) 财产损害的民事责任。经营者提供商品或者服务,造成消费者财产损害的,应当依照法律规定或者当事人约定承担修理、重作、更换、退货、补足商品数量、退还货款和服务费用或者赔偿损失等民事责任。

(3) 几种特殊情况下的民事责任。① 经营者以预收款方式提供商品或者服务的,应当按照约定提供。未按照约定提供的,应当按照消费者的要求履行约定或者退回预付款;并应当承担预付款的利息、消费者必须支付的合理费用。② 依法经有关行政部门认定为不合格的商品,消费者要求退货的,经营者应当负责退货。

3. 惩罚性赔偿金制度

新消法第 55 条规定,经营者提供商品或者服务有欺诈行为的,应当按照消费者的要求增加赔偿其受到的损失,增加赔偿的金额为消费者购买商品的价款或者接受服务的费用的 3 倍;增加赔偿的金额不足 500 元的,为 500 元。法律另有规定的,依照其规定。

经营者明知商品或者服务存在缺陷,仍然向消费者提供,造成消费者或者其他受害人死亡或者健康严重损害的,受害人有权要求经营者依照新消法第 49 条、第 51 条等法律规定赔偿损失,并有权要求所受损失2倍以下的惩罚性赔偿。

(二) 损害消费者合法权益的行政责任

(1) 承担行政责任的侵犯消费者合法权益的行为有:① 提供的商品或者服务不符合保障人身、财产安全要求的;② 在商品中掺杂、掺假,以假充真,以次充好,或者以不合格商品冒充合格商品的;③ 生产国家明令淘汰的商品或者销售失效、变质的商品的;④ 伪造商品的产地,伪造或者冒用他人的厂名、厂址,篡改生产日期,伪造或者冒用认证标志等质量标志的;⑤ 销售的商品应当检验、检疫而未检验、检疫或者伪造检验、检疫结果的;⑥ 对商品或者服务作虚假或者引人误解的宣传的;⑦ 拒绝或者拖延有关行政部门责令对缺陷商品或者服务采取停止销售、警示、召回、无害化处理、销毁、停止生产或者服务等措施的;⑧ 对消费者提出的修理、重作、更换、退货、补足商品数量、退还货款和服务费用或者赔偿损失的要求,故意拖延或者无理拒绝的;⑨ 侵害消费者人格尊严、侵犯消费者人身自由或者侵害消费者个人信息依法得到保护的权利的;⑩ 法律、法规规定的对损害消费者权益应当予以处罚的其他情形。

(2) 追究侵犯消费者合法权益的经营者的行政责任,应把握两项原则:① 其他法律、法规有具体规定的,依照其规定执行;② 其他法律、法规未作规定的,由工商行政管理部门依照新消法规定的处罚方式执行,包括:警告、没收违法所得、罚款、责令停业整顿和吊销营业执照等;③ 处罚机关应当记入信用档案,向社会公布。

(三) 侵犯消费者合法权益的刑事责任

侵犯消费者合法权益的行为达到一定的严重程度,构成犯罪的,经营者应承担刑事责任。

(1) 经营者提供商品或者服务,造成消费者或者其他受害人人身伤害或死亡的,如果构成犯罪,依法追究刑事责任。

(2) 侵犯消费者合法权益的行为,其他法律、法规中有关于刑事责任的规定的,依法追究刑事责任。

(3) 以暴力、威胁等方法阻碍有关行政部门工作人员依法执行职务的,依法追究刑事责任;国家机关工作人员玩忽职守或者包庇经营者侵害消费者合法权益的行为,构成犯罪的,依法追究刑事责任。

经营者违反新消法规定,应当承担民事赔偿责任和缴纳罚款、罚金,其财产不足以同时支付的,先承担民事赔偿责任。

案 例 分 析

案例一

冯长顺于2012年6月2日一次性购买了五盒神麒口服液,潘家园门诊部为其开具了五张收据。在本案之前,冯长顺曾持其中一张收据,以潘家园门诊部欺诈消费者为由向法院起诉,法院对该案作出(2012)朝民初字第25510号民事判决书。随后,丛李松持另一张收据起诉潘家园门诊部形成本案。丛李松起诉称,其在《北京晚报》看到神麒口服液(消癌平口服液)的广告后,从潘家园门诊部购买此药,后来发现潘家园门诊部在广告中夸大药品的适应症和功效,严重误导和欺骗消费者,故起诉要求潘家园门诊部退还货款 450 元,赔偿 450 元,支付误时费 9 099 元,赔偿精神损失费 1 元。

法律分析:

本案的主要争议焦点是:职业打假人是不是消费者?经营者欺诈应如何认定?法院认为:① 丛李松提供了相关证据证明其消费者身份,潘家园门诊部虽认为丛李松不是因生活消费需要购买该药品,不属于法律意义上的消费者,但潘家园门诊部此意见不足以否认丛李松的消费者身份,其不能因此免责。② 消费者因经营者利用虚假广告提供商品或者服务,其合法权益受到损害的,可以向经营者要求赔偿。经营者提供商品或者服务时发布虚假广告,欺骗和误导消费者,使购买商品或者接受服务的消费者合法权益受到损害的,当按照消费者的要求增加赔偿其受到的损失,增加赔偿的金额为消费者购买商品的价款或者接受服务的费用的一倍。欺诈行为属生产者或者其他经营者所为的,由销售者先行向消费者赔偿;赔偿后,销售者可以依法向实施欺诈行为的生产者或者其他经营者追偿。

案例二

2012 年 5 月 1 日,原告孙银山至被告欧尚超市江宁店购买了 15 包"玉兔牌"香肠,其中 14 包超过了保质期,该 14 包香肠售价为 558.6 元。因被告表示只退不赔,故诉至法院,请求判令被告支付价款十倍的赔偿金 5 586 元。法院查明,原告孙银山到收银台结账后,又径直到服务台进行索赔。

法律分析:

本案的主要争议焦点是:孙银山是否属于消费者?被告欧尚超市江宁店是否属于销售"明知是不符合食品安全标准食品"?被告欧尚超市江宁店的责任如何承担?法院认为:① 关于原告的问题。原告实施了购买商品的行为,被告欧尚超市江宁店未提供证据证明其购买商品是用于生产销售,并且原告因购买到过期食品而要求索赔,属于行使法定权利。所以,原告是消费者。② 被告销售超过质量保质期的香肠,系不履行法定义务的行为,应当被认定为销售明知是不符合食品安全标准的食品。原告仅要求被告支付售价十倍的赔偿金,属于当事人自行处分权利的行为,法院应予以支持。③ 被告辩称原告的购买目的是谋取不当利益,因前述法律规定原告有权获得售价十倍的赔偿金,原告因该赔偿获得的利益属于法律应当保护的利益,且法律并未对消费者的主观动机作出限制性规定,故对被告的该主张不予支持。

思考与练习

1. 如何认定消费者?
2. 消费者的权利。
3. 经营者的义务。
4. 消费争议的解决途径。
5. 消费争议中的法律责任。

阅读文献

1. 中国消费者权益保护法学研究会.消费者权益保护法学.中国社会出版社,2017.
2. 许明月,李昌麒.消费者保护法.4版.法律出版社,2014.
3. 吴景明.消费者权益保护法案例评析.对外经贸大学出版社,2010.
4. 孙颖.消费者保护法律体系研究.中国政法大学出版社,2007.
5. 金福海.消费者法论.北京大学出版社,2005.

真题链接

知识体系示意图

```
                    ┌─ 主体(单位/个人)
        消费者认定 ──┼─ 主观(满足日常生活消费需要)
                    └─ 类别(商品购买者、商品使用者、服务接受者)

                    ┌─ 安全权;知情权;选择权
        消费者的权利─┼─ 公平交易权;求偿权;结社权
                    └─ 受尊重权;获知权;监督权

                    ┌─ 法定义务:  诚实信用,恪守社会公德;听取意见,接受监督
                    │            保障安全,必要召回;真实宣传,明码标价
消费者  经营者的义务─┤            表明身份,出具凭证;公平交易,尊重人权
权益                 │            货版对应,履行三包;特殊领域的法定义务
保护                 │            (网购;信息收集)
法                   └─ 约定义务

                    ┌─ 与经营者协商
                    ├─ 消协调解
        解纷解决方式─┼─ 行政部门投诉
                    ├─ 机构仲裁
                    └─ 法院诉讼

                    ┌─ 民事责任: 弥补性
                    │           惩罚性:存在欺诈,3倍(最低500元);存在故意,损失+2倍
                    │
                    │─ 行政责任: 警告、没收违法所得、罚款、责令停业整顿和吊销营业执照等
        法律责任 ───┤           记入信用档案,向社会公布
                    │
                    │─ 刑事责任: 侵犯消费者人身、财产权利
                    │           暴力阻碍执法
                    │           玩忽职守等侵害消费者合法权益
                    │
                    └─ 财产性责任,民事赔偿优先
```

第十二章 涉外经济法律制度

> 1996年,美方无视中方在知识产权保护方面所做出的巨大努力,执意公布对华报复清单。对此,时任外交部发言人崔天凯表示,中美在对等基础上相互给予最惠国待遇是一种互惠的安排,是两国进行正常经贸交往的基础,符合双方利益。2018年,当被问及美国目前对中国施压,中国将如何回应时,已任驻美大使的崔天凯说:"我们不希望与美国或任何国家打贸易战,但我们并不怕战。如果有人给我们强加贸易战,我们会反击,我们会报复。如果别人想来硬的,我们也来硬的! 看谁坚持到最后!"

【本章导读】

涉外经济法律制度是调整涉外经济关系的法律规范的总称。涉外投资和对外贸易是涉外经济关系的主要内容,涉外投资法律制度和对外贸易法律制度也因此构成涉外经济法律制度的主体部分。按照资本流入、流出的方向不同,涉外投资习惯上又区分为外商投资和对外(海外)投资,从而形成外商投资法律制度和对外投资法律制度这两套各有特点而又相互联系的法律制度。进而言之,由于贸易和投资往往结合在一起,所以涉外投资法和对外贸易法也联系密切。无论是涉外投资,还是对外贸易,都要受制于我国的外汇管理制度。其中,对外贸易主要涉及经常项目下的外汇管理,涉外投资则主要涉及资本项目下的外汇管理。因此,涉外投资法律制度、对外贸易法律制度和外汇管理制度有着不可分割的内在联系,共同构成涉外经济法律制度这个整体。

第一节 涉外投资法律制度

一、外商直接投资法律制度

(一)外商直接投资的概念与主要形式

外商直接投资是指外国企业、其他经济组织或个人依照中国有关法律法规,使用现汇、实物、技术等,在中国境内以开办外商独资企业、中外合资经营企业、中外合作经营企业、中外合资股份有限公司或者合作勘探开发自然资源等方式进行的投资。与之对应，外商直接投资的专门法律制度主要包括《中外合资经营企业法》及其实施条例、《中外合作经营企业法》及其实施细则、《外资企业法》及其实施细则、《台湾同胞投资保护法》及其实施细则、国务院《指导外商投资方向规定》以及相关部门规章。根据上述法律制度的规定，外商直接投资的主要形式包括以下五种：

(1) 中外合资经营企业。中外合资经营企业（以下简称合营企业）是指外国企业、其他经济组织或者个人同中国企业或者其他经济组织依照中国法律法规在中国境内设立的，由双方共同投资、共同经营，按照各自出资比例共担风险、共负盈亏的企业。

(2) 中外合作经营企业。中外合作经营企业（以下简称合作企业）是指外国企业、其他经济组织或者个人同中国企业或者其他经济组织依照中国法律法规在中国境内设立的，由双方通过合作经营企业合同约定各自权利和义务的企业。

(3) 外商独资经营企业。外商独资经营企业（以下简称外资企业）是指外国企业、其他经济组织或者个人，依照中国法律法规在中国境内设立的，全部资本由外国投资者投资的企业，但不包括外国企业、其他经济组织在中国境内设立的分支机构。

(4) 中外合资股份有限公司。中外合资股份有限公司（以下简称合资股份公司）是指外国企业、其他经济组织或者个人（以下简称外国股东）同中国企业或者其他经济组织（以下简称中国股东），依照中国法律法规在中国境内设立的，全部资本由等额股份构成，股东以其所认购的股份对公司承担责任，公司以其全部财产对公司债务承担责任且外国股东持有的股份占公司注册资本25%以上的企业法人。

(5) 中外合作勘探开发自然资源合同。中外合作勘探开发自然资源合同是指中国企业、其他经济组织与外国企业、其他经济组织或者个人依照中国法律法规所订立的，按照一定条件在中国境内的某些特定区域内合作勘探、开发、生产自然资源的合同。

外商直接投资法律制度不仅对外商直接投资的方式予以了明确规定，还对外商直接投资方向予以了细化。2002年2月21日，国务院发布了《指导外商投资方向规定》，该规定自2002年4月1日起施行。根据这一规定，国家发改委、商务部等部门会不时颁布《外商投资产业指导目录》，这些指导目录将各行业以及各行业的具体项目分为鼓励、允许、限制和禁止四类作了明确规定。

(二) 外商直接投资的市场准入

我国长期以来对外商直接投资的市场准入实行审批制，即外国投资者在我国境内投资设立企业必须经国家或地方商务主管部门事先审批，获得批准后才能办理工商登记，领取营业执照；外商投资企业的合并、分立等重要事项变更以及延长经营期限，也需要经审批机关批准。随着对外开放程度的加深，商务部于2016年发布了《外商投资企业设立及变更备案管理暂行办法》（以下简称《暂行办法》），针对部分外商投资行为建立了更加宽松的备案制。根据《暂行办法》，外商投资企业的设立及变更不涉及国家规定实施准入特别管理措施的，适用该办法；国务院商务主管部门负责统筹和指导全国范围内外商投资企业设立及变更的备案管理工作；各省、自治区、直辖市、计划单列市、新疆生产建设兵团、副省级城市的商务主管部门以及自由贸易试验区、国家级经济技术开发区的相关机构是外商投资企业设立及变更的备案机构,负责本区域内外商投资企业设立及变更的备案管理工作。

(三)外商投资企业组织管理与出资方式

1. 外商投资企业的组织管理

合营企业的组织形式为有限责任公司。合作企业可以申请为具有法人资格的有限责任公司,也可以申请为不具有法人资格的合作企业;不具有法人资格的合作企业中各方的关系是一种合伙关系,由联合管理委员会按照企业章程决定合作企业的重大问题。外资企业的组织形式为有限责任公司,经批准也可以为其他责任形式;外资企业为其他责任形式的,外国投资者对企业的责任适用中国法律和法规的规定,组织机构可根据企业不同的经营内容、经营规模、经营方式自行设置。

2. 外商投资企业的出资方式

(1)现金出资:外方投资者以现金出资时,通常应当以外币缴付出资。外方投资者用外币缴付出资,应当按照缴款当日中国人民银行公布的基准汇率折算成人民币或者套算成约定的外币。

(2)作价出资:中外投资者以建筑物、厂房、机器设备或者其他物料、工业产权、专有技术出资的,其作价由投资各方按照公平合理的原则协商确定,或者聘请投资各方同意的第三方评估确定。

(四)外国投资者并购境内企业

外国投资者并购境内企业是指外国投资者购买境内非外商投资企业(以下简称境内公司)股东的股权或认购境内公司增资,使该境内公司变更设立为外商投资企业(以下简称股权并购);或者外国投资者设立外商投资企业,并通过该企业协议购买境内企业资产且运营该资产,或外国投资者协议购买境内企业资产,并以该资产投资设立外商投资企业运营该资产(以下简称资产并购)。

外国投资者并购境内企业应遵守中国的法律、行政法规和规章,遵循公平合理、等价有偿、诚实信用的原则,不得造成过度集中、排除或限制竞争,不得扰乱社会经济秩序和损害社会公共利益,不得导致国有资产流失。在并购过程中,依照《外商投资产业指导目录》不允许外国投资者独资经营的产业,并购不得导致外国投资者持有企业的全部股权;需由中方控股或相对控股的产业,该产业的企业被并购后,仍应由中方在企业中占控股或相对控股地位;禁止外国投资者经营的产业,外国投资者不得并购从事该产业的企业。被并购境内企业原有所投资企业的经营范围应符合有关外商投资产业政策的要求;不符合要求的,应进行调整。

外国投资者并购国内企业的相关具体要求如下:

1. 审批和登记机关

外国投资者并购境内企业的审批机关为商务部或省级商务主管部门。并购后所设外商投资企业,根据法律、行政法规和规章的规定,属于应由商务部审批的特定类型或行业的外商投资企业的,省级商务主管部门应将申请文件转报商务部审批。外国投资者并购境内企业的登记管理机关为国家工商行政管理部门或其授权的地方工商行政管理部门。

2. 外国投资者以股权作为支付手段并购境内公司

外国投资者以股权作为支付手段并购境内公司是指境外公司的股东以其持有的境外公司股权或者境外公司以其增发的股份作为支付手段,购买境内公司股东的股权或者境内公司增发股份的行为。

外国投资者以股权并购境内公司应当符合下列要求:① 股东合法持有并依法可以转让;② 无所有权争议且没有设定质押及任何其他权利限制;③ 境外公司的股权应在境外公开合法证券交易市场(柜台交易市场除外)挂牌交易;④ 境外公司的股权最近1年交易价格稳定。但上述第③、④项不适用于特殊目的公司。

外国投资者以股权并购境内公司,境内公司或其股东应当聘请在中国注册登记的中介机构担任顾问(以下称并购顾问)。并购顾问应就并购申请文件的真实性、境外公司的财务状况以及并购是否符合规定的要求作尽职调查,并出具并购顾问报告,逐项发表明确的专业意见。并购顾问应符合以下条件:① 信誉良好且有相关从业经验;② 无重大违法违规记录;③ 应有调查并分析境外公司注册地和上市所在地法律制度与境外公司财务状况的能力。

外国投资者以股权并购境内公司应报送商务部审批。商务部自收到规定报送的全部文件之日起 30 日内对并购申请进行审核,符合条件的,颁发批准证书,并在批准证书上加注"外国投资者以股权并购境内公司,自营业执照颁发之日起 6 个月内有效"。境内公司应自收到加注的批准证书之日起 30 日内,向登记管理机关、外汇管理机关办理变更登记,由登记管理机关、外汇管理机关分别向其颁发加注"自颁发之日起 8 个月内有效"字样的外商投资企业营业执照和外汇登记证。境内公司向登记管理机关办理变更登记时,应当预先提交旨在恢复股权结构的境内公司法定代表人签署的股权变更申请书、公司章程修正案、股权转让协议等文件。

3. 特殊目的公司的特别规定

特殊目的公司是指境内公司或自然人为实现以其实际拥有的境内公司权益在境外上市而直接或间接控制的境外公司。境内公司在境外设立特殊目的公司应向商务部申请办理核准手续。获得企业境外投资批准证书后,设立人或控制人应向所在地外汇管理机关申请办理相应的境外投资外汇登记手续。特殊目的公司境外上市的股票发行价总值,不得低于其所对应的经中国有关资产评估机构评估的被并购境内公司股权的价值。

(五)外商投资纠纷的常见形式与解决方法

1. 须批准才能生效的合同的效力认定

当事人在外商投资企业设立、变更等过程中订立的合同,依法律、行政法规的规定应当经外商投资企业审批机关批准后才生效的,自批准之日起生效;未经批准的,人民法院应当认定该合同未生效,因未经批准而被认定未生效的,不影响合同中当事人履行报批义务条款及因该报批义务而设定的相关条款的效力。当事人就外商投资企业相关事项达成的补充协议对已获批准的合同不构成重大或实质性变更的,人民法院不应以未经外商投资企业审批机关批准为由认定该补充协议未生效。

2. 股权转让合同和质押合同的法律适用

外商投资企业股权转让合同成立后,转让方和外商投资企业不履行报批义务,经受让方催告后在合理期限内仍未履行,受让方请求解除合同并由转让方返还其已支付的转让款、赔偿因未履行报批义务而造成的实际损失的,人民法院应予支持。转让方和外商投资企业不履行报批义务,受让方以转让方为被告、以外商投资企业为第三人提起诉讼,请求转让方与外商投资企业在一定期限内共同履行报批义务的,人民法院应予支持;受让方同时请求在转让方和外商投资企业于生效判决确定的期限内不履行报批义务时自行报批的,人民法院亦应予支持。外商投资企业股东与债权人订立的股权质押合同,除法律、行政法规另有规定或者合同另有约定外,自成立时生效。当事人仅以股权质押合同未经外商投资企业审批机关批准为由主张合同无效或未生效的,人民法院不予支持。

3. 名义股东与实际投资者间的争议

当事人之间约定一方实际投资、另一方作为外商投资企业名义股东,不具有法律、行政法规规定的无效情形的,人民法院应认定该合同有效。实际投资者请求确认其在外商投资企业中的股东身份或者请求变更外商投资企业股东的,人民法院不予支持,但同时具备下列条件的除外:① 实际投资者已经实际投资;② 名义股东以外的其他股东认可实际投资者的股东身份;③ 人民法院或当事人在诉讼期间就将实际投资者变更为股东,征得了外商投资企业审批机关的同意。实际投资者请求名义股东依据双方约定履行相应义务的,人民法院应予支持;双方未约定利益分配,实际投资者请求名义股东向其交付从外商投资企业获得的收益的,人民法院应予支持;名义股东向实际投资者请求支付必要报酬的,人民法院应酌情予以支持。

4. 恶意变更股东身份或股权份额

外商投资企业一方股东或者外商投资企业以提供虚假材料等欺诈或者其他不正当手段向外商投资企业审批机关申请变更外商投资企业批准证书所载股东,导致外商投资企业他方股东丧失股东身份或原有股权份额,他方股东请求确认股东身份或原有股权份额的,人民法院应予支持;第三人已经善意取得该股权的除外。他方股东请求侵权股东或者外商投资企业赔偿损失的,人民法院应予支持。

5. 外商投资合同的准据法

在中国领域内履行的下列合同,专属适用中国法律,不得由当事人意思自治选择合同准据法或者适用其他法律选择规则:① 中外合资经营企业合同;② 中外合作经营企业合同;③ 中外合作勘探、开发自然资源合同;④ 中外合资经营企业、中外合作经营企业、外商独资企业股份转让合同;⑤ 外国自然人、法人或者其他组织承包经营在中国领域内设立的中外合资经营企业、中外合作经营企业的合同;⑥ 外国自然人、法人或者其他组织购买中国领域内的非外商投资企业股东的股权的合同;⑦ 外国自然人、法人或者其他组织认购中国领域内的非外商投资有限责任公司或者股份有限公司增资的合同;⑧ 外国自然人、法人或者其他组织购买中国领域内的非外商投资企业资产的合同。

二、对外直接投资的核准备案制度

对外直接投资是指中国境内投资者以现金、实物、无形资产等方式在国外及港澳台地区设立或购买境外企业,并控制企业经营管理权的投资活动。中国境内投资者对外直接投资需要遵守投资所在国即东道国的法律和政策以及中国与有关东道国签订的双边投资保护协定和双方共同缔结或参加的多边条约中的相关规定。与此同时,作为投资者的母国,中国国内法中的相关规定当然也要予以适用。为确保对外直接投资的有序进行,我国建立了比较完善的对外直接投资核准备案制度。

(一)商务部的核准和备案

根据2014年《境外投资管理办法》,商务部和省级商务主管部门按照企业境外投资的不同情形,分别实行备案和核准管理:企业境外投资涉及敏感国家和地区、敏感行业的,实行核准管理;企业其他情形的境外投资,实行备案管理。对属于备案情形的境外投资,中央企业报商务部备案,地方企业报所在地省级商务主管部门备案;对属于核准情形的境外投资,中央企业向商务部提出申请,地方企业通过所在地省级商务主管部门向商务部提出申请。两个以上企业共同开展境外投资的,应当由相对大股东在征求其他投资方书面同意后办理备案或申请核准;如果各方持股比例相等,应当协商后由一方办理备案或申请核准;如投资方不属同一行政区域,负责办理备案或核准的商务部或省级商务主管部门应当将备案或核准结果告知其他投资方所在地商务主管部门。

(二)国家发改委的核准和备案

根据2014年《境外投资项目核准和备案管理办法》,国家发改委和省级政府投资主管部门根据不同情况,对境外投资项目分别实行核准和备案管理。涉及敏感国家和地区、敏感行业的境外投资项目,由国家发改委核准;其中,中方投资额20亿美元及以上的,由国家发改委提出审核意见报国务院核准。其他境外投资项目,实行备案管理。其中,中央管理企业实施的境外投资项目、地方企业实施的中方投资额3亿美元及以上境外投资项目,由国家发改委备案;地方企业实施的中方投资额3亿美元以下境外投资项目,由省级政府投资主管部门备案。

(三)对外投资备案(核准)的报告制度

商务部、中国人民银行、国务院国资委、中国银监会、中国证监会、中国保监会和国家外汇管理局于2018年1月18日联合印发《对外投资备案(核准)报告暂行办法》(以下简称《办法》)。《办法》所称对外投资备案(核准),系指境内投资主体在境外设立(包括兼并、收购及其他方式)企业前,按规定向有关主管部门提交相关信息和材料;符合法定要求的,相关主管部门为其办理备案或核准。境内投资主体在开展对外投资的过程中,按规定向相关主管部门报告其对外投资情况并提供相关信息;相关主管部门依据其报告的情况和信息制定对外投资政策,开展对外投资监督、管理和服务。商务部牵头对外投资备案(核准)报告信息统一汇总;商务、金融、国资等主管部门依各自职能依法开展境内投资主体对外投资备案(核准)报告等工作,按照"横向协作、纵向联动"的原则,形成监管合力。

第二节　对外贸易法律制度

中国对外贸易是国际贸易的组成部分，是指中国同其他国家或地区之间发生的贸易活动，包括货物进出口贸易、技术进出口贸易和国际服务贸易。2001年我国加入世界贸易组织(以下简称世贸组织)，世贸组织诸协定以及《中华人民共和国加入世界贸易组织议定书》(以下简称《中国加入议定书》)和《中国加入世界贸易组织工作组报告》(以下简称《工作组报告》)成为对中国具有约束力的法律文件。《对外贸易法》是我国调整对外贸易的基本法律依据，本节主要对此予以介绍。为适应对外贸易形势的发展，特别是履行中国的"入世"承诺，我国于2004年对《对外贸易法》进行了全面修订。新法在立法目的中增加了"扩大对外开放"和"保护对外贸易经营者的合法权益"两条。此外，《进出口管理条例》《技术进出口管理条例》《反倾销条例》《反补贴条例》和《保障措施条例》等行政法规，以及商务部等政府主管部门颁行的管理对外贸易的相关规章，也构成对外贸易法律制度的重要内容。

一、《对外贸易法》的适用范围和基本原则

(一)《对外贸易法》的适用范围

从适用对象上看，《对外贸易法》适用于对外贸易，具体包括货物进出口、技术进出口、国际服务贸易。从地域范围看，根据《对外贸易法》的规定，中华人民共和国的单独关税区不适用本法。单独关税区同主权国家一样，是世贸组织的独立成员。我国香港特别行政区、澳门特别行政区和台湾地区已经分别以"中国香港""中国澳门"和"台湾、澎湖、金门、马祖单独关税区"名义加入世贸组织，成为我国的单独关税区。因此，该法仅适用于中国内地，不适用于香港特别行政区、澳门特别行政区和台湾地区。

(二)《对外贸易法》的基本原则

1. 统一管理原则

国家实行统一的对外贸易制度，依法维护公平的、自由的对外贸易秩序。与此同时，国家鼓励发展对外贸易，发挥地方的积极性，保障对外贸易经营者的经营自主权。

2. 公平自由原则

我国在对外贸易中坚持自由贸易与公平贸易并重的原则，既崇尚自由贸易，致力于减少乃至消除关税和非关税贸易壁垒，又主张公平贸易，反对和打击倾销、补贴等不公平贸易行为。

3. 平等互利原则

我国根据平等互利原则，促进和发展同其他国家和地区的贸易关系，缔结或者参加关税同盟协定、自由贸易区协定等区域经济贸易协定，参加区域经济组织。

4. 互惠对等原则

我国在对外贸易方面根据所缔结或者参加的国际条约、协定,给予其他缔约方、参加方或者根据互惠、对等原则给予对方最惠国待遇、国民待遇。任何国家或者地区在贸易方面对中华人民共和国采取歧视性的禁止、限制或者其他类似措施的,中华人民共和国可以根据实际情况对该国家或者该地区采取相应的措施。

二、对外贸易经营者

(一) 对外贸易经营者的范围

1. 对外贸易经营者包括法人、其他组织和个人

对外贸易经营者既可以是法人,也可以是非法人组织。给予个人对外贸易经营权是 2004 年《对外贸易法》修订的一大进步。《中国加入议定书》第 5 条第 2 款规定:"除本议定书另有规定外,对于所有外国个人和企业,包括未在中国投资或注册的外国个人和企业,在贸易权方面应给予其不低于给予在中国的企业的待遇。"在此情况下,中国个人自然也应享有对外贸易权。因此,2004 年的《对外贸易法》顺应这一要求,允许个人从事对外贸易经营活动。

2. 外贸特许制被取消

1994 年的《对外贸易法》规定,从事货物进出口与技术进出口的对外贸易经营,必须具备该法规定的条件,并经国务院对外经济贸易主管部门许可。《工作组报告》第 84(a)段规定:"中国代表确认,中国将在加入后 3 年内取消贸易权的审批制。届时,中国将允许所有在中国的企业及外国企业和个人,包括其他世贸组织成员的独资经营者,在中国全部关税领土内进口所有货物(议定书附件 2A 所列保留由国营贸易企业进口和出口的产品份额除外)。"为履行这一承诺,《对外贸易法》于 2004 年取消了外贸特许制,规定依法办理了工商登记或其他执业手续的单位和个人均可从事外贸经营。

(二) 对外贸易经营者的管理

1. 货物贸易和技术贸易经营者的备案登记

从事货物进出口或者技术进出口的对外贸易经营者,应当向商务部或者其委托的机构办理备案登记;但是,法律、行政法规和商务部规定不需要备案登记的除外。对外贸易经营者未按照规定办理备案登记的,海关不予办理进出口货物的报关验放手续。

2. 对国营贸易的特别规定

国营贸易是国家通过授予对外贸易经营者在特定贸易领域内的专营权或特许权的方式,对特定产品的进出口实施的管理。国家可以对部分货物的进出口实行国营贸易管理。实行国营贸易管理货物的进出口业务只能由经授权的企业经营,但国家允许部分数量的国营贸易管理货物的进出口业务由非授权企业经营的除外。实行国营贸易管理的货物和经授权经营企业的目录,由商务部会同国务院其他有关部门确定、调整并公布。

三、货物进出口与技术进出口

国家在保证进出口贸易不对国家安全和社会公共利益等造成损害的情况下,允许货物和技术自由进出口;当法律、行政法规另有规定时,则按照特别法优于一般法的原理,根据具体规定对某些货物和技术的进出口实施限制。

(一) 货物和技术进出口的限制

国家基于下列原因,可以限制或者禁止有关货物、技术的进口或者出口:① 为维护国家安全、社会公共利益或者公共道德,需要限制或者禁止进口或者出口的;② 为保护人的健康或者安全,保护动物、植物的生命或者健康,保护环境,需要限制或者禁止进口或者出口的;③ 为实施与黄金或者白银进出口有关的措施,需要限制或者禁止进口或者出口的;④ 国内供应短缺或者为有效保护可能用竭的自然资源,需要限制或者禁止出口的;⑤ 输往国家或者地区的市场容量有限,需要限制出口的;⑥ 出口经营秩序出现严重混乱,需要限制出口的;⑦ 为建立或者加快建立国内特定产业,需要限制进口的;⑧ 对任何形式的农业、牧业、渔业产品有必要限制进口的;⑨ 为保障国家国际金融地位和国际收支平衡,需要限制进口的;⑩ 依照法律、行政法规的规定,其他需要限制或者禁止进口或者出口的;⑪ 根据我国缔结或者参加的国际条约、协定的规定,其他需要限制或者禁止进口或者出口的。

国家与裂变、聚变物质或者衍生此类物质的物质有关的货物、技术进出口,以及与武器、弹药或者其他军用物资有关的进出口,可以采取任何必要措施,维护国家安全;在战时或者为维护国际和平与安全,国家在货物、技术进出口方面可以采取任何必要措施。

(二) 货物和技术进出口的管理

1. 配额、许可证管理制度

国家对限制进口或者出口的货物,实行配额、许可证等方式管理;对限制进口或者出口的技术,实行许可证管理。实行配额、许可证管理的货物、技术,应当按照国务院规定经国务院对外贸易主管部门或者经其会同国务院其他有关部门许可,方可进口或者出口。国家对部分进口货物可以实行关税配额管理。

2. 技术进出口备案登记制度

我国对自由进出口技术的进出口实行合同登记制度。商务主管部门是技术进出口合同的登记管理部门。商务部负责对《政府核准的投资项目目录》和政府投资项目中由国务院或国务院投资主管部门核准或审批的项目项下的技术进口合同进行登记管理;各省、自治区、直辖市和计划单列市商务主管部门负责对除此以外的自由进出口技术合同进行登记管理;中央管理企业的自由进出口技术合同,按属地原则到各省、自治区、直辖市和计划单列市商务主管部门办理登记;各省、自治区、直辖市和计划单列市商务主管部门可授权下一级商务主管部门对自由进出口技术合同进行登记管理。

3. 关于技术进口合同的特别规定

技术进口合同中不得含有下列限制性条款：① 要求受让人接受并非技术进口必不可少的附带条件，包括购买非必需的技术、原材料、产品、设备或者服务；② 要求受让人为专利权有效期限届满或者专利权被宣布无效的技术支付使用费或者承担相关义务；③ 限制受让人改进让与人提供的技术或者限制受让人使用所改进的技术；④ 限制受让人从其他来源获得与让与人提供的技术类似的技术或者与其竞争的技术；⑤ 不合理地限制受让人购买原材料、零部件、产品或者设备的渠道或者来源；⑥ 不合理地限制受让人产品的生产数量、品种或者销售价格；⑦ 不合理地限制受让人利用进口技术生产产品的出口渠道。

四、国际服务贸易

我国在国际服务贸易方面根据所缔结或者参加的国际条约、协定中的承诺，给予其他缔约方、参加方市场准入和国民待遇。商务部和国务院其他有关部门依照《对外贸易法》和其他有关法律、行政法规的规定，对国际服务贸易进行管理。国家基于下列原因，可以限制或者禁止有关的国际服务贸易：① 为维护国家安全、社会公共利益或者公共道德，需要限制或者禁止的；② 为保护人的健康或者安全，保护动物、植物的生命或者健康，保护环境，需要限制或者禁止的；③ 为建立或者加快建立国内特定服务产业，需要限制的；④ 为保障国家外汇收支平衡，需要限制的；⑤ 依照法律、行政法规的规定，其他需要限制或者禁止的；⑥ 根据我国缔结或者参加的国际条约、协定的规定，其他需要限制或者禁止的。此外，国家对与军事有关的国际服务贸易，以及与裂变、聚变物质或者衍生此类物质的物质有关的国际服务贸易，可以采取任何必要措施，维护国家安全；在战时或者为维护国际和平与安全，国家在国际服务贸易方面可以采取任何必要措施。

五、与对外贸易有关的知识产权保护

国家依照有关知识产权的法律、行政法规，保护与对外贸易有关的知识产权。进口货物侵犯知识产权，并危害对外贸易秩序的，国务院对外贸易主管部门可以采取在一定期限内禁止侵权人生产、销售的有关货物进口等措施。

知识产权权利人有阻止被许可人对许可合同中的知识产权的有效性提出质疑、进行强制性一揽子许可、在许可合同中规定排他性返授条件等行为之一，并危害对外贸易公平竞争秩序的，国务院对外贸易主管部门可以采取必要的措施消除危害。

其他国家或者地区在知识产权保护方面未给予中华人民共和国的法人、其他组织或者个人国民待遇，或者不能对来源于中华人民共和国的货物、技术或者服务提供充分有效的知识产权保护的，国务院对外贸易主管部门可以依照《对外贸易法》和其他有关法律、行政法规的规定，并根据中华人民共和国缔结或者参加的国际条约、协定，对与该国家或者该地区的贸易采取必要的措施。

六、对外贸易救济

(一) 反倾销措施

其他国家或者地区的产品以低于正常价值的倾销方式进入我国市场,对已建立的国内产业造成实质损害或者产生实质损害威胁,或者对建立国内产业造成实质阻碍的,国家可以采取反倾销措施,消除或者减轻这种损害、损害的威胁或者阻碍。其他国家或者地区的产品以低于正常价值出口至第三国市场,对我国已建立的国内产业造成实质损害或者产生实质损害威胁,或者对我国建立国内产业造成实质阻碍的,应国内产业的申请,国务院对外贸易主管部门可以与该第三国政府进行磋商,要求其采取适当的措施。反倾销措施包括以下三个方式:

1. 临时反倾销措施

初裁决定确定倾销成立,并由此对国内产业造成损害的,可以采取下列临时反倾销措施:① 征收临时反倾销税;② 要求提供保证金、保函或者其他形式的担保。

2. 价格承诺

倾销进口产品的出口经营者在反倾销调查期间,可以向商务部作出改变价格或者停止以倾销价格出口的价格承诺。商务部可以向出口经营者提出价格承诺的建议,但不得强迫出口经营者作出价格承诺。

3. 反倾销税

终裁决定确定倾销成立,并由此对国内产业造成损害的,可以征收反倾销税。征收反倾销税应当符合公共利益。反倾销税税额不超过终裁决定确定的倾销幅度。反倾销税的征收期限不超过 5 年,但经商务部复审确定终止征收反倾销税有可能导致倾销和损害的继续或者再度发生的,反倾销税的征收期限可以适当延长。

(二) 反补贴措施

进口的产品直接或者间接地接受出口国家或者地区给予的任何形式的专向性补贴,对已建立的国内产业造成实质损害或者产生实质损害威胁,或者对建立国内产业造成实质阻碍的,国家可以采取反补贴措施,消除或者减轻这种损害或者损害的威胁或者阻碍。

反补贴调查在申请、启动、实施、终止等方面的条件和程序与反倾销调查基本相同。反补贴措施包括临时反补贴措施,取消、限制补贴或者其他有关措施的承诺,以及反补贴税,其具体内容和实施程序与反倾销措施基本相同。临时反补贴措施实施的期限,自临时反补贴措施决定公告规定实施之日起不超过 4 个月,不得延长。

(三) 保障措施

因进口产品数量大量增加,对生产同类产品或者与其直接竞争的产品的国内产业造成严重损害或者严重损害威胁的,国家可以采取必要的保障措施,消除或者减轻这种损害或者损害的威胁,并可以对该产业提供必要的支持。进口产品数量增加是指进口产品数量的绝对增加或者与国内生产相比的相对增加。

与国内产业有关的自然人、法人或者其他组织,可以向商务部提出采取保障措施的书面申请;商务部应当及时对申请进行审查,决定立案调查或者不立案调查。商务部虽未收到采取保障措施的书面申请,但有充分证据认为国内产业因进口产品数量增加而受到损害的,也可以决定立案调查。商务部应当将立案调查决定予以公告,并及时通知世贸组织保障措施委员会。对于进口产品数量增加和损害的调查结果及其理由的说明,由商务部予以公布,并及时通知保障措施委员会。有明确证据表明进口产品数量增加,不采取临时保障措施将对国内产业造成难以补救的损害时,商务部可以作出初裁决定,并采取临时保障措施。采取临时保障措施由商务部提出建议,国务院关税税则委员会根据商务部的建议作出决定,由商务部予以公告;海关自公告规定实施之日起执行。在采取临时保障措施前,商务部应当将有关情况通知保障措施委员会。临时保障措施的实施期限,自临时保障措施决定公告规定实施之日起,不超过200天。

第三节　外汇管理法律制度

外汇包括外币现钞、外币支付凭证或者支付工具、外币有价证券、特别提款权及其他外汇资产。特别提款权是国际货币基金组织创设的一种特殊的国际储备和支付手段,它是由国际货币基金组织根据各成员在该组织中的出资份额多少按比例分配的。当成员发生国际收支逆差时,可以用特别提款权向国际货币基金组织指定的其他成员方换取特定种类的外汇,或者基于该成员与其他成员方之间的自愿约定向后者换取外汇,以偿付国际收支逆差。

外汇管理又称外汇管制,是指一国为保持本国的国际收支平衡,对外汇的买卖、借贷、转让、收支、国际清偿、汇率和市场实行一定限制措施的管理制度。外汇管制的目的在于维持本国国际收支平衡、稳定汇率、限制资本外流、防止外汇投机以及促进本国经济发展。

一、《外汇管理条例》的适用范围和外汇管理原则

《外汇管理条例》对适用范围的规定采取了属人主义与属地主义相结合的原则。境内机构、境内个人的外汇收支或者外汇经营活动,以及境外机构、境外个人在境内的外汇收支或者外汇经营活动,适用该条例。

我国目前外汇管理的基本原则是经常项目与资本项目区别管理原则。国家对经常性国际支付和转移不予限制,这也就是通常所说的人民币经常项目可兑换。人民币经常项目可兑换是指取消对经常性国际交易支付和转移的所有汇兑限制,即只要是确属经常项目下的国际交易支付和转移,而不是用于资本转移目的,就可以对外支付,不得有数量限制。在经常项目外汇活动中,银行仍需根据外汇管理制度的要求,通过核对交易单证进行真实性审核。与经常项目管理不同的是,资本项目外汇管理主要是通过外汇管理部门进行事前审批和事后备案。

二、经常项目外汇管理制度

（一）经常项目与经常项目外汇

经常项目是指一个国家或地区对外交往中经常发生的交易项目，包括贸易收支、服务收支、收益和经常转移，其中，贸易及服务收支是最主要的内容。在经常项目下发生的外汇收支就是经常项目外汇。贸易收支是一国出口货物所得外汇收入和进口货物所需外汇支出的总称。服务收支是一国对外提供各类服务所得外汇收入和接受服务发生的外汇支出的总称，包括国际运输、旅游等项下外汇收支。收益包括职工报酬和投资收益两部分，其中职工报酬主要是工资、薪金和其他福利，投资收益主要是利息、红利等。经常转移是指国家间单方面进行的、无须归还或偿还的外汇收支；经常转移分为个人转移和政府转移，前者是指个人之间的无偿赠与或赔偿等，后者是指政府间的军事及经济援助、赔款、赠与等。

（二）经常项目外汇收支管理的一般规定

1. 真实合法的交易基础

经常项目外汇收支应当具有真实、合法的交易基础。经营结汇、售汇业务的金融机构应当按照国务院外汇管理部门的规定，对交易单证的真实性及其与外汇收支的一致性进行合理审查。外汇管理机关有权对前述规定事项进行监督检查。

2. 外汇收入与支出

经常项目外汇收入，可以按照国家有关规定保留或者卖给经营结汇、售汇业务的金融机构。经常项目外汇支出，应当按照国务院外汇管理部门关于付汇与购汇的管理规定，凭有效单证以自有外汇支付或者向经营结汇、售汇业务的金融机构购汇支付。

（三）货物贸易外汇管理制度

2012年8月1日起实施的《货物贸易外汇管理指引》，其核心内容是总量核查、动态监测和分类管理，基本做法是：依托全国集中的货物贸易外汇监测系统全面采集企业进出口收付汇及进出口货物流的完整信息，以企业主体为单位，对其资金流和货物流进行非现场总量核查，对非现场总量核查中发现的可疑企业实施现场核查，进而对企业实行动态监测和分类管理。

1. 企业名录管理

外汇局实行"贸易外汇收支企业名录"登记管理，统一向金融机构发布名录。金融机构不得为不在名录的企业直接办理贸易外汇收支业务。企业依法取得对外贸易经营权后，应当持有关材料到外汇局办理名录登记手续。名录企业登记信息发生变更的，应当到外汇局办理变更登记手续。企业终止经营或被取消对外贸易经营权的，应当到外汇局办理注销登记手续。外汇局对新办名录登记的企业实行辅导期管理。

2. 货物贸易外汇收支管理

企业应当按照"谁出口谁收汇、谁进口谁付汇"的原则办理贸易外汇收支业务，捐赠项下进出口业务等外汇局另有规定的情况除外。企业应当根据贸易方式、结算方式以及资金来源或流向，凭相关单证在金融机构办理贸易外汇收支，并按规定进行贸易外汇收支信息申报。金融机构应当查询企业名录和分类状态,按规定进行合理审查,并向外汇局报送贸易外汇收支信息。外汇局对企业出口收入存放境外业务实行登记管理。企业应当向外汇局定期报告境外账户收支等情况。

3. 非现场核查和现场核查

外汇局定期或不定期对企业一定期限内的进出口数据和贸易外汇收支数据进行总量比对,核查企业贸易外汇收支的真实性及其与货物进出口的一致性。外汇局对贸易信贷、转口贸易等特定业务,以及保税监管区域企业等特定主体实施专项监测。外汇局可对企业非现场核查中发现的异常或可疑的贸易外汇收支业务实施现场核查。外汇局可对金融机构办理贸易外汇收支业务的合规性与报送信息的及时性、完整性和准确性实施现场核查。

4. 企业分类管理

外汇局根据非现场或现场核查结果,结合企业遵守外汇管理规定等情况,将企业分成 A、B、C 三类。外汇局发布 B、C 类企业名单前,应当将分类结果告知相关企业。企业可在收到外汇局分类结论告知书之日起 7 个工作日内向外汇局提出异议。在分类管理有效期内,对 A 类企业贸易外汇收支,适用便利化的管理措施。对 B、C 类企业的贸易外汇收支,在单证审核、业务类型及办理程序、结算方式等方面实施审慎监管。外汇局建立贸易外汇收支电子数据核查机制,对 B 类企业贸易外汇收支实施电子数据核查管理。对 C 类企业贸易外汇收支业务以及外汇局认定的其他业务,由外汇局实行事前逐笔登记管理,金融机构凭外汇局出具的登记证明为企业办理相关手续。

(四)服务贸易外汇管理制度

2013 年国家外汇管理局发布《服务贸易外汇管理指引》。国家对服务贸易项下国际支付不予限制。服务贸易外汇收入,可以自行保留或办理结汇;服务贸易外汇支出,可以使用自有外汇支付或者以人民币购汇支付。

服务贸易外汇收支应当具有真实、合法的交易基础。境内机构和境内个人不得以虚构交易骗取资金收付,不得以分拆等方式逃避外汇监管。经营外汇业务的金融机构办理服务贸易外汇收支业务,应当按照国家外汇管理规定对交易单证的真实性及其与外汇收支的一致性进行合理审查,确认交易单证所列的交易主体、金额、性质等要素与其申请办理的外汇收支相一致。

境内机构和境内个人办理服务贸易外汇收支,应按规定提交能够证明交易真实合法的交易单证;提交的交易单证无法证明交易真实合法或与其申请办理的外汇收支不一致的,金融机构应要求其补充其他交易单证。办理服务贸易外汇收支业务,金融机构应按规定期限留存审查后的交易单证备查;境内机构和境内个人应按规定期限留存相关交易单证备查。外汇局通过外汇监测系统,监测服务贸易外汇收支情况,对外汇收支异常的境内机构、境内个人和相关金融机构进行非现场核查、现场核查或检查,查实外汇违法行为。

(五)个人外汇管理制度

个人外汇业务按照交易主体区分境内与境外个人外汇业务,按照交易性质区分经常项目和资本项目个人外汇业务。经常项目项下的个人外汇业务按照可兑换原则管理,资本项目项下的个人外汇业务按照可兑换进程管理。对个人结汇和境内个人购汇实行年度总额管理。年度总额分别为每人每年等值5万美元。国家外汇管理局可根据国际收支状况,对年度总额进行调整。

1. 经常项目个人外汇管理

从事货物进出口的个人对外贸易经营者,在商务部门办理对外贸易经营权登记备案后,其贸易外汇资金的收支按照机构的外汇收支进行管理。个人进行工商登记或者办理其他执业手续后,可以凭有关单证办理委托具有对外贸易经营权的企业代理进出口项下及旅游购物、边境小额贸易等项下外汇资金收付、划转及结汇。境外个人在境内取得的经常项目项下合法人民币收入,可以凭本人有效身份证件及相关证明材料在银行办理购汇及汇出。

2. 资本项目个人外汇管理

境内个人对外直接投资符合有关规定的,经外汇局核准可以购汇或以自有外汇汇出,并应当办理境外投资外汇登记。境内个人购买B股,进行境外权益类、固定收益类以及国家批准的其他金融投资,应当按相关规定通过具有相应业务资格的境内金融机构办理。境外个人购买境内商品房,应当符合自用原则,其外汇资金的收支和汇兑应当符合相关外汇管理规定。境外个人出售境内商品房所得人民币,经外汇局核准可以购汇汇出。

三、资本项目外汇管理制度

资本项目是指国际收支中引起对外资产和负债水平发生变化的交易项目,包括资本转移、非生产及非金融资产的收买或放弃、直接投资、证券投资、衍生产品投资及贷款等。在资本项目下发生的外汇收支,即资本项目外汇。

(一) 直接投资项下的外汇管理

1. 外商直接投资

外国投资者为筹建外商投资企业需汇入前期费用等相关资金的,应在外汇局办理登记。外商投资企业后续发生增资、减资、股权转让等资本变动事项的,应在外汇局办理登记变更。外商投资企业注销或转为非外商投资企业的,应在外汇局办理登记注销。外商投资企业资本金结汇及使用应符合外汇管理相关规定。外商投资企业外汇资本金及其结汇所得人民币资金,应在企业经营范围内使用,并符合真实自用原则。

银行在为境内直接投资所涉主体办理账户开立、资金入账、结售汇、境内划转以及对外支付等业务前,应确认其已按规定在外汇局办理相应登记。银行应按外汇管理规定对境内直接投资所涉主体提交的材料进行真实性、一致性审核,并通过外汇局指定业务系统办理相关业务。银行应按外汇管理规定为境内直接投资所涉主体开立相应账户,并将账户开立与变动、资金收付及结售汇等信息按规定及时、完整、准确地向外汇局报送。

2. 境外直接投资

境内机构可以使用自有外汇资金、符合规定的国内外汇贷款、人民币购汇或实物、无形资产及经外汇局核准的其他外汇资产来源等进行境外直接投资。境内机构境外直接投资所得利润也可留存境外用于其境外直接投资。外汇局对境内机构境外直接投资及其形成的资产、相关权益实行外汇登记及备案制度。境内机构在向所在地外汇局办理境外直接投资外汇登记时，应说明其境外投资外汇资金来源情况。境内机构将其境外直接投资的企业股权全部或者部分转让给其他境内机构的，相关资金应在境内以人民币支付。股权出让方应到所在地外汇局办理境外直接投资外汇登记的变更或注销手续，股权受让方应到所在地外汇局办理受让股权的境外直接投资外汇登记手续。

（二）间接投资项下的外汇管理

《外汇管理条例》规定，境外机构、境外个人在境内从事有价证券或者衍生产品发行、交易，应当遵守国家关于市场准入的规定，并按照国务院外汇管理部门的规定办理登记。

1. 合格境外机构投资者

合格境外机构投资者是经中国证监会批准投资于中国证券市场，并取得国家外汇局额度批准的中国境外基金管理机构、保险公司、证券公司以及其他资产管理机构。合格投资者应当委托境内商业银行作为托管人托管资产，委托境内证券公司办理在境内的证券交易活动。中国证监会依法对合格投资者的境内证券投资实施监督管理，国家外汇局依法对合格投资者境内证券投资有关的投资额度、资金汇出入等实施外汇管理。

2. 合格境内机构投资者

合格境内机构投资者是经中国证监会批准在中华人民共和国境内募集资金，运用所募集的部分或者全部资金以资产组合方式进行境外证券投资管理的境内基金管理公司和证券公司等证券经营机构。境内机构投资者开展境外证券投资业务，应当由境内商业银行负责资产托管业务，可以委托境外证券服务机构代理买卖证券。中国证监会和国家外汇局依法按照各自职能对境内机构投资者境外证券投资实施监督管理。

3. 境外上市外资股（H 股）制度

境外上市是指在境内注册的股份有限公司经中国证监会许可，在境外发行股票（含优先股及股票派生形式证券）、可转换为股票的公司债券等法律、法规允许的证券，并在境外证券交易所公开上市流通的行为。《国家外汇管理局关于境外上市外汇管理有关问题的通知》规定，境内公司应在境外上市首次发股结束后的 15 个工作日内，到其注册所在地外汇局办理境外上市登记；境内公司境外上市后，其境内股东拟根据有关规定增持或减持境外股份的，也应到境内股东所在地外汇局办理境外持股登记。境内公司和境内股东应当凭上述登记证明，分别在所在地银行开立境内专用账户，用以办理与该项业务对应的资金汇兑与划转。

4. 境内上市外资股

经国务院证券委员会批准，股份有限公司可以发行境内上市外资股；但是，拟发行境内上市外资股的面值总额超过 3 000 万美元的，国务院证券委员会应当报国务院批准。持有同一种类股份的境内上市外资股股东与内资股股东,依照《公司法》享有同等权利和履行同等义务。公司可以在其公司章程中对股东行使权利和履行义务的特殊事宜,作出具体规定。

(三) 外债管理

1. 外债登记

外债登记是指债务人按规定借用外债后,应按照规定方式向所在地外汇局登记或报送外债的签约、提款、偿还和结售汇等信息。外债借款合同发生变更时,债务人应按照规定到外汇局办理外债签约变更登记。外债未偿余额为零且债务人不再发生提款时,债务人应按照规定到外汇局办理外债注销登记手续。国家外汇管理局及其分支局负责外债的登记、账户、使用、偿还以及结售汇等管理、监督和检查,并对外债进行统计和监测;国家外汇管理局负责全口径外债的统计监测,并定期公布外债情况。

2. 外债账户、资金使用和结售汇管理

境内银行借用外债,可直接在境内、外银行开立相关账户,直接办理与其外债相关的提款和偿还等手续。非银行债务人在办理外债签约登记后,可直接向境内银行申请开立外债账户。外商投资企业借用的外债资金可以结汇使用。除另有规定外,境内金融机构和中资企业借用的外债资金不得结汇使用。债务人在办理外债资金结汇时,应遵循实需原则,持规定的证明文件直接到银行办理。债务人借款合同中约定的外债资金用途应当符合外汇管理规定。短期外债原则上只能用于流动资金,不得用于固定资产投资等中长期用途。

3. 外保内贷外汇管理

符合规定的债务人向境内金融机构借款时,可以接受境外机构或个人提供的担保。境内债权人应按相关规定向所在地外汇局报送相关数据。发生境外担保履约的,债务人应到所在地外汇局办理外债登记。外商投资企业办理境内借款接受境外担保的,可直接与境外担保人、债权人签订担保合同。发生境外担保履约的,其担保履约额应纳入外商投资企业外债规模管理。中资企业办理境内借款接受境外担保的,应事前向所在地外汇局申请外保内贷额度。中资企业可在外汇局核定的额度内直接签订担保合同。

4. 对外转让不良资产外汇管理

境内机构对外转让不良资产,应按规定获得批准。对外转让不良资产获得批准后,境外投资者或其代理人应到外汇局办理对外转让不良资产备案手续。受让不良资产的境外投资者或其代理人通过清收、再转让等方式取得的收益,经外汇局核准后可汇出。

四、人民币汇率制度

汇率是一国货币与另一国货币相互折算的比率,即以一国货币表示另一国货币的价格。1993年12月28日,根据国务院决定,《中国人民银行关于进一步改革外汇管理体制的公告》发布,决定从1994年1月1日起,取消外汇留成,将两种汇率并轨,实行以市场供求为基础的、单一的、有管理的浮动汇率制度。2005年7月21日,经国务院批准,发布了《中国人民银行关于完善人民币汇率形成机制改革的公告》,决定自2005年7月21日起,我国开始实行以市场供求为基础,参考"一篮子"货币进行调节、有管理的浮动汇率制度。这一汇率制度包含三个方面的内容:一是以市场供求为基础的汇率浮动,发挥汇率的价格信号作用;二是根据经常项目,主要是贸易平衡状况动态,调节汇率浮动幅度,发挥"有管理"的优势;三是参考"一篮子"货币,即从"一篮子"货币的角度看汇率,不片面地关注人民币与某个单一货币的双边汇率。

五、外汇市场

根据市场参与者的性质不同,外汇市场可划分为外汇零售市场和外汇批发市场。外汇零售市场是指银行与企业、银行与个人客户之间进行柜台式外汇买卖所形成的市场;外汇批发市场是指商业银行等金融机构之间进行外汇买卖所形成的市场,也称银行间外汇市场。

(一) 外汇市场的交易主体

经营结汇、售汇业务的金融机构和符合国务院外汇管理部门规定条件的其他机构,可以按照国务院外汇管理部门的规定在银行间外汇市场进行外汇交易。目前,我国的银行间外汇市场的参与主体以境内银行业金融机构为主,同时包括部分非银行金融机构和非金融企业。

(二) 外汇市场交易的币种和形式

外汇市场交易的币种和形式由国务院外汇管理部门规定。银行间外汇市场提供集中竞价、双边询价和撮合交易三种交易模式,支持人民币对27种外币(美元、欧元、日元、港元、英镑、澳大利亚元、新西兰元、新加坡元、瑞士法郎、加拿大元、马来西亚林吉特、俄罗斯卢布、南非兰特、韩元、阿联酋迪拉姆、沙特里亚尔、匈牙利福林、波兰兹罗提、丹麦克朗、瑞士克朗、挪威克朗、土耳其里拉、墨西哥元、泰铢、哈萨克斯坦坚戈、蒙古图格里克、柬埔寨瑞尔)的即期交易,人民币对24种外币(美元、欧元、日元、港元、英镑、澳大利亚元、新西兰元、新加坡元、瑞士法郎、加拿大元、马来西亚林吉特、俄罗斯卢布、南非兰特、韩元、阿联酋迪拉姆、沙特里亚尔、阿联酋迪拉姆、沙特里亚尔、丹麦克朗、瑞士克朗、挪威克朗、土耳其里拉、墨西哥元、泰铢)的远期和掉期交易,人民币对5种外币(美元、欧元、日元、港元、英镑)的货币掉期和期权交易,9组外币对(欧元/美元、澳大利亚元/美元、英镑/美元、美元/日元、美元/加拿大元、美元/瑞士法郎、美元/港元、欧元/日元、美元/新加坡元)的即期、远期和掉期交易,以及7种外币(美元、欧元、港元、日元、澳大利亚元、英镑、加拿大元)的外币拆借交易。

案 例 分 析

赵某、李某原为青岛某进出口有限公司股东,各占公司股份的88%和12%。2012年2月27日,赵某与苏某签订了《股权转让协议》,约定赵某将其在公司所持有的

78%的股权转让给苏某,赵某仍持有公司10%的股权。2014年9月9日,赵某起诉苏某支付剩余股权转让款时,苏某才得知赵某为外籍人。随后,苏某以赵某一直对他隐瞒其外籍身份,双方之间签订的《股权转让协议》构成重大误解为由请求撤销双方之间的《股权转让协议》。

法律分析:

该公司成立时为内资性质,企业的内资性质不因股东的国籍变更而改变。这里指的是同一股东国籍进行变更,而非增加、变更新的股东。本案的股权转让协议应否撤销,判断依据是签订协议时是否存在欺诈行为,苏某是否因赵某的欺诈行为而违背其真实意思表示订立合同。对苏某、赵某而言,签订股权转让协议时的真实意思和目的是受让股权,在实现股权转移的合同目的方面,苏某、赵某的意思表示是真实的,其行为指向是一致的。涉案企业的内资性质不因股东的国籍变更而改变,交易成本不因国籍变更而增加,因此不构成民法意义上的欺诈,故苏某主张合同可撤销的理由不成立。实践中,各方签订合同时,对合同权利、义务相关的法律事实应如实进行披露,这是合同的基本诚信原则。违背该原则,有可能会影响合同的效力。但若因疏忽或故意进行隐瞒,导致部分信息未完全披露,该未被披露的内容不是合同的主要内容,不影响合同的主要权利、义务,应尽量维持合同的稳定性,进而维持交易的稳定性。

思考与练习

1. 外商直接投资的主要形式。
2. 何为最惠国待遇。
3. 倾销的概念以及反倾销具体措施。
4. 补贴的概念以及反补贴具体措施。
5. 经常项目的概念和内容。
6. 资本项目的概念和内容。

阅读文献

1. 王孝松,谢申祥.发展中大国间贸易摩擦的微观形成机制——以印度对华反倾销为例.中国社会科学.2013(9).
2. 张曙光,张斌.外汇储备持续积累的经济后果.经济研究.2007(4).
3. 吴宏伟.涉外经济法.法律出版社,2014.

真 题 链 接

知识体系示意图

```
                    ┌ 外商直接投资法律制度 ┌ 外商直接投资的概念和主要形式
                    │                    │ 外商直接投资的市场准入
          涉外投资 ─┤                    ┤ 外商投资企业组织管理与出资方式
          法律制度  │                    │ 外国投资者并购境内企业
                    │                    └ 外商投资纠纷的解决
                    │
                    │                       ┌ 商务部的核准和备案
                    └ 对外直接投资的核准备案制度 ┤ 国家发改委的核准和备案
                                              └ 对外投资备案(核准)的报告制度

                    ┌ 对外贸易法的适用范围与原则 ┌ 对外贸易法的适用范围
                    │                          └ 对外贸易法的基本原则
                    │
                    │ 对外贸易经营者 ┌ 对外贸易经营者的范围
          对外贸易 ─┤               └ 对外贸易经营者的管理
涉外      法律制度  │
经济                │ 货物进出口与技术进出口 ┌ 货物和技术进出口的限制
法律                │                      └ 货物和技术进出口的管理
制度                │
                    │ 国际服务贸易
                    │ 与对外贸易有关的知识产权保护
                    │
                    │                ┌ 反倾销措施
                    └ 对外贸易救济 ─┤ 反补贴措施
                                     └ 保障措施

                    ┌ 外汇管理管理条例的适用范围和基本原则
                    │
                    │                        ┌ 经常项目与经常项目外汇
                    │                        │ 经常项目外汇收支管理一般规定
                    │ 经常项目外汇管理制度 ─┤ 货物贸易外汇管理制度
                    │                        │ 服务贸易外汇管理制度
          外汇管理 ─┤                        └ 个人外汇管理制度
          法律制度  │
                    │                        ┌ 直接投资项下的外汇管理
                    │ 资本项目外汇管理制度 ─┤ 间接投资项下的外汇管理
                    │                        └ 外债管理
                    │
                    │ 人民币汇率制度
                    │
                    └ 外汇市场 ┌ 外汇市场的交易主体
                              └ 外汇市场交易的币种和形式
```

图书在版编目(CIP)数据

经济法通论:第二版/杨德敏主编. —上海:复旦大学出版社,2019.8
信毅教材大系. 通识系列
ISBN 978-7-309-14542-7

Ⅰ.①经… Ⅱ.①杨… Ⅲ.①经济法-中国-高等学校-教材 Ⅳ.①D922.29

中国版本图书馆 CIP 数据核字(2019)第 166152 号

经济法通论(第二版)
杨德敏　主编
责任编辑/方毅超　李荃

复旦大学出版社有限公司出版发行
上海市国权路 579 号　邮编: 200433
网址: fupnet@ fudanpress.com　http://www.fudanpress.com
门市零售: 86-21-65642857　　团体订购: 86-21-65118853
外埠邮购: 86-21-65109143
上海四维数字图文有限公司

开本 787×1092　1/16　印张 19.25　字数 411 千
2019 年 8 月第 1 版第 1 次印刷

ISBN 978-7-309-14542-7/D·1000
定价: 48.00 元

如有印装质量问题,请向复旦大学出版社有限公司发行部调换。
版权所有　侵权必究